文化创新视域中的马克思主义中国化

杨竞业　著

复旦大学出版社

本书获全国红色基因传承研究中心立项资助

序

2022年1月11日，习近平总书记在省部级主要领导干部学习贯彻党的十九届六中全会精神专题研讨班开班式上发表的重要讲话指出："我们要准确把握时代大势，勇于站在人类发展前沿，聆听人民心声，回应现实需要，坚持解放思想、实事求是、守正创新，更好把坚持马克思主义和发展马克思主义统一起来，坚持用马克思主义之'矢'去射新时代中国之'的'，继续推进马克思主义基本原理同中国具体实际相结合、同中华优秀传统文化相结合，续写马克思主义中国化时代化新篇章。"① 这一科学论断，指出了马克思主义是引领中国特色社会主义事业发展的根本指导思想，也是全面推进中国式现代化建设、实现中华民族伟大复兴的重要方法论。推进马克思主义的中国化时代化是当代中国共产党人、中国人民的重要使命，做到坚持马克思主义和发展马克思主义相统一，坚持马克思主义基本原理同中国具体实际相结合、同中华优秀传统文化相结合相统一，是马克思主义永葆生命活力、中国特色社会主义永葆发展活力的文化密码所在。

然而，如何继续推进马克思主义基本原理同中国具体实际相结合、同中华优秀传统文化相结合，并从理论上把这个问题讲清楚，成为理论工作者特别是从事马克思主义哲学理论工作者的一项迫在眉睫的重

---

① 《继续把党史总结学习教育宣传引向深入　更好把握和运用党的百年奋斗历史经验》，《人民日报》2022年1月12日。

要任务。我们欣喜地看到，自"两个相结合"问题提出以来，已涌现出一批研究马克思主义同中华传统文化相结合的理论成果。这些理论成果在厘清基本概念的前提下，分析了二者结合的必然性、可能性及价值意义等，极大地深化了学界对马克思主义的中国化时代化的认识，有助于推动中国特色哲学社会科学的学科体系、学术体系和话语体系的建构。当然，纵观学界研究亦有一些新的视角，借此来深化对马克思主义的中国化的研究，其中从文化创新的视角来阐释马克思主义的中国化就是一个值得深挖的领域。

党的二十大报告指出：在充分肯定党和国家事业取得举世瞩目成就的同时，必须清醒看到，我们的工作还存在一些不足，面临不少困难和问题。主要有：发展不平衡不充分问题仍然突出，推进高质量发展还有许多卡点瓶颈，科技创新能力还不强；确保粮食、能源、产业链供应链可靠安全和防范金融风险还须解决许多重大问题；重点领域改革还有不少硬骨头要啃；意识形态领域存在不少挑战；城乡区域发展和收入分配差距仍然较大；群众在就业、教育、医疗、托育、养老、住房等方面面临不少难题；生态环境保护任务依然艰巨；一些党员、干部缺乏担当精神，斗争本领不强，实干精神不足，形式主义、官僚主义现象仍较突出；铲除腐败滋生土壤任务依然艰巨；等等。对这些问题，我们已经采取一系列措施加以解决，今后必须加大工作力度[①]。细细想来，这些问题的存在固然与经济社会的发展有着必然的内在联系，但是，其背后还有着深厚的文化因素，说到底，就是马克思主义文化领域并没有适应我国经济社会发展的步伐，在上述问题上马克思主义文化并没有及时发挥其文化的功能并解决之，这也是我们从文化视角特别是从文化创新视角回答这些问题的原因。

《文化创新视域中的马克思主义中国化》的作者杨竞业同志是我指导过的博士研究生，他是一位有着扎实基础并乐于思考、善于研究的学者。该书从文化创新视域对马克思主义的中国化进行全方位的、整

---

① 习近平：《高举中国特色社会主义伟大旗帜　为全面建设社会主义现代化国家而团结奋斗》，人民出版社 2022 年版，第 14—15 页。

体性的、立体化的思考，具体从文化出场、文化传承、文化正义、文化开放、文化创新和文化富民的维度展开，研究马克思主义在当代中国理论与实践创新相结合的发展中所展现的魅力、活力、人学逻辑，以及其所彰显的解释力、建构力、亲和力，并试图从文化视角对当今中国存在的问题给予回答。综观全书，其新意集中体现为以下方面：

该书对马克思主义的中国化时代化问题的研究，既有理论形态的又有实践形态的，既有制度形态的又有文化形态的，最终落脚于马克思主义文化的创新出场。该书打破了传统的"以马解马""以西解马"研究俗套，而是"以中解马"，始终坚持以习近平新时代中国特色社会主义思想为指导，坚持马克思主义的中国化的研究范式，坚持马克思主义引领中国事业进步、中国人全面发展、中华民族走向伟大复兴的思想方向，理论逻辑十分清晰。

该书追求文化发现与文化表达的统一、文化创新与文化贡献的统一。坚持以马克思主义思想为旗帜方向，以党的治国理政为实践平台，以文化发现为发展契机，以文化表达为发展手段，以概念理念创新为发展重点，以文化创新为发展机制，以理论贡献为发展成果，以党的全面建设为发展核心，以中国式现代化建设和人的全面发展为目的价值的出场，在书中建立起马克思主义文化出场这样一种感性活动的整体出场，显示了一个学者应有的文化自觉和文化创新意识。

该书的研究方法也富有特色。在"无范式"研究上呈现出开放创新的发展空间，所形成的成果也为研究者深入真理性理论、原理性理论、操作性理论中去做拓展性研究提供了多种可能通道。该书既运用整体哲学的方法去研究当代中国马克思主义在中国理论创造与中国实践创新相结合的发展，也运用出场学的方法去探讨当代中国马克思主义、中华优秀传统文化、中国特色社会主义文化共同出场的有效路径和实现创新发展的多种载体，还运用理论联系实际的方法去考察中国式现代化建设中的"文化开放""全过程人民民主""人民政协工作""乡村振兴""大湾区建设""共同富裕"等问题，这样就把研究马克思主义的中国化时代化问题的理论形态、实践形态、制度形态和文化形态贯通起来，彰显了马克思主义"解释世界"的理论品格和"改变世界"的实践品格。

此外，该书提出了不少创新的观点。在"马克思主义出场"问题上，该书认为它是让马克思主义的思想、精神、理论和方法出场，发挥其思想的凝聚与整合作用、精神的激励与创新作用、理论的滋益与培育作用、方法的建构与创造作用。在"中国道路"问题上，该书认为它意味着中国在国家层面的生产方式和交往方式日趋成型和完善，在社会层面的生产方式和发展方式日趋健全和科学，在个人层面的发展方式和交往方式日趋丰富而多元；坚定道路自信，表明人们对中国道路所导向的发展成就确信无疑、发展前景怀有信心、发展成果充满期待。在"马克思主义中国化"的问题上，该书认为它是马克思主义和中国实践、中国历史与中国文化相结合的理论运动过程，是中国马克思主义者在中国实践基础上推进的理论创新过程，是中国共产党引领中国人民解放思想、求真务实、与时俱进、发展创新的思想变迁过程，也是建立和坚定对中国特色社会主义的"理论自信"的文化心理积淀过程，等等。这些观点的提出，对于认识和推进马克思主义的中国化问题研究具有一定的理论启迪作用。

在文化创新视域中探讨中华优秀传统文化实现创造性转化、中国特色社会主义文化实现创新性发展，从而推进马克思主义的中国化时代化，面临全新的机遇，也面临新的问题与挑战。可以说，作者在"如何从文化创新中凸显马克思主义中国化的文化贡献、从马克思主义的中国化及其理论创新中彰显文化创新的意义、阐明中国化时代化马克思主义行的文化创新"上进行了尝试性的探索与回应，但对这一问题的回答及对这个研究领域问题的回应仍然在路上。希望作者不断努力探索，在这个研究成果基础上续写新篇章。

王立胜
2023 年 2 月于北京

目录

导论 …………………………………………………… 1

第一章　文化出场与马克思主义的魅力 ………… 10
 第一节　文化出场与中国道路的文化标志 ……… 10
 第二节　马克思主义与中华民族伟大复兴 ……… 20
 第三节　中国地方特色文化与中华民族凝聚力 … 34
 第四节　制度治党与治党制度的内在逻辑 ……… 40
 第五节　中国共产党精神的文化基因 …………… 55

第二章　文化传承与马克思主义的活力 ………… 71
 第一节　"四个坚持"与马克思主义的中国化 … 71
 第二节　"四个自信"与马克思主义的中国化 … 80
 第三节　"理论自信"与马克思主义的中国化 … 90
 第四节　"制度自信"与马克思主义的中国化 … 102
 第五节　东江红色文化与马克思主义的中国化 … 114

第三章　文化正义与马克思主义人学 …………… 129
 第一节　"文化正义"与人的全面发展 ………… 129
 第二节　"道路自信"与人的全面发展 ………… 144
 第三节　"理论自信"与人的全面发展 ………… 155
 第四节　"制度自信"与人的全面发展 ………… 169
 第五节　"文化提升"与新社会阶层的组织化 … 181

第四章　文化开放与马克思主义的解释力 ……… 192
第一节　世界历史视野中的文化开放 ……… 192
第二节　文化开放视野下的制度自信 ……… 211
第三节　科学发展观的文化哲学解释 ……… 225
第四节　理解科学发展观的开放视域 ……… 237
第五节　"无范式"研究的文化开放意义 ……… 249

第五章　文化创新与马克思主义的建构力 ……… 263
第一节　发展创新社会主义协商文化 ……… 263
第二节　全过程人民民主的伦理要义 ……… 276
第三节　打造政协联动协商的双重地基 ……… 291
第四节　政协履职能力建设的文化语境 ……… 304
第五节　提升政协提案工作质量的创新路径 ……… 316

第六章　文化富民与马克思主义的亲和力 ……… 323
第一节　践行党的群众路线的当代价值 ……… 323
第二节　"讲真话"的马克思主义伦理 ……… 332
第三节　乡村治理与马克思主义关怀 ……… 346
第四节　合作发展与粤港澳大湾区前景 ……… 358
第五节　共同富裕与马克思主义文化 ……… 378

参考文献 ……… 397

后记 ……… 407

导论

　　问题意识一直是人们探索学术问题、推进理论创新所坚持和强调的积极意识，也是新时代深入现实和回应现实的出场意识。对于"马克思主义与文化出场"这个论题，多年以来我始终认为颇为值得研究。经过10年的专注思考和持续研究，自以为可以把已经取得的系列阶段性成果做出整理，形成一个较为系统化的理论认识，但真正着手要做这件事之时，却发现其中仍然存在一些理论困难和走向完善的阻障。直到2021年的下半年，我经过主持或参与中国社会科学院大学校友举办的几次小型学术研讨会，在此过程中受到重要的思想启发，也得到身边众多跨学科中青年学者的热情鼓励，最后形成了一个新的切合研究内容的逻辑思路。

　　这个思路就是，从整体哲学的视野出发，从文化传承、文化正义、文化开放、文化创新和文化富民的维度切入，研究当代中国马克思主义在中国理论创造与中国实践创新相结合的发展中所展现的魅力、活力、人学逻辑，以及其所彰显的解释力、建构力、亲和力。研究内容并没有走"以马解马"的老路，更没有走"以西解马"的旧路，而是始终坚持以习近平新时代中国特色社会主义思想为指导，坚持马克思主义中国化的研究范式，坚持马克思主义引领中国事业进步、中国人全面发展、中华民族走向伟大复兴的思想方向，探讨新时代条件下中华优秀传统文化实现创造性转化、中国特色社会主义文化实现创新性发展的多种多样的有效载体和面向现实的出场路径，从文化创新中突显马克思主义中国化的最新文化贡献，又从马克思主义中国化及其理论创新中彰显文化创新的重大意义，阐明马克思主义在中国大地上所以能行的文化创生密码。

诚如中国哲学家金观涛指出："哲学家的良心在于完成人类思想精神的不断自我超越，它的价值在于思想上永远往前迈出尝试性的一步。"[①] 我也力图"往前迈出尝试性的一步"，开启对文化创新与建设中国特色社会主义、推进马克思主义的中国化问题的探索。

文化存在是一种历史性的在场，而任何一种文化的出场都是在继承先前文化及其传统的基础上所做出的创新和发展。"文化出场"是文化发现与文化表达的统一，是文化创新与文化贡献的统一。马克思主义文化的出场，是以马克思主义思想为旗帜方向，以党的治国理政为实践平台，以文化发现为发展契机，以文化表达为发展手段，以概念理念创新为发展重点，以文化创新为发展机制，以理论贡献为发展成果，以党的全面建设为发展核心，以国家现代化建设和人的全面发展为目的价值的出场，这样一种文化出场是马克思主义"在实践中出场"[②]，是多极主体的感性活动的整体出场。

从整体哲学视野来看，马克思主义文化出场是一个多维度、宽领域、系统性的文化建构实践过程。它具有如下特征：一是体现马克思主义文化出场的目标与价值。从目标层面来看，对个人而言，它要实现铸魂育人；对社会而言，它要实现维稳和谐；对国家而言，它要实现维强刚正；对世界而言，它要实现维和发展。从价值层面来看，它要实现个人价值、社会价值、国家或民族价值、世界价值，形成守护人类社会的整体价值。二是体现马克思主义文化出场的结构与机制。从文化出场的结构来看，是以中国新思想、中国新精神、中国新理论、中国新思维来共同推进中国新时代的改革开放和建设实践。从文化出场的机制来看，是形成以中国新思想促进国家统一富强，以中国新精神促进社会平衡协调，以中国新理论引领中国式现代化建设，以中国

---

① 金观涛：《整体的哲学》，四川人民出版社1987年版，第11页。
② 任平：《创新时代的哲学探索——出场学视域中的马克思主义哲学》，北京师范大学出版社2009年版，第356页。

新思维锻造建设主体能力的创新机制。三是体现马克思主义文化出场的动力与支撑。进入新时代，马克思主义面向世界历史大背景，它在顺应全球化新形势过程中，直面新问题和新矛盾，打造新抓手和强优势，破解老难题和旧痼症，促进时代性更生和变革性发展，形成共商共建的大合力、共生共存的大格局、共荣共享的大境界这样一种文化出场的动力与支撑。四是体现马克思主义文化出场的载体与路径。在《关于费尔巴哈的提纲》中的第一条，马克思批判"从前的一切旧唯物主义（包括费尔巴哈的唯物主义）的主要缺点是：对对象、现实、感性，只是从客体的或者直观的形式去理解，而不是把它们当作感性的人的活动，当作实践去理解，不是从主体方面去理解"[①]。这个论断宣明了历史唯物主义出场的载体是主体载体和客体载体的统一，是现实的人和实践对象的统一。马克思主义文化出场的路径是促进文化现代化的路径。这种出场路径具有反形而上学的品质，它以历史教化使人清醒，使主体从觉醒走向清醒；它以思想催化使人成熟，使主体从成长走向成熟；它以理论创化使人创新，使主体从创新走向创造；它以政策优化使人应灵，使主体从灵通走向灵敏；它以行动变化使人受益，使主体从提高行动力、执行力中受益，提高获得感、幸福感。五是体现马克思主义文化出场的保障与前景。马克思主义文化出场的保障在于：坚持与时俱进，在传承优秀文化传统中推进制度创新，形成创新型制度文化；坚持依法治国理政，把规则、规矩和纪律挺在前面，形成全民型法治意识。马克思主义文化出场的前景在于：伴随中国式现代化建设的不断推进、取得新的伟大成就，每一个人走向全面自由发展，中国共产党实现"两个一百年"目标，党的长期执政不断巩固，中华民族复兴的"伟大梦想"如期实现。

基于上述思想认识，本书试图在诠释马克思主义所以行、社会主义所以好、中国共产党所以能的文化密码这个问题上做出尝试性探索，提炼马克思主义文化出场的六个问题，侧重从马克思主义文化出场的有效载体和现实路径上找到正确答案，具体展开六章内容论述。

---

① 《马克思恩格斯选集》第1卷，人民出版社1995年版，第54页。

关于马克思主义的魅力问题。概念是理论阐释的前端。理论的创新发展，必然伴随新概念的形成及其内涵的充实与丰富。进入新时代以来，随着习近平新时代中国特色社会主义思想这个当代中国马克思主义、21世纪马克思主义的创立，"中国道路""中华民族复兴""中华民族凝聚力""全面从严治党""中国共产党精神"等概念、范畴受到广泛关注，人们持续推进深入研究。这些关注和研究集中在对"中国共产党为何能""社会主义为何好""马克思主义为何行"问题的解读与阐释上。对这三个全新问题的研究，理论界形成三个面向的路径，体现了马克思主义文化出场的真理力量和持久魅力。一是中国共产党领导中国的革命、改革和建设的历史逻辑，中国共产党人推进马克思主义中国化的理论逻辑，中国共产党团结领导人民建设社会主义现代化的实践逻辑，人们由此研究"中国共产党为何能"的文化密码。二是社会主义从空想转变为科学的理论革命，科学社会主义从理论设计转变为社会现实的实践变革，全球社会主义从相对落后国家向西方国家学习转变为向建设中国特色社会主义的中国看齐，人们由此研究"社会主义为何好"的根本原因。三是诞生于西欧发达资本主义国家的马克思主义在西方不受高度重视、没有普遍引发民族国家革命，并走向社会主义；马克思主义来到东方国家或相对落后地区，唯独在中国落地生根，能够结出丰硕的理论成果与实践成就；全球资本主义社会处于资本垄断、文化断裂、社会撕裂、政党分裂的危机状态，资本主义不能解决自身的深层危机，它雄辩地证明马克思主义基本原理没有过时，马克思主义基本理论没有失效，马克思主义本真精神没有湮灭，马克思主义正在发挥文化出场的持久力量，人们由此研究"马克思主义为何行"的强大魅力。在此，本书并没有因循上述三个思路去研究，而是择取"中国道路文化标志""中华民族伟大复兴""中华民族凝聚力""全面从严治党""中国共产党精神"等概念、范畴，探析其与马克思主义内在的本质的关系，阐明文化出场的价值诉求和马克思主义的恒久魅力。对这些问题做出思考而形成的篇章，构成本书的第一章内容。

关于马克思主义的活力问题。马克思主义是"老祖宗"。老祖宗不能丢,这就意味着,对革命的、先进的、优秀的文化传统要传承好、发展好。传承传统、赓续基因、创新文化是马克思主义文化出场的基本理路,也是马克思主义永葆发展活力的文化密码。马克思主义经典作家和优秀中国共产党人、革命家、政治家对文化传承发展问题之所论,是当下乃至今后开展文化出场研究的思想资料,也是推进中国优秀传统文化创造性转化、创新性发展的思想指导。现实实践向前发展一步,理论探索和总结也要推前一步。在坚定赓续优秀文化传统、与时俱进地促进文化出场的新时代,要始终做到坚持中国共产党领导和坚持中国特色社会主义、坚持新发展理念、坚持改革开放相统一,始终做到坚持"四个自信"和推进马克思主义中国化相统一,始终做到坚持理论理性和实践理性相统一,始终做到科学研究"马克思主义中国化"和传承创新社会主义文化相统一。这是在推进伟大革命、伟大斗争、伟大奋斗和实现中华民族复兴伟大梦想的感性实践中保持马克思主义活力的基本遵循,也是在习近平新时代中国特色社会主义思想指导下,促进马克思主义文化出场,形成中国化的思想理论和文化成果的内在要求。对上述问题的认识和理解,其篇章构成了本书的第二章。

关于马克思主义人学的问题。探究人学问题是整体哲学和部门哲学的共同主题。有的人认为,哲学社会科学探究的根本问题就是人学问题。有的人更直接认为,马克思主义学说就是人学。在此,没有任何必要否认这些正确观点和合理认识。但是,探析马克思主义人学问题显然不只有一种视野、方法或范式,从文化正义这个视角切入,更能穿透马克思主义人学的本质,发现马克思主义文化出场的动力。因为文化正义问题是马克思主义关注文化建设、关心人的全面发展的突出主题。在马克思主义那里,"文化正义"是主体正义、制度正义和交往正义的复合建构。维护文化平等、保障文化自由、促进文化分享是文化正义的内在价值。尊重文化形象、优化文化环境、净化文化市场是文化正义的外在价值。维护和推进人的全面发展,需要建设正义文化,打造具有公心的主体文化、具有公理的制度文化和具有公义的交往文化。促进马克思主义文化出场,现实的人要坚定道路自信、理论自信、制度自信，把弘扬文化正义和建设正义文化统一起来，在建设中国特色社会主义文化过程中，不断推进人的全面发展。坚持走中国道路，推动理论创新与实践创新有机结合，其结果必然孕生中国社会科学发展新形态，必然创生中国人走向全面发展新形态，必然产生中国共产党治国理政新经验，创造建设中国式社会主义现代化新理论，取得马克思主义中国化的重大文化成就。对上述问题的认识和理解，其篇章构成了本书的第三章。

关于马克思主义的解释力问题。思想的出发点是实践。实践既有理论实践，也有行动实践。思想逻辑是实践逻辑的导引，实践逻辑是思想逻辑的展开。作为理论实践，理论要有思想逻辑的解释力。作为行动实践，行动要有实践逻辑的说服力。"马克思主义文化出场"是在马克思主义思想理论指导下开展和推进的文化开放实践，它既是理论的实践，又是行动的实践。在一定意义上，"马克思主义文化出场"是理论化的行动实践，也是具体化的文化实践。作为行动实践，行动主体应当完善增强制度自信的心理机制，探索新社会阶层组织化的文化机理，澄明"无范式"研究的文化开放意义，等等。作为文化实践，行动主体应当形成世界历史大视野，面对世界百年以来未有之大变局和中华民族伟大复兴战略全局，自觉推进中国文化开放，勇于担当、肩负使命，敢于斗争、善于胜利。尽管这些问题并不完全涵盖"文化开放"的理论实践和行动实践，但是，它从"文化出场"的思想逻辑引申出来，能够彰显马克思主义的解释力，也能够呼应、促进新时代的文化开放实践。因此，对上述问题所做出的探索和认识，其篇章构成了本书的第四章。

关于马克思主义的建构力问题。一个先进思想的逻辑和实践行动的逻辑必定奠基于一个坚实的地基之上。换言之，实践地基是先进思想得以孕生、发育、成熟的温床和条件，离开实践地基去谈文化创新和马克思主义的建构力问题，很可能成了"纸上谈兵""缘木求鱼"或"空中楼阁"，没有任何实际意义，也致使马克思主义文化出场难于形成正面效应。在追求高质量发展的新时代，铸牢中华民族共同体意识，推动中华民族走向伟大复兴，这个现实需要空前突显出来，"马克思主义文化出场"不能也不应当停留于概念辨析、理论抽象和逻辑演绎层面,文化创新要面对直接现实,回应现实拷问,服务现实需要,解决现实问题。这就必然向"马克思主义文化出场"提出如何建立可靠的实践地基的问题。从本质上看,现实的人要围绕主题主线主业,打造协商创新创造载体,形成强大的文化建构力。从主体层面看,人民政协的各级机关和政协委员,要把马克思主义哲学这个看家本领掌握、运用好,高举中国特色社会主义旗帜,建设高水平专门协商机构。从客体层面看,要以马克思主义文化出场的变革精神、创新方法,培育发展新时代协商文化,发展全过程人民民主,打造联动协商地基,提高政协委员的履职能力和建言资政质量,提升政协提案工作质量,等等。对上述问题所做出的理解和回答,其篇章构成了本书的第五章。

关于马克思主义的亲和力问题。"文化出场"在其本质上具有改造或改变现实的独特意蕴和明显趋向,具有马克思主义哲学既"解释世界",又"改变世界"的本真精神。马克思主义哲学的生命力就在于,它不仅以富有解释力的理论和具有穿透力的思想去观察世界、评价现实,也以思想的方式或辩证的方法、手段去武装"现实的人",使"思想趋向现实",也使"现实的人"去改变现实。"文化富民"之所以在新时代变得更加重要,彰显出亲和力出场价值,就在于它用马克思主义哲学的思想和方法武装"现实的人"。它要求人们:自觉践行党的群众路线,与广大群众同心同行同发展;明白"讲真话"的马克思主义伦理,做到办实事、办好事、办成事;秉持马克思主义人文情怀,贯彻"乡村振兴"战略,优化乡村建设治理,推进农业产业富民;推动粤港澳合作发展,建设富裕社区、幸福湾区;弘扬马克思主义文化,实现全体中国人民共同富裕。换言之,"马克思主义文化出场"并非置身于中国现实的"事情"之外,而是深入于中国共产党领导人民所兴的"事业"之中。这样一来,"马克思主义文化出场"不仅开启理论联系实际、全心全意服务人民的现实行动,而且铸造人民美好生活向往的发展成就和理想境界。应当说,"马克思主义文化出场"的现实行动贯注了马克思主义哲学的实践性品格,体现了文化富民思想理论的目的性深化和革命性展开,实现了党的伟大精神的历史性传承与现实性提升。这些论述的篇章构成本书的第六章。

精神是历史的发源,历史是精神的展开。党的十九届五中全会提出在"十四五"规划期间推进建设文化强国的雄伟目标。建成文化强国,既是文化建设的成就,也是文化出场的造就;既是文化国力的强大,也是文化精神的强盛。应当说,文化建设成就强大的文化国力,文化出场造就强盛的文化精神。2021年11月11日,党的十九届六中全会审议通过的《中共中央关于党的百年奋斗重大成就和历史经验的决议》指出:党的十八大以来,"在文化建设上,我国意识形态领域形势发生全局性、根本性转变,全党全国各族人民文化自信明显增强,全社会凝聚力和向心力极大提升,为新时代开创党和国家事业新局面提供了坚强思想保证和强大精神力量"[①]。这段重要论述阐明了,文化建设增强了全国人民文化自信,提升了社会凝聚力和向心力。它也深刻地说明了,开创党和国家事业新局面所需要的坚强思想保证和强大精神力量正来自文化出场,来自人民对社会主义核心价值观的忠实践行,对"四个意识"的自觉增强,对"两个维护"的坚定持守,对"五个认同"的深入理解,对马克思主义的坚贞信仰。让马克思主义出场,即是让马克思主义的思想、精神、理论和方法出场,发挥其思想的凝聚与整合作用,发挥其精神的激励与创新作用,发挥其理论的滋益与培育作用,也发挥其方法的建构与创造作用。马克思主义的思想、精神、理论和方法,本质上即是马克思主义文化。让马克思主义出场,也即是让马克思主义文化出场。马克思主义文化的出场,要去关注现实矛盾,去体悟感性生活,去挖掘历史遗存,去创造新的生产力,去成全多种多样美好事物,也去成就人的全面自由发展。这就是说,推进马克思主义同中国具体实际相结合,同中华优秀传统文化相结合,促进产生一系列正向、积极的效应。这些效应像"思想的闪电"那样,和马克思主义的独特魅力、恒久活力、人文精神一同产生,也和马克思主义对世界的解释力,对社会的建构力,对人民的亲和力同频闪耀。

[①]《中共中央关于党的百年奋斗重大成就和历史经验的决议》,人民出版社2021年版,第46页。

可以预见，随着国家"十四五"规划的贯彻落实，中国式现代化建设必将取得新的伟大成就，人们运用马克思主义去关注中国和世界发展现实，去指导建构新发展格局的伟大实践不会止步于当下，理论界对"文化创新视域中的马克思主义中国化"问题展开的理论研究和实践研究也将获得发展，取得新的更多成果。因此，本书从整体哲学和文化创新视野来探讨马克思主义的魅力、活力、解释力、建构力、亲和力及人学逻辑所形成的一些认识，得出的某些结论，只是这个课题研究的阶段性成果，只是为研究马克思主义中国化与文化出场问题建立一个新的开放结构，为今后进一步深化研究提供一定基础。

第一章　文化出场与马克思主义的魅力

第一节　文化出场与中国道路的文化标志

中国道路创造了一个又一个"中国奇迹",也铸造了日臻完善的文化标志。在中国特色社会主义进入发展新时代,如何理解、把握和完善中国道路的文化标志,这是一个和坚持中国共产党领导、建成全面小康社会、实现中华民族伟大复兴事业息息相关的重大现实问题。深入研究中国道路的文化标志,全面把握中国道路的文化标志的丰富内涵,对于坚持走中国道路,发展和弘扬中国道路精神,沿着以习近平为核心的党中央指引的中国道路乘胜前进,实现"两个一百年"奋斗目标,都具有重大的理论意义和现实意义。

一、中国道路具有"一线三路"的文化特征

中国道路是在中国共产党领导下开辟、形成和发展的国家发展道路、中国社会发展道路、中国人民发展道路,而中国共产党的领导全过程、全方位贯穿中国道路,形成"全线""一线"的特征。"国家发展道路""中国社会发展道路""中国人民发展道路"三者构成"三路"的特征。"一线三路"具有深厚的文化底蕴,富有鲜明的国家特色、民族特色和时代特色。

中国共产党领导中国道路和开创革命文化、先进文化相适应。中国道路从革命启程，它的首要意义是开创无产阶级革命道路。从党登上中国政治舞台，独立领导中国革命开始，开创中国道路的同时也意味着党开创中国革命文化。在整个新民主主义革命时期，党开创并发展了中国革命文化，即建立了反对帝国主义、封建主义和官僚资本主义的文化。毛泽东把这种文化称作"新民主主义文化"，也就是民族的、科学的、大众的文化。党领导中国革命、开创中国道路这个伟大历程包含深厚的文化意蕴：一方面，在承继中华优秀传统文化的基础上开创革命文化。诚如毛泽东所指出："今天的中国是历史的中国的一个发展；我们是马克思主义的历史主义者，我们不应当割断历史。从孔夫子到孙中山，我们应当给以总结，承继这一份珍贵的遗产。"① 这就说明，承继历史传统是发展民族文化的重要条件。另一方面，自觉运用先进文化去开创革命文化。以毛泽东为代表的中国共产党人自觉运用马克思主义普遍真理去观察、分析国情、民情和党情，以马克思主义的立场、观点和方法指导中国革命、教育干部党员和启迪广大人民。在领导中国革命、开创中国道路过程中，党的历届全国代表大会，以及许多重要会议，诸如古田会议、遵义会议、瓦窑堡会议、西柏坡会议等，都成为开创红色革命文化的发源地、传播先进文化的集结地。因此，党领导中国道路的发展历程与党开创红色革命文化、传播和发展先进文化的光辉历程是互相适应的。

中国共产党领导中国道路和繁荣发展社会主义文化相适应。文化是一个国家、一个民族的灵魂。党领导的中国道路始终沿着先进文化前进方向开拓发展。新民主主义革命的胜利和中华人民共和国的诞生意味着党领导的中国道路进入发展新阶段，在这个阶段，党领导人民开展包括政治创新、经济恢复和文化重建等在内的一系列建设工作。新中国成立后的 17 年，党坚持"双百方针"，建设社会主义文化，取得很大进步。"文革"十年文化建设虽然出现挫折，但它为后来的文化建设提供了可资借鉴的经验教训。改革开放后的头 20 年，党坚持"三个

---

① 《毛泽东选集》第 2 卷，人民出版社 1991 年版，第 534 页。

面向"的发展方针，坚持"两手抓、两手都要硬"的思想，推进"两个文明"协调发展，取得重要建设成就，大胆探索并深化认识了社会主义文化建设规律。21世纪之初，党提出"三个代表"重要思想，代表先进文化前进方向，发展社会主义先进文化，促进了"十五"计划的贯彻落实。这一时期，党提出了"自然科学和哲学社会科学同等重要""自然科学人才和哲学社会科学人才同等重要"的思想，进一步深化了对社会主义文化现代化建设规律的认识。党的十七届六中全会提出建设社会主义文化强国，推进文化事业和文化产业协调发展，推动文化大发展大繁荣，不断提高文化国力。党的十八大以来，党以实现中华民族伟大复兴"中国梦""两个一百年"奋斗目标为动力，激发全民族文化创新活力，创造中华文化新辉煌，中华文化走向国际、影响世界。可见，党领导、开辟中国道路的发展历程与党发展、繁荣社会主义文化的壮丽历程是高度统一的。

中国共产党领导中国道路和推进中国人民全面发展相适应。党和人民同呼吸、共命运、齐发展。人的全面发展是马克思主义的最高价值旨趣，也是党领导人民走中国道路，发展中国特色社会主义事业的落脚点。党领导的中国道路是一条引导人民改善生活，促进人民提高素质，激发人民发展创造的道路。这条道路是"以文化人"和"以人创文"相结合的道路。文化兴则国运兴，文化强则民族强。要想国运兴，就要繁荣发展文化；要想民族强，就要厚实强大文化。而文化植根于实践，生成于生活，发展于交往，繁茂于国家建设，说到底，一个国家的强大、民族文化的强盛，取决于整个民族的思想道德素质和科学文化素质的整体提高、持续发展。21世纪以来，特别是党的十八大以来，党更加重视提升文化软实力，更加重视提高全体人民的思想觉悟、道德水准、文明素养，这是实现中华民族伟大复兴"中国梦"的必然选择，也是党完成新时代重大文化使命的必然要求。在中国特色社会主义新时代，党更加坚定走中国道路，中国人民更加坚定跟党走，发展中国道路。唯有走好这条道路，而不是别的什么道路，才能不断夯实发展进步福祉，推进中国人民全面发展。既然党领导的中国道路是中国特色社会主义道路，是坚定不移为人民实现美好生活、走向全面发展而砥砺奋进的道路，那就说明，党领导中国道路的发展历程与推进中国人民全面发展的伟大历程是高度统一的。

因此，中国共产党领导中国道路的过程是党领导中国革命建设和创造先进思想文化相统一的过程，具体表现为党缔造建设新中国和继承中华优秀传统文化、开创革命文化、发展先进文化、推进马克思主义中国化相统一的过程，表现为党繁荣发展社会主义文化、创造中华文化新辉煌和建设社会主义文化强国相统一的过程，也表现为中国共产党为实现人民美好生活和推进人的全面发展而长期不懈奋斗的过程。

二、中国道路铸造"五位一体"的文化标志

"中国道路"是中国共产党领导中国人民开创的具有中国特色的改革发展道路，它具有政治文化标志、理论文化标志、制度文化标志、观念文化标志和行为文化标志等，形成"五位一体"的互相适应的文化标志。这些文化标志具有丰富的文化意蕴和时代内涵。

1. 坚持中国共产党领导体现中国道路的价值观，形成政治文化标志

"中国道路是什么？"对于这个问题，中国共产党做出了正确而彻底的回答。中国道路的最大优势、最显著特色是坚持中国共产党领导，在当前，就是坚持和维护以习近平同志为核心的党中央的政治权威和集中统一领导。坚持中国共产党领导体现中国道路的价值观。其一，中国道路是追求民族独立的解放道路。近代以来，实现中华民族的独立和解放，这是中国道路最基本的价值追求。这个追求在中国共产党诞生、登上中国政治舞台之前是没有可能实现的。中国共产党披荆斩棘、指点江山、挥斥方遒，正确领导了新民主主义革命，并最后取得了完全胜利，实现了中华民族独立，由此中国道路的革命价值积淀成型。其二，中国道路是追求人民幸福的康庄道路。缔造新中国后，建设富强民主文明的社会主义社会，实现中国人民的幸福生活，成为中国共产党的重大使命，也构成中国道路的根本价值旨趣。70多年来，中国共产党始终不忘初心、矢志不移，努力实现中国人民的美好生活

愿望。党的十九大以后，这个美好愿望变得如此切近，中国已经于2020年全面建成小康社会，这是中国道路的创造价值的全面彰显。历史经验一再表明，没有中国共产党就没有新中国，就没有中国特色社会主义道路，只有坚持中国共产党的领导，中国道路才能持续健康发展。因此，中国道路最鲜明的政治文化标志就是坚持中国共产党领导。

2. 坚持中国特色社会主义体现中国道路的世界观，形成理论文化标志

"中国道路向何处去？"中国特色社会主义为解答这个问题提供了科学指导。中国特色社会主义作为思想旗帜，它和马克思列宁主义、毛泽东思想、邓小平理论、"三个代表"重要思想、科学发展观相联系，马克思列宁主义、中国化马克思主义都是观察世界、认识世界和改造世界的思想武器。中国人民，尤其是中国共产党人把马克思列宁主义的普遍真理作为指导中国现代化建设的思想立场、原则和方法，并在实践基础上形成中国化马克思主义，这样一来，中国化马克思主义就内化为中国人民尤其是中国共产党人的世界观、方法论。坚持中国特色社会主义，就要坚持以马克思列宁主义、中国化马克思主义来指导中国道路建设，并在扩大、延伸中国道路进程中不断推进中国理论、中国制度和中国文化的创新发展。在党的十九大上，习近平新时代中国特色社会主义思想被确立为全党必须长期坚持的根本指导思想，这就是坚持中国特色社会主义、以马克思主义及其中国化最新成果指导中国道路建设的具体体现。习近平新时代中国特色社会主义思想的创立，表明党指导中国道路建设的世界观发生质的飞跃，"马克思主义的科学性和真理性在中国得到充分检验"[①]。体现在：中国共产党观察世界的视野变得更开阔，容纳不同观点的胸怀变得更宽广，治国理政的思路变得更缜密，推动发展的方略变得更加完善，实现"中国梦"的境界变得更高远。就此意义而言，它确证了新时代中国道路的理论文化标志的形成。

---

① 丰子义：《马克思主义的科学性和真理性在中国得到充分检验》，《人民日报》2022年1月24日。

第一章　文化出场与马克思主义的魅力

3. 坚持全面深化改革体现中国道路的规则观，形成制度文化标志

改革的哲学是中国共产党人的发展哲学。这个发展哲学在理论上为社会主义商品经济的合法性做论证，在实践上为社会主义经济基础的变革提供指导，推动中国特色社会主义制度自我完善。20世纪80年代，改革是推动社会生产力发展的动力，通过改革来变革落后生产关系，释放生产力潜能。90年代，全面改革被提上中国发展的日程，通过全面改革来扫除社会主义市场经济的体制障碍，一批创新的制度规则制定出来，并付诸实施，成为推动中国新一轮快速发展的重大能量。21世纪之初，随着中国成功"入世"，社会主义市场经济不可避免与资本主义市场经济交往或交锋，社会主义市场经济如何能够既融入世界经济体系又站稳脚跟、稳步发展，既考验党驾驭社会主义市场经济的能力，也考验国家的治理体系和治理能力。这就是说，在市场经济条件下，中国共产党领导、依法治国和人民当家做主如何实现高度统一，仍然要靠改革来完善。党的十八大以来，中国的改革转向全面、精准、深入的改革，通过"破除一切不合时宜的思想观念和体制机制弊端，突破利益固化的藩篱，吸收人类文明有益成果，着力构建系统完备、科学规范、运行有效的国家制度体系，充分发挥社会主义制度优越性"[①]。因此，改革开放40多年来的实践已经证明并将继续证明，中国建立起来的政治、经济、文化和社会制度完全适合基本国情、适应发展需要，中国特色社会主义制度体系是中国道路的制度文化标志。

4. 坚持"五大"新发展理念体现中国道路的发展观，形成观念文化标志

发展理念是确定性的精神意识。中国马克思主义哲学家丰子义就此指出："既然中国道路是一种新的历史创造、新的文明探索成果，那就必然包含着某种创造的智慧，有其独特的发展理念。"[②] 内涵"创新、协调、绿色、开放、共享"的新发展理念就是包含创造智慧的发展理念，是现代化的发展理念，也是中国共产党领导中国道路的发展理念。

[①] 《党的十九大报告辅导读本》，人民出版社2017年版，第21页。
[②] 丰子义：《中国道路的哲学自觉——实践唯物主义的当代意义》，《北京大学学报（哲学社会科学版）》2015年第4期，第14页。

新发展理念之"新",在于其创新了发展理念,它把新时代最基本、最重要的创新、协调、绿色、开放、共享的理念做出统一建构,熔铸成中国共产党人的发展观念,不断提升中国共产党人的发展境界。创新是引领发展的第一引擎。只有不断推进理论创新、实践创新、制度创新、文化创新以及其他各方面的创新,中国道路才会走得更长远。协调是平衡、均等发展的条件和状态。不断推进城乡之间、区域之间、领域之间、产业之间的协调发展,中国道路才会走得更踏实。绿色是希望、和谐之色,绿色也是生态平衡、生命旺盛、生机蓬勃的体现。坚持以绿色理念推动发展,就要遵循自然之道,做到尊重自然、敬畏自然、保护自然,走利用自然和保护自然相结合的道路,促进人与社会、人与自然之间的协调发展,中国道路才会走得更健康。开放是新时代最显著的发展理念之一。开放包括国内开放和对外开放、领域开放和部门开放、制度开放和文化开放,等等。开放的理念和改革的理念相容相契,统一于中国发展实践。只有坚持改革开放,才能发展中国、发展社会主义、发展马克思主义,中国道路才会走得更宽广。共享是指发展成果共享、发展价值分享。共享理念是中国共产党发展宗旨的具体化、现实化,也是中国共产党实现发展承诺的精神支撑。总之,新发展理念创新了中国共产党人的发展理念,发展了科学发展观思想,它使中国道路不断延伸扩大,也使中国发展更科学、更健康。

5. 坚持全面性多层次宽领域开放体现中国道路的实践观,形成行为文化标志

开放是决定中国命运的关键一招,是发展中国特色社会主义的重要方法和手段。社会开放是世界历史发展的必然趋势。开放实践是遵循人类社会发展规律办事的理性实践。这种理性实践为多极主体相互认同,逐渐形成交往惯例,久而久之积淀为交往行为文化。40多年来,中国的开放道路形成了以经济特区为试点的探索型开放、沿海沿边沿线的扩大型开放、全面性多层次宽领域的大开放的实践轨迹。探索型开放以政府政策为指导,以个体行为为主导,其价值追求以实现个人利益或部门利益为核心。扩大型开放以市场调节为动力,以集体行为为主导,其价值追求以实现局部利益或区域利益为核心。大开放以制

度创新为引擎,以国家行为为主导,其价值追求以实现国家利益或民族利益为核心。党的十八大以来,中国的大开放实践又出现新变化,体现在:经济领域的开放步伐进一步加大,文化领域的开放质量进一步提高,社会公共领域的开放水平进一步提升,军事领域的开放交往更加多样,外交领域的开放更加深入。这些现实说明,新时代中国的开放实践更加注重个体利益和群体利益的统一,更加注重局部利益和区域利益的平衡,更加注重国家利益和国际利益的协调,从而大大推进中国特色社会主义事业。由此可见,坚持全面性、多层次、宽领域的开放,坚持稳步推进发展的伟大实践,形成中国道路的行为文化标志。

应当指出,中国道路的政治文化标志、理论文化标志、制度文化标志、观念文化标志和行为文化标志,它们之间互相支撑、互相渗透、共生发展,共同构成国家道路标志。在中国特色社会主义新时代,中国道路将继续开放延伸发展,中国道路的文化标志也将随之得到进一步完善。

三、以综合创新完善中国道路的文化标志

与自然形成的地理文化标志、社会建设的物质文化标志的发展方式不同,完善中国道路的文化标志要把理论创新、实践创新和交往创新等方式有机结合起来,走综合创新的道路。

1. **在理论创新中阐释中国道路文化标志的价值和意义**

中国共产党开创中国道路,领导改革发展实践,推进中国特色社会主义事业,这样的伟大实践是前无古人的创新实践。正是这种实践不断生成具有中国共产党人气质的思想理念,具有中国社会特色的文化符号,具有中华民族气派的文化精神。这些思想理念、文化符号、文化精神互相渗透、互相影响,共同型塑中国道路的文化标志。体现在:一是形成了具有中国共产党人气质的思想理念。比如:"共同富裕"思想、"两手抓两手都要硬"思想、"三个代表"重要思想、"科学发展观""新发展理念""四个伟大"思想、"五个认同"思想;体现中

华文化和中国精神的精华的"习近平新时代中国特色社会主义思想"。这些思想理念熔铸成中国化马克思主义的重要内容。二是提出了具有中国社会特色的战略举措、战略布局。比如：创建"经济特区"、实施"西部大开发"；建设"上海自贸区""雄安新区""粤港澳大湾区""海南自贸港"；统筹推进"五位一体"总体布局，协调推进"四个全面"战略布局，等等。这些战略举措、战略布局凝练成具有独特意义的文化符号。三是建成具有中华民族气派的文化交往交流平台。比如："中华文化促进会""孔子学院""南南合作与发展学院""深圳文博会"，等等。这些平台是中国开展对外文化交往的重要阵地，也是中国发展道路上熠熠生辉的文化符号。四是铸造了体现民族精神和时代精神的文化精神。比如："两弹一星"精神、"北京奥运"精神、"广州亚运"精神、"载人航天"精神，新时代形成的"脱贫攻坚"精神、伟大抗疫精神，等等。对于这些思想理念、文化符号、文化精神，要在推进中国理论创新过程中阐释其中国价值和世界意义，也要在阐释中国道路的文化标志过程中推进马克思主义的中国化。

2. 在实践创新中充实中国道路文化标志的本质内涵

中国道路的文化标志产生于改革发展实践，改革发展实践也为文化标志充实新的内涵。一方面，伟大的改革发展实践是形成鲜明丰富的中国道路文化标志的历史前提。中国道路的文化标志具体体现为政治文化标志、理论文化标志、制度文化标志、观念文化标志和行为文化标志，这些标志彰显了中国在政治建设、理论建设、制度建设、经济文化建设和发展方式等方面的特质和价值。另一方面，中国道路的文化标志是中国发展的重大成就、重要经验和伟大梦想在文化层面上的集中反映。中国道路的文化标志表现国家发展历程，也体现国家发展本质，因而它是政治文化标志、理论文化标志、制度文化标志、观念文化标志和行为文化标志的综合和抽象，是中国方案、中国精神、中国智慧的集中体现。从根本上看，中国道路的文化标志集中体现中国共产党的伟大建党精神、中国人民的伟大民族精神、中国社会的和谐精进精神，因而中国道路的文化标志的精神要素和社会主义核心价值观的基本内涵是互相适应、互相渗透、共生发展的。在中国特色社会主义新时代,要自觉坚持以实践创新的方式,聚焦中国社会主要矛盾变化的现实,贯彻社会主义现代化建设基本方略,建设富强文明民主和谐美丽国家,不断增加中国道路的文化标志的新元素,使其本质内涵不断充实丰富。

3. 在交往创新中弘扬中国道路文化标志的时代精神

铸造精神是弘扬精神的基础,弘扬精神是铸造精神的提升,在建设中国特色社会主义,实现中华民族伟大复兴的道路上,要把铸造精神和弘扬精神高度统一起来。中国道路铸造了中国人民追求独立自主的革命奋斗精神,铸造了中国共产党人一切以人民为中心的求实创新精神,也铸造了中华民族推动改革发展的砥砺进取精神,要在彰显中国道路的文化标志过程中发扬光大这些精神。在全面建成小康社会、推进和实现第二个百年奋斗目标的历史交汇期,不同主体要创新交往方式,大力弘扬中国道路的文化标志所突显的时代精神。在个体主体层面,要以增进真诚信任为目标,开展感性交往实践,弘扬爱国敬业、诚信友善、平等互利的和睦发展精神。在群体主体层面,要以增加真实信息为目标,开展理性的物质文化交往,弘扬开放包容、公平正义、民主法治的和谐发展精神。在国家主体层面,要以增强长效信心为目标,构建人类利益共同体、命运共同体、责任共同体,弘扬共建、共商、共享的和平发展精神。这就是说,中国人民、中国共产党人和中华民族每一分子都应当注重交往创新,在创新交往中自觉阐明中国道路的文化符号,自信亮明中国道路的文化身份,自由澄明中国道路的文化足迹,把弘扬革命奋斗精神、创造创新精神、科学发展精神与弘扬和睦发展、和谐发展、和平发展的时代精神结合起来,不断提升中国道路的文化标志深度濡润中国、全面光彩世界的影响力。

总之,中国道路是坚持马克思主义思想旗帜的发展道路,是自觉传承中华优秀文化传统的创新道路,是显现中国时代文化标志的复兴道路。中国道路的文化标志显现为政治文化标志、理论文化标志、制度文化标志、观念文化标志和行为文化标志,这些标志是中国道路的思想理念、文化符号、文化精神的复合建构。中国道路的文化标志不断充实丰富,既照亮中国特色社会主义道路的进程,也指引富强民主文明和谐美丽中国的未来。

第二节　马克思主义与中华民族伟大复兴

改革开放40多年来，随着中国特色社会主义事业的发展进步，人们对中华民族凝聚力问题的研究逐步深入，迄今已取得了非常丰硕的理论成果和实践成果。党的十八大以来，中华民族凝聚力进一步得到增强，在国内和国际上都发生了更大的集聚效应和发散效应，这与中华民族从站起来、富起来走向强起来，逼近伟大复兴有关系，也与习近平新时代中国特色社会主义思想的形成并发挥巨大的向心作用、聚合作用、吸引作用和说服作用有关系。深入探讨习近平新时代中国特色社会主义思想和中华民族凝聚力的关系，坚持以习近平新时代中国特色社会主义思想引领中华民族走向伟大复兴，澄明马克思主义文化出场的真理力量和持久价值，具有特别重大的理论意义和现实意义。

一、深刻认识新时代中华民族凝聚力的"四维图像"

中国特色社会主义进入新时代，中华民族也进入了一个新的发展境界，体现在：它正在焕发新的活力，传续新的传统，固实初心信仰，也正在增强对现实世界的深入理解和合理解释，不断更生民族自身，创生幸福社会，共生和谐世界。这就意味着中华民族具有巨大的凝聚力。"凝聚力"原指物质元素的聚合力、结构力，是物质系统内在结构要素或元素的互相适应、互相吸收、互相支撑的环节与过程。这个自然科学的概念被拓展用于哲学社会科学领域，成为描述经济社会及政治人文系统的发展范畴。就中华民族的凝聚力而言，这种力量植根于一个有核心的正统力量，发源于一个有悠久历史文化的发展传统，奠基于一个有深厚信仰的支撑道统，展现于一个有现实说服力的阐释系统。这种力量是一种强大的统合力量，并以清晰的"四维图像"呈现于此在世界上。

1. 中华民族凝聚力是一个有核心的正能力

华夏大地，神州四方，造就了爱国爱家、务实创新、方正伟毅、宽宏大量、深谋远虑的中华民族。中华民族具有凝聚力，但它的"力"不是物理学科意义上的"力"，而是融贯一致的思想力、领导力和文化力。而思想力、领导力和文化力分别植根于一个思想核心、领导核心和文化核心。从思想核心来看，儒佛道三家的思想精髓共同建构了中华民族的思想核心。儒家追求仁义礼智信，实现内圣外王；佛家追求干净、平安、清凉、恒久、快乐，实现心灵安宁；道家追求阴阳相和、顺天应时，实现天人合一。三家思想也具有一个共同点，那就是儒家的治国、佛教的治心和道家的治世在本质上都是追求人与社会、人与他人、人与自然、人与自身的和谐共生。在新时代，中华民族的思想力、领导力和文化力注入了新思想，中华民族在党的领导下解放思想，改革开放，关爱民生，匡扶正义，更具创新活力。从领导核心来看，中国共产党是中国人民和中华民族的先锋队，是中国特色社会主义事业的领导核心。用马克思主义武装起来的中国共产党才"真正把中国人民和中华民族带上实现民族复兴的人间正道"①。100多年来，中国共产党筚路蓝缕，戮力前行，缔造了坚持真理、坚守理想，践行初心、担当使命，不怕牺牲、英勇斗争，对党忠诚、不负人民的伟大建党精神，也缔造了中国共产党人的艰苦奋斗精神、科学理性精神、开放民主精神、创新创造精神、民本合作精神。这些精神是中国共产党精神的丰富内涵。在新时代，中国人民和中华民族的领导核心更坚强、更有力。从文化核心来看，中国坚持马克思列宁主义、毛泽东思想、中国特色社会主义理论体系和习近平新时代中国特色社会主义的指导，坚持弘扬中华优秀传统文化，坚持践行社会主义核心价值观，坚持彰显红色革命文化，坚持发展中国特色社会主义先进文化。从根本上讲，就是坚持中国共产党对中国文化建设与发展的正确领导，传承与捍卫中华优秀传统文化基因、中国革命文化基因、社会主义文化基因，让马克思主义文化出场。正因为中华民族始终有思想核心、领导核心和

---

① 中共中央宣传部：《中国特色社会主义学习读本》，学习出版社2013年版，第67页。

文化核心，才有思想力、领导力和文化力，因而中华民族才有强大统合力，并始终生产正能量，释放正义力量。

2. 中华民族凝聚力是一个有悠久历史文化的发展力

中华民族具有5000多年悠久的历史文化，中华文明是世界上唯一的一个不曾中断的文明形态。中国史学家葛剑雄指出："在世界的文化大国中，中国是唯一能保持历史的延续、文化的一致和疆域的稳定的国家。"① 这里可以形成一个最基本的认识，那就是中华民族具有强大的生命力、发展力。中华民族之所以能够生生不息，中华文明之所以能够绵延不断，最重要的原因是中华民族形成的优秀文化传统没有破碎和断裂。这些传统包括安土重迁的生活传统、明德修心的思想传统、厚德载物的道德传统、中度中庸的交往传统、敬老爱幼的教育传统和贵生贵和的发展传统，等等。在美国学者 E. 希尔斯看来，"传统"是围绕人类的不同活动领域而形成的世代相传的行事方式，是一种对社会行为具有规范作用和道德感召力的文化力量②。就此意义来看，中华民族在历代的生活与发展实践中，人们对传统的各种载体不断赋予其新的价值和新意义，型塑新的美好事物，从而不断发展出新的传统文化。从教育传统层面来审视，在社会主义革命和建设时期，中国共产党强调培养又红又专的新人。在改革开放时代，中国共产党强调培养"四有"新人。在改革开放和社会主义建设新时期，中国共产党强调培养全面发展的新人。在中国特色社会主义新时代，习近平强调要培养德智体美劳全面发展的新人，各级党委组织部门要及早发现、及时培养、源源不断选拔使用适应新时代要求的优秀年轻干部。2018年9月，习近平心系教育、心系民生、瞻望未来，科学总结新时代党领导教育改革发展的一系列新思想新理念新观点，提出"九个坚持"等重要论断，这是中华民族教育传统的忠实性传承，是中华民族优秀文化传统的创新性发展，也是马克思主义文化传统的坚定性赓续。正因为中华民族具有优秀文化传统，这些传统不断得到创新，从而促进中华民族

---

① 葛剑雄：《我们应有的反思：葛剑雄编年自选集》，中信出版集团2015年版，第148页。
② 参见［美］E. 希尔斯：《论传统》，傅铿、吕乐译，上海人民出版社1991年版，译序。

凝聚力厚实发展。

3. 中华民族凝聚力是一个有深厚社会信仰的支撑力

中华民族具有深厚的社会信仰。这一点与中华民族多元一体的特点有关。在5000多年的文明发展史里，中华民族实现多次融合，这种民族融合，既是人民的生产生活的转移、变迁，也是思想观念的更新、嬗变。但民族融合的总趋势与国家的统一和社会信仰的多元化是相适应的。几千年来，中华民族普遍追求国家统一和民族融合，其文化后果则是出现社会信仰多元化。问题在于，民族信仰多元化，社会发展差异化，并没有造成国家分裂、文明中断。这就说明，在中华民族发展过程中存在一个强大的支撑力量，即道统。所谓"道统"，有人指认它是儒家学术思想教授与传播的系统；有人指认它是国家统治的"合法性"或政党执政的"合法性"；也有人认为它专指中华民族的思想与行为传统，即在养心问题上讲孝悌忠信，在修身问题上讲礼义廉耻，在践行问题上讲仁爱和平。上述认识不无道理。在新时代条件下，"道统"应做出新的理解，着重把握人们学道、悟道、循道而形成的统合力，以及这种统合力对国家统一和社会发展起到支撑作用的重大意义。正像习近平所指出："多民族的大一统，各民族多元一体，是老祖宗留给我们的一笔重要财富，也是我们国家的一个重要优势。"① 这就是说，中华民族的一笔重要财富、一个重要优势，体现在它具有极其深厚的思想文化积淀，并上升为巨大的文化资本：在社会层面，人们普遍信仰儒家的社会之道、道家的自然之道、佛家的心灵之道。这些"道"的积极、合理成分融入社会主义核心价值观之中，在人们指导生活、开创事业、健全交往、安顿灵魂等方面发挥了重要作用。在国家层面，中国共产党领导人民寻求从站起来到富起来再到强起来这样一个发展之道。这个"道"是中国道路的成功之道、胜利之道。在执政党层面，中国共产党探索、掌握并深化认识中国共产党执政规律、社会主义建设规律、人类社会发展规律。这三大规律是三条大道，是中国共产党必修之道，是中国人民建设中国特色社会主义借鉴之道，也是中国走

---

① 《习近平谈治国理政》第2卷，外文出版社2017年版，第299页。

向和融入当代世界之道。无论是秉持"大道之行，天下为公"的理想，还是遵循"鉴于往事，资以治道"的理念，中国共产党建设中国式现代化，开辟发展新境界的过程，始终与马克思主义的文化出场相伴随、相融合。因此，新时代中华民族的"道统"体现中国现代社会的重要特质，它是贯通于思想层面、国家层面和执政党层面的信仰道统，也是实现中华民族持续发展的精神支撑力量。

4. 中华民族凝聚力是一个有现实说服力的阐释力

说服力是生成凝聚力的基本前提。对现实问题是否具有说服力，对国家发展状况是否具有解释力，以及对世界历史本质是否具有阐释力，莫不是对一个民族是否具有强大凝聚力的重要评价标准。举三个例子来说：一是著就《矛盾论》《实践论》《论十大关系》等光辉篇章的毛泽东为取得新民主主义革命的伟大胜利和建设新中国的伟大实践提供了哲学论证。二是著就《解放思想　实事求是　团结一致向前看》《社会主义也可以搞市场经济》《建设有中国特色的社会主义》《振兴中华民族》等著名篇章的邓小平为建设四个现代化、实现共同富裕提供了理论指南。三是著就《习近平谈治国理政》四卷本的习近平，创立了习近平新时代中国特色社会主义思想，形成了当代中国马克思主义、21世纪马克思主义，实现了马克思主义中国化的新飞跃，推进了中华民族伟大复兴事业，为中国特色社会主义的光明前途提供了全面而深刻的科学诠释。上述例子说明，中华民族是具有强大能量和凝聚力的民族。在当下，中国面临国内发展质量和效益不高、科技创新驱动力不强、发展不平衡不充分和环境污染等问题。在世界上，中国与其他国家共同面临经济疲软、能源危机、恐怖主义、单边主义等影响和平与发展的重大问题。直面这种或那种问题，中国共产党人能够对当代世界的内在发展逻辑保持清醒认识，并给予系统研究、积极应对，取得预期发展成就。这是马克思主义文化的自觉出场，去解释世界、解读焦点、解决问题所发生的重要效应。中国人民不但要把祖国发展好，使之不断强大起来，也要掌握新时代的话语权，研究好中国问题，解释好中国发展，传播好中国故事，还要加强对国际焦点问题、世界热点问题的研究与解读，发出中国人的声音，提高中华民族系统性解释世界的能力与影响。

总之，中华民族是一个具有强大凝聚力的伟大民族。其凝聚力的生成、巩固和发展奠基于有核心的正统力量，有悠久历史文化的发展传统，有深厚信仰的支撑道统，有现实说服力的阐释系统。这就是中华民族凝聚力的"四维图像"。随着习近平新时代中国特色社会主义思想的创立、贯彻、运用，马克思主义文化出场的重大社会效应继续发生，内涵正能力、发展力、支撑力、阐释力的中华民族凝聚力进一步得到提升。

二、习近平新时代中国特色社会主义思想建构中华民族凝聚力的"平行四边形"

中国共产党领导人民直面新时代新的重大现实问题，啃硬骨头、涉险滩，推进重大改革和社会开放，在理论创新和实践创新的双重维度上取得重大突破，形成重大原创性成果，形成习近平新时代中国特色社会主义思想。这个新思想建构了党的坚强核心、新型文化形态、人民坚定的信仰、现实的解释力量，擘画了中华民族富有向心力、聚合力、吸引力和说服力的"平行四边形"，展现了中华民族凝心聚力、同心合力的"四维图像"，推进了中华民族伟大复兴事业。

1. 习近平新时代中国特色社会主义思想建构了党的坚强核心，增强了中华民族的向心力

在党的十九大，习近平新时代中国特色社会主义思想被确立为中国共产党的根本指导思想。这意味着全党和全国各族人民的思想领导、政治领导有了坚强核心。中国人民在以习近平同志为坚强核心的党中央领导下，孜孜以求，不懈奋斗，卓有成效地建设中国特色社会主义，中华民族变得更有向心力。

党的领导有核心。党政军民学，东西南北中，党是领导一切的。党的十八大以来，中国共产党形成了以习近平同志为坚强领导核心的党中央。党的领导核心从思想领导有"主义"、政治领导有"主心骨"、组织领导有"主导规矩"、文化领导有"主要抓手"等方面体现出来。

首先，党的思想领导有"主义"。这是指中国共产党坚持以马克思列宁主义、毛泽东思想和中国特色社会主义理论体系为指导，特别是坚持以习近平新时代中国特色社会主义思想为指导。习近平新时代中国特色社会主义思想是当代中国化马克思主义，是十八大以来中国共产党领导中国人民建设中国特色社会主义伟大实践的理论总结，是中国共产党的集体智慧结晶，是成功推进中华民族伟大复兴事业的思想旗帜，也是中国人民团结奋斗的精神旗帜。其次，党的政治领导有"主心骨"。习近平同志是中国共产党的领导核心，是习近平新时代中国特色社会主义思想的主要创立者，是全党和全国各族人民高度拥戴的伟大领袖。习近平同志带领全体中国共产党人以巨大的政治勇气和强烈的责任担当，提出一系列新理念新思想新战略，出台一系列重大方针政策，推出一系列重大举措，推进一系列重大工作，解决了许多长期想解决而没有解决的难题，办成了许多过去想办而没有办成的大事，消除了党和国家内部存在的严重隐患，推动党和国家事业发生历史性变革，为党和国家事业发展提供了坚强政治保证。再次，党的组织领导有"主导规矩"。党的十八大以来，在党中央正确领导下，党内制度建设取得重大成效。从严治党把制度规矩挺在前面，全国各地以中央颁布的"八项规定"和《中国共产党廉洁自律准则》《中国共产党纪律处分条例》为依据，制定一系列实施细则，为从严治党打造了制度"铁笼子"。10多年来，各级党委落实全面从严治党要求，严明纪律规矩不打折扣，自觉执纪担责，不回避问题，以上率下、以身作则，营造风清气正的政治环境，党内政治生活气象更新，党内政治生态明显好转，党的创造力、凝聚力、战斗力显著增强。最后，党的文化领导有"主要抓手"。文化建设是国家意识形态建设的重要组成部分，也是党的中心工作的重要组成部分。抓好文化建设关键在党。党领导文化建设的主要抓手在于：抓关键少数干部，增强"四个意识"。抓主流意识形态，发挥主渠道作用。抓宣传舆论导向，释放正义力量。抓网络和信息安全，净化网络环境。抓高校思想政治课，建设社会主义育人主阵地。抓高端智库平台，建设一流资政空间。抓学科体系、研究体系和话语体系，建设中国特色哲学社会科学。抓优秀年轻理论队伍，建设后备生力军。

可见,有核心才有向心力。在以习近平同志为核心的党中央带领下,中国特色社会主义建设主题确立了圆心,中国特色社会主义发展战略形成了重心,中国特色社会主义理论线索明晰了中心,全国人民同心同德,砥砺奋进,进一步增强了中华民族向心力。

2. 习近平新时代中国特色社会主义思想建构了中国新型文化形态,增强了中华民族的聚合力

以习近平同志为核心的党中央,高度重视文化建设,强调不忘本来、吸收外来、面向未来,增强文化自信,传承中华优秀传统文化,发展社会主义先进文化,建设社会主义文化强国。在习近平新时代中国特色社会主义思想指导下,由中华优秀传统文化、红色革命文化、中国特色社会主义先进文化共同滋育的中国新型文化形态被建构起来,中华民族的聚合力进一步增强。

中华优秀传统文化是老祖宗,是发展根基。这种根基是非物质的,又是时间性的。时间是有意义的存在。文化时间是老祖宗积淀和传续下来让后人分享的意义存在。人们传承老祖宗的东西越多越好,就越能掌控文化时间,把握新时代发展的核心和重点。因为任何有见识的人都明白,离开老祖宗高谈现代化就难免西化或异化,离开民族性奢谈世界化也难免色盲化或弱视化。中华优秀传统文化是我们的老祖宗,是中华民族文化时间的积蓄者,是优质遗产的创造者。继承好、发展好中华优秀传统文化是当代中国人乃至每一代中国人的神圣使命。基于这种理解,我们就要持续推动中华优秀传统文化创造性转化、创新性发展。正如习近平同志2017年4月19日在广西考察时强调:"要让文物说话,让历史说话,让文化说话。要加强文物保护和利用,加强历史研究和传承,使中华优秀传统文化不断发扬光大。"[1] 这个论断决定性地阐明了发扬光大中华优秀传统文化是建构当代中国新型文化形态的一个根基性工作。

---

[1] 习近平:《扎实推动经济社会持续健康发展》,新华网,http://www.xinhuanet.com//politics/2017-04/21/c_1120853744.htm。

红色革命文化体现中华民族血性。红色革命文化是党领导新民主主义革命和社会主义革命过程中形成的具有不畏艰难、敢于牺牲、勇于担当、善于创造的精神文化。红船精神、长征精神、延安精神、西柏坡精神、南泥湾精神，等等，都是红色革命文化的精神元素，都是要倍加珍惜、积极守护、悉心发扬的民族血性。在革命战争年代，李大钊、方志敏、马本斋、刘胡兰、黄继光、董存瑞等烈士，都是中华民族富有牺牲血性的英雄。在社会主义建设和改革开放新时代，在军事和国防现代化建设中做出突出贡献的钱学森、黄旭华、杨利伟、肖飞等科研人员，同样是具有中华民族奋斗血性的楷模。在习近平新时代中国特色社会主义思想指导下，党领导全国各族人民，挖掘和保护革命文化资源，学习红色革命文化，弘扬崇高革命精神，培育植入民族精神的奋斗血性和特质，具有极为重大的意义。正如习近平同志2018年5月2日在北京大学师生座谈会上所指出的："中国人民的特质、禀赋不仅铸就了绵延几千年发展至今的中华文明，而且深刻影响着当代中国发展进步，深刻影响着当代中国人的精神世界。"[①] 这就说明，红色革命文化的血性和精神是建构当代中国新型文化形态的结构要素。

中国特色社会主义先进文化贯通新时代精神。文化具有时代性。新时代创造新文化，先进文化引领新时代。先进文化的特性主要体现在：文化思想观念的先进性，文化改革发展的先进性，文化理论提升的先进性。建设中国特色社会主义先进文化，得益于习近平新时代中国特色社会主义文化思想的指导。这个新思想强调文化建设的民族性、开放性、包容性、创新性、共享性、安全性，为塑造中国新型文化形态提供了科学思想指南。其次，它得益于中国文化文艺体制改革的深化。贯彻习近平新时代中国特色社会主义文化思想，推动了中国公共文化事业体系健全发展，促进了文化产业良好发展，作品数量较快攀升，质量逐步跃升，精品力作不断涌现。再者，它得益于社会主义核心价值观的弘扬。以爱国主义为核心的民族精神和以改革创新为核心

---

① 习近平：《在北京大学师生座谈会上的讲话》，新华网，http://www.xinhuanet.com/politics/2018-05/03/c_1122774230.htm。

的时代精神融会于建设中国特色社会主义先进文化过程中，中华民族精神得到重构和焕发，时代精神得到新的铸造和弘扬，服务社会主义建设事业的新人得到广泛培养。中国特色社会主义先进文化成为塑造人的崇高精神、丰富人的良好气质、提升人的高尚品格的重要媒介和载体。正如习近平同志2018年5月2日在北京大学师生座谈会上所指出的："我讲到中国人民的伟大创造精神、伟大奋斗精神、伟大团结精神、伟大梦想精神。这种伟大精神是一代一代中华儿女创造和积淀出来的，也需要一代一代传承下去。"① 应当说，"四个伟大"精神是扎实推进中国特色社会主义先进文化建设，全面提高中华民族整体聚合力的重要力量。

可见，有文化才有聚合力。在习近平新时代中国特色社会主义思想指导下，以中华优秀传统文化为根基、以红色革命文化为支撑、以中国特色社会主义先进文化为主体、吸收借鉴外来优秀文明成果为补充的新时代中国新型文化形态逐渐建构起来，它成为中国人民的重要精神家园，并将不断提升中华民族的聚合力。

3. 习近平新时代中国特色社会主义思想建构了人民的坚定信仰，提高了中华民族的吸引力

信仰是植根于人的思想深处的信奉和寄托，是人们安顿精神生活的文化地基。从起源来说，信仰是外化于自然而内化于人类的精神存在。信仰作为人类的精神创造物，是人类的对象性存在。它作为"第二自然"，是"一本打开了的关于人的本质力量的书，是感性地摆在我们面前的人的心理学"②。从作用来说，信仰具有强大吸引力。与无信仰的人相比，有信仰的人变得目标集中且远大，生活更有追求，工作更有韧劲，发展更有力量。习近平同志指出："人民有信仰，国家有力量，民族有希望。"③ 这说明人民的信仰和国家的力量与民族的希望之间存在重要关联。中国人民是有信仰的。信仰对象的多样化在中华民

---

① 习近平：《在北京大学师生座谈会上的讲话》，新华网，http://www.xinhuanet.com/politics/2018-05/03/c_1122774230.htm.
② 马克思：《1844年经济学哲学手稿》，人民出版社2000年版，第88页。
③《习近平谈治国理政》第2卷，外文出版社2017年版，第323页。

族历史发展过程中是一个重要特点。但是，迄今为止，没有哪一种信仰像习近平新时代中国特色社会主义思想那样使9700多万党员变得更坚定和执着，使14亿多人民更团结和同心。表达和诠释习近平新时代中国特色社会主义思想的四卷著作《习近平谈治国理政》在国外出版后被广泛传阅与研究。揭开人们信仰习近平新时代中国特色社会主义思想的时代答案，是和发现中国道路的成功之道，发现中华文化的博大精深之道一样令人着迷，而且富有重大意义。

习近平新时代中国特色社会主义思想改善了国家和民族的整体面貌。这个新思想产生了重大效应。一是国家实力明显增强。新思想全面指导了中国的经济建设、政治建设、社会建设、军事建设、科技建设、文化建设和生态文明建设，促进国家经济社会持续和协调发展，取得重大建设成就。另一方面，新思想统一建构了党的思想核心和理论核心，它一脉相承于马克思主义，又与时俱进地推进了马克思主义的中国化，提高了全民族理论自信，增强了国家整体实力。二是中华民族面貌发生很大变化。中国共产党是中华民族大家庭的坚强领导。用新思想武装起来的中国共产党极大地改变了中华民族的生存状况和生活面貌，使我国56个民族富有尊严地生活在世界上。有了新思想，中华民族走向伟大复兴的领导力量、激励力量、保障力量也变得更加强大。

新思想提高了党的先进性、纯洁性、神圣性。中国共产党是领导56个民族走共同富裕道路，实现社会主义共同理想的主心骨。新思想植根于全面从严治党实践，着眼于推进党的建设伟大工程，是党的重大理论文化创造。新思想对于巩固党的执政地位，提高党的执政能力，增强中华民族的吸引力，都具有重大意义。它适应了新时代对党的政治建设、思想建设、制度建设、能力建设、文化建设的新要求，推进了党的政治文化、红色革命文化、中国特色社会主义制度文化建设，提高了党的理论创新水平和发展境界，提升了党的整体形象，使之变得更崇高和完善。正是在新思想的指导下，中国共产党直面重大风险考验，处置党内存在的突出问题，巩固了执政地位，提高了执政能力，保持了先进性、纯洁性、神圣性，从而也提高了中华民族的吸引力。

新思想回应了人民对美好生活的向往。新思想是建设和推进中国特色社会主义的新思想。进入新时代，我国社会主要矛盾发生了重大转化，人民对美好生活的向往既是这个矛盾转化的主要表现，也是新思想力求趋向和实现的生活现实。习近平同志指出，人民群众对美好生活的向往就是中国共产党的追求。就此意义而言，新思想坚持了以人民为中心的发展原则，回应了人民对美好生活的向往，体现了党为人民执政的根本宗旨，坚固了中华各民族永远跟党走的理想信念。

可见，有信仰才有吸引力。亿万人民坚定对习近平新时代中国特色社会主义思想的信仰，坚定对马克思主义的信仰，从而坚定中国特色社会主义的"四个自信"，坚定中华民族发展的历史自信。正是这种坚定信仰和强大自信，使中华民族释放出前所未有的巨大创造力量，使中华民族的面貌发生了前所未有的历史性变化，也使中华民族变得更有吸引力，以崭新姿态屹立于世界的东方。

4. 习近平新时代中国特色社会主义思想建构了现实解释力量，佐证了中华民族的说服力

能够基于新的实践创造科学理论的民族最有说服力。中华民族就是这样的民族。党的十八大以来，党中央着眼于决胜全面建成小康社会，稳步推进全面深化改革、全面依法治国、全面从严治党，协调推进"四个全面"战略布局，统筹推进"五位一体"现代化建设，取得重大历史性成就。这些生动丰富的现实成就是文化出场的高度表现，它无可辩驳地佐证了习近平新时代中国特色社会主义思想的创造力。

经济建设一枝独秀。在世界经济持续低迷，甚至滑坡的境况下，中国成为第一大制造国、第一大外汇储备国、第一大货物贸易国、世界第二大经济体，中国经济继续保持稳定增长和协调发展。这是中国共产党做出与时俱进的重大发展决策、重大改革政策、重大战略部署的必然结果。仅从一系列通俗语词所表达的经济发展现实——供给侧、去杠杆、去库存、调结构、转方式、保增长、惠民生、大开放、高质量、精准扶贫、"一带一路"倡议、自贸区和自贸港、粤港澳大湾区、共同富裕展示区，就足以说明习近平新时代中国特色社会主义经济思想契合中国经济现实，对重大经济问题具有解释力。

政治建设高屋建瓴。党要管党，从严治党。坚决维护党的核心、

维护党的集中统一领导，增强"四个意识"，树立"四个自信"，对党员干部消极腐败行为"零容忍"，查办违纪违法行为无死角，"打虎扑蝇"多管齐下，反腐倡廉取得重要成就，干部变得清正、政府变得清廉、政治变得清明，实现了党风政风会风文风的明显好转，提高了政府执行力、国家公信力。与此同时，依法治国为投资营商、创新创业、科研生产、旅游休闲创造了良好环境，为中国树立了更多公平正义，为社会注入了更多正能量，提升了社会健康发展水平。这说明习近平新时代中国特色社会主义政治思想适合中国党情、政情，对新型政党制度和中国政治法律制度具有诠释力。

文化建设厚德载物。文化是一个国家、一个民族的灵魂。进入新时代以来，中国共产党坚持中国特色社会主义文化建设道路，深化文化体制改革，解放文化生产力，发展文化创造力，促进文化事业和文化产业的大发展，塑造了许多文化新业态，增强了文化市场活力，扩大了文化传播力，提高了中华文化影响力，从而增强了中华民族解释世界和理解世界的能力。这说明习近平新时代中国特色社会主义文化思想吻合中国国情和历史，不但能够"为全国各族人民不断前进提供坚强的思想保证、强大的精神力量、丰润的道德滋养"①，而且能够为国际社会破解世界经济与发展难题贡献中国智慧、提供中国方案。

社会建设共治共享。我国遵循社会建设规律，在法治轨道上统筹社会力量、平衡社会利益、调节社会关系、规范社会行为、化解社会矛盾，以良法促发展、保善治，"着力推进社会治理系统化、科学化、智能化、法治化，不断完善中国特色社会主义社会治理体系"②，从而保障了社会公平，节约了生产成本，降低了发展代价，营造了良好社会秩序，增加了群众实际收入，提升了群众的获得感、安全感、幸福感。这是党的宗旨目标的现实化、具体化，是国家和社会现代治理的突出成就。它雄辩地说明习近平新时代中国特色社会主义社会建设思想适应中国社会实际，对社会建设与社会治理具有指导力，形成了政

---

① 《习近平谈治国理政》第2卷，第323页。
② 同上书，第384页。

党齐心、政府放心、社会安心、人民开心的发展格局。

生态建设共生共赢。我国树立"绿水青山就是金山银山"①"环境就是民生"的生态文明观。这种生态文明观批判吸收近代以来国外环境哲学思想，融贯古今生态文明智慧，凸显共生共赢意识，体现了中国共产党的创造精神。我国贯彻绿色发展和可持续发展理念，健全生态文明制度体系，建设和谐美丽中国。同时，开展国际合作，应对气候变化，使中国成为全球生态文明建设的重要参与者、贡献者、引领者。这说明习近平新时代中国特色社会主义生态文明思想对国内国际生态文明建设都具有引领力，也说明中国理论一经与世界发展实际相结合就能产生重大效应。

总之，中国人民在党中央领导下取得了中国特色社会主义建设的重大历史性成就。成就举世瞩目，这是中华民族共同的荣耀。成就来之不易，中华民族应当倍加珍惜。马克思主义文化出场把中国人民、中华民族和中国共产党紧紧团结、凝聚在一起。事实证明，只有坚持"四个伟大"精神，协调推进"四个全面"战略布局，统筹推进"五位一体"现代化建设，才能实现中国共产党提出的"两个一百年"奋斗目标，才能不断增强党的理论创造力、诠释力，而习近平新时代中国特色社会主义思想所具有的对国家、社会与世界重大问题的解释力、融合力、指导力、引领力，则是中华民族能够更好改造自己并合理改变世界而富有强大说服力的重要明证。

三、简要结论

习近平新时代中国特色社会主义思想和中华民族凝聚力的关系问题，是一个联系紧密而又常研常新的重大课题。习近平新时代中国特色社会主义思想是一个站在时代前沿、面向当代世界、破解现实问题的科学理论体系。作为21世纪的中国马克思主义，它通过掌握广大干部群众，经过具有许多新的特点的伟大斗争，融入党的建设新的伟大

---

① 《习近平谈治国理政》第2卷，第393页。

工程，建设中国特色社会主义伟大事业，追求实现中华民族复兴伟大梦想，建构了一种面向现实、趋向现实、变革现实和改造现实的巨大力量。它擘画了中华民族凝聚力的"四维图像"即体现正统性的正能力、体现传统性的发展力、体现道统性的支撑力、体现系统性的阐释力，构建了中华民族凝聚力的"平行四边形"，即有核心才有向心力、有文化才有聚合力、有信仰才有吸引力、有能量才有说服力。这就是新时代中华民族凝聚力具有根基性的"四梁八柱"。中国共产党只要永远保持马克思主义执政党本色，永远坚持马克思主义文化出场精神，永远走在时代前列，永远做中国人民和中华民族的主心骨，就一定能够厚植中华民族凝聚力根基，使中国继续强盛起来，完成祖国和平统一，实现中华民族伟大复兴。

第三节　中国地方特色文化与中华民族凝聚力

中国地方特色文化和中华民族凝聚力的关系问题，是中华民族凝聚力研究的一个重要问题。在隆重庆祝新中国成立70周年这个举国欢腾的美好日子里，回顾研讨中华民族凝聚力的发展变迁历史，梳理把握中华民族凝聚力不断增强的根基与动力，汇聚推进中华民族伟大复兴的磅礴力量，具有显著的现实意义和理论意义。进入新时代新阶段，形成敏锐的政治意识、鲜明的大局意识、坚定的核心意识和谦虚的看齐意识，以世界性的发展眼光和前瞻性的理论视野来推进这项研究工作，促进中华民族凝聚力进一步提升，尤其需要坚持和弘扬马克思主义文化出场精神，对中国地方特色文化与中华民族凝聚力的关系问题做出深化认识。

一、新时代需要重新定义"中国地方特色文化"

与古时代相对而言，"地方特色文化"其实就是部落文化、村社文化，因为每个不同部落、村社都有自己独特的图腾崇拜、生存技能、生活习惯、婚俗礼仪、祭祀规矩、分配方式。比如，中国云南的翁丁族、纳西族文化，纳米比亚的辛巴部落文化，缅甸的猎头族文化，等等。走到更遥远的地方，比如北美洲的印第安人、奇利雅克人、奥洛雀人、通古斯人的雕刻与绘画艺术文化①，等等。这些高度封闭的原始部落文化保留了世代相袭的精神意志和文化基因。

近代以降，资本主义在全球开山辟路，占村圈地，建立工厂，开发市场，推销产品，全球范围内开始形成区域性的地域文化，比如美洲文化、印度文化、非洲文化、东亚文化，等等。但是，从那时候开始，在地域文化内部，一些殖民主义力量却逐步侵蚀、破坏或改造殖民地的特色文化，以致一些地方特色文化几乎遭受被颠覆乃至湮灭的命运。英国、法国、西班牙、荷兰等国的殖民者在拓殖美洲大陆过程中，南北美洲和中美洲的地方特色文化遭受严重摧残。殖民主义者在当地植入欧洲大陆文化以及殖民主义文化，严重创伤当地特色文化，地方文化传统受到贬抑、改流。在19世纪的亚洲，印度和中国先后沦为世界资本主义列强的殖民地或半殖民地。印度文化中的部落文化、村社文化，中国广大地域的特色文化，遭受不同程度的侵袭、破坏。中国和印度有所不同的是，印度成为英国的殖民地之后其文化被大范围侵蚀和改造了，中国陷入半殖民地半封建社会之后，中华文化因其具有坚韧性、抗挫性、包容性、开放性等特征而抵御住了殖民主义的文化渗透与恶意破坏，守住了文化根基，维护了精神传统。应当说，近代中印两国的反殖民主义斗争为发展各自的地方特色文化注入了新的元素、新的精神。在马克思看来，一个民族国家的社会革命要支配资产阶级时代的成果，支配世界市场和现代生产力，并且使这一切都服从于最先进的民族的共同监督②，在这种历史条件下，才能推进和实现人类进步。从中国情况来看，在中国广州，近代三元里人民抗英斗争这个历史为岭南文化，特别是广府文化注入了新的元素，铸造了反对侵略、保卫国家、守护家园、御敌制胜的新精神。在中国台湾，18

---

① 参见［苏］波克洛夫斯基：《世界原始社会史》，卢哲夫译，江苏教育出版社2006年版。
② 《马克思恩格斯选集》第1卷，人民出版社1995年版，第773页。

世纪以来，汉族和高山族人民共同反对荷兰、西班牙、日本的殖民斗争，也为台湾文化注入了新的元素，树立了新的精神，即中国人民坚决反对侵略、誓死保卫国家、勇敢守护家园的精神意志。正是在这个意义上说，诸如广府文化、台湾文化等地方特色文化内含国家文化的价值基因，守护着民族文化的精神灵魂，塑造着人民的美好生活理想。进入新时代，深沉审视中国地方特色文化的地位和意义，有两点特别需要珍视：一是地方特色文化唤醒民族生存发展的历史记忆。比如沂蒙山文化、吕梁山文化、大别山文化、左右江文化等地方红色革命文化。二是地方特色文化储存国家进步发展的基础能量。比如三江源文化、塞罕坝文化、平凉文化等地方生态文化。把握这两点，就能够懂得为什么中国地方特色文化能够厚实中华民族文化根基，并为增强中华民族凝聚力提供源源不断的源头活水。

因此，要重新定义"中国地方特色文化"，重新定义这个概念，并不是要消解这个概念的本有含义或其合理的引申义，而是要给出它进入中国特色社会主义新时代、属于这个新时代的本质性含义，那就是：中国地方特色文化是一种在中国共产党坚强领导下培育发展起来的，坚守人民本位的、传承民族传统的、彰显地方特色的、具有地方个性的、繁荣地方事业的、维系民族情感的、铸造时代精神的、增进国家魅力的现代文化。这种现代文化与中华民族文化存在一种深层而绵长、内在而统一的关系。它在马克思主义文化的指导下获得新的出场面貌，形成新的出场格局，乃至完成新的出场形态。

二、中国地方特色文化与中华民族文化的关系是个体与总体、个性与共性的关系

新时代的"中国地方特色文化"，仍然是民族的、科学的、大众的文化，是中华民族文化的重要的结构要素。新时代的中国地方特色文化承载传续传统、教化育人的文化使命，寄托着广大人民的美好期待，它与中华民族文化的关系不能用过去的旧的眼光和惯性思维来考察，而应当从新时代的宽广视野和历史思维来考察，这是推进马克思主义

文化出场的基本语境。

从中国道路的发展视野来看，地方特色文化是中国道路的宣传者、歌颂者、守护者，因而它是中华民族文化的重要奠基者之一。在中国道路的前进途中，地方特色文化是不同地方的一叶一草、一花一木、一山一水，或者是不同地方的一物一品、一声一器、一艺一技，是自然生态文化、家居民俗文化、商道教育文化、科技展博文化、交通交往文化等文化子系统的具体体现，这些地方文化包含着中国文化、中华文明的鲜活元素和优秀基因，仍然是中国56个民族中的某一类文化。因此，在中国这些地方特色文化中，民族性的特征非常鲜明。民族文化的闪亮出场是新时代的重要特征。其次，地方特色文化是科学发展的引导者，是新发展理念的践行者，是"一带一路"建设的参与者。浙江的"枫桥经验"和广东的"清远经验"是科学发展的地方经验的示范者，雄安新区、横琴新区是践行新发展理念的重要代表，粤港澳大湾区的广深港澳科技走廊是"一带一路"建设的参与者和支撑者，如此等等。这就说明，中国地方特色文化所内蕴的经验、制度、模式等是经过实践检验的，在一定条件下是可以复制和推广的，因而是现代理性文化的有机组成部分。而弘扬现代理性文化正是马克思主义文化出场的必然要求。再次，地方特色文化是由人民群众在日常生活基础上创立、改造、积淀、传播、集聚而生成的，人民群众也在其中获得教育、开展创造、享受价值、健全人格、实现发展。比如：广州的花市、安溪的茶道、宜兴的茶壶、景德镇的瓷器、中山的灯饰、顺德的鱼宴、佛山的醒狮、沙县的小吃，等等，都是地方特色文化的"优点""雅点"和"精点"。有的地方特色文化甚至成为国家级的"模范"或"顶点"，比如广受大众欢迎的四川的"变脸"、河南的"皮影"、北京的"京剧"、海南的"冯小刚电影公社"。上述地方特色文化是大众文化的靓丽风景线，是大众广泛认可、喜爱、欣赏、享受的物质产品和精神作品。显然，建设文化强省、强区，乃至建设文化强国，离不开发展和繁荣地方特色文化，马克思主义的文化出场则在呼唤、激励和培育地方特色文化，并使之不断升级、进步。

在这样或那样的中国地方特色文化中，每一种或每一类文化流溢出来的文化精神、文化气象、文化神韵，以及其衍生的文化气息、文化氛围、文化影响,都在不同程度、不同方向、不同层次上充实、丰富中国文化的内涵与品质,构成中华文化系统的有机的积极的元素,成为中华文明不可或缺的创造性的组成部分。这就说明:一方面,地方特色文化是个体,具有个性,它从基础上充实丰富中华文化,而中华文化是总体,具有共性,它从整体上凝练和升华地方特色文化。另一方面,发展中国地方特色文化,让广大人民在分享文化成果过程中增加获得感,是增强中华民族凝聚力的重要手段与方式,而且是最自然、最长久、最见效的方式。还应当注意,中国地方特色文化并不是一种孤立、封闭的物质存在,也不是悬置于抽象概念之中的精神异在,相反,它因与几千万海外华人华侨的生存发展精神息息相关而绵延不绝,这就决定性地说明中国地方特色文化与异文化也存在一定内在的关联。马克思主义的文化出场提示这样一种积极意识,促使人们去悉心关注和借鉴吸收异文化的美好价值元素。

三、中国地方特色文化与异文化的关系是交流互鉴的关系

进入新时代,审视中国地方特色文化,不仅要关注它与祖国大陆发展进步的关系,也要关注它与港澳台地区同胞生存发展的关系,更加要关注它与海外一切爱国爱乡的华人侨胞的关系。

从鸦片战争结束后至今的历史长时段来看,中国过去的"乡土文化",到今天所表述的"地方特色文化",在本质上是基本一致的,即灌注了爱国爱乡情感的地方文化从来就没有缺失对根与叶、所来与所往的思考与牵挂。诚如江泽民指出,中国对香港恢复行使主权、香港特别行政区正式成立,这是中华民族的盛事,是世界和平与正义事业的胜利,预示着香港发展进入一个崭新的时代。"祖国人民与香港同胞血肉相连的民族之情始终没有被割断,祖国人民与香港同胞同甘共苦命运的民族之义始终没有被割断。"[①] 从境外的同胞、海外的侨胞这个生存主体来看,他们的国籍、身份、职业、地位、语言等方面上很可

---

① 《江泽民文选》第 2 卷,人民出版社 2006 年版,第 654 页。

能发生了非常大的变化。但是，正如美国政要布热津斯基所指出，华人即便入籍美国，成为富豪、公务员或者普通居民，都永远无法改变其黄皮肤黑眼睛这个始源性的质地身份。从客观层面看，任何肤色的人种到异国他乡同样不能改变其始源性的质地身份。问题在于，中国境外同胞、海外华人华侨作为"炎黄子孙"的后裔，他们所共有的"一条根"的观念、"同根生"的情感，在其本质上是植根于中国地方特色文化的。比如，北京人在纽约不会忘记北京的天安门和糖葫芦，潮州人在吉隆坡不会忘记潮州的牛肉丸和腐乳饼，河南人在巴黎不会忘记郑州的饺子和羊肉烩面，福建人在新加坡不会忘记妈祖、保生大帝。祖籍在中国大陆的海外游子，不会忘记"认祖归宗"，这些不会忘记的"寻根"意识代际相传，绵延继续。这是问题的一个方面。另一方面，中国境外同胞、海外华人华侨绝大多数已经取得在旅居地的国籍或居住权，这些旅居国外的同胞或华人侨胞，既传承祖国的地方文化传统，也接受异国他乡的地方文化传统，在代际传续的过程中，他们甚至接受了异文化并被它所同化。所谓"异文化"，即是异域文化、异族文化。这里需要指出的一个基本事实是，海外华人华侨及其后裔即便完全被异域文化所同化，在其身心内部仍然存留作为华人的身份基因，这些基因正是根源于中国地方特色文化，根源于博大精深、源远流长的中华文化。因此，人们所谈论的"侨文化"，在实质上它是中国地方文化、中华民族文化和异国文化、异族文化相融合而形成的特色文化，是中国地方特色文化向异域的延伸发展，是祖国大陆地方文化的"海外版"。再者，20世纪60—70年代，成千上万旅居他国的华侨华人及其后裔回到祖国大陆，后来被安置在福建、广东、广西、海南等地的"华侨农场"。这些归国华侨华人及其后裔同样具有异文化和中国地方文化的双重文化身份。中国学者李明欢在研究福建松坪华侨农场的归侨和侨眷生活状况后得出结论，认为那些"以'爱国华侨'为象征的新型群体认同"[1] 就包含华侨文化的特殊文化元素。这些元素

---

[1] ［挪威］贺美德、鲁纳：《"自我中国"——现代中国社会中个体的崛起》，许烨芳等译，上海译文出版社2011年版，第284页。

既有中国地方特色文化的元素,也有东南亚异域文化的元素。

新时代中国地方特色文化与异文化(异域文化、异族文化)的关系是新型的交往关系,正如习近平主席2014年3月27日在联合国教科文组织总部演讲时指出:"文明因交流而多彩,文明因互鉴而丰富"①。2014年9月24日习近平主席出席纪念孔子诞辰2565周年国际学术研讨会时进一步指出:"文化没有优劣、高下之分"。"我们应该维护各国各民族文明多样性,加强相互交流、相互学习、相互借鉴,而不应该相互隔膜、相互排斥、相互取代,这样世界文明之园才能生机盎然。"② 不同文化文明之间的关系是一种互相学习、互相交流、互相借鉴的和谐关系。正确理解了这样一种关系,就能够认识到增强中华民族凝聚力的最大着力处在于形成高度文化自觉,重视守护和创新中国地方特色文化,自觉其美,然后美人之美,进而在"美美与共"之中扩大中华文化的影响力、吸引力和聚合力。

这样看来,中华优秀传统文化中的"和而不同""美美与共"的意识、理念和精神尤其珍贵,因"不同"而"和",因差异化之"美"而美,人们自觉承认"不同"这个多边、多极,自信各种异文化之美,自主创造多种、多样的地方特色文化,且能美人之美,那么构建人类命运共同体这个"天下大同"之世界之美就能实现出来,这就是马克思主义文化出场的崇高理想。

第四节 制度治党与治党制度的内在逻辑

近代以来,西方一些国家自以为西方资本主义制度是最优越的制度,来自亚洲东方国家的制度只能望其项背,前者甚至企图通过形形色色的运动来改变相对落后的发展中国家的制度安排。党的十八大以

---

① 《习近平谈治国理政》,外文出版社2014年版,第258页。
② 习近平:《在纪念孔子诞辰2565周年国际学术研讨会暨国际儒学联合会第五届会员大会开幕会上的讲话(2014年9月24日)》,http://www.gov.cn/xinwen/2014-09/24/content_2755666.htm。

来,中国政党制度日益健全,为中国道路提供重要保障力量;中国民主协商制度模式为国际社会提供了有益借鉴;中国坚持制度治理形成的巨大优势为世界可持续发展增添了信心;中国的崛起和制度的完善相互适应被广大发展中国家所仰慕、借鉴。以习近平同志为核心的党中央,高屋建瓴,励精图治,对"党要管党"问题作出了深刻研究与全面部署,着眼于治党制度的系统建构,形成了以严密制度治党的新格局,以科学方式管党的新境界,开启了全面从严治党的新历程。在此过程,"制度治党"与"治党制度"的思想逻辑问题突显出来。正确理解和把握这个问题,就能够理解和把握马克思主义文化出场的旨趣,也能够理解和把握中国共产党增强长期执政能力,应对来自国内外的多种挑战,实现"两个一百年"奋斗目标,推进中华民族伟大复兴所具有的重大理论意义和现实意义。

一、"制度治党"与"治党制度"具有丰富内涵

当今中国的国内和国外环境发生了重大变化。在国外,经济全球化浪潮汹涌澎湃,文化多元化思潮互相激荡,政治多极化潜流此伏彼起,它们深刻影响社会主义现代化建设。在国内,中国经济发展进入新常态,广大人民群众有了新期待,党的长期执政面临新挑战。因此,要办好中国的事情,关键在党,关键在于形成科学系统的治党制度,坚持以制度治党。"制度治党"适应了国情党情的新变化,"治党制度"成为解决"党要管党"问题的重要抓手。从"制度治党"到"治党制度"是把握马克思主义政党的文化出场的重要维度。

1. 中国共产党具有制度治党的优良传统

建立制度来加强党的建设,完善党的领导与执政,促进党组织的健康发展,这是中国共产党的一个好传统。好传统要不断赓续下去。新中国成立前夕,第一代中央领导集体就开始重视党建的制度性问题。毛泽东在回应民主人士黄炎培关于执政党如何跳出"历史周期律"的问题时就指出:"让人民来监督政府。""监督"并不是一个说说而已的语词,而是奠基于《中国共产党党章》和国家宪法之上的一

个具体规范。20世纪50年代中后期,在党的建设问题上,毛泽东形成两个方面的思路。一方面强调领导干部和党员一定要守法,要按照法律办事;另一方面强调整风,通过在党内整顿思想作风和工作作风,反对主观主义、官僚主义和宗派主义,以此促进党内团结,实现建设共识,增加党的威信。应当说,毛泽东为加强党中央对各方面工作的领导,健全党的组织,维护党的团结,开展党的纪律与作风建设,奠定了重要基础。但是,在那个历史阶段以制度治党的问题并没有作为一个突出的问题被提出来专门研究和解决。改革开放时期,第二代中央领导集体吸取社会主义建设初期的经验和教训,已经高度重视党建的制度性问题。对此,邓小平提出了诸如"党要善于领导,要不断地改善领导"①,"领导制度、组织制度问题更带有根本性、全局性、稳定性和长期性"②,要使"民主制度化、法律化"③,及时惩治"党内的高层的腐败现象"④等一系列极富针对性的重要观点,也提出了评价党和国家各种制度完善与否的检验标准⑤。20世纪90年代初期,邓小平在南方谈话中强调,在社会主义市场经济条件下特别要抓好法制建设和思想政治工作,抓好理想信念教育,为形成制度建党、全面从严治党提供了极其宝贵的思想基础。第三代中央领导集体面对一个世界风云变幻的新时代,面对提高党的执政能力和领导水平、提高拒腐防变和抵御风险能力这两大历史性课题,以江泽民为代表的中国共产党人,开展"三讲"活动,提出"三个代表"重要思想,加强思想建设、理论建设和制度建设,对规范党员干部的思想行为发挥了很大的教育引导作用,推进了党的建设新的伟大工程。进入21世纪以来,以胡锦涛为代表的中国共产党人,继往开来,与时俱进,抓住党的先进性、纯洁性建设不放松,大力开展反腐倡廉建设,弘扬艰苦奋斗、求真务实精神,取得重要建设成效。应当看到,历届党中央领导集体都高度重

---

① 《邓小平文选》第2卷,人民出版社1994年版,第342页。
② 同上书,第333页。
③ 同上书,第359页。
④ 《邓小平文选》第3卷,人民出版社1993年版,第313页。
⑤ 参见《邓小平文选》第2卷。

视党的建设，贯彻落实党纪党规，做出了许多重大决策，在不同程度上推进了党的建设伟大工程，形成了内心爱党、行动护党、目标强党的优良传统。但是，建构一个具有布局全面、检查系统、监督长期、效果显著、影响深远的治党体制，对党内长期没有得到解决的不良的党风作风问题作出根本性治理，对严重腐败行为形成压倒性态势，则是由以习近平同志为核心的党中央来完成的。习近平同志多次强调，全党同志要铭记"窑洞之问"的历史启示，继续走好"赶考"路，做到不负人民，不负时代。就此意义而言，新一届党中央不但传承了党的这个优良传统，而且以巨大的理论勇气和实践智慧创新了这个优良传统。

2."制度治党"型塑中国共产党新的精神传统

中国共产党是马克思主义政党、无产阶级政党。党的这个性质决定了它是一个具有现代文明特质和现代文化特色的先进政党。"制度治党"，从这个概念的内涵考察，它包含三个层次的意蕴：一是以制度治党。它指的是作为执政党的中国共产党依据已有的制度或创建新的制度对党组织、党员、领导干部进行科学管理和有效整顿，从而实现党组织健康发展的建设过程。二是以科学制度治党。它指的是中国共产党开展整党、治党活动所依据的制度是科学的现代制度，它与依据主观意见、领导指示进行治党具有质的区别，前者强调规范统一、程序公正，后者则是人治方式的延续。三是以先进制度治党。这里所指的"先进制度"，强调的是制度设计既合乎国情党情，又体现现代理性精神和人文精神，它充分吸收人类先进的制度文明成果，因而它与一切旧时代和资本主义社会的政党治理制度区别开来。从制度的精神意蕴上考察，"制度治党"第一层次的内涵体现社会主义民主法治精神。这是因为在国家治理的层面上，中国遵循的是社会主义制度，它是迄今人类社会历史上最为先进而优越的制度，社会主义制度的优越性体现在它的民主性和法治性之统一上。邓小平指出："没有广泛的民主是不行的，没有健全的法制也是不行的。"[1]"没有民主就没有社会主义，就

---

[1]《邓小平文选》第3卷，第189页。

没有社会主义的现代化。"① 作为执政党的中国共产党如何保障在中国实现社会主义民主和社会主义现代化呢？从最基本的方面来看，党要通过遵循国家宪法的基本规定，遵循党章的各项规定来执政兴国，从而实现上述目标。宪法是国家根本大法，是捍卫人民利益的最高法律规范，它体现的是全体人民当家做主精神。党章是党的各级组织和党员干部开展活动所应遵循的基本准则，它体现的是民主集中制精神。尽管党始终遵循宪法和党章治国理政，但是，党在执政过程中仍然存在某些治理不足的问题。这是党中央一再强调要改善党的领导方式的重要原因，也是党提出坚持以科学制度治党的根本原因。从文化出场的视角来考察，好制度要坚持，而且要使其效能最大程度发挥出来。制度存在不足，则需要改革或创新，使之完善、定型。对于"制度治党"第二层次的内涵而言，它体现的是科学理性精神。这种精神彰显在执政党遵循人类社会发展规律之上，即现时代任何一个以追求社会进步和人民幸福为宗旨的执政党都要构建符合人类社会发展规律的科学的政党制度，并遵循这样的制度去加强自身建设，去改善领导方式，从而提高治国理政水平。从制度创新的始源上考察，执政党的文化自觉和开放精神对于治党制度创新具有决定性意义。因为一个先进的制度必然是建基于有效传承优良传统，批判吸收国外优秀制度文明成果，同时又能够结合国情党情与时俱进地进行改革创新的制度。制度的先进性包含制度建设实践的包容性和开放性。从文化出场的视角来考察，执政党加强制度建设及其自身建设，是执政党文化开放的表现，也是其文化表达的重要形式。"制度治党"的提出，说明中国共产党始终能够保持以先进制度来管党、治党的文化自觉，凸显了中国共产党的开放创新精神。从根本上看，"制度治党"体现了社会主义法治精神、科学理性精神和开放创新精神的高度统一。正是这个统一延续了党的优秀传统，型塑党的建设新的精神传统。

3. 治党制度构成治国制度的核心内容

中国共产党 100 多年的发展历程表明：建立新中国首先要建立先进

---

① 《邓小平文选》第 2 卷，第 168 页。

政党，治理国家首先要治理好执政党。因此，建党是治党的根本前提，而治党是建党的重要延续，也是治国的根本保障。正确处理治党与治国这个关系，突显出在我国处于一个和平建设、创新发展的新时期，治党对于建设一个具有先进性、纯洁性的执政党具有特别重要的意义。这就要求把创建更加全面、更加系统、更加有效的"治党制度"作为一项极端重要的任务来抓。既然治党是党建的重要方式和有效路径，那么建构一套成体系、运行科学、执行有效的治党制度就成为直接的现实任务。形成"治党制度"就是马克思主义政党文化出场的成果体现。从概念内涵来考察，"治党制度"是这样一种制度，首先，它是治国制度的核心内容。中国共产党是建设中国特色社会主义伟大事业的坚强领导核心，依靠一个伟大、光荣而正确的党是建设社会主义法治国家的根本前提，而依法治国首先要解决好依法依规治党的问题。因此，治党制度必然构成治国制度的核心内容。其次，它是治理整顿党组织的重要规范。治党制度直接体现党要管党的基本原则，它指向党的各级领导组织的管理与监督，具有直接的现实意义。再次，它是建设学习型、创新型、服务型政党的根本保障。治党制度包含学习制度、创新工作等方面的规范，它对于建设一个勤于学习、终身学习、善于创新、促进创新、以人民为本位的执政党组织，具有重要推动作用。最后，它是教育、培养、激励乃至惩治党员领导干部的具体规则。治党制度的作用不仅在于形成规则、划出底线、树立尺度，更在于它以党员干部为"治党"的着力点，以集聚党员干部的正能量作为建设好、发展好中国特色社会主义伟大事业的支撑点。可见，治党制度构成了治国制度的核心内容，也彰显了中国共产党文化出场的整体力量。

总之，"治党制度"是中国共产党基于管党、整党、治党的科学实践而建构起来的制度体系。这个体系贯穿"制度治党"与"治党制度"相统一的政党执政逻辑，贯穿"制度文化"与"治理文化"相统一的文化出场逻辑，并在党领导中国改革创新实践过程中得到完善和发展。

二、"制度治党"与"治党制度"内在辩证统一

"制度治党"是中国共产党科学执政的基本理念,也是党依法执政的基本遵循。"治党制度"是中国特色社会主义制度体系的重要内容,也是治国制度的核心内容。"制度治党"与"治党制度"内在关联、辩证统一,它们具有为公为民历史的统一性,具有爱党护党主体的全面性,也具有管党强党目标的一致性。中国共产党只有坚持马克思主义文化出场的理念、方法和精神,坚持以制度治党,完善治党制度,才会得到人民群众的持续支持和衷心拥护,才能把中国建设得更富强更美好。

1. "制度治党"与"治党制度"具有为公为民历史的统一性

"制度治党"重在"治党"的战略决策适应环境变化,重在创新方式方法去"治党"。中国共产党自成立以来,在不同历史时期,应对不同的国内外形势和实际问题,治党的战略决策与方式方法也大有不同。从建党初期来看,"我们的党从最初组织起就有自我批评和思想斗争,就确定了民主集中制,就有严格的组织与纪律,就不允许派别的存在,就严厉地反对了自由主义、工会独立主义、经济主义等"①。在大革命时期,中国共产党获得的最重要的经验教训就是,没有正确认识和解决中国革命的基本问题,即对党的领导、统一战线和武装斗争的问题以及其三者的内在关系问题没有做出妥善解决②。这个问题到了1929年12月古田会议之后才获得较好解决。古田会议决议是马克思主义的中国化的一个转折点,它从中国共产党领导中国革命的具体实际出发,比较系统地回答了建党建军的根本问题,即注重运用无产阶级思想,创造性地运用马克思列宁主义来加强党的思想建设和组织建设,健全党的领导,保持党的无产阶级先锋队性质。古田会议的成功召开并成功解决治党治军的根本问题,体现了无产阶级政党的阶级意识,体现

---

① 《刘少奇论党的建设》,中央文献出版社1991年版,第235—236页。
② 参见《中国共产党历史》第1卷(1921—1949),上册,中共党史出版社2011年版。

了马克思主义文化出场的历史意识。中国共产党经历了新民主主义革命时期，社会主义革命与建设时期，改革开放新时期，党的十八大至十九大这10年，在这些不同时期里，中国共产党始终注重自身的制度建设，把制度建设融入革命斗争、改革开放和现代化建设的过程中。正如习近平同志所指出："中国共产党抓党的建设，很重要的一条经验就是要不断总结中国共产党长期以来形成的历史经验和成功做法，并结合新的形势任务和实践要求加以创新。"[①] 就此思想历程来看，历代先进的中国共产党人在探索中国革命和建设道路过程中始终关注"治党"的战略决策与制度创新问题。中国共产党人不忘初心、践行宗旨，治党一直在路上。治党是为了实现民族解放和人民幸福，是为了充分发挥社会主义制度优越性，加速发展中国特色社会主义事业。

2."制度治党"与"治党制度"具有爱党护党主体的全面性

"制度治党"和"治党制度"具有统一的制度制作主体和面向问题的治理主体。从"制度治党"来看，党中央强调要把制度、规矩挺在前面，这里就有制定和完善制度的主体，这个主体是党中央及其领导下的中纪委，它们向全党颁布《关于新形势下党内政治生活的若干准则》《中国共产党党内监督条例》《中国共产党纪律处分条例》（以下简称《条例》和《准则》）等党内法规。全党依据《条例》和《准则》来治理党的各级组织和党员的活动与行为。必须指出，在省市县区等基层党委、纪委，在遵循《条例》和《准则》的基础上，可以且应该依据地方实际，制定更加具体、更加全面的有关党的基层组织和党员的活动与行为的治理细则。这就说明，各级基层党委、纪委也是实施"制度治党"的治理主体。准确地说，从党中央、中纪委到各级基层党委、纪委是党内制度法规的制作主体，也是治理违纪行为、整顿党风的主体。因此，"制度治党"强调的是由上级党组织赋予特定权力的各级主持或参与治党的治理主体，这些主体应当不折不扣地遵循《条例》和《准则》以及治理细则开展对党组织和党员的治理活动。与制度、

---

① 中共中央文献研究室：《习近平关于全面从严治党论述摘编》，中央文献出版社2016年版，第15页。

规矩相对应的是治理对象，是受治理主体，它主要包括各级领导干部和党员。他们必须依规接受上级或同级党组织、纪委的教育、训导或调查。这就说明，"制度治党"形成三个层次的意蕴：一是制度规矩挺在前面；二是治理主体非常明确；三是治理对象非常明确。治理主体要遵循制度、规矩来展开治理活动，治理对象实现全覆盖、无死角。从"治党制度"来看，它强调中国共产党党内法规制度的独特性、重要性、指向性。第一，"治党制度"具有独特性。"治党制度"体现了中国共产党加强自身建设的鲜明特色。从"治党制度"与"治国制度"的关系来看，前者是后者的关键和核心，后者是前者的扩展与延伸。这就是党中央强调指出的"办好中国的事情，关键在党"；"治国必先治党"，"治党必须从严"的思想逻辑。这就是说，中国共产党把治党上升到治国的高度来治理，把治国深入到治党的关键来把握。治党、治国要靠制度，要形成制度文化，这就是马克思主义政党文化出场的内在机理之一。第二，"治党制度"具有重要性。与过去一些针对党员干部行为的专项治理制度、地区性的整风制度、碎片化的管理规则相区别，"治党制度"是中国共产党全面加强自我管理、自我建设的制度体系，是实现中国共产党自我净化、自我完善、自我革新、自我提高的保障条件。"治党制度"的系统性体现在严格管理领导干部的工作圈、生活圈、交往圈。既要管好"活动圈子"，又反对"搞小圈子"；既要管好高级干部这个"关键少数"，又要管好普通党员这个"绝大多数"。治党的覆盖面无死角，要全面，治国如烹小鲜，要细致，从而实现治党与治国辩证统一、一体推进，这就是马克思主义政党文化出场的内在机理之二。第三，"治党制度"具有指向性。"治党制度"有专门的价值指向，实施治党制度的目的价值有内在价值和外在价值。它的内在价值在于保持党的先进性、纯洁性，使党始终成为中国特色社会主义事业的领导核心。它的外在价值在于形成制度威慑力，反对任何形式的腐败、变质，反对一切危害党的健康、削弱党的执政的行为，使各级领导干部严守规矩底线。制度和规矩的生命力在于执行，中国共产党的成功在于执行力。懂得"执行"的意义，尤其懂得"执行力"的价值，这是马克思主义政党文化出场的内在机理之三。历史经验表明，治党是为了爱党，而爱党需要真心，党员干部必须忠诚于党；依据制度来治党是为了护党，而护党人人有责，党员干部必然要有担当。因此，"制度治党"与"治党制度"共同体现了治党主体的全面性。

3."制度治党"与"治党制度"具有管党强党目标的一致性

"制度治党"是依据好制度来治党，它强调治党的科学性问题。"治党制度"内在地要求发展出一套成体系的专门治党的制度，这套制度和治国制度相适应、相配套，以治党制度建设推进治国制度建设，它强调中国特色社会主义制度建设的全面性。从根本上看，"制度治党"和"治党制度"的提出都是为了实现科学治党、从严整党、全面管党、不断强党的目标。做到目标价值的清晰化，是马克思主义文化出场的必然要求。

治党的规律化。治党是针对党的长期有效执政而言的。全面从严治党涵盖整党整风内容。中国共产党执政的过程涵盖了治党的过程。中国共产党不断深化对执政规律的认识，提高执政能力与水平的过程，也是党不断加强自身建设，完善治理结构，提高执政能力，完成执政目标的过程。治党如同治国，治国如烹小鲜，都需要遵循规律。建立制度、澄明规矩、公布标准、确保落实、追责问责，就是一条基本规律。党的十八大以来，党中央强调依据管长远、固根本的制度来治党，通过建立、完善一套符合国情党情的制度来治理党的各级组织、领导干部和党员，把对党组织的治理，对领导干部和党员的治理上升到健全的统一标准的制度层面来治理，使全党领导干部和党员明确底线，划出不可逾越的红线、高压线。正如习近平同志指出："不管级别有多高，谁触犯法律都要问责，都要处理，我看天塌不下来。只有严肃查处腐败，刮骨疗毒，才能使我们的党更加强大、使党的肌体更加健康。"[①] 可见，治党是中国共产党为了保护人民的根本福祉，实现长期有效执政，对党的各级组织、领导与执政制度、领导干部与党员开展科学治理的过程，也是马克思主义政党文化出场的落脚点。

---

① 中共中央文献研究室：《习近平关于全面从严治党论述摘编》，中央文献出版社2016年版，第179页。

整党的常态化。整党是针对党内的突出问题而言的。整党是治党的重要内容。党的十八大以来，党中央针对党内出现的一系列极为突出、极为严重的作风问题、违法乱纪问题开展了全面、深入的整顿。这次整顿，不同于以往的阶段性的整顿，而是具有融入日常工作的经常性的特点。自2012年党中央颁布落实"八项规定"以来，整党工作进入常态化新时期。它体现在：一是整党按规矩办事。整党是党内政治生活的大事，无规矩不成方圆，把规矩挺在前面，使整党各项工作都有遵循。二是整党没有免罪的"丹书铁券"和"铁帽子王"。党内的消极腐败和各种特权现象与党的宗旨完全背离，与广大人民的根本利益完全对立，这是党和人民痛恨之的根源所在。反对并消除党内的一切特权和消极腐败现象，这是整党的重点。三是整党没有地域、人员、数量及时间限制。整党坚持以问题为导向，对那些带有普遍性的问题，"发现一起查处一起，发现多少查处多少，不定指标、上不封顶"[①]。整党实行全覆盖，不留死角、没有空白，全体党员不论其身处何方、在职在岗或离职退休，都必须自觉遵守党内政治生活准则，都必须接受党内监督。整党只有进行时，没有完成时。只要威胁、危害党的肌体健康和执政安全的问题依然存在，整党就不会结束。因此，整党是始终保持党的肌体健康，保持党的先进性、纯洁性的重要手段，是确保党顺利完成各个时期重大使命的必要条件，也是马克思主义政党文化出场的原则要求。

管党的责任化。管党是治党、整党的具体化。治党、整党是管党的基本方式，但它们都要落实到管党上来。管党是针对领导干部和党员而言的。管党体现在领导干部和党员，尤其是体现在高级领导干部和主要领导干部对责任的守护与担当上。党中央一再强调，要管住"关键少数"，管住高级领导干部和党委主要领导干部，各级党委的"一把手"是落实管党的第一责任人，党委（党组）的领导成员是落实管党的第二责任人。强化并落实这些"关键少数"的主体责任是管党的关键环节。落实责任要层层抓。抓领导，领导抓，抓具体，具体抓，

[①] 中共中央文献研究室：《习近平关于全面从严治党论述摘编》，第187页。

不能把"落实责任"变为"推卸责任"或"放弃责任"。这是对高级领导干部和党委主要领导干部所要担当的领导责任、管理责任的强化和提醒。中国作家梁晓声曾经把"文化"的要义之一理解为"无需提醒的自觉",而马克思主义政党文化出场的要义之一在于,领导干部应当具有高度的政治自觉,这种自觉表现为较高的政治判断力、政治领悟力、政治执行力。无论是对领导干部的任职职责、履职担责的监督,还是对领导干部的滥权僭越、渎职失责的追责,都是管党的责任的实现形式,也是治党、整党的落脚点。

强党的绩效化。治党、整党和管党的根本目的都是为了强党。强党是一个长期建设、长效保持的发展过程。要使中国共产党日趋强大起来,并长期保持强大力量,不是一蹴而就的事情,它需要把治党、整党和管党作为一个综合系统的工程来抓。党中央一再强调,要用最坚决的"零容忍"的态度来治党,要用最果断的科学措施刷新吏治,要用最严明的具体规矩管住干部。它表明了党中央实现强党的决心和意志,也强调了实现强党目标离不开制度和规矩。问题是强党的目标绩效如何实现呢?基本思路在于:一要健全各项制度;二要把权力关进制度的铁笼子里,把门关紧;三要狠抓落实。最要紧的是第三条。中国共产党人的正确"三观"要抓落实,领导干部的"四个意识"要抓落实,处理违规违纪违法行为要抓落实。只要真正做到表彰优秀、范导典型、追究违纪、反对腐败、除尽恶毒,全体干部党员遵守法规制度没有特权、执行法规制度没有例外,就一定能够保障强党的目标绩效顺利实现。重落实、抓落实,在落实从严治党过程中建设一个坚强的马克思主义执政党,就体现了马克思主义政党文化出场的现实绩效。

应当说,科学治党、从严整党、全面管党、不断强党是一个紧密联系、互相贯通、内在一致的党建进路,它体现了以制度治党和建构治党制度相互适应、辩证统一的思想逻辑。遵循这个逻辑来推进党的建设伟大工程,让马克思主义制度文化出场出彩,需要坚持以"制度治党"精神去完善"治党制度"体系。

三、以"制度治党"精神完善"治党制度"体系

"制度治党"精神是中国共产党领导人民建设中国特色社会主义过程中形成的新精神，是以习近平为核心的党中央的治国理政精神的重要体现，它内涵守护法律的社会主义法治精神，遵循执政规律的科学理性精神，尊重人民选择的开放创新精神。这些精神是马克思主义制度精神，也是马克思主义文化精神。坚持以"制度治党"精神来建立完善包含顶层设计、结构边界和微观机制的"治党制度"体系，是当代中国共产党人推进强党建设，完成执政目标的必然选择。

1. 以社会主义法治精神完善"治党制度"的顶层设计

从中国宪法层面看，公平正义是社会主义法治精神的内核。从党的执政层面看，民主集中制是党的领导制度的内核。两者内在统一，并行不悖。如前所述，国家的建设与治理取决于党的正确领导和科学治理，因而坚持和体现民主集中制的党的领导是保障国家、民族和社会各项事业按照公平正义原则来发展的根本前提。而坚持法治理念，建设法治国家，是促进和完善党的领导的基本条件。因为党的领导和执政行为必须遵循宪法，在宪法框架下开展执政活动，实现依法执政。作为一个马克思主义政党，中国共产党肩负建设高度法治国家的重大使命，应当更加自觉尊重和敬畏法律，守护和践行法律，不断完善治党制度建设；应当坚持社会主义法治精神，捍卫公平正义原则，保障国家利益、民族利益和群众利益不受侵犯或伤害。在中国问题研究专家郑永年看来，中国共产党是中国文明现代化、中国历史和文化现代化的体现，只有加强对自身的革命，推进制度改革创新，才能使党实现可持续发展。对中国共产党之"是"，要是其所是，要促进马克思主义政党文化、制度文化出场，让社会主义法治精神在场亮相，完善"治党制度"的顶层设计。在习近平同志看来，"治党制度"即是党的规矩体系，党的规矩包括四个方面的内容，分别是作为总规矩的党章，作为刚性约束的政治纪律，作为党员、干部必须遵守的国家法律，以及党在长期实践中形成的优良

传统和工作惯例①。因此，中国共产党要依据不断变化的国情党情，在完善治党制度顶层设计，健全落实党的制度规矩的基础上，提高制度的执行力和执行效能，使党永葆青春活力，为人民执好政权、守好江山。

2. 以科学理性精神完善"治党制度"的结构边界

中国共产党坚持科学理性精神，遵循执政规律，自觉完善"治党制度"的结构边界。制度有静态和动态两种存在方式。前者是指处于运行中的律令、条例等，它具有现成性、滞后性。后者是把成熟的经验、惯例或做法转化为文本化的律令、条例，它具有生成性、先进性。"治党制度"也是静态存在和动态存在相统一的制度存在。它是一个在党内形成规矩、树立标准、彰明法度的制度体系，但这个体系还不够完善，还不完全适应日益变化的国情党情，建构一个更加成熟、定型的"治党制度"体系，需要坚持科学理性精神，不断完善其结构和边界。从结构层面看，"治党"应当包括观念之治、制度之治、行动之治三位一体的统一。首先，观念层面的治党，是指全体干部党员培养强化思想政治意识的制度化，自觉参加"两学一做""不忘初心、牢记使命"活动的常态化，树立政治意识、大局意识、核心意识、看齐意识的坚定化，贯彻依规治党理念、执政为民理念、服务大局理念、服从党的领导理念的全面化。其次，制度层面上的治党，是指对党的纪律条例的贯彻执行与更新完善。它包括严格执行已有的制度、条例和规范，修订完善党章和政治纪律，也包括总结、弘扬优良传统和工作惯例。再次，行动层面的治党，是指处理党内问题的行动方式或方法的改革创新。调处党内问题的行动方式或方法很多，包括课题组对党内突出问题的调研和分析，巡视组对党政部门、企业事业单位的巡视和督导，各级纪检部门对党的基层组织、领导干部和党员开展"四种形态"的调查和处理，对涉嫌违法犯罪行为的线索、案件移交司法部门处理，等等。这些方式方法都需要依据具体情况进行改革创新。从边界层面看，"治党制度"的观念结构、制度结构和行动结构都存在具体

---

① 参见中共中央文献研究室：《习近平关于全面从严治党论述摘编》。

的边界。判断一个共产党员的思想政治意识是否正确、坚定，既要听其言，也要观其行，他们是否言行一致、表里如一就是观念边界。判断一个领导干部是否与党中央保持一致，既要看其政治态度、作风表现，还要看其组织纪律、工作实绩，以德、能、勤、廉为尺度建立的考察标准就是制度边界。领导干部要树立科学的政绩观、利益观，他们是否做到权为民用、情为民系、利为民谋，"党建工作和中心工作一起谋划、一起部署、一起考核"① 就是行动边界。既要坚持科学理性精神，也要完善"治党制度"的结构边界，把二者统一起来，这是马克思主义制度文化出场的着力点。

3. 以开放创新精神完善"治党制度"的机制建设

在治党制度的微观机制建设上，还存在主体沟通不畅、党内监督不严、基础支撑不足等问题。面对这些问题，中国共产党应当坚持马克思主义的求真务实精神、开放创新精神，重视取智于民、问计于民、问需于民，密切联系群众、联系党外人士、联系普通党员，不断完善群众创造机制、党外人士监督机制、普通党员支撑机制，逐步提升治党制度建设质量。首先，要广开言路，这是马克思主义文化出场的基本渠道。充分利用新媒体，建立在线建言公众平台，与广大群众开展深入交往，真心吸收群众智慧，真诚听取群众建议，真情反映群众诉求，不断完善治党制度的创造机制建设。其次，要打开思路，这是马克思主义文化出场的逻辑力量。进一步巩固和完善新时期爱国统一战线，促进各民主党派、无党派人士、政协委员参政议政，集思广益，大力发挥新社会阶层谋划献策力量，不断完善治党制度的监督机制建设。第三，要开辟出路，这是马克思主义文化出场的正确路径。实现党员民主生活制度化、民主评议常态化、民主选举程序化，充分发挥普通党员对制度践行的支撑作用，使思想健康、作风正派、遵纪守法的基层优秀党员有更多人生出彩机会，也使政治坚定、品德高尚、本领过硬的各界干部有更大发展空间。

当下，中国正处在一个时代机遇充分涌现的特殊时期，一个多种

---

① 中共中央文献研究室：《习近平关于全面从严治党论述摘编》，第 226 页。

社会矛盾叠加的复杂时期,一个国家综合实力全面崛起的关键时期,也处在党的"两个一百年"奋斗目标的交汇期,在这样一个历史时期,"办好中国的事情,关键在党,关键在党要管党、从严治党"①。因此,中国共产党应当坚持社会主义法治精神、科学理性精神和开放创新精神,建构完善一个顶层设计科学、结构边界合理、运行监督高效的治党制度体系,积极稳妥推进制度治党实践,全面推进党的建设伟大工程,全面增强党的长期执政能力,全面促进马克思主义文化出场,使党始终成为中国特色社会主义事业的坚强领导核心。

第五节 中国共产党精神的文化基因

党的十九届六中全会作出了《中共中央关于党的百年奋斗重大成就和历史经验的决议》,它向全党提出了在党的百年奋斗中"看清楚过去我们为什么能够成功,弄明白未来怎样才能继续成功"的重大课题。回答这个课题可以形成多种多样的答案,在众多的正确答案中,最为根本的答案就是,中国人民有了一个坚强、正确、伟大的中国共产党,中国共产党形成了伟大的建党精神。近10年来,人们研究中国红色革命精神问题取得很多成果,这些成果集中研究中国共产党人精神,这是正确的,但这种研究也存在一些不足,比如研究视域不够开阔,研究方法过于单一,专题性研究多而综合性研究少,事件性研究多而关联性研究少,地域性研究多而跨域性研究少。这些不足导致对中国共产党精神的文化基因研究不够全面深入。事实上,中国共产党精神是一个总体性精神,是中国红色革命精神的内核,它具有历史时代性、整体系统性、独特价值性等特点。研究中国共产党精神,对于理解中国共产党人精神的丰富内涵,把握党开创和领导中国道路的核心要义,认识马克思主义文化出场的多维意义,增强对党和国家的高度认同,巩固党的集中统一领导,推进中国式现代化建设,实现"两个一百年"

---

① 中共中央宣传部:《习近平总书记系列重要讲话读本》,人民出版社2016年版,第106页。

奋斗目标，具有重大而现实的意义。

一、研究中国共产党精神的重大现实意义

中国建设和发展的成功根源在于伟大的党和党的伟大精神。中国共产党精神是全党的精神家园，研究这种精神对于推进全面从严治党，树立和巩固中央权威，坚持和发展中国道路，探索和推进中国式现代化建设，实现中华民族伟大复兴，具有重大的现实意义。

1. 研究中国共产党精神有利于全面从严治党

全面从严治党，要把管党、治党和强党统一起来。首先，党要管党是战略问题。"管党"的核心问题在于用什么战略来管才能取得有效、长效的问题。现实经验表明，"管党"的主体要明确，"管党"的主体性精神要鲜明、集中，"管党"才能管得住、管得好。在明确了各级党委管党的主体责任后，起主导作用的是主体性精神的发挥。"主体性精神"是指管党主体对党的忠诚、负责、勤廉的精神。如果没有对党的忠诚、负责、勤廉的精神，"管党"就会止于"空谈"，不会有任何实质性效果。应当说，发挥主体性精神就是文化出场的力量释放。其次，从严治党是战术问题。"治党"重在对具有弊端性、症结性问题的治理，重在对"重点领域""核心部门"和"关键少数"的治理。"治党"要讲方式、方法和对策，既要"治"好病，也要"理"顺事，但"治好病""理顺事"的核心是治理精神的问题。治党主体要真心热爱党，真诚热爱党的事业，真正投入精力研究和应对治党必须面对的迫切问题，其积极、正向的精神能量非常重要。让那些积极、正向的精神能量充分释放出来，正义文化就登台出场，正能量的在场就会影响一批人。再次，强党是管党治党的目标。"强党"体现在党员干部政治素质高、责任心事业心强、干事服务人民的能力强，体现在党的各级机关组织健实、活动健康、制度健全，体现在党的形象高大、凝聚力强大、影响力不断扩大。"强党"的绩效目标是依靠管党治党成效来实现和保障的。应当说，强党目标的实现，即是文化的自觉出场及其在场力量的持续发挥，党员干部在浓厚的文化场

域中感受党的伟大、庄严、可敬。因此,"强党"要求执政、行政主体具有更高级精神素养,要求党的各级机关建立更健全制度规范,要求自上而下和自下而上多种监督力量共同发挥作用。深入研究中国共产党精神,挖掘党内的优秀精神元素,使之渗透到管党治党全过程,使党的优秀政治文化教育、滋益广大党员干部,就能更好实现强党绩效目标。

2. 研究中国共产党精神有利于树立中央权威

权威是一个政党治国理政的能力和威望的统一体。恩格斯指出:"权威"是一个国家和社会不可缺少的统治和管理的力量,是使社会客体服从的意志和力量。在一个革命的党组织中,集中和统一就是权威①。从执政党和社会公众的关系来看,前者要形成"使社会公众服从的意志和力量",后者要对前者形成服从的态度和敬畏的心理。邓小平指出:"中央要有权威"②。这就意味着,党中央要有治国理政的能力和威望。从权威产生的根源上看,政党的品质要素、能力要素和精神要素对权威的产生起到主导作用。政党的品质要素包括思想品质、政治品质、道德品质,它是权威产生的思想政治基础。一个政党的执政思想先进,政治宗旨和方向正确,执政伦理高尚,就较易于形成权威。政党的能力要素包括理论创新能力、宣传号召能力、行动创造能力、服务社会能力,它是权威产生的能力基础。一个政党的理论创新、宣传号召、行动创造、服务社会的能力强,就较易于形成权威。政党的精神要素包括理想、信念、胸怀和远见,它是权威产生的精神观念基础。一个政党的执政理想崇高、信念坚定、胸怀宽广,而且富有远见,就较易于形成权威。中国共产党在缔造新中国和建设中国特色社会主义过程中,自觉把铸造品质、提高能力、健全精神统一起来,自觉让马克思主义文化出场给力。体现在:一是铸造了解放思想、实事求是、科学执政的思想品质,铸就了公平正义、依法执政、从严治党的政治品质,铸塑了人民为本、民主执政、兼济天下的道德品质。二是具备

---

① 《马克思恩格斯选集》第4卷,人民出版社1995年版,第605—606页。
② 《邓小平文选》第3卷,人民出版社1993年版,第277页。

与时俱进的理论创新能力，坚持主旋律的宣传号召能力，驾驭社会主义市场经济能力，构建社会主义和谐社会能力，拒腐防变和抵御风险能力，建立现代国家治理体系的治理能力。三是形成了建成全面小康社会、复兴伟大中华民族的崇高理想，坚定了"四个自信"的完善信念，倡导了五大发展理念，发展了构建和谐世界、造福世界人民的"天下观"。这就说明，中国共产党具有治国理政的强大能力和崇高威望，具有让马克思主义政党文化和政治文化出场境界，深化研究中国共产党精神有利于树立和加强党中央权威。

3. 研究中国共产党精神有利于坚持走中国道路

中国道路承载中国共产党精神，也蕴含中华民族精神。在中国道路上，洒满中国共产党人的汗水和鲜血，充满中国共产党人艰苦奋斗、不怕牺牲、敢于胜利的精神，展现中国共产党全心全意为人民服务的崇高境界。在中国道路发展过程中，具有中国共产党气派的中国理论，具有社会主义特色的中国制度，具有社会主义特质的中国文化，也不断走向成熟。中国共产党协调推进"道路""理论""制度"和"文化"的系统发展，这是马克思主义文化出场的整体性。研究中国共产党精神，有利于从两个方面深化中国道路研究。一是中国道路的哲学特质。"中国道路"是革命道路、改革道路、创新道路、绿色道路、复兴道路。这条道路是由中国共产党举旗开创、坚持马克思列宁主义的革命道路，是坚持中国特色社会主义的改革创新道路，是坚持科学发展观和新发展理念的绿色道路，是推动中华民族走向繁荣昌盛的复兴道路。它说明，中国特色社会主义道路是改革开放以来中国共产党领导人民取得的根本成就。二是中国道路的文化贡献。"中国道路"明确了它的创始者、领导者是中国共产党，使中国共产党执政的合法性、合理性更加巩固。"中国道路"创造了在相对落后的东方大国建设社会主义现代化的成功范例，使社会主义制度的优越性得到更好发挥。它说明，中国特色社会主义道路是中国马克思主义文化出场及其建设的根本成就。"中国道路"做出了瞩目于世界人民的"中国创造"，树立了具有中国特色的"中国理论"，建构了生动活泼、通俗易懂的"中国话语"，提供了得到国际社会高度认同的"中国方案"。"中国道路"既催生了共建共商共享的"一带一路",传讲了创新创造的"中国故事",也促进了世界和谐发展,使承载中国共产党精神、蕴含中华民族精神的和平发展道路得到客观公正评价。它还说明,"中国道路"从国内和国际两个维度佐证了马克思主义文化出场的合法性、科学性、普适性。因此,深化研究中国共产党精神有利于坚持走中国道路,推进中国全面高质量发展。

二、中国共产党精神的丰富内涵和时代特征

中国共产党精神具有丰富内涵,它主要包括艰苦奋斗精神、科学理性精神、开放民主精神、创新创造精神和民本合作精神。这些精神内涵反映了鲜明的时代特征,在国内和国际层面呈现独特价值。中国共产党精神是过去、现在和未来中国共产党团结领导人民取得一个又一个成功,实现一个又一个胜利的文化密码。

(一)中国共产党精神具有丰富思想内涵

1. 艰苦奋斗精神

建党 100 多年来,中国共产党在数量上发展壮大,在思想精神上铸炼充实,形成许多优秀品质。能吃苦、能忍耐、能战斗、能奉献就是党的重要精神品质之一。这种品质体现在党组织的坚强领导上,也体现在党员干部的实际行动上。这种精神品质具体体现在:一是自我牺牲精神。在抗日战争时期,为了牵制日军,以王宝华为首的狼牙山五勇士与敌人激烈战斗,共产党员视死如归,胜利完成任务后跳崖牺牲。在党领导的东北抗日联军中,以冷云为首的八名抗联战士,为了掩护大部队突围,英勇战斗到最后,集体投江殉国,他们以个人的牺牲保护了党的集体。无论是在革命时代,还是在发展时代,这些具有自我牺牲精神的事例都不胜枚举。二是团结奋斗、艰苦创业精神。抗日战争时期,陕甘南边区为了克服经济困难,党发起了大生产运动,形成了自力更生、艰苦创业、团结奋斗的南泥湾精神。新中国建设初期,为了实现石油自给,中国共产党做出了石油勘探战略东移的正确决策,培育了

内涵"爱国、创业、求实、奉献"元素的大庆精神。诚如邓小平所强调:"中国搞四个现代化,要老老实实地艰苦创业。"① 艰苦创业精神要提倡,不能丢。三是不屈不挠、坚持到底的拼搏精神。1976年唐山地震、1998年华东水灾、2008年汶川地震,都给中国人民造成重大损失,在领导人民抗震救灾过程中,中国共产党形成了万众一心、顽强拼搏、不屈不挠、坚持到底的精神,彰显了中国共产党不畏艰险的优秀品质。

2. 科学理性精神

中国共产党是工人阶级的先锋队,它的阶级特性决定了它的先进性品质。这种先进性与中国共产党的科学理性精神是互相适应的。这个精神品质体现在:一是实事求是精神。实事求是是马克思主义的精髓。毛泽东对"实事求是"问题做出了科学回答,他指出,"实事求是"就是注重调查研究,做到理论联系实际,一切从实际出发,在实践基础上解决现实问题。"实事求是"是中国共产党的思想原则、思想路线和工作方法,也是党的基本精神。在建设国家问题上,邓小平把"实事求是"理解为"要紧紧抓住合乎自己的实际情况这一条"②。习近平同志把它理解为抓住社会主义初级阶段这个最大的国情。二是求真务实精神。"求真务实"是"实事求是"的具体化,也是中国共产党精神的本质内涵之一。"求真"就是求问题之真,求发展规律之真,求人民幸福道路之真。"求真"是党的全部工作的出发点,"务实"是党的全部工作的落脚点。"求真"必然要趋向于"务实",以求得问题之解决。"务实"必然要建立在"求真"前提之上,以求得认识之规律。诚如胡锦涛指出:全党同志要"求我国社会主义初级阶段基本国情之真,务坚持长期艰苦奋斗之实;求社会主义建设规律和人类社会发展规律之真,务抓好发展这个执政兴国的第一要务之实;求人民群众历史地位和作用之真,务发展最广大人民根本利益之实;求共产党执政规律之真,务全面加强和改进党的建设之实"③。可见,"求真"是理论实

---

① 《邓小平文选》第3卷,第257页。
② 同上书,第261页。
③ 《胡锦涛文选》第2卷,人民出版社2016年版,第156页。

第一章　文化出场与马克思主义的魅力

践,"务实"是现实实践。两者在解决问题过程中获得统一。三是追求真理精神。中国共产党是坚信马克思主义的政党,也是执着追求真理,勇于坚持真理,并在实践中发展真理的政党。在抗日战争末期,中国共产党科学把握世界反法西斯斗争形势,鲜明指出中国的正确道路:"克服一切困难,团结全国人民,废止国民党的法西斯独裁统治,实行民主改革,巩固和扩大抗日力量,彻底打败日本侵略者,将中国建设成为一个独立、自由、民主、统一和富强的新国家。"① 这是世界大势所趋,是中国人心所向,因而它是中国的光明前途。这是中国共产党对革命真理的把握和坚持。党的十一届三中全会以来,中国共产党把工作重心转移到经济建设上来,通过改革体制,解放生产力,发展生产力,消灭剥削,消除两极分化,改善群众生活,提高群众的获得感、幸福感。2020年底,我国全面建成小康社会后,党领导人民实施"乡村振兴"战略,推进城乡协调发展,逐步实现人民的共同富裕。这是党对社会主义本质问题认识的深化,也是党对社会主义建设真理的坚持和发展。

3. 开放民主精神

中国共产党不断发展壮大,与其具有开放民主精神是分不开的。这种精神特质有三个层次的内涵:一是注重解放思想。解放思想是中国共产党取得新民主主义革命胜利的重要保证,也是发展中国特色社会主义的一个法宝。遵义会议是党比较彻底地做到解放思想的一个典范。由于做到解放思想,解决了党独立地领导中国革命的问题,挽救了工农红军,挽救了党中央,也挽救了中国革命。党的十一届三中全会也是一次比较彻底地做到解放思想的新典范。会议在"什么是社会主义,怎样建设社会主义"的问题上做到解放思想,为中国改革开放顺利推进开启了闸门,为中国经济社会快速发展提供了引擎。可见,只有解放思想,才能达到实事求是;只有实事求是,才是促进解放思想。解放思想和实事求是是党的思想路线的核心内容,也是中国共产党精神的基本内涵。二是富有远见卓识。以毛泽东为核心的党中央领

---

① 《毛泽东选集》第3卷,人民出版社1991年版,第1053页。

导集体,以辩证的世界观观察世界,把握世界大势,高度重视与"第三世界"国家的交往交流,在联合国恢复中国"常任理事国"席位问题上,非洲国家对中国的支持发挥了重大作用。以邓小平为核心的第二代党中央领导集体,以开放的世界观考察世界,把脉中国发展全局,抓住20世纪中后期世界经济机遇,发展社会主义市场经济,使中国人民富裕起来。以习近平同志为核心的新一届党中央领导集体,以科学的世界观审视世界,以新发展理念为指导,以唯物主义历史观教育全党,以"四个全面"战略布局为总抓手,健全"五位一体"现代化建设,统筹国内发展与对外开放,使中国整体强大起来。这些历史性贡献反映了中国共产党的远见卓识。三是具有宽广胸怀。以谦虚、诚恳、热情态度对待党内党外干部和人士,这是中国共产党的一个优良传统。中国共产党紧密团结党外人士,充分信任党外人士,大力支持党外人士,正确引导党外人士,宽厚包容党外人士。无论是在新中国建国初期,或者在改革开放时期,还是在弘扬创新创造精神的新时期,中国共产党始终秉承建党信念,发扬开放精神,广开言路,做广大群众的小学生,自觉进行自我革命,做到惩前毖后、治病救人,表现了胸怀宽广的开放包容精神。

4. 创新创造精神

中国共产党形成了反对一切教条主义、机会主义,在斗争中善于创新创造的精神传统。中国共产党所富有的创新创造精神体现在:一是敢于打破教条,不迷信。在遵义会议之前,由于教条主义、本本主义占了上风,给中国共产党和革命群众造成重大损失,但在遵义会议之后,中国共产党及时纠正了"左倾"主义和教条主义的错误,不再迷信外国的顾问和经验,创造性地开展革命和建设工作,挽救了中国共产党。二是敢于冲破束缚,不封闭。在中央苏区时期和中央红军长征时期,来自共产国际的指示固然在初始目的上是为了给中国共产党提供指导帮助,然而不打折扣地执行其指示在最终结果上却给党带来近乎灾难性的打击,使党在有生力量、物质资源上受到很大损失,在队伍精神信念上受到很大创伤。但是,由于以毛泽东为代表的党中央具有独立自主的革命意识,面对革命红旗能打多久、革命队伍向何处去的重大问题作出正确研判，形成理性决断，从而挽救了工农红军和中国革命。三是敢于胜利前进，不停滞。中国共产党善于总结经验，勇于自我纠错，敢于胜利前进。新民主主义革命时期，中国共产党清算了三次"左倾"机会主义和一次右倾机会主义错误，实现了马克思主义普遍真理和中国具体实际的正确结合，以毛泽东为代表的中国共产党人开辟了以农村包围城市、取得革命胜利的中国道路。这条道路是党的伟大创造，与列宁开辟的以城市包围农村的革命道路相比，这条道路是党的重大创新。改革开放以来，中国共产党拨乱反正，纠正了"文革"的诸多错误，恢复了实事求是思想路线，以邓小平为代表的中国共产党人开辟了中国特色社会主义道路。这条道路也是党的伟大创造，与社会主义改造时期党对社会主义建设道路的探索相比，这条道路是党的又一次重大创新。新世纪以来，特别是党的十八大以来，以习近平同志为核心的党中央高举中国特色社会主义旗帜，做到改革步子稳妥，开放进程稳当，发展方向精准，提出一系列新思想新理念新战略，以"四个伟大""四个自信""五个认同""五大发展理念""四个全面"战略布局等为理论范畴的马克思主义的中国化又一次实现重大飞跃，创立习近平新时代中国特色社会主义思想。建设富强民主文明和谐美丽中国的道路呈现在世界面前，这条道路同样是中国共产党新的伟大创造。

5. 民本合作精神

中国共产党深刻认识到，人民群众是历史的创造者，是中国特色社会主义事业的根本推动力量。100多年来，中国共产党形成了相信群众、为了群众、依靠群众的合作精神。一是始终相信群众。在党的面前，人民群众是真正的英雄。党相信群众的正当诉求，相信群众的首创精神，相信群众的巨大力量，因而要问政于民，问计于民，问需于民，始终支持群众的发展事业。二是一切为了群众。中国共产党是中国人民利益的忠实代表，也是中华民族利益的合法代表。党始终以人民为中心做好一切工作，这是党的重要精神传统，以习近平同志为核心的党中央进一步发展了这个精神传统。正如恩格斯在分析法德农民问题时指出："中国共产党内可以有来自任何社会阶级的个人，但是我们绝对不需要任何代表资本家、中等资产阶级或中等农民的利益的集团。"① 中国共产党始终坚持人民本位的立场，旗帜鲜明反对一切与人民利益相对立的既得利益集团。三是紧紧依靠群众。广大工农群众和新的社会阶层，都是党要依靠和团结的对象，密切联系广大群众是党的优良作风，也是党的基本精神元素。在中国特色社会主义新时代，中国共产党要始终坚持以人民为中心的思想和立场，始终做到权为民用、利为民谋、情为民系，领导人民把中华民族复兴"中国梦"推向前进。

习近平同志在庆祝中国共产党成立100周年大会上发表的重要讲话中，把伟大建党精神表述为"坚持真理、坚守理想，践行初心、担当使命，不怕牺牲、英勇斗争，对党忠诚、不负人民"，这四句话概括而凝练地诠释了中国共产党精神的文化密码。坚持和赓续党的伟大精神，是马克思主义文化出场的必然取向，是坚持和维护党的长期执政的必然选择。必须指出，中国共产党精神的各个内涵是互相渗透、互相依存的，在它们的融合关系中呈现出党的伟大精神的鲜明特征。

(二) 中国共产党精神具有三个鲜明特征

中国共产党精神随着中国的革命、改革和建设实践而充实丰富，也随着中国社会的进步而不断发展。伟大建党精神像鲜红血液融贯在马克思主义文化、中国道路发展过程中。马克思主义文化像鲜艳红旗指引党和人民继续走好中国道路。中国道路像一个巨大实践平台，为弘扬伟大建党精神、发展马克思主义文化提供坚实地基和宽广空间。因此，党的伟大精神具有鲜明的时代特征、政党特征、价值特征。

1. 中国共产党精神的历史时代性

中国共产党走过了100多年的伟大历程，历经革命、建设、改革和创新的不同时代。正像"每一个时代的理论思维，包括我们这个时代的理论思维，都是一种历史的产物，它在不同的时代具有完全不同的形式，同时具有完全不同的内容"②。在革命时代、建设时代、改革时

---

① 《马克思恩格斯选集》第4卷，人民出版社1995年版，第494页。
② 《马克思恩格斯文集》第9卷，人民出版社2009年版，第436页。

代和新时代,中国共产党团结领导人民浴血奋战、百折不挠,创造了新民主主义革命的伟大成就;自力更生、发愤图强,创造了社会主义革命和建设的伟大成就;解放思想、锐意进取,创造了改革开放和社会主义现代化建设的伟大成就;自信自强、守正创新,创造了新时代中国特色社会主义的伟大成就。在这个百年奋斗历程中,也形成表现形式不同、内涵意蕴丰富、红色气质鲜明的中国共产党精神。在革命时代,中国共产党塑造了追求真理、勇于牺牲、敢于胜利的革命精神,浴血奋战、百折不挠、吃苦耐劳是中国共产党人的生活写照。新中国成立之后,中国共产党塑造了坚持战斗、不畏强权、埋头苦干、服务人民的发展精神,自力更生、发愤图强、力争上游是中国共产党人的斗争写照。在改革时代,中国共产党塑造了解放思想、实事求是、与时俱进、以人为本的实践精神,求真务实、科学发展、以民为本是中国共产党人的发展写照。在中国特色社会主义新时代,中国共产党塑造了自信自强、追求卓越、守正创新的时代精神,锐意进取、创新发展、求实奉献是中国共产党人的创新写照。走向历史时代深处,中国共产党精神必将继续得到发展丰富、凝练升华。

2. 中国共产党精神的整体系统性

中国共产党精神是一个完整的精神系统。它是作为执政党的中国共产党的集体精神和作为中国共产党人的个体人精神的高度统一体。首先,它是一种集体精神、组织精神。从中国共产党成立之日起,它就作为一个先进政党、先进政治组织出现在中国大地上。中国共产党精神是一种具有领导核心的团体精神,是一种具有严明纪律的团结精神,它以革命的、正义的、崇高的和先进的精神吸引民众,动员群众,激励军民。其次,它是共产党人的个体人精神。中国共产党人是中国共产党的有机要素。中国共产党创建初期的李大钊精神、瞿秋白精神,抗日战争时期的方志敏精神、左权精神,社会主义建设时期雷锋精神、王进喜精神、陈秉贵精神,改革开放新时期的孔祥瑞精神、郭明义精神,以及孔繁森精神、郑培民精神、牛玉儒精神,等等,都是中国共产党人的个体人精神,它们从不同方面充实中国共产党精神,并构成中国共产党的整体精神。再次,它是中华民族精神的重要内核。中国共产党精神内涵拼搏精神、探索精神、发展精神、民本精神。从红船精神、井冈山精神、长征精神、延安精神、西柏坡精神到"两弹一星"精神、抗洪抗震精神、载人航天精神,人们可以看到,中国共产党精神与内含爱好和平、团结统一、勤劳勇敢、自强不息的中华民族精神是息息相通的。中国共产党是中华民族的脊梁,是中国人民的先锋队,因而中国共产党精神是中华民族精神的基本内核和鲜活要素。最后,它是国际主义精神的有机组成。中国共产党关注世界现实、关心世界和平发展、关爱世界人民,支持中国政府按照"和平共处五项原则"开展一系列重大和平外交活动,在反战争、反核扩散、反霸权主义、反恐怖主义等问题上发出"中国声音",在应对全球气候变暖、消解国际金融危机、构建世界互联网安全秩序等问题上提出"中国方案",在反贫困、反腐败、反对种族歧视、开展国际人道主义救援救助、推进国际维和合作等问题上迈出"中国步伐",做出重要贡献。由此可见,中国共产党具有仁义、担当、负责的精神,这种文化精神辉耀全球,并充实国际主义精神。

3. 中国共产党精神的独特价值性

中国共产党是中国国内第一大党,也是世界上拥有党员数量最多的马克思主义政党,弘扬中国共产党精神在党内、国内和国际上具有重要而独特的价值。首先,中国共产党精神具有重大的党内价值。一是思想动员价值。思想动员体现在讲团结、讲集中、讲纪律、讲政策上。团结才有力量,才能战胜敌人和险阻。诚如习近平同志对统一战线的干部和代表人士所说,我们要像石榴籽那样紧紧抱在一起。集中统一是团结的具体体现,是围绕中心完成使命的首要前提。纪律是实现团结、集中的制度保障。遵守党规党纪是全党形成战斗力的基本条件。讲政策重在落实,重在提高执行力。在每个时期,党要完成使命都离不开高度团结、集中统一、铁的纪律和政策落实。因此,弘扬中国共产党精神对于形成讲团结、讲集中、讲纪律、讲政策的氛围,促进党的思想动员,都具有重要价值。二是作风改造价值。中国共产党要继续成为中国特色社会主义事业的核心领导力量,就要发扬理论联系实际、密切联系群众、批评和自我批评的优良作风。作风问题事关党的存亡。不断优化优良作风，改造不良作风，纠正坏作风，是党保持先进性、纯洁性的关键环节。因此，弘扬中国共产党精神对于加强党的作风改造具有重要价值。三是传统继承价值。100多年来，中国共产党形成了宝贵的精神传统，比如：注重推进实践基础上的理论创新，推动以问题为导向的实践变革，推崇以人民为中心的改革发展，提升自我净化、自我完善、自我革新、自我提高的能力，等等。弘扬中国共产党精神对于继承这些优良传统，光彩党的精神财富，都具有重要价值。其次，中国共产党精神具有丰富的国内价值。一是政治教育价值。为全面建成小康社会，实现中华民族伟大复兴，全体人民要在党的领导下，群策群力，同心同德，众志成城，不断推进这个共同事业，巩固这个共同福祉。因此，弘扬中国共产党精神有利于教育广大人民，增强人们对党的政治认同，提高发展共识。二是情感熏陶价值。中国共产党精神是培养优秀党员干部的高级营养，是陶冶优秀党外人士的精神助剂，也是中国共产党办好中国的大事，办好中国人的实事，办好中华民族的好事的精神力量。弘扬中国共产党精神有利于陶冶人民情操，增强人民对党的信任感、亲切感。三是精神激励价值。在革命、改革和建设的不同时期，中国共产党人为了革命事业的胜利付出了重大牺牲，为了改革事业的成功做出了重大探索，为了建设事业的发展取得了重大成就，他们的崇高精神有利于激励一代又一代人民，把中国特色社会主义事业推向前进。再次，中国共产党精神具有独特的国际价值。一是思想宣传价值。中国共产党精神与党的思想路线相契合。一方面，它体现党的政治宗旨，反映党的精神风貌，传扬党的行动风范；另一方面，它融入有中国气度的"中国声音"，滋润有中国气色的"中国方案"，激发有中国气派的"中国理论"，守护有中国气质的"中国道路"，匡扶有中国特色的"中国制度"。因此，弘扬中国共产党精神具有宣传党的思想的现实价值。二是形象塑造价值。中国共产党领导中国人民改变了被剥削奴役的命运，改变了中国的落后面貌，也改变了世界旧的政治经济秩序，因而弘扬中国共产党精神能够塑造党带领中国人民融入世界历史发展进程的崇高形象。三是声誉传播价值。中国共产党倡导"一带一路"建设工程，构建人类命运共同体，坚持共商、共建、共享的原则，同世界各国深化政策沟通，促进民心相通，加强实施联通，保障贸易畅通，扩大资金融通，建设利益共享价值链，充实了双赢、多赢、共赢的"丝路精神"，这正是新的文化出场精神。这种精神提升了中国共产党精神的声誉，同时也给越来越多国家带来美好希望。

三、在推进马克思主义中国化过程中丰富中国共产党精神

中国共产党精神的铸造和马克思主义的中国化、文化统战的发展进程互相适应。中国共产党人和马克思主义理论工作者要在推进理论形态、实践形态和制度形态的马克思主义中国化过程中充实、丰富中国共产党精神，促进文化统战高质量发展。

1. 推进理论形态的马克思主义中国化，丰富中国共产党的理论创新精神

理论形态的马克思主义中国化是马克思主义理论在中国的具体化。推进理论形态的马克思主义中国化，要重视三个问题：一是学习掌握的问题。中国共产党人要认真学习、深入钻研马克思主义，真正掌握马克思主义思想精髓，做到真学、真信、真懂马克思主义。二是应用结合的问题。马克思主义是研究、解决现实问题的科学方法论。"应用"要求把马克思主义的理论和方法对接于现实问题，解释、分析现实问题，找到解决问题的正确举措。"结合"要求在应用马克思主义过程中紧密地与中国历史实际、改革开放实际、中华优秀传统文化对接，不要脱离现实情况。通过创造性的"结合"和"应用"，真正解决现实问题。三是理论创新的问题。理论创新是党的事业繁荣发展的重要保证，也是马克思主义中国化最显著的经验，因而党中央领导集体一贯重视和倡导理论创新。邓小平指出："不以新的思想、观点去继承、发展马克思主义，不是真正的马克思主义者。"[①] 江泽民指出："中国共产党要有回答和解决新问题的理论勇气和政治勇气。"[②] 习近平同志强调，

[①]《邓小平文选》第3卷，第292页。
[②]《江泽民文选》第3卷，人民出版社2006年版，第334页。

要不断推进实践基础上的理论创新,不断开辟马克思主义中国化新境界①。因此,我们要在推进理论形态的马克思主义中国化过程中不断增强中国共产党的理论创新、文化自觉精神。

2. 推进实践形态的马克思主义中国化,丰富中国共产党的改变世界精神

实践形态的马克思主义中国化是中国共产党人运用马克思主义理论指导革命建设实践,同时把新鲜实践经验转化为创新理论的复合过程。实践的观点是马克思主义最基本的观点。马克思把这个观点表达为:"哲学家只是用不同的方式解释世界,而问题在于改变世界。"②如果说"解释世界"是理论形态的马克思主义中国化的任务,那么"改变世界"就是实践形态的马克思主义中国化的任务。推进实践形态的马克思主义中国化,要重视三个问题:一是思想实践的中国化。中国共产党人要思入时代深处,站在世界历史高处,从社会主义初级阶段这个国情出发,确立适合中国发展的方向路线,形成适合中国发展的战略举措。二是作风改造的中国化。中国共产党人要把革命和建设时代的优良作风结合起来,植入新的精神元素,形成"一种'不到长城非好汉'的锲而不舍追求精神,一种'刺破青天锷未残'的战胜困难顽强精神,一种'欲与天公试比高'的不畏强势挑战精神,一种'而今迈步从头越'的一往无前超越精神"③。三是行动创造的中国化。中国共产党人要注重创造实践,把马克思主义作为指导行动的实践哲学,在实践的基础上不断提高行动力,使党在引领中国道路健康发展上有实效,在促进中国人民全面发展上有绩效,在推进中国事业胜利前进上有长效,在构建人类命运共同体上有功效。

3. 推进制度形态的马克思主义中国化,丰富中国共产党的制度治党精神

制度形态的马克思主义中国化着眼于建立科学制度来保障和促进

---

① 《习近平谈治国理政》,第26—27页。
② 《马克思恩格斯选集》第1卷,人民出版社1995年版,第61页。
③ 颜晓峰:《"四个全面":走向民族复兴的科学指南》,《中国社会科学报》2015年8月6日。

中国发展。推进制度形态的马克思主义中国化，为党全面实施制度治党提供制度规范和制度保障。"制度治党"是党中央治国理政思想的重大创新，也是中国共产党精神的新的充实。首先，制度形态的马克思主义中国化要求推进治国理政制度化。要把中国建设成为一个高度法治的国家，实现国家的健康发展，就要提高治国理政的能力和水平，就要加强和改善党的领导，以制度治党来推进依法治国。其次，制度形态的马克思主义中国化要求推进制度理论研究中国化。中国现代化建设与中国特色的制度建设相适应，这就要求中国制度理论研究中国化，这样得出的研究成果才能推进制度完善发展。诚如习近平同志指出："要把坚定制度自信和不断改革创新统一起来，在坚持根本政治制度、基本政治制度的基础上，不断推进制度体系的完善和发展。"① 再次，制度形态的马克思主义中国化要求推进管党治党实践中国化。推进制度形态的马克思主义中国化和全面从严治党实践相契合。全面从严治党要求明确治党制度规矩，明确治理主体、对象；要求思想建党和制度治党相结合、学习教育和惩治违纪腐败相结合、纪检监察部门协同办案与加强自身建设相结合、开展"打虎扑蝇"与建设长效机制相结合。这些中国特色的管党治党实践体现了社会主义法治精神、科学理性精神和开放创新精神，也体现了马克思主义的政治认同和制度认同精神。在当下，要坚持理论形态、实践形态和制度形态的马克思主义中国化的融合发展，促进马克思主义文化出场创新、出色进步。

---

① 中共中央文献研究室：《习近平关于协调推进"四个全面"战略布局论述摘编》，中央文献出版社 2015 年版，第 38 页。

第二章　文化传承与马克思主义的活力

第一节　"四个坚持"与马克思主义的中国化

2017年4月，中共中央总书记习近平对广东工作做出重要批示，希望广东坚持党的领导、坚持中国特色社会主义、坚持新发展理念、坚持改革开放，为我国推进供给侧结构性改革、实施创新驱动发展战略、构建开放型经济新体制提供支撑，努力在全面建成小康社会、加快社会主义现代化新征程上走在前列①。在这个重要批示中，"四个坚持"的内容具有深刻的思想性、高度的原则性、根本的方向性、长远的战略性，这是马克思主义基本原理与中国具体实际相结合得出的又一个创新性成果，它在思想、理论和方法等维度上推进了马克思主义的中国化。深入学习和正确把握"四个坚持"所蕴含的思想内涵、价值承载和辩证方法，对于广东乃至全国在统筹推进"五位一体"总体布局、协调推进"四个全面"战略布局中进一步做好各项改革发展工作，顺利全面建成小康社会，基本实现社会主义现代化，全面促进马克思主义文化出场，推进中华民族走向伟大复兴，都具有重大的理论意义和现实意义。

---

① 《学习贯彻习近平总书记重要批示精神》，《南方日报》2017年4月12日。

一、"四个坚持"高举中国马克思主义旗帜

马克思列宁主义和中国特色社会主义理论体系是中国改革发展的思想指导。高举马克思主义思想旗帜是坚定走中国特色社会主义道路的思想前提。"四个坚持"是习近平新时代中国特色社会主义思想的有机组成，具有深刻的思想性、高度的原则性，它鲜明地体现了中国共产党人一以贯之、不忘初心的政治立场。

"四个坚持"体现了中国共产党人的基本立场和思想特质。"四个坚持"是一个有机统一体。坚持党的领导，是指全体中国共产党人都要坚持以习近平同志为核心的党中央的领导，都要坚持和维护党中央的政治权威，都要坚持十一届三中全会以来党的基本路线、基本方针、基本政策，都要坚持、贯彻和执行十八大以来党制定的一系列创新性的重大战略决策。在当前，全体中国共产党人都要坚持党对一切工作的领导，自觉"增强政治意识、大局意识、核心意识、看齐意识，自觉维护党中央权威和集中统一领导，自觉在思想上政治上行动上同党中央保持高度一致"[①]，确保中国共产党始终总揽全局、协调各方，始终成为中国特色社会主义事业的坚强领导核心。马克思主义是中国共产党人的思想武器，用马克思主义武装起来的中国共产党人和各级领导干部都要坚持和拥护党的领导，与党中央在政治原则、政治思想、政治行动上保持高度一致，自觉加强党的团结与统一，自觉维护党的形象与声誉，自觉促进党的发展与壮大，统筹推进"五位一体"总体布局、协调推进"四个全面"战略布局，为实现党中央提出的"两个一百年"目标努力奋斗。因此，始终坚持党的领导的体制机制，不断改进和完善党的领导，这是任何一个合格党员的基本立场和思想特质。

"四个坚持"深化了"四项基本原则"这个立国强国的根本原则。"四个坚持"与"四项基本原则"内在关联、互相支撑、高度统一。

---

① 习近平：《决胜全面建成小康社会 夺取新时代中国特色社会主义伟大胜利——在中国共产党第十九次全国代表大会上的报告》，人民出版社 2017 年版，第 20 页。

"四项基本原则"是"四个坚持"提出的思想基础,前者涵容后者的主体内容。"四个坚持"的提出是对"四项基本原则"的重申与深化,前者在忠实继承后者核心思想、回应时代变化和中国实践需要的基础上,提出了"坚持新发展理念"这个重大原则,从而发展了"四项基本原则"。它们二者都强调坚持中国共产党领导,坚持走中国特色社会主义道路。坚持党的领导必然要坚持中国特色社会主义,而坚持中国特色社会主义也必然要坚持党的领导。这是因为,中国共产党领导是中国特色社会主义最本质的特征,没有中国共产党的领导,就没有中国特色社会主义的根本成就,同样,"没有中国共产党的领导,民族复兴必然是空想"[①]。而坚持走中国特色社会主义道路,坚持发展中国特色社会主义理论体系,坚持完善中国特色社会主义制度,坚持创新中国特色社会主义文化,这是全党建立道路自信、理论自信、制度自信和文化自信的基本表现,也是全党保持政治领导力、思想引领力、群众组织力、社会号召力,永葆旺盛生命力和强大战斗力的重要体现。正确把握了这一点,就正确地把握了中国共产党领导和中国特色社会主义之间的思想关系。

"四个坚持"是马克思主义基本原理同中国具体实际相结合,同中华优秀传统文化相结合产生的创新性思想成果。"四个坚持"是党中央创造性地运用马克思主义辩证唯物论于中国建设实践而总结出的思想成果,这个思想成果是对党的路线方针政策的新的凝练与高度概括。它不但对广东的改革开放发展工作具有重大指导意义,也对全国其他省、市、自治区的发展工作具有普遍指导意义。必须指出,党的领导是政治领导、思想领导和组织领导的统一。其中思想领导是关键环节。在新时代条件下,坚持以马克思列宁主义、毛泽东思想、中国特色社会主义理论体系和习近平新时代中国特色社会主义思想为指导,面向新的伟大斗争,推进伟大工程,建设伟大事业,实现伟大梦想,不断推进党的理论创新,这是增强党的执政能力,提高党的领导水平,完

---

① 习近平:《决胜全面建成小康社会 夺取新时代中国特色社会主义伟大胜利——在中国共产党第十九次全国代表大会上的报告》,第16页。

成党的时代使命的重要前提。"四个坚持"的提出，不但明确了广东省委以及全国各地党委、各级党的基层组织要始终坚持党的集中统一领导，而且对全国各地提出了新要求，即始终坚持中国特色社会主义的道路、理论、制度，坚持发展中国特色社会主义文化，始终坚持党的十八届五中全会提出的"创新、协调、绿色、开放、共享"这五大发展理念，始终坚持推动中国走向富强民主文明和谐美丽的改革开放的方针和政策。因此，全党只有在思想层面形成"四个坚持"的统一认识，才能对中国当前乃至未来的改革发展形成高度共识，才能凝聚力量，攻坚克难，跋涉险滩，取得中国特色社会主义事业新胜利。就此意义而言，"四个坚持"的提出又一次在思想层面推进了马克思主义的中国化，是马克思主义文化出场形成的创新成果。

应当指出，作为指导中国改革发展的根本原则的"四个坚持"，不但要始终坚持，还要和坚持贯彻"四个全面"战略布局、"五位一体"总体布局紧密结合起来，不断充实"四个全面"战略布局思想，不断提升"五位一体"总体布局建设成效。

二、"四个坚持"充实"四个全面"战略布局思想

"四个坚持"是对广东工作的战略性要求，也是对广东乃至全国推进现代化建设实践的新要求，这些要求与协调推进"四个全面"战略布局的发展要求是高度契合、相互适应的。"四个全面"战略布局是推动中国改革开放全面发展的"总抓手"，"四个坚持"是保证中国特色社会主义各项事业沿着正确方向稳步前进的"总舵手"。因此，"四个坚持"对于中国在未来相当长时期里实现全面、协调和可持续发展具有根本性、方向性的指导意义。

坚持党的集中统一领导和全面从严治党高度契合。中国共产党作为新中国的执政党，它是领导一切的。党的领导是总揽全局、协调各方的坚强领导，也是"把方向、谋大局、定政策、促改革"的正确领导。这样一种领导表现为具有坚定性与先进性的政治领导，具有正确性与前瞻性的思想领导，具有合法性与纯洁性的组织领导。坚持党的

领导,就要实现和推进党的政治领导、思想领导和组织领导的全面、协调与统一,也要保证代表这种领导的思想理论、路线方针、政策决策的贯彻与落实,并取得应有的可以预期的成效。基于这种合目的性,全面从严治党就成为合规律性的治理活动或治理行为。从二者关系来看,全面从严治党是坚持党的领导的政治保障,不从严治党就会削弱党的政治领导,涣散党的思想领导,软化党的组织领导;而坚持党的领导是全面从严治党的思想前提,不坚持党对国家各方面工作的全面领导,就不能从根本上推进从严治党工作,完善党的建设伟大工程。从本质上看,坚持党的集中统一领导和全面从严治党都是为了守护党的根本宗旨,做到初心不改,勤政廉政,为民利民。

坚持中国特色社会主义和全面建设社会主义现代化国家高度统一。中国特色社会主义是道路、理论、制度和文化的内在的统一。坚持中国特色社会主义,就是坚持走中国特色社会主义道路,坚持中国特色社会主义理论体系,坚持中国特色社会主义制度,坚持中国特色社会主义文化。这些坚持体现在思想观念上,就形成对中国特色社会主义的道路自信、理论自信、制度自信和文化自信。这些坚持体现在实践行动上,就是"既严以修身、严以用权、严以律己",又撸起袖子真抓实干,做到谋事务实、创业扎实、做人老实,树立和弘扬"三严三实"好作风①。在中国特色社会主义进入发展新时代,社会主要矛盾已经从"人民群众日益增长的物质文化需要和落后的社会生产之间的矛盾"转变为"人民日益增长的美好生活需要和不平衡不充分的发展之间的矛盾",适应这个矛盾变化,坚持中国特色社会主义在最切近的意义上就是在党的领导下全面建设社会主义现代化国家,满足人民日益多方面、高层次的需要,不断提高人民的获得感、安全感和幸福感,实现美好生活愿望。因此,全面建设社会主义现代化国家成为中国特色社会主义最鲜明、最壮丽的特色之一,这也说明,坚持中国特色社会主义和全面建设社会主义现代化国家是高度统一的。

坚持新发展理念和全面依法治国高度适应。一方面,新发展理念

---

① 《习近平谈治国理政》,外文出版社2014年版,第381页。

是全面依法治国的重要指导。坚持创新、开放的理念是依法治国所要遵循的基本理念。在党的领导下，我们要以创新精神推进中国特色社会主义法治体制、法治理论的改革完善，形成更加完备的法律规范体系、更加高效的法治实施体系、更加严密的法治监督体系、更加有力的法治保障体系。要在坚持厉行法治过程中尊重宪法、维护宪法权威，也要在自觉维护宪法权威过程中坚持法制、厉行法治。要依据中国的改革发展阶段和社会主要矛盾变化了的实际，以更开放的态度批判吸收人类已有的法治文明成果，不断完善党内法规体系，推进依法治国、依法执政、依法行政，推进法治国家、法治政府、法治社会一体建设，实现科学立法、严格执法、公正司法、全民守法，不断提高国家治理体系和治理能力现代化水平，把我国建成一个高度法治的文明国家。另一方面，全面依法治国是落实新发展理念的重要领域。全面依法治国要求对国家发展、社会发展和人民发展的各个领域、各类空间都要给予合法、公正、公开的治理。要不断创新法治治理的体制机制，在实现公正有效的治理过程中向社会、公众保持较高程度的信息开放，保障公众对法律事件和法治过程的知情权、监督权，同时也保障国家的整体安全，从而实现国家发展的科学化、社会发展的理性化和人民发展的和谐化，这是建设文明法治国家的重要维度。

坚持改革开放和全面深化改革高度融合。"改革开放"是党的十一届三中全会以来形成的基本国策，"全面深化改革"是党的十八届三中全会作出的重大战略决策，"坚持全面深化改革"是党的十九大提出来的新时代中国特色社会主义基本方略之一。这说明，只有改革开放才能发展中国，只有全面深化改革才能建设和推进中国特色社会主义事业。当代中国的改革是全面、精准、深入的改革，通过"破除一切不合时宜的思想观念和体制机制弊端，突破利益固化的藩篱，吸收人类文明有益成果，构建系统完备、科学规范、运行有效的制度体系，充分发挥我国社会主义制度优越性"①。从理论上看，"坚持改革开放"是

---

① 习近平：《决胜全面建成小康社会　夺取新时代中国特色社会主义伟大胜利——在中国共产党第十九次全国代表大会上的报告》，第21页。

"全面深化改革"的理论基础,"全面深化改革"是"坚持改革开放"的全面深化。前者是纲领性的国策之论,是中国强国之路的奠基;后者是战略性的政论,后者比前者更具体、精准,因而更有针对性、实效性。从实践上看,1978年邓小平提出改革开放战略,2013年习近平同志提出"全面深化改革"的思想方略,2017年习近平同志再次提出"坚持改革开放"的思想原则,前后历经近40年。在这个长时期里,中国的改革开放从农村走向城市,从东南沿海延伸到内陆省市,从出口加工区、经济特区发展到经济开放区、城市自贸区,形成由局部到整体的稳步推进的改革秩序,呈现全方位、多层次、宽领域的开放格局。20世纪80年代,邓小平提出中国要实现"更加开放""大开放"的发展局面已经转变为中国与世界握手的"全面开放"、与世界共赢的"和谐开放"的大格局。人们只要考察雄安新区、浦东新区、粤港澳大湾区建设,就可以发现,中国改革开放之路越走越宽广,中国特色社会主义事业也越来越完善。

可见,"四个坚持"作为指导中国改革发展的思想原则,它充实了"四个全面"战略布局思想,构成了习近平新时代中国特色社会主义思想的有机内容,增强了中国特色社会主义事业活力;"四个坚持"作为指导中国人科学发展的方法论,它有利于提高中国人的道路自信、理论自信、制度自信和文化自信,开启更高质量的文化创新工作,不断丰富中华民族精神,彰显马克思主义恒久活力。

三、"四个坚持"弘扬"四个自信"中华民族精神

对中国特色社会主义的道路、理论、制度和文化形成坚定的自信,这是党的十八大以来党中央概括提炼出来的"四个自信"。它作为中华民族精神的新元素对建构和安顿中国人的精神家园发挥了重大作用。"四个坚持"的提出,既体现了中国共产党人开放的思想传统,也彰显了中华民族自信的精神气质,因而具有深厚的民族文化底蕴。

"四个坚持"体现中国共产党的历史自信精神。中国共产党成立以来100多年的奋斗史,就是一部恢宏壮丽、可歌可泣、自豪自信的发展

史。改革开放前近 30 年里，中国共产党带领人民取得的经济总量超过了旧中国上百年的发展总量。中国人民站起来了，并逐步发展壮大起来。改革开放后 40 余年里，中国共产党带领人民继续乘胜发展，接续取得一个又一个"中国奇迹"，迄今中国已经成为全球第二大经济体。中国人民富起来了，并逐步强大起来。在一个 14 亿多人口的发展中大国里，除了中国共产党之外，世界上任何一个政党都难以与之相比肩，去取得这样的巨大成就。厚重的历史文化积淀、强大的执政兴国能力与巨大的现实成就互相辉映。在中国特色社会主义新时代，我们将"实现党、国家、社会各项事务治理制度化、规范化、程序化，不断提高运用中国特色社会主义制度有效治理国家的能力"①，不断取得更多更大更新的发展成就，把中国建设成为一个富强民主文明和谐美丽的现代化国家。正确把握了这一点，就能够充分认识全国各族各界人民和各民主党派要始终坚持拥护中国共产党领导，与党同舟共济、肝胆相照，坚定不移走中国特色社会主义道路的根本原因。

"四个坚持"体现中国的国家自信精神。国家自信植根于历史自信，发展于道路自信，成熟于理论自信，建构于制度自信，呈现于文化自信。我们坚持中国特色社会主义表现在：坚定不移走中国特色社会主义道路，坚持和发展中国化的马克思主义理论，坚持和创新中国特色社会主义制度，坚持和繁荣中国特色社会主义文化。这种坚持源于思想定力，也源于经济底气，更加源于对中国特色社会主义的信仰。正是有了这种定力、底气和信仰，我们才有了不可复制的"中国道路"，有了与时俱进的"中国理论"，有了改革创新的"中国制度"，有了经久繁茂的"中国文化"。在此基础上，中国共产党提出并践行新发展理念，打造"中国话语"，提出"中国方案"，发出"中国声音"，以至在国际交往层面中国话开始"走红"，讲汉语开始"吃香"，秉持正义，伸张公道，捍卫正当发展权益开始有了"中国角色"。在博鳌论坛、上合组织峰会、金砖国家峰会、G20 峰会、世界政党大会、世界互

---

① 中共中央文献研究室：《习近平关于协调推进"四个全面"战略布局论述摘编》，中央文献出版社 2015 年版，第 82 页。

第二章 文化传承与马克思主义的活力

联网大会、世界气候峰会等国际论坛上，改革开放的中国变得更加笃定自信。"一带一路"建设的顺利推进，亚洲基础设施投资银行的健康发展，使中国变得更加开放、充满活力，中国共产党和中国人民的好朋友、好兄弟越来越多。因此，"四个坚持"是中国的国家自信精神的有力展示。

"四个坚持"体现中华民族的独立自信精神。中国共产党是时代先锋和民族脊梁。作为时代先锋，中国共产党始终要在思想上、理论上、行动上走在时代前列，要有过硬本领和优良作风，建设成为强大的马克思主义执政党。作为民族脊梁，中国共产党要继续保持政治优势、组织优势、理论优势、制度优势等多种优势，引领中华民族壮大发展、走向伟大复兴。"四个坚持"的提出，要求14亿多人民和9700多万党员，紧密团结在以习近平同志为核心的党中央周围，执行党的决议，落实党的政策，完成党的使命，适应时代新要求，增创发展新优势，推动中华民族伟大复兴。这是在建设中国特色社会主义事业过程中突显出来的最为重大的政治优势和组织优势。我们高举毛泽东思想和中国特色社会主义理论体系旗帜，坚持把马克思主义基本原理同中国具体实际和时代特征相结合，在理论层面和实践层面推进马克思主义的中国化，不断充实丰富中国特色社会主义理论体系，以习近平新时代中国特色社会主义思想指导新的实践，在新的实践中改革完善中国制度，使以民主集中制为核心的政治制度，以公有制为主体、多种所有制共同发展以及以按劳分配为主体、多种分配方式并存的经济制度，以马克思主义为指导、多民族文化共存共荣的文化制度，以及其他方面的制度，都得到新的发展，从而释放出强大的制度生产力，更好地调动广大群众和社会各方面的积极性、主动性、创造性，更快地建成惠及14亿多人民的全面小康社会。这是在推进中国社会主义现代化过程中突显出来的理论优势和制度优势。只有正确理解和把握这些优势，才能做到"四个坚持"，不断升华中华民族的独立自信精神。

总之，坚持中国共产党的领导、坚持中国特色社会主义、坚持新发展理念、坚持改革开放这"四个坚持"，是以习近平同志为核心的党中央对广东工作做出的重要指示，是中国共产党领导和推动中国科学发展的重要思想原则，它对全国各地的改革发展工作具有普遍指导意义。"四个坚持"忠实地高举中国马克思主义旗帜，忠诚地坚持党的"四项基本原则"，自觉地把马克思主义基本原理同中国当代建设发展实际相结合，同中华优秀传统文化相结合，从多方面充实了"四个全面"战略布局思想，贯穿了中国特色社会主义的"四个自信"，熔铸了与时俱进、改革创新的时代精神，提升了中华民族走向伟大复兴的壮志豪情，展现了中国共产党人不忘初心的红色气质，构成了习近平新时代中国特色社会主义思想的有机内容，进一步推进了马克思主义的中国化，提升了马克思主义文化出场境界，使马克思主义充满生机活力。

第二节　"四个自信"与马克思主义的中国化

党的十八大报告提出全党要坚定对中国特色社会主义的"道路自信、理论自信和制度自信"，党的十九大之后，习近平同志进一步提出要坚定文化自信，从而形成了中国特色社会主义的"四个自信"。这"四个自信"涵容了中国人勤于实践、勇于创新和臻于完善的精神品格，彰显了中国共产党人的历史意识、理论志气和崇高理想。因此，阐释"自信"的哲学意蕴，阐明"四个自信"与中国特色社会主义理论体系的关系，对于坚持中国化马克思主义，推进马克思主义的中国化，使马克思主义文化出场且出色，都具有重要价值。

一、"四个自信"丰富了马克思主义的中国化范式

中国人是具有自信力的人，中国共产党是具有自信力的党。"四个自信"的提出，说出了马克思主义经典作家没有说过的新话，突显了中国共产党既理解"自信本质"又弘扬"自信精神"的伟大品格，澄明了中国人自信"能发展"与发展"有自信"相统一的哲学意蕴。

第二章　文化传承与马克思主义的活力

1."四个自信"的提出丰富了"信"的哲学意蕴

"信"的哲学在中国文化中具有深厚内涵。与"信"相结合或由之演绎出来的词语也非常丰富,诸如褒义的"诚信、信用、信任、信赖、信实",贬义的"失信、无信、信口开河、信口雌黄",等等。从本质上看,"信"主要关乎"信物"和"信人"两个层面。"信物"是指主体对与其生存生活息息相关的"存在物"持有的"信实"的态度或保有信心的状态,是主体对"物"的存在所形成的依靠、支持、期待的信念。但"信物"不能绝然独立,它必以"信人"作为存在前提。这就是说,"信人"是"信物"得以发生的首要前提,而"信物"则是"信人"所以发生的必然结果。其实,此在世界上没有只"信物"不"信人"的信物,也没有只"信人"不"信物"的信人。从交往实践层面观之,人际之"信"是根本,授受之"物"是媒介,因而"信物"和"信人"总是统一的。照此来看,"信"的哲学理念是"信人","信"的哲学精神是"互信","信"的哲学方法是"伸张""拓展""创构","信"的哲学价值是坚信"人本"重于"物本",崇尚"人本"高于"资本"。而"四个自信"的提出,则大大深化了"信"的哲学意蕴。这是因为:它把"信物"拓展到"信道路""信理论""信制度"等维度上去,同时把"信人"拓展到"信中国人""信中国人民""信中国共产党人"等维度上去。更重要的是,"信物"是物化的抽象,是对"物性"的依赖,而"信道路""信理论""信制度"则是具体的抽象,是对中国道路、中国理论、中国制度的信赖。同样重要的是,"信人"向来局限于相信"自己人""乡缘人""血缘人""职缘人",而信"道路""理论""制度"则把"所信之人"拓展到相信"中国道路开拓者""中国理论创新者""中国制度捍卫者"以及"先进中国共产党人"等维度上去。由此看来,"四个自信"的提出,不仅丰富了"信"的哲学意蕴,也充实了人的发展的结构要素。

2."四个自信"的提出充实了人的发展的结构要素

人的发展是一个内在要素和外在要素结合一致、互相适应的结构系统。从内在结构来看,自知自信、真实自信、通达自信是人的发展的主体要素。"自信"是主体的自知之明,是主体的自我期待和发展愿望的明证。"自信"中的"信"蕴含"知""实"和"通"三个意义。有"信"则知，信而有征，自知而自信；闻"信"确真，见信确实，真实而自信；得"信"则通，守信则达，通达而自信。"知""实"和"通"三者共同构建"信人"的心理基础，生成人的"自信"的精神状态。其实，任何人要想实现发展进步，都要做到自知而自信、真实而自信、通达而自信。从外在结构来看，道路自信、理论自信和制度自信是人的发展的客体要素。对个体人而言，既有个人对适合个人的发展道路、发展理论和发展制度的自信自觉问题，也有个人对适合社会的发展道路、发展理论和发展制度的信赖信仰问题。个体人如若找不到适合个人的发展道路、发展理论和发展制度，就会变得孤苦、迷茫，并丧失对他者的信任和关爱；如若绝大多数人都找不到适合其发展的道路、理论和制度，整个社会就会变得浮躁、动荡，并丧失对社会发展的信心和定力。反之，个体人若能坚定对已被证明是正确的发展道路、发展理论和发展制度的自信，那么，在实践中就会"识得破""扛得起""放得下"，就会"辩证看""客观讲""务实做"，就会历史、系统地反观自身，由此较为全面地追求自身与社会的协调发展。就此意义来说，"四个自信"的提出乃是对人的发展的外在结构做出了正确规定，这样的规定对促进人的全面发展具有重要的指导价值。

3. "四个自信"反映了中国特色社会主义和中国人发展的互相生成性

中国特色社会主义的道路、理论、制度和文化是"四位一体"的建构。对中国特色社会主义而言，"道路""理论""制度"和"文化"是其内在关系的有机组成；对人的存在方式而言，"道路""理论""制度"和"文化"是其外在关系的有机组成。中国特色社会主义对人的存在方式来说并非外在的，而是植入性、相容性的；人的存在方式对中国特色社会主义而言也并非漠不相关的，而是生成性的、激发性的。这就是说，中国特色社会主义是适应中国人生存发展的道路、理论方式或制度样态，中国人的发展实践也将充实和丰富中国特色社会主义的道路、理论和制度。而"四个自信"的提出，从"自信"与"他信"互相关联的视角展现了中国特色社会主义和中国人发展的互相生成性、文化出场性。

如果说"自信"是指主体的自知之明，是主体的自我期待和发展愿望的明证，那么"他信"是指信任他人、对他人有信心和获得他人信任、信托、信赖的意思。尽管"他信"是建立在对他人的信任、理解和支持的基础上的"信"，但它与主体对"物""事"的相信和信心也密切相关。一个人相信某物为真或假，一个人对某事充满或缺乏信心，等等，这些情况都影响"他信"的生成。"他信"是主体共同发展的内在需要。以此看来，"自信"和"他信"互相关联、互相转换、互相影响、互相生成。"自信"是建立"他信"的首要前提，"他信"是促进"自信"的重要条件。自信的主体必能神理共契，安词定色，与他者勠力一心，全力以赴，创新业绩。同样，获得"他信"的主体必将变得更加自信，更壮行色，积极发展。既有"自信"又有"他信"的主体，是"强不执弱""兼爱天下"的主体，是"文明以健""中正而应"的主体，是"让利于民""使民不争"的主体。中华文化发展史、中国改革开放发展史和中国特色社会主义发展史证明，中国人民、中国共产党人都是自信、自觉、自强的主体。"四个自信"的提出，是要求全党和全社会增强科学发展的理论志气和民族自信。其实质，是马克思主义文化出场的具体表现。

因此，就"信"本身而言，它是人的生命意志、生存方式和生活内容的表征；就"自信"本身而言，它是人的一种现实力量、精神变量和文化能量，即"自信"是实现中国人自我发展的现实力量，是推动中国社会转型发展的精神变量，是促进中华民族科学发展的文化能量；就"四个自信"而言，它把党的执政目标、社会的共同理想、国家的强大意志和人的发展愿望在更高的层面上统一起来，把创构中国化马克思主义的内生变量和外生变量整合起来，丰富了马克思主义的中国化范式，进一步澎湃了马克思主义文化出场活力。

二、"四个自信"拓展了中国马克思主义的认识维度

在党的十八大以前，人们主要从整体性上，从马克思主义中国化

的发展进程上阐释中国特色社会主义理论体系，对马克思主义中国化的研究侧重于经验研究、理论研究和历史研究。而党的十八大之后，随着"四个自信"的逐步提出，从"实践""理论""制度"和"文化"相统一的维度上研究马克思主义中国化的规律性、前瞻性问题，更深入地拓展对中国特色社会主义的认识，就成为必然要求。

1."四个自信"说明了中国共产党的价值追求日趋具体完善

在不同的历史时期，中国共产党有不同的价值追求目标。在革命战争时代，中国共产党追求革命的成功，并自信能够成功，为中国人民缔造一个光明、民主、幸福的新中国。在社会主义建设初期，中国共产党追求多快好省地建设，并自信能够实现宏伟目标，为中国人民创造一个安定团结、宽松和美的发展局面。在社会主义建设新时期，中国共产党追求又好又快的发展，并自信能够实现第三阶段战略目标，为中国人民创造一个公平正义、富裕发达、宽松和谐的发展局面。而今，在全面建设社会主义现代化国家的关键阶段，中国共产党领导中国人民建设更宽广的中国道路、更严密的中国理论、更优越的中国制度，统筹政治建设、经济建设、文化建设、社会建设和生态文明建设，建设成熟而强大的政党，建设安全而强盛的国家，建设和谐而文明的社会，建设稳健而富庶的经济，建设繁荣而发达的文化。这些建设正是"四个自信"内容的具体展开，也是提升建设发展自信的必然要求，即要求人们反思过去工作的不自信，批判历史沉积的劣根性，提升发展实践的创造性，增强科学发展的自觉性。只有达致这种自觉性，才能丰富发展内涵、创新发展观念、开拓发展思路、破解发展难题，才能改进发展措施、转变发展方式、提高发展质量、评价发展成效，才能把人本发展、民生发展、全面发展、协调发展、创新发展、和谐发展、和平发展、安全发展、高质量发展、可持续发展统一起来。应当说，马克思主义文化出场的目标和中国共产党的价值追求走向具体完善是高度一致的。

2."四个自信"确证了中国共产党人的发展理念日趋精致务实

与时俱进是马克思主义的理论品格，也是中国共产党人的实践品格。"四个自信"的提出，充分体现了当代中国共产党人的发展底气。

这种底气可以理解为"推动科学发展的锐气，驾驭复杂形势的大气，团结带领群众的和气，促进自身完善的元气"以及建构创新理论的志气。正是因为拥有集"锐气、大气、和气、元气和志气"于一体的"底气"，中国共产党人的发展理念才日益变得精致、务实、圆通。具体来说，"道路自信"的提出，确证了中国共产党人对探索发展道路的自觉，对选择发展模式的自主，对优化发展战略的自信，也反映了中国人对建设"美丽中国"图景的理性期待。"理论自信"的提出，彰显了中国特色社会主义发展理论的魅力，表现了中国人对自身的理论创新能力的自信，对先进中国共产党人进行卓有成效的中国特色社会主义发展理论创新实践的自信，对推动中国化的政治理论、经济理论、文化理论、社会发展理论以及其他领域理论建设走向高端化、前沿化的自信。"制度自信"的提出，张扬了对社会主义制度正义的自信，表现了中国人对坚持和发扬具有属人性、科学性和规范性的具体制度和体制的自信，对中国共产党人进行有效的制度创新实践，建设法治政党、法治社会和法治国家的自信。"文化自信"的提出，表明了中国共产党人是中华优秀传统文化、中国红色革命文化、中国特色社会主义先进文化的当然继承者、忠实缔造者、创新发展者。由此可见，具有底气、充满自信是先进中国共产党人与时俱进的理论品格和实践品格的写照，是凝练出日益精致、务实、圆通的发展理念的前提。应当说，马克思主义文化出场的精神气质和中国共产党人的发展理念变得精致务实是高度融合的。

3. "四个自信"发掘了中国特色社会主义健康发展的丰富始源

党中央指出，坚定对中国特色社会主义的道路自信、理论自信、制度自信，说到底，是坚定对中国特色社会主义的文化自信。其根本原因在于：只有高举中国特色社会主义伟大旗帜，坚定不移坚持和发展中国特色社会主义，才能全面建设社会主义现代化国家，实现中华民族伟大复兴。这个论断阐明了"四个自信"与中国特色社会主义的关系问题，也提示了中国特色社会主义得以持续健康发展的始源问题。对于这个问题，可以从不同视角来认识。

"四个自信"发源于领导干部对中国特色社会主义理论和实践的自

觉创新。中国特色社会主义的理论和实践需要党的各级领导干部的自觉和创新，因而领导干部在意识心态、能力本领、作风品格、理想信仰等方面的好表现就是形成"四个自信"的重要始源。从意识心态上看，责任意识、发展意识、创新意识以及平和达观、成熟稳重的心态是形成"四个自信"的心理基础。从能力本领上看，具有较强的科学判断形势、驾驭市场经济、应对复杂局面、依法执政和总揽全局的能力是形成"四个自信"的能力基础。从工作作风上看，求真务实、亲民利民、干净廉洁、进取担当，全心全意为人民服务，是形成"四个自信"的作风基础。从理想信仰上看，真正信仰马克思主义，坚持中国特色社会主义，为实现共产主义而不息奋斗，是形成"四个自信"的精神支撑。

"四个自信"发源于马克思主义者对马克思主义中国化内涵的正确认识。马克思主义的中国化，在其根本上，就是运用马克思主义基本原理于中国具体实际，解决中国发展和中国人发展的问题。与此同时，在解决这些问题的过程中创造性地概括中国经验，做出中国论述，形成中国理论。"四个自信"的提出，就是强调"中国特色社会主义道路是实现途径，中国特色社会主义理论体系是行动指南，中国特色社会主义制度是根本保障，中国特色社会主义文化是精神力量，它们统一于中国特色社会主义伟大实践"，这一论断说明，"道路自信"发源于对国情的认识，发源于探索实践创新，发源于不断总结经验，发源于人民群众的衷心拥戴；"理论自信"发源于科学发展观的提出、形成、不断完善，发源于中国共产党对理论创新的大智大勇，发源于立足现实、着眼发展、求真务实、勇于开拓的理论品格，发源于中国特色社会主义指导改革开放建设所取得的辉煌成就；"制度自信"发源于中国共产党具有强大的组织能力、动员能力、保障能力、自净能力，发源于中国共产党在实践中把好原则制度化、把好措施保持住、把好方法巩固好。"文化自信"是更根本、更持久、更彻底的自信，它发源于中华文明5000多年的丰厚积淀，发源于中国共产党100年征程取得的重大历史成就，发源于中国人民70多年从站起来、到富起来、再到强起来的实践逻辑和发展逻辑。

第二章 文化传承与马克思主义的活力

"四个自信"发源于中国人民对源远流长的中华文化的自知自觉。中华文化是中华民族的生存之根、发展之脉。源远流长、博大精深的中华文化为中国人民提供精神安顿的家园,也为发展中国特色社会主义提供文化支持。"四个自信"强调了中国特色社会主义是道路、理论体系、制度和文化的统一,是实践形态、理论形态、制度形态和文化形态的统一,是实践特色、理论特色、民族特色、时代特色的统一,是发展方式、理论创新、民族精神和时代精神的统一,是中国人的道路、中国人的事业、中国人的精神、中国人的发展史的统一。与此同时,"四个自信"也表明了人民对中国共产党正确领导的自信,对社会主义成功建设的自信,对中华民族顺利复兴的自信,对中华文化繁盛不衰的自信,以及对中国道路可持续发展的自信,表明了党与人民同心同德,共存共荣。从这个意义来说,中国特色社会主义所涵容的中国模式、中国理论、中国制度,既是对中华文化精髓的当代继承,也是对中华文化宝库的重要发展。

应当说,"四个自信"的提出,体现了中国共产党人历史意识的真正出场,展现了中国特色社会主义制度的优越性,肯定了中国特色社会主义理论的正确性,论证了党为人民而长期执政的合法性,从而拓展了当代中国马克思主义的认识维度。正确把握这个维度,对树立"四个自信"精神,弘扬中华优秀传统文化,推进马克思主义的中国化,具有直接现实意义。

三、以"四个自信"精神推进马克思主义的中国化

中国特色社会主义理论体系是中国当代马克思主义,是统一思想、凝聚力量、攻坚克难、开拓进取的精神旗帜。全党应当树立"四个自信"精神,以自知自信、自觉自信、自强自信的精气神,以不懈怠、求真理、促发展的大智慧,不断推进马克思主义的中国化健康发展。

树立"道路自信"精神,要树立对社会主义核心价值观的信仰,推进具有现代性意义的全面小康社会建设。第一,要把党的为民宗旨、政府的爱民精神、社会的安民良知、国家的富民政策统一起来,发展

好、维护好、巩固好人民的根本利益。第二，要把"党的事业至上""人民利益至上""宪法法律至上"的要求统一起来，推进党的建设新的伟大工程，推进马克思主义理论建设伟大工程，推进公平正义民主法治社会建设工程，推进人的全面而自由发展伟大工程，推进祖国和平统一伟大工程。诚如习近平同志指出："中国特色社会主义，是科学社会主义理论逻辑和中国社会发展历史逻辑的辩证统一，是植根中国大地、反映中国人民意愿、适应中国和时代发展进步要求的科学社会主义，是全面建成小康社会、加快推进社会主义现代化、实现中华民族伟大复兴的必由之路。"① 坚信在党的正确领导下，中国人定能同心勠力，健行不息，日新不已，与时俱进，建设好"伟大工程"，复兴伟大中华民族！

树立"理论自信"精神，要自觉以马克思主义中国化的理论范式，推进中国特色社会主义理论体系创新。中国社会的健康发展需要创构中国人自己的发展理论。第一，要改变过去学界完全只能或在很大程度上只能复制欧美国家的思想、学说和学科建设模式的窠臼。要像毛泽东所说的那样，"任何国家的共产党，任何国家的思想界，都要创造新的理论，写出新的著作，产生自己的理论家，来为当前的政治服务，单靠老祖宗是不行的"②。也要像邓小平所说的那样，写出"马克思主义基本原理和中国社会主义实践相结合的政治经济学"③。这就是说，中国人要有信心、有能力写出"说中国话"的马克思主义哲学、政治学、经济学、社会学、心理学、管理学，等等。第二，要基于中国的大发展和大实践，求真创新，取精用宏，不断总结中国经验，概括中国精神，做出中国论述，形成具有中国特色、中国风格和中国气派的理论创造。

树立"制度自信"精神，要把坚持根本政治制度、基本经济制度和文化制度与创新体制机制统一起来。第一，坚定制度自信，在宏观层面，要坚持人民代表大会的根本政治制度，中国共产党领导下的多

---

① 《习近平著作选读》第一卷，人民出版社 2023 年版，第 85 页。
② 《毛泽东文集》第 8 卷，人民出版社 1999 年版，第 109 页。
③ 《邓小平文选》第 3 卷，人民出版社 1993 年版，第 83 页。

党合作和政治协商制度、民族区域自治制度以及基层群众自治制度等基本政治制度；也要坚持公有制为主体、多种所有制经济共同发展的基本经济制度；在微观层面，要以上述制度为基础，创构更加科学化、更加民主化、更加法治化、更加人本化的各项具体制度和机制。第二，坚定制度自信，在价值立场上，要勇于推进改革，不走封闭僵化的老路，也不走改旗易帜的邪路，继续完善政治体制、经济体制、文化体制、科技体制、分配体制、社会管理体制等；在重点领域上，要勇于推进政策决策、企业治理、公共服务、目标管理、素质教育、文化保护、生态安全等领域的制度创新。通过制度和体制的创新，解放制度生产力，发展社会生产力，增强社会主义制度和体制的吸引力、包容力和影响力，彰显马克思主义对正义制度建设的指导力和解释力。

树立"文化自信"精神，要懂得中华民族文化何所是、何以是，懂得中华文明5000多年绵延不断、经久不衰的密码，懂得过去我们为什么能够成功，未来我们怎样才能继续成功。文化是一个国家、一个民族的灵魂。形成文化自觉意识，才能更好树立文化自信精神。文化自信和文化自觉相互融通。费孝通指出，文化自觉是指"生活在既定文化中的人对其文化有'自知之明'，明白它的来历、形成的过程、所具有的特色和它发展的趋向"①。对自己所属的文化有了足够的自知之明，就会形成坚定的文化自信。2016年7月1日，习近平同志在庆祝中国共产党成立95周年大会上的讲话中指出："文化自信，是更基础、更广泛、更深厚的自信。在五千多年文明发展中孕育的中华优秀传统文化，在党和人民伟大斗争中孕育的革命文化和社会主义先进文化，积淀着中华民族最深层的精神追求，代表着中华民族独特的精神标识。"② 这个重要观点表明：文化自信是一个国家、一个民族发展中最基本、最深沉、最持久的力量。只有坚定文化自信，才能促进国运隆兴、文化安全繁茂、民族精神独立。

总之，正确理解"自信"的哲学意蕴，树立"四个自信"新精神，

---

① 费孝通：《文化与文化自觉》（下），群言出版社2012年版，第334页。
② 习近平：《论中国共产党历史》，中央文献出版社2021年版，第126页。

自觉走以人为本、强基固本、改革创新、科学发展之路，中国人就定能坚守职责、肩负使命、勇于创造、有所建树，中国人民就定能建成政治清明、经济发达、文化繁荣、社会和谐、人民富裕、国家强盛的全面小康社会，中国共产党人就定能建设方向正确、内容丰富、结构严整、体系完善、思想创新的中国特色社会主义文化，推进马克思主义的中国化，引领中华民族走向伟大复兴。

第三节 "理论自信"与马克思主义的中国化

党的十八大报告提出了坚定对中国特色社会主义的"理论自信"的问题，这是一个颇具研究价值的新问题。这一问题与"马克思主义中国化"问题有着深层的逻辑关联。探析它们之间的逻辑关联，对于人们把握"理论自信"始源，建立"理论自信"动力，坚定对中国特色社会主义的"理论自信"，具有直接的现实价值；对于人们认识"马克思主义的中国化"的文化逻辑，促进马克思主义出场，与中国实际紧密结合，在中国大地落地生根，结出更多理论果实，推动马克思主义中国化的健康发展，也具有重要的实践价值。

一、"马克思主义的中国化"发展形态奠定理论自信根基

"马克思主义的中国化"，从根本上说，是指人们运用马克思主义基本原理和中国具体实际相结合，创造性地解决中国发展问题，创造性地发展马克思主义。这个"结合"从三个层面展开，同时产生两个基础成果。所谓"三个层面"的结合，是指把马克思主义的基本理论、基本观点和基本方法同中国革命与建设实际相结合，同中国历史相结合，以及同中华优秀传统文化相结合，因而这个"结合"是"一体三面"的结合。所谓"两个基础成果"，一是指通过破解中国现实发展问题，推动中国社会进步和人的全面发展；二是指通过总结新经验，提炼新思想，概括新方法，形成新体系，充实丰富马克思主义，发展中

第二章 文化传承与马克思主义的活力

国化马克思主义。

以此看来,"马克思主义中国化"就具有两个基本发展形态:一是实践形态的"马克思主义中国化",即应用马克思主义的基本理论、基本观点和基本方法于中国革命与建设实际、中国历史实际以及中华文化实际,解决中国社会发展与人的发展的实际问题;二是理论形态的"马克思主义中国化",即在解决中国革命与建设、中国历史发展以及中华文化发展的实际问题过程中,在解决中国社会发展与人的发展的实际问题过程中,形成新鲜经验,提出一系列联系紧密、互相贯通的新思想、新观点、新理论,做出新的理论阐述和理论创造,建构具有鲜明的实践特色、理论特色、民族特色和时代特色的马克思主义,即中国化马克思主义。其实,在"马克思主义中国化"的两个基本发展形态中,实践形态的"马克思主义中国化"并非等于发展马克思主义的"纯粹实践",也并非等于解决中国社会、中国人和中国共产党人的实际问题本身,它还包括对马克思主义的基本理论、基本方法和思维成果的学习、掌握与运用。而理论形态的"马克思主义中国化"也并非等于对"马克思主义理论"的"纯粹抽象",并非等于马克思主义者封闭在象牙塔里只做马克思主义理论的研究和创作工作。正确的认识是:实践形态的"马克思主义中国化"和理论形态的"马克思主义中国化"的关系是既相互影响、相互渗透又相互支撑、相互促进的关系。只有认识到这一点,对马克思主义的"理论自信"才能逐步建立起来。

既然实践形态的"马克思主义中国化"和理论形态的"马克思主义中国化"不是完全分离的两个事实,也不是完全独立的两种现象,那么,这就意味着它们之间必然存在一个发展的"中介",存在一个"价值共相",这个"中介"是指它们都服从于中国马克思主义的发展规律,这个"价值共相"是指它们都服务于中国现代化建设。从前者来看,"中国马克思主义"即中国化的马克思主义,它是中国共产党人的革命和建设的经验、思想与智慧之结晶,是具有严密逻辑和思想体系的理论系统。显然,实践形态的"马克思主义中国化"对"中国马克思主义"的形成具有重要贡献,因为实践形态的"马克思主义中国化"为"中国马克思主义"的形成提供了实践时间、实践平台、实践样式、实践经验、实践标准，等等。如果没有一个可供检验的时间和地基，没有一些可供研究的资料和范式，没有一套可供评价的原则和规则，那么"中国马克思主义"就难以"化成"或"成型"。这就是说，一个成型的"中国马克思主义"必定是占有丰富思想资料，符合科学评价原则，历经一定时期的反复检验，被铁的历史事实证明了是正确的成体系的经验总结和理论概括。所以，自觉服从于中国马克思主义发展规律的实践形态的"马克思主义中国化"，就体现为人们自觉抓住重要发展机遇，适时推进体制机制改革，不断创造新业绩，推动新发展，也体现为党领导人民不断开辟发展的新领域，开创发展的新局面，提升发展的新境界。从后者来看，服从于中国马克思主义发展规律的理论形态的"马克思主义中国化"，即是把"马克思主义"应用于中国实践，并总结经验，提升为理论，形成系统化的"中国马克思主义"的理论形态。它对"中国马克思主义"的形成同样具有重要贡献。这种"贡献"应当理解为理论形态的"马克思主义中国化"对其所担负的双重使命的历史性完成：一是经过准确翻译和合逻辑阐释，把马克思主义哲学、政治经济学和科学社会主义的理论、观点和方法转变为中国人和中国共产党人能够理解和接受的理论、观点和方法，这即是译介和阐释马克思主义的"中国化"；二是基于对马克思主义的理论、观点和方法的正确认识和深入把握，基于对马克思主义思想精髓的透彻理解，人们开展理论研究，做出理论创新，提出新思想、新观点、新论断，建立新的理论体系和学术研究体系，以中国人或中国共产党人的特有方式充实丰富马克思主义理论宝库。它们二者的共同使命并非为理论而理论，也并非为创新而创新，而是服务于中国式现代化建设，力图为复兴民族"中国梦"，推进人的全面发展，做出思想文化贡献。

在理解了实践形态的"马克思主义中国化"和理论形态的"马克思主义中国化"的内涵及两者之间的内在关联之后，对党中央提出的"要巩固马克思主义在意识形态领域的指导地位，巩固全党全国人民团结奋斗的共同思想基础"这个问题的理论前提和实践基础就可以做出富有解释力的回答。因为实践形态的"马克思主义中国化"所具有的实践性特征说明"巩固马克思主义在意识形态领域的指导地位"不能靠"理论说教",也不能靠"学习管控"来实现,相反,它需要以"具体的实践""直接的实践"和"历史的实践"来完成。所谓"具体的实践",是指人们对马克思主义的具体理论或者它的要素理论要有基本认识,要有实际掌握,也要有自觉而具体的运用。所谓"直接的实践",是指人们在把握马克思主义的基本理论、基本观点和科学方法之基础上,要结合人们自身的思想实际、文化实际和生活实际来开展研究工作或创造工作。这就是说,人们要有"自觉结合"的自主性和"自信发展"的主体性,人们在躬身实践中领悟马克思主义和实际相结合的现实意义,把握两者相结合的综合价值。所谓"历史的实践",是指在一定的历史方位中人们自觉做好马克思主义与其所面临的文化境遇这个实际的结合。这三个方面的结合"实践"是实践形态的"马克思主义中国化"的思想维度。其中,"具体的实践"是推动"马克思主义中国化"的要素实践或要素实践过程;"直接的实践"是推动"马克思主义中国化"的主体实践或主体创新实践;"历史的实践"是推动"马克思主义中国化"的文化实践或文化传统的继承与创新实践。这里对"实践"的功能作三个方面的界分,并不是认为实践形态的"马克思主义中国化"存在三类性质根本不同的"实践",而是意欲说明"巩固马克思主义在意识形态领域的指导地位"需要综合运用三个方面的实践,需要统筹兼顾马克思主义的中国化过程中的"具体的实践""直接的实践"和"历史的实践"。唯有尊重并推进这三个方面的结合"实践","巩固马克思主义在意识形态领域的指导地位"以及"巩固全党全国人民团结奋斗的共同思想基础"这"两个巩固"才能得到深入理解和顺利实现,才能使中国特色社会主义理论体系这一马克思主义中国化的创新成果得到广泛认同和真实信奉。

应当说,随着马克思主义在意识形态领域的指导地位的日益巩固,作为全党全国人民团结奋斗的共同思想基础的中国特色社会主义理论体系这个理论形态的"马克思主义中国化"将继续得到健康发展,人们对"马克思主义中国化"的文化逻辑的认识将更加深入,已建立的"理论自信"也将日益坚定起来。

二、"马克思主义中国化"的文化逻辑揭示理论自信源流

"马克思主义中国化"是马克思主义和中国实践、中国历史与中国文化相结合的理论运动过程，是中国的马克思主义者在中国实践基础上推进的理论创新过程，是中国共产党引领中国人民解放思想、求真务实、与时俱进、发展创新的思想变迁过程，也是建立和坚定对中国特色社会主义的"理论自信"的文化心理积淀过程。这样的过程展现了"马克思主义中国化"的文化逻辑，也揭示了"理论自信"的发展源流。

"马克思主义"何以能够"中国化"？这个问题实质是对马克思主义的科学性、革命性的认识。其科学性体现在对人类社会发展规律的正确研判上，正是由于马克思主义正确揭示了由生产力和生产关系、经济基础和上层建筑之间的矛盾运动推动社会发展的规律，为人类解放和社会进步指出了光明道路，因而获得了全世界工人无产阶级的信赖与支持。其革命性体现在对资本主义社会的深刻批判上，正是由于马克思主义正确揭示了资本家剥削工人的内在秘密，深刻分析了资本逻辑的运行规律，才为工人无产阶级找到消灭经济剥削的思想武器以及消除阶级压迫的理论方法，才赢得了资本主义社会理论家的肯定与认同，以及社会主义社会亿万群众的信奉与热爱。在本质上，马克思主义的科学性和革命性特征彰显了作为科学理论、革命理论的马克思主义在解决人类社会发展重大问题上所具有的自信精神。这是因为，只有科学的革命的理论才能指导工人群众打开思想枷锁，才能激发无产阶级的斗志，并为其开辟走向自由与解放的正确道路。对中国马克思主义而言，人们之所以对它建立"理论自信"，原因在于中国马克思主义不仅具有科学性和革命性，而且具有适应中国水土的特性，能够成为指导中国无产阶级实现自由而全面发展的思想武器。

既然实践形态的"马克思主义中国化"和理论形态的"马克思主义中国化"都对形成具有科学性和革命性特征的"中国马克思主义"做出重要贡献，因此可以说，人们对"中国马克思主义"的"理论自

信"来源于实践形态的"马克思主义中国化"和理论形态的"马克思主义中国化"这两个贡献于"马克思主义中国化"的发展形态。

从实践形态的"马克思主义中国化"来看,"马克思主义中国化"广泛涵容了中国共产党人和中国人民勤于实践、勇于创新和臻于完善的实践精神。

从"实践"维度来说,中国人民的基层实践、首创实践和群体实践为形成中国化马克思主义提供了最广泛的实践基础。"基层实践"是指人民群众的日常实践,它体现为经常化的生产实践、程式化的生活实践和多元化的交往实践。"首创实践"是指人民群众的首创活动和创新行为,它体现为开创历史的发明与创新。"群体实践"是指一定的组织、机构、阶层和共同体成员遵循某种规范而完成具有一定意向性目标的集体活动或行为。这三类实践都是人类社会的生活实践、交往实践和发展实践,相应地形成人类的生活经验、交往经验和发展经验。这些基于实践和经验而提升的东西就为国家的政策、制度和理论的发展提供了可能。邓小平指出:"其实很多事是别人发明的,群众发明的,我只不过把它们概括起来,提出了方针政策。"① 这个论断说明,人民群众的基层实践、首创实践和群体实践是党提出好的路线、方针、政策的肇端,随着这些路线、方针、政策的定型化、制度化、科学化,中国化马克思主义的形成就有了深厚的实践基础。正是因为中国化马克思主义奠基于群众的基层实践、首创实践和群体实践,所以,人们对中国特色社会主义的"理论自信"就是对关乎自身利益的生产实践和发展实践的自信。

从"创新"维度来说,中国共产党人善于创新,也善于领导和激励人民群众创新。中国共产党一贯大力弘扬实事求是、探索新知、崇尚真理、勇于创新的精神,积极推进理论创新、体制创新、科技创新、文化创新、管理创新和其他方面的创新。江泽民就此指出:"中国共产党领导人民进行改革开放和现代化建设取得的伟大成就,都是与我们不断进行的理论创新、体制创新、科技创新等分不开的。邓小平理论

---

① 《邓小平文选》第3卷,第272页。

的形成和发展,就是中国共产党在新时期坚持理论创新的集中体现和取得的最伟大的成果。其他一切创新都是在这种理论创新的指导和推动、影响下进行的。"① 十三届四中全会以来,中国共产党高举邓小平理论伟大旗帜,在建设中国特色社会主义事业过程中,积累了治党治国治军新的宝贵经验,创立了"三个代表"重要思想这一加强和改进党的建设、推进我国社会主义自我完善和发展的强大理论武器,实现了党的指导思想和发展理论的与时俱进。党的十六大以来,中国共产党紧紧抓住重要战略机遇期,继续发扬务实求真、勇于开拓精神,坚持实践创新和理论创新,着力推动科学发展、促进社会和谐,完善社会主义市场经济体制,推进全面小康社会建设,提出了科学发展观这个"同马克思列宁主义、毛泽东思想、邓小平理论和'三个代表'重要思想既一脉相承又与时俱进的科学理论"②。党的十八大以来,中国共产党继往开来,既稳健发展,也锐意创新,把"中国特色社会主义道路""中国特色社会主义理论体系""中国特色社会主义制度"高度统一起来,建立对中国特色社会主义的"道路自信""理论自信"和"制度自信"。

从"完善"维度来说,国家的完善落实于政党的完善,社会的完善落实于制度的完善,个人的完善落实于素质能力的完善。但是,无论是国家的完善、社会的完善,还是个人的完善,都需要借助于实践活动来完善,尤其需要通过创新实践来实现完善。因此,国家、社会和个人的完善相应地需要通过加强政党建设、社会建设和个人素质能力建设来达致完善。这些"完善"离不开求真务实、开拓进取的精神,离不开艰苦奋斗、奋发有为的作风。对此,中国共产党强调:"一个没有艰苦奋斗精神作支撑的民族,是难以自立自强的;一个没有艰苦奋斗精神作支撑的国家,是难以发展进步的;一个没有艰苦奋斗精神作支撑的政党,是难以兴旺发达的。"③ 反过来说,"自立自强"是民族完

---

① 《江泽民文选》第3卷,人民出版社2006年版,第64页。
② 中共中央文献研究室:《改革开放三十年重要文献选编》(下),中央文献出版社2008年版,第1805页。
③ 中共中央宣传部:《"三个代表"重要思想学习纲要》,学习出版社2003年版,第123页。

第二章　文化传承与马克思主义的活力

善的表现,"发展进步"是国家完善的表现,"兴旺发达"是政党完善的表现。进而言之,民族完善、国家完善、政党完善以及个人完善的统一就是中国特色社会主义自我完善的表现。正是有了这样的"完善",人们才对作为前进旗帜的中国特色社会主义产生"理论自信"。

从理论形态的"马克思主义中国化"来看,"马克思主义中国化"全面彰显中国共产党人的历史意识、理论志气和远大理想。

推动"马克思主义中国化",要求中国共产党人具有了解历史、尊重历史、总结历史的马克思主义态度。这种态度具有强烈的历史意识或历史责任感、使命感。在毛泽东看来,"在这种态度下,就是不要割断历史。不单是懂得希腊就行了,还要懂得中国;不但要懂得外国革命史,还要懂得中国革命史;不但要懂得中国的今天,还要懂得中国的昨天和前天"①,而"懂得历史"的目的是"为着解决中国革命的理论问题和策略问题而去从它找立场,找观点,找方法的"②。邓小平指出,中国近代"历史告诉我们,中国走资本主义道路不行,中国除了走社会主义道路没有别的道路可走。一旦中国抛弃社会主义,就要回到半殖民地半封建社会,不要说实现'小康',就连温饱也没有保证。所以了解自己的历史很重要"③。这就是说,只有了解历史、尊重历史,才能掌握未来、开辟未来。江泽民指出:"作为一个马克思主义的政党,必须始终注重总结历史,善于运用辩证唯物主义和历史唯物主义的世界观、方法论,从对历史规律的不断认识和把握中找到指导我们前进的正确方向、道路与经验,不断开辟未来发展的新境界。"④ 这些论述都强调马克思主义者应当具有了解历史、尊重历史和总结历史的态度,中国共产党人只有坚持以这种态度来对待中国革命和建设,对待理论研究和创新,才能推动马克思主义的中国化。

推动"马克思主义中国化",要求中国共产党人具有重视理论、研究理论和创新理论的坚定理论志气。"理论志气"是指人们对理论的学

---

① 《毛泽东选集》第 3 卷,人民出版社 1991 年版,第 801 页。
② 同上。
③ 《邓小平文选》第 3 卷,第 206 页。
④ 江泽民:《论党的建设》,中央文献出版社 2001 年版,第 359 页。

习、研究和创造抱有坚定信心,对未来取得相关成果形成理性预期这样一种理论气质和理论品格。中国共产党人向来重视理论学习、理论研究、理论创新,以此掌握理论,并应用于中国的实际,推动中国革命和建设。列宁说过:"没有革命的理论,就不会有革命的运动。"① 他所强调的是革命的先进的理论对于取得革命胜利和建设成功所具有的先导作用。在毛泽东看来,中国共产党人只有重视理论,能做到说明中国革命运动的各个方面,"说明它的内部联系,包括军事、政治、文化、经济,整个革命工作的各个侧面及其内部联系,并总结经验,把它提高起来,使之条理化、系统化"②,才能把中国革命与建设引向胜利。在邓小平看来,在以发展为主题的当代世界,中国要有自己的技术,有自己的创造。"过去也好,今天也好,将来也好,中国必须发展自己的高科技,在世界高科技领域占有一席之地",因为高科技这些东西"反映一个民族的能力,也是一个民族、一个国家兴旺发达的标志"③。这就说明,邓小平已经看到科技创新和理论创新的革命性力量以及这种力量对于中国现代化建设走向成功的深远意义。其实,党的事业要前进,必须以理论创新先行作保证。对此,江泽民强调:"党的事业要前进,必须有回答和解决新问题的理论勇气和政治勇气。"④ "如果因循守旧、停滞不前,我们就会落伍,中国共产党就有丧失先进性和领导资格的危险。"⑤ 为了避免这种危险,就"要在全党造成一种学习理论、研究理论的浓厚空气"⑥,就要推进理论创新,推动马克思主义的中国化。以上引述都表明,中国共产党向来注重理论学习、理论研究和理论创新,向来注重从理论上回答实践中遇到的新问题,向来注重在解决现实问题的基础上总结经验,丰富和发展马克思主义。

推动"马克思主义中国化",要求中国共产党人具有推动社会全面进步和推进人的全面发展的远大理想。马克思主义政党的"远大理想"

---

① 《列宁选集》第1卷,人民出版社1995年版,第153页。
② 《毛泽东文集》第3卷,第341—342页。
③ 《邓小平文选》第3卷,第279页。
④ 《江泽民文选》第3卷,第334页。
⑤ 同上书,第335页。
⑥ 《江泽民文选》第1卷,人民出版社2006年版,第579页。

第二章　文化传承与马克思主义的活力

是实现共产主义。中国共产党人的远大理想与人民群众追求幸福生活的价值理想是息息相关的。马克思主义经典作家在创立新哲学的同时也创造了一个引导亿万工人群众坚定执着地为之奋斗的社会理想，那就是实现共产主义。在那里，废除资产阶级的所有制，消灭人对人的剥削以及民族对民族的剥削，消除阶级差别，联合起来的个人占有全部社会生产资料；在那里，"每个人的自由发展是一切人的自由发展的条件"①。马克思主义的这些思想被毛泽东做出了创造性转化，实现了"中国化""具体化"。马克思主义在中国实现"具体化"，就是要"使之在其每一表现中带着必须有的中国的特性，即是说，按照中国的特点去应用它"②，去解决中国亟待解决的问题，也就是要以马克思主义这支"矢"去射中国革命问题这个"的"，实现"民族独立"和"人民解放"。在邓小平看来，新中国成立后30年来，人民最大的愿望是尽快摆脱贫困，尽快富裕起来，为完成这一历史使命，中国共产党坚持走中国特色社会主义道路，不断解放和发展社会生产力，消灭剥削，消除两极分化，致力于实现共同富裕。由于"中国共产党有志气，中国人民有志气"③，因而也有能力使共产主义理想"现实化""世俗化"，使马克思主义"中国化""具体化"。在庆祝中国共产党成立八十周年大会上，江泽民进一步指出："我们建设有中国特色社会主义的各项事业，我们进行的一切工作，既要着眼于人民现实的物质文化生活需要，同时又要着眼于促进人民素质的提高，也就是要努力促进人的全面发展。这是马克思主义关于建设社会主义新社会的本质要求。"④ 这个论断从唯物史观的高度强调，中国共产党人不应只顾眼前而忘记远大理想，也不应空谈远大理想而游离现实工作，相反，我们要脚踏实地破解现实问题，也要慎终追远树立远大目标，唯其如此，坚定对中国特色社会主义的"理论自信"才有强大精神支撑。

---

① 《马克思恩格斯选集》第 1 卷，人民出版社 1995 年版，第 294 页。
② 《毛泽东选集》第 2 卷，人民出版社 1991 年版，第 534 页。
③ 《邓小平文选》第 3 卷，第 329 页。
④ 《江泽民文选》第 3 卷，第 294 页。

三、坚定理论自信，推动马克思主义中国化

坚定"理论自信"，就要坚定对马克思主义的信念，也要坚定对中国特色社会主义理论体系的信念，同时还要把它和坚定"实践自信""历史自信"和"文化自信"统一起来，唯其如此，我们才能更好地推动马克思主义中国化。

1. 坚定"实践自信"，为推动马克思主义中国化提供感性实践基础

实践是人的存在方式。人以实践的方式确证自己的存在以及存在的意义。人们通过多种多样的实践活动来确证存在，推动自我发展，从而推动社会发展。在诸多实践方式中，群众的基层实践、首创实践和群体实践都是丰富的感性实践，都属于人类社会的生活实践、交往实践和发展实践，它们都为形成人类的生活经验、交往经验和发展经验奠定客观基础。而坚定"实践自信"，就要对人类形成生活经验、交往经验和发展经验的感性实践建立确信。唯有确信生活、生产和交往有价值，人们才会走出思想迷乱，才能拨开历史迷雾，以坚定信念发展下去，走向理想的发展胜境。"马克思主义的中国化"离不开中国实践，离不开改革开放，离不开中国现代化建设，这是因为"离开本国实际和时代发展来谈马克思主义，没有意义"①。因此，我们要树立马克思主义感性实践观，积极参与新实践，勇于探索新领域，善于总结新经验，为推动马克思主义的中国化提供感性实践基础。

2. 坚定"历史自信"，为推动马克思主义中国化积淀历史传统基础

"历史"，是人们在物质和精神两个领域所经历的过程总体，是人们对自我的改造和对社会的创造两相结合的过程总体。"历史"包含人的发展传统和精神传统，而"传统"以"人类所成就的所有精神范型，所有的信仰或思维范型，所有已形成的社会关系范型，所有的技术惯

---

① 中共中央文献研究室：《十五大以来重要文献选编》（上），人民出版社 2000 年版，第 13 页。

第二章　文化传承与马克思主义的活力

例，以及所有的物质制品或自然物质，在延传过程中"①，延续着人类历史。从这样的视角来看，我们对"历史"的自信，是对500多年来人类社会对社会主义的复杂探求过程的仰止，是对170多年来中华民族对民族复兴之路的艰难探寻过程的缅怀，是对改革开放前30年中国共产党对社会主义强国之路的曲折探索过程的认同，也是对改革开放40多年来中国共产党对建设中国特色社会主义的成功探索过程的确信。我们之所以要坚定"历史自信"，是因为中华民族的生存史、中国人民的解放史、中国共产党人的奋斗史已成为我们继往开来持续发展的"文化密码"，成为着力发展取得成效的"实质传统"；是因为只有清楚历史由来，记住传统纽带，在继承宝贵传统中开创新历史，谱写新篇章，我们才能坚定"理论自信"，为推动马克思主义的中国化提供合法性基础。

3. 坚定"文化自信"，为推动马克思主义中国化夯实文化心理基础

"理论自信"源于"文化自信"，"文化自信"源于"文化自觉"，"文化自觉"促进"文化自信"和"理论自信"。没有对"文化"的自信，就谈不上对"理论"的自信。没有对中国传统文化的自信以及对社会主义先进文化的自信，就谈不上对中国特色社会主义理论体系的自信，也谈不上推动马克思主义的中国化健康发展。所以，对"文化"的自觉自信是形成对"理论"的自觉自信的前提和基础。"文化的自觉体现在社会的各个层面，例如，文化模式的凸显、文化形态的转型、经济理性的生成、制度安排的理性设计"②，等等。从文化形态的转型来说，最根本的在于促使奠基于自然半自然经济的自然主义和体现农耕文明精神的宗法伦理主义的传统文化向奠基于商品市场经济的理性主义和体现工业信息文明精神的契约法治思想的现代文化转变。针对这个问题，中国共产党不但开辟了坚持社会主义的改革开放道路，走上了中国特色的现代化发展轨道，而且形成了文化自觉，健全了文化心理，树立了文化自信，懂得"对内重视均衡，避免贫富悬殊过大；

---

① [美] E. 希尔斯：《论传统》，傅铿、吕乐译，上海人民出版社1991年版，第21页。
② 衣俊卿：《现代化与文化阻滞力》，人民出版社2005年版，第108页。

对外注意求同存异，睦邻四方。这个重视价值理性的现代化进程……直接以经济成长、共同富裕来提高生活，促进民生，来影响世界，共存共荣。"① 这就是说，中国共产党在"伟大觉醒"之后，和人民日益形成坚定"文化自信"，始终坚持让马克思主义出场，为推动马克思主义的中国化夯实文化心理基础。

综上，应当说"理论自信"和"马克思主义中国化"之间存在的深层联系得到了初步阐明。"马克思主义中国化"这个范畴存在两个发展形态，即实践形态的"马克思主义中国化"和理论形态的"马克思主义中国化"，它们二者的相互作用为建立"理论自信"奠定根基，它们二者既服从于中国马克思主义发展规律又服务于中国现代化建设这一文化逻辑，揭示了"理论自信"生成发展的源流。坚定"理论自信"，要把它和坚定"实践自信""历史自信"和"文化自信"统一起来，唯其如此，才能不断推动"马克思主义的中国化"健康发展，而"马克思主义的中国化"获得健康发展，必将进一步增强人们对中国特色社会主义的"理论自信"。

第四节　"制度自信"与马克思主义的中国化

中国马克思主义研究界对"马克思主义中国化"问题的研究已取得相当丰硕的成果，但是，迄今为止，把"制度"问题引入"马克思主义中国化"问题研究中来，把"制度自信"和"马克思主义中国化"关联起来做深入研究还比较鲜见。事实上，坚定对中国特色社会主义的"制度自信"问题，是一个和"马克思主义中国化"高度相关的颇具研究价值的新问题。探析它们之间的逻辑关联，对人们把握"制度自信"的始源，建立"制度自信"的动力，对人们认识"马克思主义中国化"的文化逻辑，推动中国制度创新和马克思主义中国化的健康发展，都具有重大意义。

---

① 李泽厚：《说文化心理》，上海译文出版社 2012 年版，第 65—66 页。

一、"制度自信"凸显"马克思主义中国化"的本质性问题

"马克思主义中国化"的重大使命是要正确解决中国社会的发展问题、中国共产党的发展问题和中国人的发展问题。这些问题构成"马克思主义中国化"的本质性问题。但是，要正确而全面地解决这些问题，就要整体推进理论层面的、实践层面的和制度层面的"马克思主义中国化"，建立起理论自信、实践自信、制度自信和文化自信，推动马克思主义中国化的健康发展。

1. 推进马克思主义的中国化要求坚定制度自信

一种制度是否"优越"，它对国家和社会是否有利，只有经过长期实践检验才能评说。其实，存在于符号层面的"制度优越"所反映的是主体对制度的主观性和理想性的认识，它是一种主观上的"定性"认识。这种认识说明，"制度优越"所表述的是"修辞学"层面的意义，它不全等于现实化的"优越制度"。而"优越制度"是对制度本质特性的客观认识，它说明现行制度已为公众所信赖和认同，并且为"社会实践"所检验，因而那些制度的优越性成了名符其实的"现实存在"。这说明，一种名符其实的"优越制度"具有国情适应性、现实可行性和思想先进性等特征。问题在于：怎样才能促使"制度优越"转变为"优越制度"，使"制度优越"的"修辞话语"免于"自说自话"？要达此目的，就要开展直面现实、破解问题的改革创新活动，推动"理论""实践"和"制度"三位一体的共同发展，这种发展表现为马克思主义在某个国家的理论层面、实践层面和制度层面上的"民族化""具体化"。对中国来说，就是中国共产党人学习、运用马克思主义的"中国化"。列宁在指导工人运动和推动社会发展的问题上，强调共产党人"要掌握一切形式，学会以最快的速度用一种形式去补充另一种形式，用一种形式去代替另一种形式，使我们的策略适应并非由我们的阶级或我们的努力所引起的任何一种形式的更替"①。在列宁看来，

---

① 《列宁专题文集　论马克思主义》，人民出版社2009年版，第303页。

共产党人的责任，就是要发现或创造新的形式、新的内容，在实践的基础上建立新的制度，创造新的理论，为发展社会主义开辟道路。它启迪人们：推进马克思主义中国化，要面向现实改革和优化制度，要发挥制度优越性，促进人们对中国制度的认同，这就对人们如何增强制度自信提出了新课题。

2. 推进马克思主义的中国化要求深化制度改革

与"制度优越"反映的"定性意志"所不同的是，"制度改革"反映的是主体的"定向意志"，是面向制度的"改革意志"，是对不适应社会发展的制度的某些方面或环节进行改革创新的愿望、设计与方法。它所要回答的是"改革什么制度，怎样改革制度"的问题。回答这个问题要遵循改革正义和制度正义的原则。同时，这两个原则要回归现实，要与中国现代化建设实际相结合，释放改革正能量，提高改革红利，使制度改革意志符合人民愿望，符合社会进步潮流，防止出现引起大量非议的影响社会稳定的"真空改革""虚拟改革"等现象。习近平同志指出："中国改革经过 30 多年，已进入深水区，可以说，容易的、皆大欢喜的改革已经完成了，好吃的肉都吃掉了，剩下的都是难啃的硬骨头。这就要求我们胆子要大、步子要稳。胆子要大，就是改革再难也要向前推进，敢于担当，敢于啃硬骨头，敢于涉险滩。步子要稳，就是方向一定要准，行驶一定要稳，尤其是不能犯颠覆性错误。"[①] 由此可见，在完善和发展中国特色社会主义制度，推进国家治理体系和治理能力现代化过程中，我们要坚持正确的改革思维与策略设计，坚持推进中国社会科学发展和中国人的全面发展的价值取向。这个价值取向符合马克思主义的本真精神。因此，在制度实践层面推进马克思主义的中国化，就要深化制度改革，提高制度创新水平，使之服务于中国现代化建设，这就对党和国家的制度改革实践提出了更高要求。

3. 推进马克思主义的中国化要求从理论、实践和制度层面整体发展

作为哲学范畴的"马克思主义中国化"涵盖着理论层面的"马克

---

① 《习近平接受俄罗斯电视台专访》，《人民日报》2014 年 2 月 9 日。

第二章　文化传承与马克思主义的活力

思主义中国化"、实践层面的"马克思主义中国化"和制度层面的"马克思主义中国化"。而"马克思主义中国化"的问题是理论层面的"马克思主义中国化"、实践层面的"马克思主义中国化"和制度层面的"马克思主义中国化"之间的关系如何得到协调发展的问题，是它们三者作为"马克思主义中国化"的内在结构要素如何有机整合起来为破解中国发展难题，促进中国社会科学发展而提供理论指导、实践规范和制度保障的问题。对发展主体而言，是否坚定对优越制度的自信问题以及是否坚定对创新制度的自觉的问题，这是一个是否着力推动从符号层面的"制度优越"向现实层面的"优越制度"转变的问题；对中国共产党而言，这是一个是否着力推动从话语层面的"制度改革"向行动层面的"创新制度"转变的问题。

理论层面的"马克思主义中国化"所要解决的问题，是关于中国人的思想创造和中国发展的理论指导的问题，是通过传播、学习和研究马克思主义来改造和提高中国人的思想认识，是提高中国人的发展观念和思维水平的问题。同时，它还包括通过应用马克思主义普遍真理于中国具体实际来建立适合中国发展的旗帜，确立适合中国发展的方向，形成适合中国发展的路线的问题。随着这些问题得到正确解决，也随着"马克思主义中国化"的稳步推进，其结果是形成理论化、系统化的中国化马克思主义，即毛泽东思想和中国特色社会主义理论体系。中国化马克思主义是阐述中国发展问题的最深刻的学说。这个学说为社会主义制度的优越性提供了合法性证明，也为社会主义制度的改革与完善确立了正确的原则和方法。

实践层面的"马克思主义中国化"所要解决的问题，是中国人的生活改造和行动创造的问题。马克思主义是时代精神的精华，是工人无产阶级行动的正确指南，是解决人类社会发展问题的科学方法论。先进的中国共产党人自觉把马克思主义作为革命的行动哲学，作为科学的实践哲学，并以之观照现实的人，解决现实的人的现实问题，引导中国人走向全面而自由的发展。邓小平指出："马克思主义并不玄奥""马克思主义是很朴实的东西，很朴实的道理"①。它之所以"朴实""不玄奥"，原因在于它与中国革命和改革开放实际相结合而取得巨大成功，使中国"五位一体"的现代化建设不断取得新胜利。而中国之所以能够取得举世瞩目的发展成就，与中国共产党注重实践创新、注重以制度创新来引导中国人形成生活改造自觉，增强行动创造自由，巩固改革发展成果，同时使这些成果最大程度地惠及人民群众大有关系。

总之，理论层面的"马克思主义中国化"要获得创新性发展，实践层面的"马克思主义中国化"要获得实质性发展，它们两者要获得可持续发展，都有赖于制度层面的"马克思主义中国化"的健康发展，有赖于中国实践中出现的"自信制度优越"和"自觉创新制度"的关系问题得到正确解决。而要解决好这个问题，就要高扬社会主义制度正义。

二、制度层面的"马克思主义中国化"高扬社会主义制度正义

推进制度层面的"马克思主义中国化"的健康发展，要高扬社会主义制度正义，即要通过破解"中国发展"和"文化解放"问题，创造"自由""时间"和"机会"等价值元素，彰显社会主义制度正义，确证社会主义制度的优越性、先进性，增强人们对这个制度体系的自信。

1. 制度层面的"马克思主义中国化"以破解"中国发展"和"文化解放"问题为使命

制度层面的"马克思主义中国化"有两个方面的含义：一方面，中国共产党人把马克思主义基本理论应用于中国的制度体制建设与改革这一具体的环境，使马克思主义适应中国的制度实际，同时使中国制度体制建设与改革在设计理念、发展原则、基本内容、运行程序、

---

① 《邓小平文选》第3卷，第382页。

第二章　文化传承与马克思主义的活力

创新结构等方面反映中国的文化传统和民族特点；另一方面，中国制度体制建设与改革及其所取得的制度成果对理论层面的"马克思主义中国化"和实践层面的"马克思主义中国化"起到应有的规范和保障作用。从根本上看，制度层面的"马克思主义中国化"服从于马克思主义中国化发展规律，也服务于中国现代化建设，即它以建立科学制度来保障中国发展，以弘扬制度正义来引导中国科学发展。因此，制度层面的"马克思主义中国化"所要解决的核心问题是主流意识形态与物质经济生活、中国发展规范与中国发展现实、中国理论指导与中国实践创造之间的关系的统一问题。

制度层面的"马克思主义中国化"所要解决的诸个问题在本质上是一个"文化解放"问题，是"怎样解放文化和解放文化生产力"的问题；具体地说，它是一个"制度文化解放"问题，是"怎样解放制度文化、解放制度生产力"的问题。中国传统文化积淀了几千年，儒家、佛家、道家等诸子百家共同参与了中国制度文化的创造，都对中国制度文化的系统化做出了不同程度的贡献。近代以来，民族资产阶级提出的"大同""共和""三民主义"等思想对中国制度文化的延续和发展产生了重大影响。必须指出，中国传统文化虽然具有巨大的包容性、人文性、系统性和创造性，但它毕竟存在着封建主义思想严重，官僚主义思想盛行，科技理性发育不全，探索创新精神缺乏等弊端，它"毕竟是中国前资本主义社会的上层建筑，它的核心观念在新的历史条件下无法充当观察世界形势和中国命运的思想武器"[1]，因而在世界历史的转折点上它没能够把中国引向近代化和现代化发展轨道。近代以来，中国人曾经试图以"西体中用"或"中体西用"的方法来指导中国民主革命，实现民族解放、独立与自由，但这一历史任务没有完成，直到"十月革命一声炮响，给我们送来了马克思列宁主义"[2] 之后，中国的面貌才起了变化，中国民主革命才出现胜利希望，社会主义革命和建设才逐步走向成功。这就说明，"西体中用"或"中体西

---

[1] 陶德麟：《略论文化建设中的传承与借鉴》，《哲学研究》2013 年第 6 期，第 5 页。
[2] 《毛泽东选集》第 4 卷，人民出版社 1991 年版，第 1471 页。

用"的方法在中国行不通,只有马克思主义才能救中国,只有社会主义才能发展中国。同样,只有以马克思主义为思想武器,才能解放中国传统文化和中国制度文化,使中国人在世界历史进程中重建并提升文化自信和制度自信。这就是马克思主义出场及其对中国文化建设的重大意义。

2. 制度层面的"马克思主义中国化"创造"自由""时间"和"机会"等价值元素

制度层面的"马克思主义中国化",表明社会主义制度是中国所必须坚持的社会制度,也表明坚持这种制度能最大程度地为人民保障思想自由,节约社会时间,增加发展机会,促进公平正义。

在制度层面推进马克思主义的中国化的目的在于建立好制度以保障思想自由。一种制度若能以规范形式来保障人们的思想自由,便能促进人们去自由思想,实现思想正义,而能给人带来思想自由的制度也会让人去信奉它。虽然当代激进改革的政治自由主义倾向于"无政府主义",其所追求的"自由"是要不得的,但是,西方近代以来形成的"政治自由"的思想理念却赞同自然状态那种免于强制的自由,它是"着眼于建立保障每个人平等地自由的社会制度而提出来的"①。这种"自由"并不反对制度存在,尤其不反对好制度的存在。于此在世界中,不管是生活自由,还是政治自由,都没有"完全的自由",即便是古罗马和文艺复兴时期提出的"原初的自由"也不具有"完全"和"绝对"的自由的意义。唯有"思想自由"才最自由②。所谓"自由",诚如马克思所指出,它是见之于人的感性活动,又是对劳动的障碍的克服;或者说,"自由"即是"主体的对象化"以及主体的"目的的实现"③。如此看来,"制度"是指人们对社会必然性的一种能动反映,"好制度"是指人们在对社会必然性获得较为逼近、较为确切的共识的基础上所建立的固定化的规范形式。人们在遵循好制度并受制于必然性的"限制"时,也就是实现思想自由之时。坚持和发展中国特色社

---

① 邓晓芒:《什么是自由》,《哲学研究》2012年第7期,第68页。
② 同上。
③《马克思恩格斯全集》第30卷,人民出版社1995年版,第615页。

第二章 文化传承与马克思主义的活力

会主义制度，使之保障人们的思想自由，这是在制度层面推进"马克思主义中国化"的重要使命。

在制度层面推进马克思主义的中国化的目的在于建立好制度以节约社会时间。在从"自然时间"向"社会时间"、从"圣经时间"向"世俗时间"、从"生产时间"向"休闲时间"过渡时，人开始觉醒并形成时间意识，由此意识到"时间"既非上帝的也非自然的财产，而是人自身的珍贵财产，意识到自己是置身于某种特殊的时间脉络之中的社会存在物。于是，人们通过建立多种多样的制度来管理时间，节约时间，增加财富，实现发展。马克思就此指出："社会发展、社会享用和社会活动的全面性，都取决于时间的节省。一切节约归根到底都归结为时间的节约。"① 节约了时间，就意味着创造出可以自由支配的时间，从而为增加财富奠定基础。在制度层面推进马克思主义的中国化，就是要不断完善中国特色社会主义制度，建立一个有利于时间节约的社会制度。这个制度在总体上设置了促进中国社会科学发展的时间节律，形成了贴近中国人生活实际的时间意识，正像"时间就是金钱""效率就是生命""发展才是硬道理""撸起袖子加油干"等箴言那样，"提醒我们生命的短促，召唤着能赋予时间以积极内容的伟大行动"②，促使人们把握住重要战略机遇期，以可以自由支配的时间、较少的时间代价去创造更多财富。正因为马克思主义所描绘和所要建设的社会主义，不是贫困、穷愁和落后的社会主义，而是日趋富裕、安康且进步的社会主义，因此，让马克思主义出场、在场，就必然要体现社会主义本质，建立健全制度，发挥社会主义优越性，节约社会时间，增加生产力总量。

在制度层面推进马克思主义的中国化的目的在于建立好制度以增加发展机会。"好制度"往往是对政治统治和社会治理都有利的制度。在毛泽东看来，"中国现阶段的历史将形成中国现阶段的制度，在一个长时期中，将产生一个对于我们是完全必要和完全合理同时又区别于

---

① 《马克思恩格斯全集》第30卷，人民出版社1995年版，第123页。
② ［法］路易·加迪等：《文化与时间》，郑乐平、胡建平译，浙江人民出版社1988年版，第335页。

俄国制度的特殊形态，即几个民主阶级联盟的新民主主义的国家形态和政权形态"①，这个制度就是把新中国引向独立、自由、民主、统一和富强的好制度。在邓小平看来，使坏人无法任意横行做坏事，使好人能够充分做好事的制度，就是好制度。在习近平同志看来，具有"系统完备、科学规范、运行有效"②的特征的制度，就是好制度。应当说，现代中国领导人对于"好制度"的论断，都强调它对国家、社会和个人有利，即好制度能创造发展机会。在制度层面推进马克思主义的中国化，就是要在马克思主义基本理论的指导下，坚持以实践基础上的理论创新推动制度创新，建构有利于国家、政党、社会和个人健康发展的好制度，以使每一个中国人增加大致均等的发展机会，即"共同享有人生出彩的机会，共同享有梦想成真的机会，共同享有同祖国和时代一起成长与进步的机会"③。

最后，在制度层面推进马克思主义的中国化的目的在于建立好制度以促进公平正义。公平是制度的本质之义，正义是制度得以建立的前提。进入 21 世纪以来，中国出现了经济高速增长中的"社会公平失序"和"制度正义失效"这样一个"盛世危情"。这个问题如若解决不好，就会严重影响政治稳定，制约社会发展。中国共产党和政府基于国情、民情、党情和社情之新变化，提出构建社会主义和谐社会的号召，做出适应社会发展要求的科学战略决策，通过正确处理政府与市场、公平与效率、发展与代价、极富与过贫的关系，破解党群之间、干群之间、社群之间的利益矛盾，化解精英阶层和大众阶层的利益鸿沟，消解食利阶层和工薪阶层的信任隔阂，促进中国社会健康发展。就此意义来看，在制度层面推进马克思主义的中国化，其实质在于形成具有整体性、创新性、协调性和可持续性的特征的制度安排，使各方面制度更加成熟更加定型；在于形成既有科学的顶层设计又有合理的底线限制的制度体系，为取得中国特色社会主义事业新胜利提供更

---

① 《毛泽东选集》第 3 卷，第 1062 页。
② 习近平：《习近平谈治国理政》，第 10 页。
③ 中共中央宣传部：《习近平总书记系列重要讲话读本》，学习出版社、人民出版社 2014 年版，第 32 页。

第二章 文化传承与马克思主义的活力

加有效的制度保障；在于形成一个法制化和道德化相统一的好制度，既为发展社会主义民主保驾护航，也为人们提供基本等价的发展机会。

3. 制度层面的"马克思主义中国化"以彰显社会主义制度正义为根本旨趣

推进马克思主义的中国化的理论研究、实践创新及其整体发展内在地要求发展社会主义制度理性，弘扬社会主义制度正义，而彰显社会主义制度理性和制度正义成为推进制度层面的"马克思主义中国化"的根本价值旨趣。

"马克思主义中国化"的理论研究需要制度性保障。任何一种理论研究都不能撇离一定国家的思想意识形态和政治意识形态状况。对"马克思主义中国化"的理论研究亦然。研究"马克思主义中国化"，要研究马克思主义中国化的历史进程、基本经验、基本规律、基本特征、实践基础，要研究它的思想成果、代表人物思想、不同思想成果的共性与差异，要研究文化传统、社会思潮、制度变迁对它的影响，等等。凡此种种研究都离不开国家制度框架。新中国成立以来，尤其是改革开放以来，我们逐步形成并完善了中国特色社会主义制度，这个制度包括根本的政治制度和基本的政治制度、法律制度、经济制度、文化制度等，以及建立在这些制度基础上的政治体制、法律体制、经济体制、文化体制等各项具体制度。应当说，这些制度体制对马克思主义的中国化产生了重大影响，对马克思主义中国化问题的研究发挥了保障作用。

"马克思主义中国化"的实践创新需要制度性激励。"马克思主义中国化"是一个基于中国本土实践而不断创新发展的动态过程，它的实践创新体现为自觉的、持续的、综合的创新活动。问题在于，怎样才能使"马克思主义中国化"获得自觉的创新动力，形成持续的创新态势，取得综合的创新成果呢？这就需要一些诸如在成绩表扬、荣誉表彰、学术奖励和著作出版上的制度激励。同时，要使激励制度成为中国特色社会主义制度自我发展和自我完善的一个有机系统。对推动马克思主义中国化的主体而言，即对"中国共产党党内从事理论研究的知识分子和积极拥护中国共产党路线和政策的党外知识分子"[①]来说，由于其获得制度化激励而变得更积极自觉，更有思想活力，在理论研究和实践探索中发挥更大创造力。既有经验证明，一个有效的激励制度，不但有利于人们产生高度的制度自信，也有利于推动马克思主义中国化的创新研究和创新实践。

理论层面和实践层面的"马克思主义中国化"的整体发展需要制度性规范。在中国特色社会主义发展过程中，理论层面的"马克思主义中国化"和实践层面的"马克思主义中国化"相互依存、相互促进。前者为后者提供理论范式、研究方法、发展原则，而后者为前者提供感性材料、实践基础、创新平台。但它们二者能否实现协调发展在很大程度上取决于制度层面的"马克思主义中国化"的发展状况，取决于中国现代性制度的发展状况，取决于中国现代经济制度、政治制度、法律制度和文化制度的制度理性对交换公平、分配公平、机会公平和公共服务公平的实现程度。在坚持中国根本制度和基本制度的前提下，能否创新并落实公正性的体制机制规范成为影响中国特色社会主义事业持续发展的重大因素。因此，只有以实现制度层面的"马克思主义中国化"的科学化、完善化发展为中介和突破口，促进理论层面的"马克思主义中国化"以实现前置研究和创新研究，推进实践层面的"马克思主义中国化"以实现经济正义、政治正义、法律正义和文化正义，才能把中国特色社会主义事业推向前进。

总之，推进制度层面的"马克思主义中国化"的根本价值旨趣，在于健全社会主义制度理性，弘扬社会主义制度正义，既要为"马克思主义中国化"的理论研究、实践创新提供制度性的保障和激励，也要为"马克思主义中国化"的整体发展提供制度性的规范。

三、以坚定制度自信推进马克思主义中国化

坚定对中国特色社会主义制度的自信，是一个促进"理论实践"

[①] 俞吾金：《对马克思主义中国化主体的反思》，《探索与争鸣》2009年第1期，第8页。

和"制度实践"复合适应、"制度创新"和"活力提升"双向发展、"社会全面进步"和"人的全面发展"逐步实现的过程。这个过程和制度层面的"马克思主义中国化"融贯一致。

1. 坚定制度自信,要促进"理论实践"和"制度实践"复合适应

理论层面的"马克思主义中国化"致力于中国化马克思主义理论的研究和创新实践,它要求推动马克思主义的中国化的主体积极开展思想运动,自觉推进理论创新和制度创新。人们坚定制度自信,既要注重"理论实践"的创新性,不断建构、充实中国化的创新理论,提升理论层面的"马克思主义中国化"的水平,也要注重"制度实践"的创新性,应用马克思主义理论指导制度创新实践,提高制度层面的"马克思主义中国化"的水平,从而推动马克思主义的中国化健康发展。党的十八大以来,中国共产党领导中国人民开展了一系列卓有成效的治国理政的创新实践,全面涵盖了理论层面的"马克思主义中国化"、实践层面的"马克思主义中国化",以及制度层面的"马克思主义中国化",推进了中国化的理论创造实践和制度创新实践的复合适应。

2. 坚定制度自信,要促进"制度创新"和"活力提升"双向发展

中国特色社会主义制度还需要深化改革,使之达致完备完善。习近平同志指出:"没有坚定的制度自信就不可能有全面深化改革的勇气,同样,离开不断改革,制度自信也不可能彻底、不可能久远。我们全面深化改革,是要使中国特色社会主义制度更好。"① 这就意味着,对我们的制度有自信,对我们的制度优势有正确认识,才能形成改革创新的理论勇气和实践定力,同样,不断自觉革除我们制度中存在的弊端,使我们的制度更加成熟、完备和定型,正是对我们的制度有自信的表现。中国正在进行的现代化建设实践涵括制度创新实践,而实践层面的"马克思主义中国化"也涵括制度层面的"马克思主义中国化"。因此,我们要鼓足全面深化改革的勇气,扎实推进制度创新实践,自觉建构制度创新平台,积极提供制度创新支撑,科学拓展制度

---

① 《习近平谈治国理政》,第106页。

创新空间，不断增强制度创新活力，形成有序有效发展局面，推进马克思主义中国化的健康发展。

3. 坚定制度自信，要促进社会全面进步和人的全面发展逐步实现

中国现代化建设包括改革开放前后两个历史阶段。这两个历史阶段都在实践层面推进了马克思主义的中国化。在新的历史条件下，我们要在坚定中国道路选择的基础上，"通过不断改革创新，使中国特色社会主义在解放和发展社会生产力、解放和增强社会活力、促进人的全面发展上比资本主义制度更有效率，更能激发全体人民的积极性、主动性和创造性，更能为社会发展提供有利条件，更能在竞争中赢得比较优势"①。这就要求我们要坚定制度自信，科学推进制度化、规范化、程序化的治理，协调推进中国的"五位一体"现代化建设，全面推动中国社会进步和中国人的全面发展，在实践层面继续推进马克思主义中国化的健康发展。

第五节　东江红色文化与马克思主义的中国化

中共二十大报告指出，要弘扬革命文化，增强文化自信。这是当代中国共产党人的重要使命。东江红色文化是广东革命文化的重要组成部分，也是中国新民主主义革命文化的有机组成部分。东江红色革命的历史进程与中国共产党独立领导中国新民主主义革命的历史进程大体是一致的。五四运动前，青年学生已经在东江地区开展救亡图存的爱国行动。五四运动后，信仰共产主义的先进知识分子开始办报刊、创学会，宣传社会主义、共产主义思想。中国共产党成立后，东江地区的共青团建立起来，与工农运动相结合，推进了革命活动。1927年大革命失败后，以毛泽东为代表的中国共产党人开启了独立领导中国革命的伟大实践。此时，东江地区的人民在地方党组织的领导下，也掀起了以革命武装反对反革命的伟大斗争，这一斗争经历了大

---

① 《习近平谈治国理政》，第93页。

革命时期、抗日战争时期和解放战争时期,历时 20 余年。在长时期的革命斗争实践过程中,东江地区融合会通了马克思主义文化、南方革命文化、岭南传统文化和港澳侨文化,形成了具有中国特色的多元复合的地方文化形态。在建设社会主义文化强国的当下,从文化创新视野深入审视东江红色文化的多元来源、丰富内涵、鲜明特征及其对马克思主义中国化的历史贡献,具有丰富的理论意义和深远的现实意义。

一、正确理解东江红色文化的来源、内涵和特征

东江红色文化是具有中国特色的多元复合的地方文化形态。从文化创新视野去审视这个文化形态,能够更全面、深入把握其多元来源、丰富内涵和鲜明特征,呈现其对马克思主义中国化作出重要贡献的历史依据。

1. 东江红色文化是多元复合的地方文化

东江红色文化是中国共产党领导南方革命这个伟大实践所造就的文化。实践生成性是这个文化成型的基本机理。从实践哲学视野审视,可以发现东江红色文化会通、融合了马克思主义文化、南方革命文化、岭南优秀传统文化、港澳侨文化。

首先,马克思主义文化是东江红色文化形成的思想基础。中国共产党是领导中国革命的核心力量,党的根本指导思想是马克思主义。运用马克思主义的立场、观点和方法具体地指导中国革命,这是党团结领导人民取得革命战争胜利的思想武器。毛泽东在《〈共产党人〉发刊词》中指出:"统一战线问题,武装斗争问题,党的建设问题,是我们党在中国革命中的三个基本问题。正确地理解了这三个问题及其相互关系,就等于正确地领导了全部中国革命。"[①] 中国共产党不仅是马克思主义理论和文化的忠诚继承者,也是善于结合中国具体实际推进马克思主义中国化的发展者。毛泽东强调:"中国共产主义者对于马

---

① 《毛泽东选集》第 2 卷,第 605—606 页。

思主义在中国的应用也是这样,必须将马克思主义的普遍真理和中国革命的具体实践完全地恰当地统一起来,就是说,和民族的特点相结合,经过一定的民族形式,才有用处,决不能主观地公式地应用它。"① 应当看到,中国南方革命是在党中央和南方局领导下开展的革命,活跃在华南地区的包括东江纵队在内的多支革命队伍都是在党的统一领导下组建发展起来,也是在马克思列宁主义、毛泽东思想指导下主动开展对敌斗争和建设活动。因此,马克思主义文化为东江红色文化的形成与发展提供了思想基础。

其次,南方革命文化是东江红色文化形成的实践基础。与中国北方革命相比较,南方革命具有革命力量薄弱、战力资源匮乏和队伍生存艰难等特点。一方面,在粤湘赣三省,地形复杂、交通不便、资源贫乏,国民党军、侵华日军、伪军、地主、恶霸、流氓、土匪交相作恶、祸害人民,华南地区革命队伍远离党中央、主力部队,缺乏资金和枪炮支持,又受到敌、伪、顽和地方割据势力的侵扰、围堵,筹集粮款、开展斗争尤其艰难。另一方面,华南地区也存在有利于斗争的条件。从大革命以来,粤湘赣三省人民经受了斗争锻炼,革命基础较好。尤其是在广东和江西,由于毛泽东在广州开办了农民讲习所,培养了一大批农运干部,刘少奇在安源组织和发动了工人的多次罢工斗争,这些工作为推动南方农民和工人相结合的革命斗争创造了历史条件。1940年国民党掀起第二次反共高潮后,党中央提出"隐蔽精干,长期埋伏,积蓄力量,以待时机"的斗争方针,组建了南方局(后为中共南方工作委员会),领导南方革命斗争。以周恩来、廖承志等为代表的共产党人,在筹划建设南方革命军队,开展对敌斗争,营救省港文化名人过程中,积累了丰富经验,提升了南方革命行动的坚定性、自觉性。应当说,南方革命行动及其经验积累为东江红色文化的形成奠定了实践基础。

再次,岭南优秀传统文化是东江红色文化形成的文化基础。"传统

---

① 《毛泽东选集》第2卷,第707页。

是历经延传而持久存在或一再出现的东西。"① 一个革命的自觉的文化可以找到它赖以产生的宝贵传统。岭南优秀传统文化正是对东江红色文化的形成、发展发挥范导作用的文化。近代以降，岭南地区承继了王阳明的"知行合一"的思想，发展了康有为、梁启超、陈献章等人"兼收、包容和开放"的思想，承接了明清以来"经世致用"的观念，形成了孙中山的"知易行难""变易进化"的观点。在长期的生产与交往中，这些思想观点逐步融入岭南人民的行为日用，成为其思维方式。从大革命时期到解放战争时期，东江的革命根据地和抗日根据地所涉及的空间范围，主要包括今天的惠州、东莞、梅州、汕尾、深圳、增城等地。这些地方是山水相连、人缘相亲的岭南地区，是客家人、广府人和潮汕人的生存栖息地，也是东江革命队伍开展游击战及其他斗争活动的主要区域。因此，无论是在本地土生土长的干部与战士，还是来自广西、湖南、江西的干部与战士，抑或是那些来自香港、澳门地区的爱国青年，或者是来自东南亚地区的华侨青年，无不受岭南传统文化的浸润与熏陶。"人们近期内奉行的传统以源远流长的传统为出发点，传统的早期发展是导致传统后期发展的先决条件；它还在不同程度上构成该传统后期阶段之陈述的逻辑和认识要素。"② 在岭南传统文化中，诸如爱国爱乡、勤俭节约、艰苦朴素、团结互助、同仇敌忾等精神深渗在东江革命队伍里，成为长期范导和深层影响东江革命行动的文化元素。

最后，港澳侨文化是东江红色文化形成的精神基础。东江地区毗邻港澳地区，与东南亚各国也存在紧密的经济文化联系。近代百年历程中，中国居民以契约劳工、探亲、婚嫁、营商、求学等方式，先后在18世纪中叶、19世纪中叶、大革命至新中国成立前、20世纪70—80年代集中出境或出国，成为港澳地区居民或东南亚、美洲、欧洲、澳洲等地的华侨，东江大部分地区因而成为侨乡。从孙中山先生组织发动辛亥革命到中国共产党领导新民主主义革命，期间以司徒美堂、

---

① ［美］E. 希尔斯：《论传统》，傅铿、吕乐译，第91页。
② 同上书，第146页。

陈嘉庚、黄仲涵、庄西言、符致逢、陈寄虚等为代表的侨领捐资捐物，引导华侨青年归国参加革命，服务中华民族解放事业。在抗日战争和解放战争时期，东南亚地区的华侨青年爱国救国热情高涨，表现尤其积极、勇毅。"到1940年底，参加东江抗日游击队的华侨和港澳同胞就有近千人。"① 曾生、叶飞等著名将领是华侨回国抗战救国的杰出代表。应当说，粤籍、闽籍的海外侨胞和港澳同胞作出的多种多样的正义行动本质上是伦理性的精神行动，其高尚行动的力量来自充满爱国主义精神的港澳侨文化，而这种文化对东江红色文化的形成发挥了促导作用。

因此，东江红色文化来源于马克思主义文化、南方革命文化、岭南优秀传统文化和港澳侨文化，是这四类文化的有机复合。这样一种文化具有很强的适应性、坚韧性和创造性，因地制宜地自觉践行马克思主义，为东江根据地落实党的革命政策和战斗指示，推动马克思主义的民族化、具体化、大众化，提供了思想基础、实践基础、文化基础和精神基础。

2. 东江红色文化是意蕴丰富的红色文化

东江红色文化是中国共产党领导华南革命斗争实践形成的地方文化，其始源是由中国马克思主义即毛泽东思想指导推动的中国革命实践。在美国文化哲学家E.希尔斯看来，一个哲学家的伟大之处，就在于其思想观点具有持久性，影响范围具有广泛性，其提出的问题和提供的解决方式具有普及性和渗透性②。从历史哲学视角审视东江红色文化，可以发现其植根于毛泽东思想的丰富意蕴。

首先，东江红色文化是浸润时间长的文化。文化是主体际交往实践的产物，又是长时间积累经验而逐步生成的产物。东江地区的红色革命早在五四运动前后就开始发育，信仰共产主义的知识分子创办刊物、"研究社"③，积极宣传马克思主义，介绍社会主义学说，推动了新

---

① 《中国共产党东江地方史》，广东人民出版社2001年版，第288页。
② E. 希尔斯：《论传统》，第181页。
③ 刘尔崧、刘琴西等人出版《救国周刊》《紫金山小报》，彭湃创办《新海丰》，并与李春涛、杨嗣震出版《赤心》；彭湃、郑志云创办"社会主义研究社"，郑重、李云阶创办"陆丰社会促进社"，等等。参见《中国共产党东江地方史》，第16—18页。

文化运动，促进了先进知识分子的觉醒，为地方党组织的创建奠定了基础。在大革命时期、抗日战争时期、解放战争时期，东江革命艰苦卓绝，牺牲甚大，但贡献也大，它有力地发挥了党领导革命、发动群众、凝聚民心、占领阵地、建设经济、抢救文化、联络海外等作用，推动了东江红色革命与马克思主义的有机结合，推进了东江红色革命与广东革命战争的相互配合，实现了地方武装力量和全国武装力量的整体联合。

其次，东江红色文化是影响范围广的文化。文化是特定空间中的精神存在。或者说，一定的物质文化和精神文化总是存在于一个特定空间。东江红色革命历经20多年的非凡历程，东江革命队伍的活动范围遍及惠州、东莞、深圳、兴宁、梅州、揭阳、汕尾、韶关、广州等地，整编后的队伍还北上山东，参加解放战争。就东江纵队存在的时间及其现实影响而言，诚如朱德指出："八年来，我伟大的中国人民军队——八路军、新四军和华南抗日纵队①，和敌人进行了空前英勇的、残酷的、可歌可泣的胜利战争，成为中国抗战的中流砥柱。"② 就东江革命的世界影响而言，由于东江红色革命是中国革命的一个有机组成部分，也由于在东江纵队中有较多港澳同胞、爱国华侨、知识分子、女战士参与，队伍的政治文化素质高，受地方群众认同程度高，因而其在中国战争史上具有特殊的地位与影响。

再次，东江红色文化是斗争意识强的文化。党领导中国革命28年的历史就是武装斗争的历史，这个历史也是马克思主义中国化发展的历史。毛泽东指出："一定的文化是一定社会的政治和经济在观念形态上的反映。"③ 东江红色文化是东江地区革命力量在对敌斗争过程中形成、发展起来的文化形态。在20多年的时间里，东江革命力量开展对敌战斗1400余次，付出了很大牺牲，也取得了重大胜利。"因为我们的敌人是异常强大的，革命力量就非在长期间内不能聚积和锻炼成为一

---

① "华南抗日纵队"也称"华南抗日游击队"，是东江纵队、琼崖纵队、珠江纵队、广东人民抗日解放军、广东南路人民抗日解放军、潮汕韩江纵队和梅浦韩江纵队的统称。
② 《朱德选集》，人民出版社1983年版，第193页。
③ 《毛泽东选集》第2卷，第094页。

个足以最后地战胜敌人的力量。"① 正是在长期频繁的对敌斗争中,东江地区积蓄了自己的革命力量,锻炼了顽强的战斗意志,掌握了对敌斗争的正确策略,建立了巩固的根据地。

从次,东江红色文化是革命成果丰硕的文化。东江革命取得了丰硕文化成果,使"可见的成果""潜形的成果""物化的成果"和"内化的成果"以不同方式积淀、传承下来。比如:巩固了革命根据地、抗日根据地,开辟了解放区,这是可见的革命阵地成果。锻炼了党的基层组织,培养了地方军事干部,建立了一支从无到有、从弱小到壮大的革命队伍,这是思想物化的现实成果。加强了地下交通站建设,办好了纵队机关报《前进报》,提高了党指挥军队、宣传政策、发动群众、凝聚民心的能力,这是"潜形的成果"。懂得向农民公平筹粮,抓好了"米袋子";懂得发行地方"建设券",创建税务站,抓好了"红色金融"②;懂得"保护中华文脉""构建统一战线",营救了700多位中国文化名人、100多位盟军军官军士、国民党军官家属等;还懂得抓"枪杆子",运用枪杆子抗击日寇侵略,打击伪顽反动势力,保护人民根本福祉等,这些是把马克思主义和毛泽东思想内化入心、外化为东江革命实践,由此缔造出来的丰硕的红色文化成果。

最后,东江红色文化是历史价值高的文化。历史积淀深厚,多元文化创造,这是东江红色文化价值高的基本原因。具体地说,在艰苦卓绝、前赴后继的斗争中铸炼了东江革命精神,在复合文化、多元文化的交融中形成了东江红色文化,在继往开来、传承创新的建设中赓续了红色革命基因,在与广大华侨、港澳同胞的共同战斗、同心奋斗中巩固了爱国统一战线。因此,既有东江革命精神的缔造,又有东江红色文化的生成;既有红色革命基因的赓续,又有爱国统一战线的巩固。这样一种红色文化是不忘本来、吸收外来、面向未来的革命文化,是历久弥新、鉴古知今、昭示真理的红色文化,因而是具有颇高历史

---

① 《毛泽东选集》第 2 卷,第 634 页。
② 从 1947 年初到 1949 年 7 月,东江根据地总共收入税款大洋券 432 000 万元,港币约 25 万元;截止 1950 年 7 月,南方人民银行东江分行共兑发行南方券和地方券 3 900 多万元。参见《中国共产党东江地方史》,第 456—462 页。

价值的红色文化。

3. 东江红色文化是特征鲜明的革命文化

一定的文化必有与其内涵和形式相适应的特征。文化的特征有表层特征，也有深层特征。从文化哲学视角审视东江红色文化，"东江"是指其空间性或地域性的特征，"红色"是其本质性或内涵性的特征，"革命"是其时代性或历史性的特征。从整体性上考察，文化信仰的坚定性、文化行动的奉献性、文化本质的人民性、文化构成的复合性是其鲜明特征。

首先，东江红色文化是强信仰的革命文化。东江革命几乎贯穿党领导新民主主义革命的全过程。无产阶级革命首要的是开展武装斗争，但革命是要冒杀头、牺牲的风险的活动。党在幼年时期，由于斗争经验不足，革命的干部和群众付出了重大的牺牲。即便党到了成熟时期，在强大的敌人和反革命武装力量面前，我们为了取得最后的胜利，仍然付出了很大代价。因此，革命不是请客吃饭，也不是敲锣打鼓那样简易的事情，它是一个极为复杂而艰巨的物质斗争和精神斗争过程。为应对复杂的斗争形势，完成好不同时期的革命任务，革命队伍做到政治上坚定、清醒，作风上清廉、优良，文化上先进、优秀，就成为一个必然的严格要求。列宁在《关于民族问题的批评意见》一文中指出："每一个现代民族中，都有两个民族。每一种民族文化中，都有两种民族文化。"[①] 在把握列宁的马克思主义文化的阶级内涵的基础上，以之为思想指导，就可以赋予东江红色文化以新的理解，获得新的意义。那就是，人们对由马克思主义指导、中国共产党领导的革命必然走向胜利形成坚定信念，对由毛泽东思想指导、地方党委领导的东江革命必然走向胜利也形成坚定信念。这就说明，多元文化对新民主主义革命发生积极作用是一个不争的现实，而东江革命队伍坚定对先进思想文化的信仰，为把革命引向胜利奠定了精神基础。

其次，东江红色文化是重奉献的革命文化。"奉献"是共产主义革命的关键词之一。敢于牺牲、勇于奉献是造就东江红色文化的精神条

---

① 《列宁选集》第2卷，人民出版社1995年版，第344页。

件。在物质经济条件恶劣的状况下开展革命活动，是一件不可想象、很难持续的事情。鸦片战争以降，东江地区生产力落后，物产并不丰富；受封建地主、买办、资本主义多重剥削，农民和城市工商业者日子不好过，能够提供给游击队和纵队的生活物资十分稀缺。要使革命进行下去，取得最后胜利，就得依靠统一战线，争取地方开明绅士、工商业者、国民党左派、广大华侨、港澳同胞和农民的支持，也依靠一部分农运干部、游击队员、纵队领导奉献家财来支持，正像彭湃捐资推动海陆丰农民革命，戴焕其烧田契捐大宅支持高潭革命那样。中共南方局组织东江纵队抢救在港遇险文化名人和民主人士，前后历时近两年，奔忙在东西两条营救路线上的干部、群众、港澳同胞做出了巨大奉献，战斗在香港、宝安、龙华、惠阳、惠州、惠东、龙川、韶关、桂林等地的交通站、接待站、中转站的干部也付出巨大心血，才换来了文化和民主人士的安全撤离，赢得了著名作家茅盾的高度评价："抗战以来（简直可说是有史以来）最伟大的'抢救'工作：在东江游击队的保护与招待之下，几千文化人安然脱离虎口，回到内地。"[①]

再次，东江红色文化是为人民的革命文化。在传统的思想观念中，一旦论及"革命""战争"以及形形色色的各类对敌斗争，人们想到的首先是"暴力""危险""成败"等语词及其对应的结果，这固然是一个经验中的现实，然而它并非是革命的本质性存在。正确的认识是，历时 20 多年的东江革命，其实践的起源是马克思列宁主义在中国的传播，接下来是马克思主义同中国革命实际、中华优秀传统文化相结合产生的毛泽东思想得以武装全党，正是这些先进的革命理论引起了中国新式革命和地方武装斗争。无论是经典马克思主义，还是中国化马克思主义，其决定性的文化本质是解放人民、发展人民和服务人民。诚如美国哲学家塔克指出："共产主义运动在解放区根据地不仅探索构筑军事堡垒，而且也探索构筑一种新社会的飞地和政策。"[②] 比如，建立民主政府，创办报纸、学校、群众组织和其他社会机构，把

[①] 茅盾：《脱险杂记》，中国社会科学出版社 1980 年版，第 196 页。
[②] ［美］罗伯特·查尔斯·塔克：《马克思主义革命观》，高岸起译，人民出版社 2012 年版，第 179 页。

闹革命、谋解放和建设科学的、民族的、大众的新文化统一起来。在实现人民解放的历程中，其所使用的武器、工具，其所运用的策略、方法，其所开辟的道路、阵地，其所形成的经验、理论，等等，都成为建设社会主义的物质基础和文化基础。在今天看来，东江革命所取得的成果已经成为传承中国红色文化、赓续红色基因的历史财富和精神源泉。

最后，东江红色文化是铸精华的革命文化。东江红色文化是由马克思主义文化、南方革命文化、岭南优秀传统文化和港澳侨文化"四位一体"共同熔铸而成的。问题是，这些文化在哪些方面滋益、生成了东江红色文化？在马克思主义文化那里，它不是僵化的教条，而是鲜活的方法论，是需要结合中国革命实践加以具体运用的行动指南，它提供给东江革命的滋益是基本原理和历史思想。在南方革命文化那里，它不是共产国际指示、上级命令和战斗经验的集成，而是经验和教训的多重提炼，它提供给东江革命的滋益是经验反思和策略指导。在岭南优秀传统文化那里，它不是死的"故纸堆"，而是人们思维方式和生活方式变迁的明证，它提供给东江革命的滋益是坚守传统中的革新意识，为合理性的思维清除障碍。在港澳侨文化那里，它不是外来的"舶来品"，不是可有可无的"调味料"，而是物质文化和精神财富的重要来源，它提供给东江革命的滋益是开放视野和比较信息。由此可见，东江红色文化的构成是复杂多元的，而成其所是的文化生成机制，在于东江革命干部和群众汲取多元文化精华，做到活学活用，会通熔铸，择优鼎新。

总之，从文化创新视角考察，可以引出不同于过去的新认识，即马克思主义文化、南方革命文化、岭南优秀传统文化、港澳侨文化分别对东江红色文化的形成发挥了指导作用、主导作用、范导作用和促导作用，东江红色文化是多元复合的地方文化，是意蕴丰富的红色文化，是特色鲜明的革命文化，这样一种文化形态对马克思主义的中国化、具体化作出了重要贡献。

二、全面把握东江红色文化对马克思主义中国化的重要贡献

马克思主义中国化的维度主要包括实践维度、理论维度、制度维度和文化维度。东江红色文化贯穿了敢于斗争和善于胜利的马克思主义革命观,彰显了解释世界和改变世界的马克思主义哲学观,继承了理论先行和干部先干的马克思主义文化观,诠释了解放人和发展人的马克思主义价值观,实现了马克思主义的民族化、具体化、大众化,从文化创新维度对马克思主义的中国化作出了重要贡献。

1. 东江红色文化弘扬了敢于斗争和善于胜利的马克思主义革命观

"革命"是马克思主义思想主题之一。在世界无产阶级革命时代,建立革命的人民武装,取得革命领导权,积极开展对敌斗争,去争取不同战线的胜利,为建设一个富强、民主、文明的现代化国家而奋斗,这是中国共产党人的主体意志和必然追求,它体现了敢于斗争的思想意识和善于胜利的策略方法,反映了马克思主义革命观的核心要义。毛泽东指出:"我们说的马克思主义,是要在群众生活群众斗争里实际发生作用的活的马克思主义,不是口上的马克思主义。"① 换言之,能够完全、彻底地解决中国革命和建设问题的马克思主义,才是真正的中国化的马克思主义。1937年底,日本侵略军占领广州,华南沿海大片国土沦陷。中国共产党领导东江人民迅速组织抗日武装,英勇抗击敌寇。王作尧、阮海天、黄木芬、曾生、吴有恒等人领导的抗日武装,"成为中外共知的华南抗日战场一支坚强的武装力量,成为广东人民解放的一面旗帜,对抗日战争、民族解放事业作出了不可磨灭的贡献"②。1940年,党中央和南方局派遣廖承志到香港工作,派遣党内文化骨干张友渔、范长江、夏衍、胡绳等人到港建立文化委员会,协助廖承志开展统战工作。事实证明,党中央和南方局做出的这个决策是完全正确的,它为后来成功营救爱国民主人士、文化人士、国际友人奠定了

---

① 《毛泽东选集》第3卷,第858页。
② 《廖承志文集》,人民出版社1990年版,第689页。

重要的社会基础和组织基础。营救队伍坚持了党的集中统一领导,执行了党的文化统战政策,坚守敢于斗争、善于胜利的信念,营救行动取得了彻底成功。因此,东江红色文化是敢于斗争和善于胜利的马克思主义革命观的一面旗帜。

2. **东江红色文化彰显了解释世界和改变世界的马克思主义哲学观**

思想的高度和深度决定了文化发展的宽度和厚度。在俄国苏维埃缔造初期,面对来自国内的经济危机和国外的军事干涉,1920年,列宁向共产党员发起参加"星期六义务劳动"的号召,同时推行"新经济政策"以取代"战时共产主义政策",以"粮食税制"替代不合时宜的"余粮征集制"。这两件事展现了列宁主义思想的伟大精深,反映了苏俄革命文化适应时变的历史自觉,实现了对马克思主义哲学观思想的灵活运用。与之相似的是,在新民主主义革命时期,毛泽东撰写的《矛盾论》和《实践论》,集中表达了毛泽东哲学思想,科学回答了中国革命的基本问题以及怎样使之走向胜利的重大问题。如果说《矛盾论》正确地解释了中国社会的基本状况和中国革命的核心命题,那么《实践论》就理论地指明了中国革命走向胜利的科学路径,阐明了中国共产党人改变旧世界、建设新中国的光明道路。在毛泽东思想指导下,东江革命用战斗、牺牲和奉献解释了新中国来之不易,用挫折与代价换来了成功与胜利,进而改变了广东地方社会面貌,形成了负责担当、甘于奉献、善于战斗、不怕牺牲、以人为本、同心勠力、慎终追远、保卫文脉的精神。诚如毛泽东所说:"我们不但善于破坏一个旧世界,我们还将善于建设一个新世界。"① 东江红色文化是党领导东江人民破坏旧世界、建设新世界的文化表达。当人们重温那一段非常光荣、不可遗忘的历史的时候,必将穿透时间的屏蔽阻障,澄明红色革命的思想光辉;而人们重新审视这段历史,必然明晰东江红色文化的独特意义,彰显马克思主义哲学观既能解释旧世界、又能开创新世界的强大力量。

3. **东江红色文化继承了理论先行和干部先干的马克思主义文化观**

马克思主义指导无产阶级革命实践,在长期实践基础上形成的斗

① 《毛泽东选集》第4卷,第1439页。

争经验和发展理论成为无产阶级文化的主体内容。无产阶级文化是马克思主义文化的现实表达，马克思主义文化是无产阶级文化的理论升华。马克思主义文化出场，就是用先进的理论武装头脑、掌握群众。马克思指出："批判的武器当然不能代替武器的批判，物质力量只能用物质力量来摧毁；但是理论一经掌握群众，也会变成物质力量。"① 这说明，先进理论对于无产阶级革命的发生和发展具有引导作用。对此，列宁也指出："没有革命的理论，就不会有革命的运动。"② 这说明，革命理论和革命运动是前提与结果、动力与成果的关系。毛泽东是马克思列宁主义的继承者和创新者，他高度重视以马克思主义理论教育党的各级干部，提高全党的马列主义理论水平。他开办农民运动讲习所，指导抗日军政大学、中央党校建设，开展延安整风运动等，都是着眼于理论先行，用发展着的马克思主义教育干部和群众。以此认识来看，领导东江革命的主要干部叶剑英、廖承志、张文彬、梁广、尹林平、曾生、王作尧等同志，都是接受了党的政治培养与理论指导的高级干部。掌握了先进理论的干部率先垂范，一方面，建立地方武装、巩固根据地；开班办学办报，培养专业干部；领导经济文化建设，做出显著业绩。具体来说：1939年，东江军事委员会在坪山举办军事训练班；1944年，东江纵队成立军政干部学校，开办青年干部训练班；1947年，香港分局和东江各地举办各种训练班；1949年，九连地委创办"东江公学"。这些学校、训练班正是以抗日军政大学为榜样，坚持理论结合革命实际，践行知行合一的精神，"学习马列主义的基本观点、立场和方法；培养勇敢、艰苦朴素的革命精神和作风"，培养了6 500多名干部和各类专业人才③。另一方面，东江的领导干部注重恢复、发展根据地和解放区文化事业。比如：九连地委创办了《人民报》《粤赣报》，东江第一、第三支队创办了《大众报》，江南地委创办了《红星报》，惠州解放后创办了《东江日报》；成立了文工团、文工队、政工对、宣传队等文艺团体，创作、改编、演出了许多革命的话剧、歌剧、舞蹈、

---

① 《马克思恩格斯选集》第1卷，人民出版社1995年版，第9页。
② 《列宁选集》第1卷，第153页。
③ 《中国共产党东江地方史》，第464页。

第二章 文化传承与马克思主义的活力

歌曲、曲艺等①。这些党报的创办、出版和发行，推动了根据地和解放区的政治、经济和文化建设，传播了马列主义、中国化马克思主义；而文艺团体的创作和演出，则把敢于深入斗争、打败凶恶敌人、保护革命政权、拯救广大民众等思想融汇于生动活泼、通俗易懂的艺术形式之中，鼓舞了军民斗志，提高了斗争意识，推动了根据地的巩固和发展。这些是党的干部干在前头、走在前列的现实表现。因此，东江革命实现了理论先行和干部先干的辩证统一，体现了文化的意识形态性和历史正当性的内在统一，东江红色文化继承了马克思主义文化观的思想精髓。

4. 东江红色文化诠释了解放人和发展人的马克思主义价值观

马克思主义的最高价值旨趣是实现每一个人的全面自由发展。实现人的全面自由发展具有一个历史前提，即国家统一、民族独立和人民解放。离开这个历史前提，谈论人的任何发展问题都将陷于空谈，没有任何意义。马克思开辟的人类发展道路、列宁开辟的俄国苏维埃道路和毛泽东开辟的中国革命道路，在理论内容和语言表述上尽管大有不同，但是，他们对解放人和发展人这个历史前提的认识是完全一致的。"1840年鸦片战争以后，中国逐渐成为半殖民地或半封建社会，国家蒙辱、人民蒙难、文明蒙尘，中华民族遭受了前所未有的劫难。"② 在中国这样的社会状况中，解放人民成为中国共产党最为紧迫的使命与任务。而解放人民最为有效的路径，就是发动农民、工人、城市中小工商业阶层联合起来革命，以武装斗争的形式夺取政权，建立服务人民发展的民主联合政府。毛泽东指出："中国没有单独代表农民的政党，民族资产阶级的政党没有坚决的土地纲领，因此，只有制订和执行了坚决的土地纲领、为农民利益而认真奋斗、因而获得最广大农民群众作为自己伟大同盟军的中国共产党，成了农民和一切革命民主派的领导者。"③ 武装斗争是新民主主义革命的特点，中国共产党

---

① 《中国共产党东江地方史》，第465—466页。
② 《习近平谈治国理政》第4卷，外文出版社2022年版，第4页。
③ 《毛泽东选集》第3卷，第1075页。

领导农民和革命民主派开展武装斗争是中国革命的优势所在。正像党领导人民摸索出地道战、地雷战、麻雀战等游击战战胜敌人一样,党也找出适合山海相连的东江地区的武装斗争形式,持续对敌开展有效斗争。新中国成立之后,两广纵队、粤赣湘边纵队组成南路军扫清了广东残敌,解放了惠州全境,为发展东江人民事业开创了历史前提。以此观之,部分构成整体,局部支撑全局,东江革命解放了东江人民,中国革命解放了中国人民,其所生成的红色文化为发展人民、幸福人民创造了历史前提。东江红色文化是中国红色文化的一个缩影、一个片断,但它却真切地诠释了中国马克思主义既解放人又发展人的价值观。

总之,东江革命是中国新民主主义革命的有机组成部分,东江红色文化是中国红色文化的重要组成部分。弘扬敢于斗争和善于胜利的马克思主义革命观是东江红色文化的主题,彰显解释世界和改变世界的马克思主义哲学观是东江红色文化的主导,继承理论先行和干部先干的马克思主义文化观是东江红色文化的主流,诠释解放人和发展人的马克思主义价值观是东江红色文化的主旨,故此,东江革命铸就了东江红色文化,这种文化促使马克思主义转变为中国人的马克思主义、中国共产党人的主体精神和立场宗旨,转变为东江革命的行动指南、东江人民的思维模式和价值观念,实现了马克思主义的民族化、具体化、大众化,从而对马克思主义的中国化作出了重要贡献。当下,中国共产党人要珍视这些历史贡献,赓续红色基因,永葆革命精神,推动文化工程建设出精彩,文化人才培养出精英,文化宣传成果出精品,为实现党的第二个百年奋斗目标接续奋斗,作出更大文化贡献。

第三章　文化正义与马克思主义人学

第一节　"文化正义"与人的全面发展

在当代，研究马克思主义的中国化问题，不能让文化缺席。而今，文化正义的问题突显出来了。这是呼唤马克思主义文化出场的内在根据之一。怎样从国际文化发展的矛盾和国内文化建设的矛盾来认识"文化正义"，怎样通过弘扬文化正义和建设正义文化来反对文化帝国主义和文化单边主义，反对文化割据主义和文化保守主义，这是一个亟须探索和解决的现实问题，需要从文化创新视野探讨"文化正义"概念，阐释其理论范式，提出弘扬文化正义、建设正义文化的正确路径。

一、文化正义问题是文化建设的突出主题

文化正义问题是一个涉及文化自由、文化平等、文化发展与人的发展的关系的理论问题和实践问题。对这一问题的理论追问，要求人们澄清"文化正义"概念，破解文化矛盾，理顺文化关系；对这一问题的实践观照，要求人们遵循正确的理论认识，弘扬文化正义，建设正义文化，促进人的健康发展。对这个问题的理论追问和实践观照，都体现马克思主义文化出场的价值旨趣。

1. 破解突出的文化矛盾关系要重视文化正义问题

美国社会哲学家丹尼尔·贝尔曾经深入阐述了存在于 20 世纪的资本主义社会的文化矛盾，如今，这些造成世界分离和断裂的矛盾再度在全球社会突显出来。表现在：一是快速发展文化工业与反对文化霸权扩张的矛盾。只要有发展文化工业的国家或地区几乎都快速推进这一令人着迷的领域，由此而生的是，先行强大的文化工业国进入这些国家或地区推行文化霸权，后者继而起来反对文化霸权扩张。随着后者的文化工业强大起来，占据了文化发展主动权、话语权，也向其他国家或地区实施文化霸权。二是推动文化管理创新与文化批判精神欠缺的矛盾。创新文化管理是文化建设的重要内容，但如果对"创新文化"的内涵与"文化创新""文化管理"的方法、原则没有真正弄清楚，就会出现在中国国家博物馆门前摆设而后又撤除孔子像的"糊涂管理"，出现在北京故宫建私人会所的"文化乱象"。之所以出现这样的"糊涂管理"和"文化乱象"，与人们欠缺文化批判精神大有关系。文化批判精神的欠缺必然导致人们的思想能力下降，阻碍创造未来的"前导性力量"的形成。三是追求文化权利优先与文化建设效能低下的矛盾。多年来，理论界一再强调，要在经济发展的基础上，大力发展文化民生，满足人民日益增长的精神文化需要。但是，那些低质的、形式化的文化建设却制约着人民文化权利的全面实现。四是谋划社会整体幸福与消解个体自由个性的矛盾。马克思主义关于社会发展的最高原则是实现社会整体幸福，但这个原则并不是抽象的原则，原则并不是我们的出发点，正确的出发点是现实的、实践的人。这就意味着，致力于人民的整体幸福的目标与发展人的自由个性并不冲突。但如今，现代性所造成的"意义的失落""工具理性的肆虐"却使个人碎片化、孤独化。综上，破解这些文化矛盾关系必须重视文化正义问题。

2. 理顺重要的文化建设关系要重视文化正义问题

文化建设要理顺不同类型文化之间的关系，而要做到这一点，就要张扬文化正义的思想、意识和观念。这些文化建设关系主要有：一是"传统文化"与"创新文化"的关系。传统文化是一个社会的文化遗产，创新文化是基于某种传统而实现了创新的文化。传统文化为生成创新文化提供先决条件,而创新文化包含着传统文化的"陈述的逻辑和认识要素"①。这就说明,传统文化和创新文化之间存在着继承关系、融合关系。在文化建设中,要推进文化综合创新,又要延续优秀传统,这种做法就体现了文化正义。二是"精英文化"与"大众文化"的关系。有人认为,"精英文化"是"大众文化"的导引,"大众文化"是"精英文化"的基础,这种说法有偏颇。其偏颇之处在于把"精英文化"看作是文化精英制造的产物,把"大众文化"看作是普通群众制造的产物,从而把"精英"和"群众"割裂开来。其实,在社会上只有落后的精英和干部,没有落后的群众、民众。只有明白这一点,人们才能在文化建设中推进"走转改"实践,提升全民族的科学文化素质和思想道德素质。三是"产业文化"与"事业文化"的关系。"产业文化"把文化当作产业,以致"卖文化"的呼声四起,但只有真正熔铸了民族精神的文化产品才能卖出好价钱。据此,就要发展事业文化,丰实民族文化本根,从而促进事业文化步步高,推动产业文化日日新。这是处理两者关系的文化正义思想。四是"民族文化"与"异族文化"的关系。一个民族与另一民族互为异族,一个民族文化与另一民族文化亦互为异文化。但是,人们向来认为"越是民族的就越是世界的,越是世界的就越是民族的"。这个看法从未受到质疑。事实上,一个民族在其灭族之前始终是世界民族,一个民族文化在其消亡之前始终是世界文化。因此,前者的说法应当转换为"民族文化与异族文化"都是世界文化,都应当各美其美,美人之美,在互相理解的基础上实现融会创新。这是建设正义文化的前提。五是"城市文化"与"生态文化"的关系。城市化成了中国城市社会发展的定势。但是,以消费主义为主导,以自然本能为价值主体,以数量、符号和光色为内容的城市文化建设却导致了思想浅薄、精神荒漠的后果,其危害早已为人们所共识。因此,应以和谐和实的生态文化来消解城市文化建设的不足。这是建设正义文化的理性。六是"硬实力文化"与"软实力文化"的关系。在丰裕社会的发展过程中,硬实力文化是由软实力

---

① [美] E. 希尔斯:《论传统》,傅铿、吕乐译,上海人民出版社1991年版,第145页。

文化奠基的，而软实力文化也要转化为硬实力文化。一个国家或地区的硬实力文化所以不硬，其原因有很多，但软实力文化的建设出了问题，即文化软实力所内含的真实性、真诚性、有效性、程序性、规范性等基因缺失了，则是其重要因素。这就是说，作为文化软实力的灵魂的文化正义缺失了。这种认识是建设正义文化的正确观念。

3. 推进社会全面进步和人的全面发展要重视文化正义问题

建设全面而和谐的小康社会，建设中国特色社会主义社会，其根本目标都是为了推进社会全面进步和人的全面发展。而社会进步和人的发展是紧密关联、互相影响的。社会进步带动人的发展，人的发展促进社会进步。但是，两者并不必然同步发展。在马克思看来，"人就是人的世界，就是国家、社会"[1]。在一个国家里，如果人民没有安全感和幸福感，这个国家是没有希望的；在一个社会里，如果人们没有诚信和正义，这个社会是要付出大代价的。国家没希望，社会要衰败，看上去似乎是国家和社会出了问题，其实是这个国家和社会的文化出了问题，是"现实的人"的生存方式、生活方式出了问题，是正义文化被围困、文化正义被湮灭的结果。"事实表明，我们越来越不关心未来将给人类带来的幸福，越来越不关心将使我们获得幸福的进步。"[2] 这正说明，面对国家和社会层出不穷的恶的现实，人们逐步失去了对未来发展的信心，失去了对幸福追求的美感。故此，为了降低社会风险，消解恶的代价，消除文化危机，实现社会和人的可持续发展，就要重视文化正义问题。

因此，破解在世界范围内具有普遍性的文化矛盾，理顺在国内文化建设中具有特殊性的诸多文化关系，推进社会全面进步和人的全面发展，都要重视文化正义问题，促进马克思主义文化出场，去改变人们的思维及思维的产物。探索这个问题可以从阐释"文化正义"概念的理论范式入手。

---

[1]《马克思恩格斯选集》第1卷，人民出版社1995年版，第1页。
[2] [英] 齐格蒙特·鲍曼：《被围困的社会》，郇建立译，江苏人民出版社2005年版，第141页。

二、阐释"文化正义"概念的理论范式

概念阐释是美国科技哲学家库恩的范式理论中的研究范式。这种阐释要阐明由"概念"所展开的理论结构以及由"概念"所展现的基本价值。对"文化正义"概念而言,它具有主体正义、制度正义和交往正义三位一体的结构,也具有外在价值和内在价值相统一的基本价值。

(一)"文化正义"是主体正义、制度正义和交往正义的复合建构

文化正义贯穿在人类社会发展的整个过程,关联着"人""制度""交往实践"三个层面。在其中,"人"是实现文化正义的核心,"制度"是实现文化正义的保障,"交往实践"是实现文化正义的基础,因而文化正义具有主体层面的文化正义、制度层面的文化正义和交往实践层面的文化正义。

1. 主体正义是文化正义的精神内核

人是文化正义的主体,以人为核心的文化正义是主体正义。它包括人类主体的文化正义、群体主体的文化正义和个体主体的文化正义。首先,人类主体的文化正义,亦即类主体文化正义,它是全人类的共同价值、普世价值的体现。"民主""自由""解放""发展"就是类主体文化正义的共同价值、普世价值。这种正义在于对整体的类的存在和发展的保卫。其次,群体主体的文化正义亦即群体文化正义。人类总是以一定的群体集聚生活的。这样的群体表现为一定的生活共同体和发展共同体[1]。在这些共同体中,每一个共同体都有其成员所共有的、认同的核心价值[2],但所有的生活共同体或发展共同体都有建基于

---

[1] 比如血缘共同体、学缘共同体、职缘共同体、乡缘共同体、党派共同体、宗教共同体、命运共同体等。
[2] 血缘共同体对"福禄寿"目标的崇奉,学缘共同体对"一个都不能少"原则的恪守,职缘共同体对"互助共进"价值的承诺,乡缘共同体对"热心慈善、增大公益"行为的赞颂,党派共同体对"团结奋斗、服务民众"理念的践履,宗教共同体对"神主我在、我在神主"观念的信奉,命运共同体对"珍惜生命、珍重情谊"价值的守护。

其成员所认同的核心价值之上的文化正义,如"信任""分权""共存""共荣"。再次,个体主体的文化正义亦即个体文化正义。每一个体人都有其所坚持的、认同的例如"平等""平权"这样的基本价值,因而每一个体主体都有其所应有的文化正义。因此,建基于平等平权这样的基本价值之上的责任感、正义感、同情心、公德心就是个体文化正义。其实,类主体文化正义、群体文化正义和个体文化正义的价值取向、情感取向是互相依存、互相渗透的,它们都是建设正义文化的精神内核。这种精神内核内化在主体的心灵之中,外化在制度的建构之中。

2. 制度正义是文化正义的中介结构

制度建构的目的是形成规范、建立秩序、提高效率、保证品质和创造优势。但是,如果制度的建构失之正义即失去制度正义,那么,即便这些制度做得系统堂皇,也没有意义。问题就转变为,怎样的制度建构才能体现制度正义呢?回答这个问题要追问制度建构的正义前提。

制度建构的正义前提在于坚持制度的属人性、科学性和规范性及其统一。这就是说,制度设计理念要有"属人性",制度运行程序要有"科学性",制度监督方式要有"规范性"。首先,制度设计理念的"属人性"意味着制度在其生产的前端必须把"人"的存在放在本位上,就是"以人为本"。把"以人为本"理念作为制度设计的前提无非是使"制度"本身具有人性、人的德性。所谓"制度的德性"就是制度的伦理性、为人性、属人性。坚持制度的属人性、有德性,就是坚持文化出场的正义性。或者说,坚持文化正义性,是推动文化出场的基本前提。其次,制度运行程序的"科学性"意味着制度并非静止不动的观赏物,相反,它要不断运行,要参与经济社会的信息和能量交换。但这种"交换"不等于"制度"像原材料那样一次性地投入到生产环节中去并消耗完毕,也并非像机器设备那样反复投入生产环节并多次折旧,而是在每一次"交换"过程中它都保持中立,完好无损。它无限多次地被"使用",而生产的"结果"是"平等"和"公正"。这个"生产""交换""使用"的过程是程序公正的过程,"平等"和"公正"是实体公正的结果,而"实体公正"是文化出场的物质化后果或精神化成果。再次,实现制度正义需要保障环境,即制度监督。"制度监督"

包括制度实施方式的自我规范、自我监督,也包括媒体、中间组织对制度实施后果的监督。"制度的自我监督"来自制度制定者或制度执行者,"制度的外部监督"来自制度利益的外围或无利益相关者。前后两者唯有统一协调起来,方能保证制度正义的最终实现。这是因为,制度制定者或执行者的自我监督都可能因虚假监督而使制度出现匮乏现象。

制度匮乏导致文化正义的中断。在文化语境中,"匮乏"即"缺乏""贫乏",它是指人的内在需要与现实的满足条件出现了不平衡、不适应的状况,甚至出现最低限度的满足条件缺失的状况。"制度匮乏",是指保障主体获得正常生活和合理发展的制度条件、规范条件与主体的现实需要出现了不平衡、不适应的矛盾状况。这种状况因主体生活和发展所需的最低限度的制度条件出现缺失而恶化。其实,任何一个公开的制度都是着眼于促进社会良性发展和人的全面发展的,都是为了保障和实现人的快乐和幸福的[①]。在庞大的物质生产空间中,如果说由制度所供给的产品不是使分配合理化、快乐适度化、幸福可能化,相反,它却导致人的信心不足、信义断裂、信仰缺失,让人不再为"承认"而斗争,那么,这些制度就成问题了。这是制度匮乏的原因,也是文化正义的中断。在这种制度匮乏条件下,主体就很难拥有安全的环境、快乐的工作和幸福的生活。对精英阶层而言,他们可能通过移民的方式来转移资产,转变发展空间以解决制度正义不足的难题;对底层群众而言,他们很难在社会体制内为解决安身立命的问题而对制度缺陷发出正义的声音。常常令人遗憾的是,面对制度匮乏,不少人不是为"承认"而斗争,而是消极"无为",走向"虚践"。但是,为"承认"而活着是人的本性。人不仅懂得为什么而活着,而且懂得"人始源地就是一个需要且时刻进行着思想的存在物"[②]。为了使

[①] 国家的节日制度、放假制度和公司的休假制度是为了民众、员工的快乐与幸福,目的是致力于生产效率和工作质量的提高,即便是一些被认为是对人有限制的管理制度在其根本价值上亦是谋求人的福乐。
[②] 陈立新、俞娜:《向"现实"本身去寻求"思想"》,《学习与探索》2012年第3期,第16页。

人更有意义地活着,就要对那些缺乏正义元素的"制度"进行改革,以使文化正义得以延伸。

制度创新彰显文化正义的力量。制度创新具有两个意义。其一,制度创新通过对自身的否定之否定来实现新的创生。这种创生不是对原有制度的修补,而是革新旧规、鼎新尺度,使制度的始源性理念得以澄明,使其刚性力量得以释放。其二,制度创新通过发出正义的声音来彰显文化能量。建构文化能量正是马克思主义文化出场的独特形式。让马克思主义文化出场,就要善于让制度创新来"说话"。制度创新要推出新举措,形成新规范,发出新声音。在德里达看来:"声音是意识。""声音是在普遍形式下靠近自我的作为意识的存在。"① 这种存在是意识内在性的存在,是影响世界的能力存在。如果说"制度"文本的出现只是文化的现象,只是呈现文化的"表层结构",那么创新了的制度就展现了主体的向上理想,张扬了人的自我在场生命的内在性,呈现了文化的"深层结构"。既然出台制度在其本性上是为了保障主体利益,在其原则上是为了实现社会德福,那么,制度创新就承载了解放人、化育人和提升人的价值,具有了"能够有效地促使社会从被动向主动、从不合理向合理、从陈腐向新生变化的'转化性力量'"②,这种力量就是从文化的"深层结构"生发出来,从主体际交往实践中彰显出来的文化正义力量。

3. 交往正义是文化正义的实践基础

"交往正义"是交往行为和交往活动过程的文化正义。"交往正义"与"交往合理性"相关联。在哈贝马斯那里,"交往合理性"指的是交往主体的交往行为具有真诚性、真实性和有效性。"真诚性"是指交往目的意识真诚,"真实性"是指交往行为过程真实,"有效性"是指交往行为符合商谈伦理。这三者的统一就达致合理交往或正义交往。正义交往具有正义性,即具有自由性、平等性、互动性。对此,美国学者卡洪指出:"没有文化交往和共同体,个体就不可能发展成形。"③ 他

---

① [法]雅克·德里达:《声音与现象》,杜小真译,商务印书馆1999年版,第101页。
② 贺来:《哲学"思想力"与文化软实力的建构》,《光明日报》2009年6月16日。
③ [美]劳伦斯·E.卡洪:《现代性的困境》,王志宏译,商务印书馆2008年版,第390页。

强调的是，个体人的发展离不开文化交往，离不开正义文化交往，也离不开共同体交往。因为个体人的交往总是在一定的社会共同体内进行的。无论是共同体交往，还是文化交往或跨文化交往，主体都不能缺失交往的真诚性、真实性和有效性。换言之，交往的道德性、真实性和规范性是交往正义的题中之义。在此基础上，就可以深化对文化交往正义问题的认识。既然"文化是共有的、公众的、交往性的现象"①，那么，由"异质文化交往"建立的文化正义是"普适性正义"，由"本土文化交往"建立的文化正义是"竞争性正义"。前者要求"以人度己"，后者要求"以己度人"。所谓"以人度己"，就要像中国哲学家张岱年所主张的那样，"主动吸收外来文化的成果，取精用宏"，"会综全人类已经发现的一切相对真理，达到已知真理的会综，同时开辟认识真理的广阔道路"②；也像中国文化旗手鲁迅所主张的"拿来主义"那样，敢于拿来，然后有选择地吸收对自己发展有好处的养料。所谓"以己度人"，就要像中国哲学家贺麟所强调的那样，既"知天知物"又"希天用物"，既"自我发现"又"自我实现"③；也像中国社会学家费孝通所倡导的那样，建立文化自觉，发现文化优点，提高文化自信。把这两方面统一起来，做到既弘扬自己的文化主体性，也尊重他者的文化主体性，既"从理解异文化抵达对自己文化的理解"，又"从知晓自己的文化到对异文化的理解"④，走向"美美与共，天下大同"的文化境界。由此可见，文化出场是文化正义出场，是文化交往实践的正义力量出场，是马克思主义文化的自觉构境。

因此，在文化交往实践中，主体应当坚持"以人度己"和"以己度人"的统一，坚持"各美其美"和"美人其美"的统一，坚持"普适性正义"和"竞争性正义"的统一，自觉建立文化正义共识，不断提升文化正义价值。

---

① ［美］劳伦斯·E.卡洪：《现代性的困境》，王志宏译，第389页。
② 《当代学者自选文库·张岱年卷》，安徽教育出版社1998年版，第504页。
③ 贺麟：《文化与人生》，商务印书馆1988年版，第84页。
④ ［日］青木保：《异文化理解》，于立杰等译，中国青年出版社2008年版，第147—149页。

(二) 文化正义价值是外在价值和内在价值的统一

"文化正义价值"可区分为外在价值和内在价值,但是,文化价值的外在价值并非总是表层价值,同样,文化价值的内在价值也并非总是深层价值,这两种价值在正义文化语境中总是互渗互补、共生共在的。让马克思主义文化出场,就要不断促进和实现文化正义的外在价值和内在价值。

1. 文化正义具有三个内在价值

一是维护文化平等。这是文化正义的首要的内在价值。"平等"是正义的基本内蕴。失之平等就失之正义。"平等"并不反对"差异",基于平等的差异是正义的差异;"差异"也并不削弱"平等",基于差异或具有差异的平等亦是正义的平等。重要的是,要承认差异、尊重差异,不以"差异"之"异"制造不公,不以"平等"之"名"消除差异。适度差异是平等出场的路径。维护平等的文化总是给差异以多样的存在方式。文化正义的这一价值,反映为处于一定文化圈层中的人自觉防止"把自己的文化当做据以褒贬所有文化的标准"[①]。这样的文化平等能更好地保障文化自由。二是保障文化自由。这是文化正义的规范价值。文化自由作为一种价值,是指它在文化的整体中"将自身限定在其自我有效上:为诗歌而诗歌,为艺术而艺术,为科学而科学"[②]。这就是说,"文化自由"不是指无所顾忌、无所限制,而是指文化回归其自身,复归其培育事物、疗救弊症、批判丑恶、匡扶正义的功能。文化功能全,文化结构才全,文化出场力量才强大。保障文化自由,是指民主政府或者具有公德的人,以公益为目标,以公义为本心,定好制度,做出垂范,营造环境,包容差异,使人不为恩赏而自主选择,不怕极权而自由行动,不畏权威而自由创造。这样的创造最有保障,也最能与他人分享意义。意义分享是文化出场的高层次价值。文化正义价值在分享中传播,也在分享中积累。三是促进文化分享。这是文化正义价值的实践价值。"分享"是指分有而享用或共享而快

---

① [美] C. W. 莫里斯:《开放的自我》,定扬译,上海人民出版社1965年版,第123页。
② [德] 海德格尔:《形而上学导论》,熊伟、王庆节译,商务印书馆1996年版,第48页。

第三章 文化正义与马克思主义人学

乐。"分享"作为政治理念或作为伦理行为都具有正义的品格。"促进文化分享",正如党的政策所宣称的"让人民共享文化发展成果"那样,它解决了文化建设宗旨从"心"到"手"的转移问题,完成了文化建设政策从"抽象"到"具体"的转变问题,因而它不仅解释了"理想生活",解放了"抽象统治",也改造了"直接现实",实现了"精神共富",让更多人获得幸福。

2. 文化正义具有三个外在价值

一是尊重文化形象。"形象"是外在的存在。外在的存在亦有外在价值。文化形象的外在价值,是真的展现、善的表彰、美的塑造。这是文化的人性化、人文化的特性。而尊重文化形象,就是尊重文化的维真性、求善性、尚美性,就是把文化发现、文化表达和文化创造统一起来,以艺术的、宗教的、科学的、哲学的方式来表达多样性的"文化",表达人的自我认识和自我理解。这是具有超越性结构的"赋予意义者"[①] 即人所具有的特性。正是这样的特性,使人类善于利用文化这个"发现和表达意义和价值的首要方式"[②] 去表现生活、改造生活和提升生活。因此,文化表达往往首先是形象表达,美好形象内蕴着文化正义,尊重文化形象带有对文化正义的敬畏。二是优化文化环境。"文化环境"是指人与人之间建立思想关系,完成交流活动,形成生活意义,发现可能价值的场域或语境。文化出场总是在一定文化场域、文化语境中出场、发力。"优化文化环境",就是使主体建立思想关系、完成交流活动、形成生活意义、发现可能价值的场域或语境变得更完善、更合理、更宽松的社会建构。优化文化环境,使更多人有机会获得思想养分,使更多人有平台交流发展智慧,使更多人有能力摄取生活意义。如此这般,文化正义价值就能充分释放出来。三是净化文化市场。文化市场是文化产品的生产、流通、消费和文化资本形成与增值的市场总体,是文化的物质关系和精神关系互相生成的多维空间。在那里,珍品与赝品共同出没,文人与人文共同出场,功利与道德共

[①] [法] 萨特:《存在与虚无》,陈宣良等译,生活·读书·新知三联书店 1987 年版,第 768 页。
[②] [美] 劳伦斯·E. 卡洪:《现代性的困境》,王志宏译,第 442 页。

同出现。人在文化市场中选择生活，在文化创造中发现意义，在文化发现中升华境界。文化出场就是在文化场中构建新文化、构造新境界。因此，净化文化市场的实质，就是通过清污濯秽来弘扬文化正义、净化人的灵魂，就是通过扬弃市场的否定性力量来建设正义文化、提升人的存在。不断获得文化正义的外在价值和内在价值相融通的新价值的"人的存在"日益趋向于本真存在，日益成为全面发展的存在。

总之，文化正义价值的内在价值和外在价值是统一的，这些价值在弘扬文化正义精神和建设正义文化过程中将得到赋值、增值，形成赋能、效能。

三、把弘扬文化正义与建设正义文化统一起来

当代中国文化建设，是指建设中国特色社会主义文化，即建设正义文化。建设正义文化要弘扬经济正义、政治正义和环境正义，同时，应当在弘扬文化正义过程中建设正义文化，建设高质量高水平的中国特色社会主义文化。

（一）在弘扬文化正义中建设正义文化

弘扬文化正义，就要弘扬经济正义、政治正义和自然正义。但是，这并不是说文化正义等于经济正义、政治正义或自然正义，而是说文化正义是经济正义、政治正义和自然正义的内在本质。

1. 弘扬经济正义，缩小发展成果分配差距

消除贫富两极分化，实现全体人民的共同富裕，是中国共产党的崇高历史使命，也是建设正义文化的题中之义。之所以这样说，是因为造成人们的经济收入差距过大的原因除了个人禀赋、发展机遇和地理条件等因素外，还有一个重要因素是人们在文化成果、教育资源的分配上出现了长期不公平，在私人产品和公共产品的分配上出现了不协调。但是，按照"立党为公、执政为民"和"坚持以人民为中心的发展"这个党的宗旨来说，它蕴含着"利为民所谋""人民利益至上"

的立意。这就要求中国共产党要大力弘扬经济正义,要把执政宗旨落实到解决群众最关心、最直接、最现实的经济文化利益问题上去,坚持"普惠""共富"原则,让最大多数群众共享改革发展成果。这样的社会主义社会才是公平正义的社会。

2. 弘扬政治正义,保障文化健康发展

在文化出场语境中,"政治正义"是指行政主体具有公义公干、大公无私、公正不阿的品质。在一般意义上,文化并无政治的功能。要是文化屈从于政治,向权力"低头弯腰",文化的骨气就没有了,文化的自由本性就异化了。但是,文化要健康发展,在一定程度上离不开清明政治、廉政文化的"保驾护航"。这就意味着文化和政治要建立一定的合作,同时要使其合作保持适度的关系。两者形成适度的合作,不在于"文化"出卖给"政治"或"政治"收买"文化",而在于"文化"以文明健康的精神、雅俗共赏的内容,使"政治"坚持做权为民用、情为民系、利为民谋的事情,使"政治"民主地推进主流文化和流行文化的对接,理性地促进精英文化和大众文化的对话。这就是说,要通过弘扬政治正义来保障文化的健康发展,也要通过发展健康的文化来弘扬政治正义。

3. 弘扬环境正义,矫正文化生态建设

"文化"是一个开放的有机的生态系统。随着自然进入历史,自然史亦成为人类文化史。人类的创造生态由此改变。在自然人化的过程中,自然是人的主人,人向自然低头,自然中心主义的理念取胜。在人化自然的过程中,人是自然的主宰,自然向人屈服,人类中心主义的理念膨胀。问题在于,文化的积累、生产、交流和增值,甚至是衰落、消亡,并不是一个因素在起作用。这就意味着,文化生态是一个复杂的向人敞开的生产发展系统,文化生态建设有着一个属于文化自身发展的规律和一个属于人的发展意志的规律。建设健康的文化生态和构建生态化的健康文化同属于正义文化的自然意义。因此,我们要弘扬环境正义,在最符合自然的本性和人的本性的条件下,建设正义文化,让正义文化自然出场。

(二) 在建设正义文化中弘扬文化正义

与能够转化为民众素质的文化、有思想精魂的文化、能够流行的文化这样一种软实力文化①相适应,"正义文化"是具有公心的主体文化、具有公理的制度文化和具有公义的交往文化。建设这样的文化必然体现文化正义的思想蕴含和价值取向。

1. 建设具有公心的主体文化

"公心",是指无私心、不偏袒。"公心"体现的是公平的尺度,它以公平为荣,以正直为耀;反之,它以私心为耻,以获取私利为辱。"公心",在生活上它是适宜的生活态度,在思维上它是对等的思维定式,在情感上它是刚正的情感取向。以此看来,组织文化、群众文化和个体文化,都需要建立公心、植入公义、释出公平。对任何主体来说,都不能把从事文化建设的天职工作作为谋取私利的工具,因而"公心"就赋有两个层面的意义:第一,主体既不为个人自身谋私利,也不为他者谋私利;第二,主体所谋之利必定是符合具有公理的制度所规定的人的应得之利。照此看来,建设具有公心的主体文化要求主体具有最大的真诚性和协调性。主体的"真诚性"在于其所务无私,其工作与其个人及利益关系人无直接或间接利益关涉。主体的"协调性"在于其所言极是,宣传群众,掌握群众,以理服人。可见,以最大的真诚性和协调性来建设具有公心的主体文化与反对那种私心的、偏心的、令人恶心的文化霸权是一致的。

2. 建设具有公理的制度文化

建设正义文化,应当建设具有公理的制度文化。如果说具有公心的主体文化是一种内在的道德文化的话,那么,具有公理的制度文化就是一种外在的道德文化。荀子曾说:"心者,形之君也,而神明之主也,出令而无所受令,自禁也,自使也,自夺也,自取也,自行也,自止也。"② 在这里,荀子的"心"表达了人是一种精神存在,也是一种道德存在。主体以公心待人处事表现了主体的道德存在。重要

---

① 参见沈壮海:《文化如何成为软实力》,《传承》2011年第10期。
②《荀子·解蔽》,安小兰译注,中华书局2007年版,第225页。

的是，主体向内追问自己的行为时，其所得的结果是内心的安宁，而主体向外追索自己的行为时，其所得的结果是他者的评价。他者的评价可能是主观的，也可能是客观的。主观的评价若是公心的，评价就成了公正的激励；主观的评价若是偏心的，评价就成了错误的激励。客观的评价若是公心的，评价就会造成持久的增值的激励；客观的评价若是偏心的，评价就会造成精神创伤或侮辱。在这样的语境中，如何避免偏心的主观评价和客观评价，做出公心的主观评价和客观评价，关键在于建立具有公理的制度和制度文化环境。所谓"具有公理的制度文化"，是指国家层面的法律文化，组织层面的规章文化或制度文化，以及个体层面的底线文化或道德文化。这样的制度文化意味着法律规范、规章制度以及道德底线具有"真实性"，意味着法律文化、规章制度文化以及道德文化具有"有效性"。让马克思主义文化出场，就是让具有真实性和有效性的制度文化出场、发力而见效。因此，建设体现公理的制度文化与反对文化专制思想及文化封闭行为是一致的。

3. 建设具有公义的交往文化

"公义"，是公众所认同的"价值的灵魂"。以此来看，具有公义的交往文化就是具有价值灵魂的交往文化，就是使每一个主体在交往中能够信守诺言，坚守原则，使每一个主体能够自由自主地与他者对话交流，即便是直面政治压力、权力压制和金钱压榨，主体也能自由表达意愿，自主应答诉求。这样的人是一个正义者。在孟子看来，一个正义者是一个富贵不能淫、贫贱不能移、威武不能屈的大丈夫。这样的人，无论是在过去，还是在当代，都是可贵可敬的。其人所以可贵，在于其人正义正直之品格；其人所以可敬，在于其人之精神范导后人。其实，正义者不但维护公共价值、增值普世价值，而且匡扶商谈伦理、完善交往文化。对此，法国学者维克多·马苏指出：价值的最可靠的基础在于人们"能够独立于权力的所有形式而进行对话"[①]。德国学者桑德施耐德也强调，世界上的每个国家及其人民，都要"学

[①] ［法］班德：《价值的未来》，周云帆译，社会科学文献出版社2006年版，第88页。

会在一个多极世界里彼此理性地交往。"① 这就是说，在平等对话和友好商谈的过程中，主体间的价值既能被双方或多方所包容理解，也能获得最大可能的实现。文化出场在主体间的"对话""商谈"的文化交往实践中创造新的价值，反过来，文化交往实践又促进正义文化的出场和实现。可见，具有公义的交往文化，是主体遵循公义、实现公德、造福公众的文化，是实现交往合法性与交往合理性相统一的文化。建设具有公义的交往文化与反对文化封闭和文化侵略是一致的。

总之，"文化正义"是主体正义、制度正义和交往正义的复合建构。"正义文化"是具有公心的主体文化、具有公理的制度文化和具有公义的交往文化的统一。只有坚持文化正义的思想、观念和精神，并使之积极出场、发力，才能建设具有强大软实力的正义文化，发展中国特色社会主义文化。正义文化造就正义道路，沿着这条道路走下去，必定可见人的全面发展新境界。这是马克思主义文化出场的落脚点。

第二节 "道路自信"与人的全面发展

"道路自信"是党在十八大报告中提出的重要概念。深入阐释这个概念既是推进马克思主义中国化的必然要求，也是推进人的全面发展的内在要求。"道路自信"涵容人的"实践自信"和"历史自信"，聚集人的"理论自信"和"制度自信"，体现人们对"走什么路、怎样走路"的自觉自信。坚定"道路自信"，对人们推进感性实践、完善价值选择、健全交往方式等都具有重大现实价值。

---

① 霍秀平：《不必对中国崛起风声鹤唳——专访德国外交政策协会研究所所长桑德施耐德教授》，2012 年 8 月 27 日，http://business.sohu.com/20120827/n351648765.shtml. 2013-03-19。

一、"道路自信"深化人的全面发展维度

"中国道路"是中国共产党领导中国各族人民通过长期艰辛探索开拓出来的科学发展道路,这条道路具有鲜明的实践特色、理论特色、民族特色和时代特色。认识"中国道路",要深入阐释其诸特色的丰富内涵,也要阐明它对人的全面发展维度的深化。

(一)"中国道路"特色表征人的全面发展本色

"中国道路"是中国共产党人在长期艰苦探索,借鉴国内外正反两方面经验,汲取群众创造智慧,推动改革开放,推进科学发展,完成现代化建设阶段性任务的过程中逐步形成的。它具有鲜明的实践特色、理论特色、民族特色和时代特色。这些特色表征了中国人走向全面发展的本色。

"中国道路"具有"在路上""不浮漂"的实践特色,体现人的求真发展本色。它是党和人民同心同德在建设社会主义现代化事业过程中开辟出来的,它始终"在路上"向前推进。体现在:党和人民在符合国情条件下逐步推进政治建设,在符合发展规律条件下稳步推进经济建设,在符合民心民意条件下繁荣发展中华文化,在坚持公平正义条件下全力推动制度创新,在坚持中道和谐原则下加强全面小康社会建设,在坚持国家最高利益原则下推进强军精兵建设,等等。"中国道路"是党和人民历经 70 余年,筚路蓝缕,躬身践行,探索发展出来的道路。这是一条实干道路、富民道路、强国道路。它与那种只是纸上谈兵、务虚空谈、误国殃民之路是大异其趣的。"中国道路"的开辟为人的全面发展开拓了宽广新路,也为"中国理论"的建构奠定了实践基础。

"中国道路"具有"不改旗""不动摇"的理论特色,体现人的向善发展本色。"中国道路"是在以人为本的中国化马克思主义指导下开辟出来的。中国特色社会主义理论体系是涵括邓小平理论、"三个代表"重要思想和科学发展观等成果的中国化马克思主义,它正确地回

答了"什么是社会主义、怎样建设社会主义""建设一个什么党、怎样建设党""发展什么、怎样发展"等重大理论问题,形成了具有中国共产党人气质、品格和理想的创新成果。在这个理论旗帜的指导下,一条注重科学、全面、协调和可持续发展的"五位一体"建设的道路被开辟出来,一条不断改革创新,与时俱进,解放和发展科技生产力、文化生产力、制度生产力的改革创新之路被开辟出来,一条以民族的、科学的、大众的社会主义先进文化引领中国人走向向善发展的道路被开辟出来。

"中国道路"具有"同人我""谐天人"的民族特色,体现人的尚美发展本色。"中国道路"是中国各族人民的和谐创造。首先,这条道路体现了中国基本国情,它从各地民情实际出发,从解放地方生产力出发,从释放基层群众创造能量出发,培育地方特色经济,发展民族区域文化。其次,这条道路涵容了中华民族勤于实践、勇于创新和臻于完美的精神品格,继承了中华民族崇圣爱民、天人合一、中道自律的文化传统,发展了中华民族共存共荣、共建共享、和睦和谐的价值灵魂。再次,这条道路坚持了"二为"方向、"双百"方针、"三贴近"的原则,确立了发展依靠人民群众,发展的成果由人民共享的宗旨,做到了集中民力、发挥民智、凝聚民心、发展民生,推进了健体强魂、固本强基工程。因此,"中国道路"是一条得人心、见成效、出成果、惠广众、促和谐的尚美发展道路。

"中国道路"具有"不封闭""不停滞"的时代特色,体现人的开放发展本色。首先,它顺应了经济全球化潮流。自改革开放以来,中国走的是一条经济开放道路。中国人民在党的正确领导下,改革经济体制,开放市场经济,参与国际经济秩序重构。在这个经济变革过程中,中国人发现了多彩世界,开阔了思想视界,提高了发展境界。其次,它契合了广大人民的致富求进意愿。"中国道路"在改革开放基础上,推进经济社会全面协调发展,使发展成果惠及最大多数群众,让越来越多人富裕起来,获得自由发展空间,推进了人的开放发展。再次,它促进了中国马克思主义健康发展。在"中国奇迹"引发全球关注之同时,"中国模式"引发全球研究,"中国经验"引发全球借鉴,

"中国体验"引发全球参与,"中国理论"引发全球讨论,"中国论述"引发全球回应。这样的时代境遇促进人的开放而全面发展,也推进中国马克思主义健康发展。

(二)"道路自信"特征彰显人的全面发展维度

"道路自信"是中国人走向全面发展、中国共产党人走向完善发展、中华民族走向伟大复兴的鲜明表现,它具有实践性、理论性和时代性等特征,这些特征彰显人的科学发展、自由发展和全面发展维度。

1."道路自信"的实践性提升人的科学发展意识

"道路自信"反映了人们对中国发展和自我发展的自信。这种自信源于"中国道路"的实践性、科学性、成效性等特征。从实践性特征上看,既体现在中国共产党人自觉探索科学发展道路、自主选择科学发展模式、自信优化科学发展战略之上,也体现在中国人民对建设"美丽中国""美好家园"的理性期待之上。从科学性特征上看,"中国道路"把全面发展、协调发展、安全发展、质量发展、人本发展、民生发展、创新发展、和谐发展、和平发展统一起来,实现了国家发展、社会发展和个人发展的可持续发展,提高了物质文明、政治文明、精神文明、社会文明、生态文明的发展水平。从成效性特征上看,中国成为仅次于美国的第二大经济体,负责守信、开放包容、厚德仁义的中国形象获得世界认同,中国人民从根本上改变了落后贫困生活,全面地获得了看得见、摸得着、感受得到的实实在在的利益,整体性地提升了体面生活、高尚生存、健康发展的美好境界。中国人更加坚定"实践自信"和"历史自信",更加注重科学发展。这就说明,中国人对如何推进发展这一问题的认识已经提高到新水平,即认识到:只有坚持"求真务实"、注重"创新驱动"、加强"统筹兼顾"才能科学发展,只有尊重发展规律、尊重历史传统、尊重群众实践才能科学发展,只有从基本国情民情出发,破解国内最实际、最紧迫的问题,才能科学发展。

2."道路自信"的理论性释放人的自由发展能量

"中国道路"取得巨大成功缘于其理论指导的正确有效性。其实,只有占据发展制高点、科技前沿地,才能实现经济社会又好又快发展。而人们要站在"制高点""前沿地",就一刻不能没有"理论思维",不能没有"理论储备"和"理论自信"。这是因为只有好的彻底的理论,才能掌握群众、解放群众,才能给群众解决现实问题。正如马克思所说,"理论一经掌握群众,也会变成物质力量"①。那些掌握了理论、拥有了物质力量的群众就能实现自由,促进自由发展。从这一意义来说,道路自信源于理论自信,源于理论旗帜的正确性,源于理论指导实践所取得成果的丰硕性。坚定道路自信的人能提升理论自信,促进创造自由。另一方面,经济社会实现全面进步离不开一个取信于民的好制度。"好制度"有两类:一类是"作为文化存在的制度",它表现为提升人的文化素质和精神能力的范例、习俗、礼仪、道德,人们在一个文化繁茂和道德高尚的环境中能充分放松,释放创造能量。另一类是"作为规则存在的制度",它以互主体之间的规范意志的相互作用来导引或约束主体的行为,但只有公正的制度才能使主体获得较大的自由,并使主体产生"制度自信"。这样看来,坚定道路自信的人具有"理论自信"和"制度自信",这样的人较能运用理论的塑造力量和制度的规范力量来发挥自由创造能量。

3. "道路自信"的时代性彰显人的全面发展方位

"中国道路"紧跟世界发展大势,主动融入世界开放大局。从20世纪80年代初期至今,中国人民在党的正确领导下,坚持"三个面向"来推进社会主义建设,在向世界开放过程中谋划未来,在探索未来过程中走向世界,在追求现代化范式中建设中国特色社会主义。走在"中国道路"上,人的发展具有中国地方的特色、中华民族的特色、中国共产党人的特色,也具有社会主义的特色、中国社会主义的特色,彰显出人的全面发展方位。从差异性视域看,在不同条件下人的发展形成不同个性。在"中国地方特色"视域下,人的发展具有中国地方的地域性,即不同地域的人发展出不同的个性。在"中国民族特色"视域下,人的发展具有中华民族的民族性,即具有厚德贵生、和谐中

---

① 《马克思恩格斯选集》第1卷,人民出版社1995年版,第9页。

度、敬礼信诚、兼容进取的民族个性。在"中国共产党人特色"视域下,人的发展具有中国共产党所倡导的先进性、纯洁性,即领导干部和党员群体具有爱国忠党、爱民亲民、廉洁奉公、求真务实、与时俱进的品格。从同一性视域看,由于"中国道路"特色内在地包含着"中国人的本色""社会主义的底色"和"中国社会主义的特色",因而对"中国道路"的自信就体现为人们对自身生存本色的自信,对社会主义发展观念的自信,对中国特色社会主义前景的自信。应当说,"道路自信"全方位展示了中国人的各种力量和能力,彰显了人的全面发展维度。

二、"道路自信"完善人的全面发展结构

"道路自信"是唯物史观在社会发展和人的发展问题上的时代性表现,它体现了人们以科学实践为中介的发展地基,以历史反思为纽带的发展脉络,以文化自觉为核心的发展精神。应当说,"道路自信"全面涵括了人们的实践自信、历史自信和文化自信,统一建构了人们的实践观、历史观和文化观,从而完善了人的全面发展结构。

1. "道路自信"是源于科学实践而形成的实践自信

"道路自信"源于科学实践。首先,"中国道路"源于国家主体的探索实践,它是树立国家自信之路。一个国家"走什么路"以及"怎样走路"的问题是国家的政治实践和制度设计的问题。中国选择走社会主义道路,走中国特色社会主义道路,这是国家政治实践和制度设计的问题。问题是中国对走这样的路有无信心,如何树立和坚定信心。改革开放以来,中国取得无与伦比的卓越成就证明了中国道路的可行性、科学性,给国家实现可持续发展带来了强大信心。其次,"中国道路"源于群体主体的合作实践,它是树立群体自信之路。"中国道路"的开创及其延伸融入了中国各民族、各社会团体和组织的合作与贡献。在中国特色社会主义旗帜下,不同的群体之间以建设全面小康社会,构建和谐社会为价值目标,以创建和睦家庭、平安社区、首善市区、富裕省区为契机,以经济合作、文化交流、制度创新、环境保护为媒介,长时期、多层次、宽领域开展范导道德、滋育新人、创新体制、

挖掘潜能、提升文化、改善生态等方面的合作实践,极大地促进了政令的畅通、信息的沟通和民意的融通,提升了社会管理和社会建设的水平。再次,"中国道路"源于个体主体的创新实践,它是树立个人自信之路。鲁迅说过:"世上本没有路,走的人多了,也就成了路。"诚如斯言,"中国道路"是中国亿万群众在党的旗帜指引下走出来的。没有群众的创新实践就没有中国道路。这意味着:具有不同个性的亿万个体人在中国道路的开创上居于主体地位,他们在实践中摸索、创新,奉献新成果,取得新经验,成为形塑"中国道路"的物质资料和思想材料。应当说,中国人和中国共产党人正是在探索和推进中国式现代化建设这一科学实践之基础上建立实践自信,坚定道路自信,从而走向全面发展的。

2. "道路自信"是源于历史反思而形成的历史自信

"道路自信"是有根基、有历史的自信。100多年来,党领导中国人民先后完成三大历史使命。首先是完成新民主主义革命,实现了民族独立、人民解放,使中国人民真正站立起来。其次是完成社会主义革命,确立了社会主义基本经济制度、政治制度和文化制度,奠定了中国现代化建设的物质基础和文化基础。再次是推动改革开放,开辟了中国特色社会主义道路,使中国人民逐步富裕起来。从广义上看,"中国道路"涵括中国的新民主主义革命道路、社会主义革命和建设道路、中国特色社会主义建设道路,是三个不同历史时期所走"道路"的合一。从狭义上看,"中国道路"仅指改革开放以来由党领导人民开辟的中国特色社会主义道路。需要指出的是,无论是从广义上还是从狭义上考察"中国道路",它都是建基于中国实践的,而人们形成"道路自信",则是成熟于历史反思的。对此,邓小平做出了一系列精确的论述:"建国后十七年这一段,有曲折,有错误,基本方面还是对的。社会主义革命搞得好,转入社会主义建设以后,毛泽东同志也有好文章、好思想……在这些方面,要运用马列主义结合我们的实际进行分析,有所贡献,有所发展。"① 他强调:"没有中国共产党,不进行新民

---

① 《邓小平文选》第2卷,人民出版社1994年版,第296页。

主主义革命和社会主义革命，不建立社会主义制度，今天我们的国家还会是旧中国的样子。"① 他还说："我们从一九五七年以后，耽误了二十年，而这二十年又是世界蓬勃发展的时期，这是非常可惜的。但另一方面也有一点好处，二十年的经验尤其是'文化大革命'的教训告诉我们，不改革不行，不制定新的政治的、经济的、社会的政策不行。十一届三中全会制定了这样的一系列方针政策，走上了新的道路。"② 这条道路就是后来在党的十五大上命名的"中国特色社会主义道路"。这条道路是改革开放之路，也是强国富民之路。在美国学者傅高义看来，这条道路是由以邓小平同志为核心的中国共产党人开辟出来的，在他引导下，"中国完成了从落后、封闭、僵化的社会主义制度走向一个有国际影响的现代化经济强国的艰难过渡"③。由此可见，无论是邓小平的自我剖析，还是傅高义的客观评价，都说明了一个事实，即中国人和中国共产党人只有基于对中国现代化建设实践的深刻反思，善于对之做出科学概括和理论提升，"中国道路"才日趋形成、日新发展。应当说，中国人和中国共产党人正是在反思中国重大历史问题之基础上建立历史自信，坚定道路自信，从而走向全面发展的。

3. "道路自信"是源于文化自觉而形成的文化自信

"道路自信"涵括"实践自信"和"历史自信"，也涵摄"理论自信"和"制度自信"。从后一个关系来看，"道路自信"创构、孕生了"理论自信"和"制度自信"，而"理论自信"和"制度自信"完善、充实了"道路自信"。应当说，没有对发展道路的自觉自信，就不会有对理论和制度的自觉自信。这就是说，人们对中国现代化建设实践的自觉自信，对中国社会主义发展历史的自觉自信，是建立"理论自信"和"制度自信"的首要前提，而人们所以能够形成"理论自信"和"制度自信"，则是自觉走中国道路，自信走中国道路能实现中国现代化的结果。这种基于中国现代化建设实践所建立的自信或形成的自信力具有深厚的哲学意蕴。从哲学理念来看，"自信"是指"信人"，即

---

① 《邓小平文选》第 2 卷，第 299 页。
② 《邓小平文选》第 3 卷，人民出版社 1994 年版，第 266 页。
③ 傅高义：《邓小平时代》，冯克利译，生活·读书·新知三联书店 2013 年版，第 637 页。

相信群众、相信共产党人。进而言之,它是指"相信中国人",相信中国人自己能发展、有发展。从哲学精神来看,"信"是指"互信",意谓多极主体之间互相信任。进而言之,党派和政府要肝胆相照,组织与人民要同心同德,干部与群众要相互信任。从哲学方法来看,"信"是指"伸张""拓展""创构""释放",意谓中国人要自觉伸张权利正义,要积极拓展发展界域,要锐意创构科学理论,要着力释放改革红利。从哲学价值来看,"信"是指崇尚"人本"反对"物本",坚信"人本"高于"资本"。无论是从哲学理念、哲学精神来看,还是从哲学方法、哲学价值来看,根植于中国实践的"道路自信",根植于中国现代化建设的"理论自信"和"制度自信",都含蕴文化自觉意识,是具有中国人特点、中华民族风格、中国共产党人气质的"文化自性"。这种"文化自性",用费孝通的话来说,是指"生活在一定文化中的人对其文化有'自知之明',明白它的来历、形成的过程,所具有的特色和它的发展的趋向,自知之明是为了加强对文化转型的自主能力,取得决定适应新环境、新时代文化选择的自主地位"[1]。这种"文化自性",对当代中国人来说,"在理论上面临的任务,就是要拿出一套以中国人生存经验与中国文化自性为基础的,能够说明在这片土地之上的民族生活—文化共同体之自我定位的整体性论述,它包括历史叙事、现实应对与未来构想"[2]。对中国共产党人来说,在理论上面临的任务,就是要围绕中国实现现代化的问题来科学回答"什么是社会主义、怎样建设社会主义","建设什么样的党、怎样建设党"以及"发展什么、怎样发展"等重大理论问题,真正弄明白中国推进现代化的阶段、战略、道路、党的建设伟大工程问题,真正弄明白推进科学发展的内涵问题。应当说,中国人和中国共产党人正是在回答中国重大现实问题之基础上建立文化自信,坚定道路自信,从而走向全面发展的。

总之,"道路自信",是指人们对深化改革开放,推进经济建设、政治建设、社会建设、文化建设和生态文明建设"五位一体"协调发

---

[1] 费孝通:《文化与文化自觉》(下),群言出版社2012年版,第544页。
[2] 周瑾:《文化自性与文化自觉》,《中国文化报》2012年12月4日。

展的道路的自信,是指对推进人与他人、人与社会、人与自然全面、协调和持续发展,促进人的全面发展的道路的自信,也是指对追求家庭和睦、社会和谐、国际和平发展的道路的自信。坚定道路自信,为树立马克思主义的实践观、发展观和文化观,推进人的全面发展提供了不可或缺的思想基础和实践基础。

三、坚定道路自信,推进人的全面发展

"道路自信"意味着人们明确了发展方向,清晰了发展道路,蓄积了前进动力,也意味着人们树立了攻坚克难、克敌制胜、实现奋斗目标的坚定信心。因此,坚定道路自信,对人们推进感性实践,完善价值选择,健全交往方式,实现全面发展,都具有重大现实价值。

1. 坚定道路自信,推进感性实践

"中国道路"是由中国共产党人引领中国人所走的道路。"道路自信"意味着走路的人对"路"已形成正确认识,这种正确认识就是"对路"。只有走对路才能顺达彼岸、完成使命。其实,一条顺达目的地的正确的"路"是人们靠脚踏实地走出来的,而不是靠主观臆想出来的。所谓"走出来",是指在马克思主义指导下,结合中国实际"摸索""探索"出来,而不是猜想、抽象出来。对中国共产党人来说,"走出来"是指务实求真,直面事物矛盾,回到问题本身,也是指不图虚名、不求私利、不倦工作。在马克思看来,"生产""交往"如同"走路",都是"现实的人"的生存方式,都是"现实的人"开展和推进感性活动的实践样式。不同的历史主体走不同的路,型塑不同的生活样态。自觉的历史主体自觉走既解放自我又解放他人的正确道路,建构富有价值的多彩人生。不自觉的历史主体可能走解放自我的道路,但未必走解放他人的道路,其亦可能走回头路、封闭路,甚至走向末路、死路。坚定"道路自信"的人所走之路就大不一样,其所走之路具有明确方向和科学路径,是被实践证明了的正确道路。这条道路因为有理论旗帜、有思想路标、有范导楷模,故而走这条路的人能坚定信心,坚持不懈,直至实现价值目标。总之,坚定道路自信,表明人

们对导向成功实践的渠道、方式、标准形成理性认识，对实践活动所能达致的深度和广度的客观条件有了科学把握。

2. 坚定道路自信，完善价值选择

人的价值选择是多种多样的，诸如生活价值选择、道德价值选择、教育价值选择、宗教价值选择、文化价值选择、艺术价值选择、科学价值选择、环境价值选择，等等。但是，在这些价值选择当中，有一种选择是最根本的选择，那就是对发展道路的选择。对不同发展道路的选择形成不同的价值取向，相应产生不同的价值效应。众所周知，价值并非"存在和关于存在的知识本身，而是它们对人的意义"①。人因意义而活着。人是一种会思考、有自我意识、能创造新事物的社会动物，人的这种特性就是主体的能动性、自主性、非特定性。人的"能动性"说明，人非机器，人能在统一性、标准性和机械性之外实现发展超越。人的"自主性"说明，人非上帝的奴仆，人能在神圣形象面前做出自我决定，而不是无限期地"被决定"。人的"非特定性"说明，人的发展远未完成，人不像动物繁殖后代那样先在地被锁定在某种本能形式上不能改变，相反，人能够通过自我意识来开展感性活动，不断推进自我更新、自我发展和自我完善。需要强调的是，人的这些特性并非在理论上体现出来，而是在现实的具体的历史的实践过程中体现出来，其"体现"方式就是对不同价值的选择。对正确道路的选择产生正向价值、解放价值、理想价值和综合价值，对错误道路的选择则产生负价值、反价值、坏价值或恶价值。人们为了获得好价值、高价值，避免出现坏价值、低价值，就要选择正确的、符合时代趋势的道路，就要走由中国共产党人所开辟的创造高价值的发展道路。就此意义来说，坚定"道路自信"，就是坚定对中国特色社会主义道路的自信，就是对完善价值选择的自信。

3. 坚定道路自信，健全交往方式

"走什么路"以及"怎样走路"的问题在本质上是人们的活动方式、生活方式的问题。马克思、恩格斯对此指出："个人怎样表现自己

---

① 李德顺、孙伟平：《道德价值论》，云南人民出版社2002年版，总序。

的生活，他们自己就是怎样。因此，他们是什么样，这同他们的生产是一致的——既和他们生产什么一致，又和他们怎样生产一致。"① 而人们的一定的生活方式都与一定的交往方式相联系。从国家主体层面看，一个国家"生产什么"和"怎样生产"的问题体现为国家的生产和生活方式，体现为国家的经济活动、制度安排、政治决策、对外交往等方面的方式或样式。从社会主体层面看，一个组织"生产什么"和"怎样生产"的问题体现为社会组织的生产和发展方式，体现为组织的经济、文化、制度、资源管理等方面改革、调整的方式或样式。从个体主体层面看，个人"生产什么"和"怎样生产"的问题体现为个人的生活方式、交往方式，体现为个人的现实的感性活动、交往实践的方式或样式。在经济全球化、文化多元化、政治多极化的新时代，"走什么路"和"怎样走路"的问题事关一个国家、一个社会、一个政党的前途问题，事关每一个个体人的幸福问题。"中国道路"的形成，意味着中国在国家层面的生产方式和交往方式日趋成型和完善，在社会层面的生产方式和发展方式日趋健全和科学，在个人层面的发展方式和交往方式日趋丰富而多元。坚定道路自信，表明人们对中国道路所导向的发展成就确信无疑，对中国道路所导向的发展前景怀有信心，对中国道路所导向的发展成果充满期待。在这种社会文化心理作用下，国家交往、社会交往和个人交往的方式或样式也将变得健全而发达，显而易见，这也是马克思主义文化出场的重要实现形式。

第三节 "理论自信"与人的全面发展

"坚定理论自信"是党的十八大报告中的一个重要的政治强音，它表达了中国共产党人的理论志气、创新锐气和发展底气，也道说了马克思主义经典作家未曾表达过的、与马克思主义人的全面发展理论既一脉相承又与时俱进的、富有时代感的新的话语。因此，探讨并澄明

---

① 《马克思恩格斯选集》第1卷，人民出版社1995年版，第67—68页。

"理论自信"与人的全面发展之辩证关系,对于坚定对中国特色社会主义理论体系的自信,推进人的全面发展,都具有重要价值。

一、"理论自信"的认识维度与人的全面发展

"理论自信"概念中蕴含着"什么理论能给予人们自信"以及"人们怎样建立对理论的自信"的认识维度。这两个认识维度既与"理论"的存在方式有关,也与人的发展方式有关。这就说明,理论自信和人的全面发展之间存在一定的逻辑关系,这种关系可通过深入分析"理论自信"的本质特征、逻辑结构和发展样态来澄明。

(一)理论自信的本质特征

"理论自信"是人的发展底气和创新力量,也是人的本质力量的体现和确证。这种本质力量是人们基于探索实践发展起来的具有明确意向意识的精神力量,它具有始源性、承继性、探索性、创新性、开放性等特征。

1."理论自信"具有始源性特征

"自信"是人的存在的一种基质,它具有原生性。这种"原生性"并不是人在出生之前就具有的品质,而是说人与生俱来就需要"自信"这样一种生之为人的品质。与之相关,"理论自信"是指人追求更高发展所必需的原生性品质。因为人是他自己的创造者。人,既创造自己,也创造他者。人要创造自己,就"需要新的自我,以及自我之间的新关系"①,就需要探索和运用构成自我的实践关系与理论关系;人要创造他者,就需要从物质实践出发建立现实基础,并基于这个基础获取理论动力。作为这样一个自我创造者和为他创造者,人绝不是随意、盲目地进行"创造"的,而是"从现存的现实关系出发"②进行创造的,是在摆脱了偶然性、认识了必然性、形成了自觉性之后才进行创

---

① [美] C.W. 莫里斯:《开放的自我》,定扬译,上海人民出版社1965年版,第4页。
②《马克思恩格斯选集》第1卷,人民出版社1995年版,第95页。

造的。这就意味着，人的"理论自信"既根植于社会历史所提供的条件，也根植于人对自我发展实践的自觉。

2. "理论自信"具有承继性特征

理论自信作为人的一种品质是受先前历史和时代环境的影响而生成的。马克思、恩格斯就指出："人创造环境，同样，环境也创造人。"① 那种优美和谐、温润恬静的自然环境，竞争向上、富有激励的体制环境，协调合作、包容纳新的工作环境，追求真理、自我省审的内心环境，无疑是造就人的自信的优越环境，也是建立理论自信的历史前提。正如人的发展需要"利用以前各代遗留下来的材料、资金和生产力"②，需要现成的社会交往形式一样，理论自信的生成也需要"发展着自己的物质生产和物质交往的人们"③ 对英雄历史的敬畏，对伟大时代的敬仰，对优越制度的礼敬，需要对现实生活过程和活动的自觉把握，也需要对历史及其思维成果的继承。就此而论，理论自信表现为对"社会上同时变化着的和不断丰富着的传统"④ 的领会与把握，即表现为对传统的深入理解和有效继承。

3. "理论自信"具有探索性特征

如果说理论是对实践的反映，那么理论自信就是指人们对与其发展有关的理论、学说抱有信心，也即人们相信那些理论、学说对其发展实践具有可见的、直接的现实价值。正是这种价值引导人们去学习理论，坚定理论的宗旨、原则、立场和方法，进而探索新事物，解决新问题，开辟新道路。应当说，任何人对理论的兴趣都不是在短期内就能建立起来的，而是在长期理论熏陶、理论教育和理论创造中形成的。进一步说，人们之所以能建立起对理论的兴趣，之所以对理论存有需要，之所以认为理论值得研究、探索和运用，关键在于"理论一经掌握群众，也会变成物质力量"⑤，这个论断已为现实生活所证实，

---

① 《马克思恩格斯选集》第1卷，人民出版社1995年版，第92页。
② 同上书，第88页。
③ 同上书，第73页。
④ ［德］尤尔根·哈贝马斯：《理论与实践》，郭官义、李黎译，社会科学文献出版社2010年版，第225页。
⑤ 《马克思恩格斯选集》第1卷，人民出版社1995年版，第9页。

即唯有产生物质力量的理论才能真正说服群众,唯有产生精神力量的理论才能真正破解发展难题。其实,"理论自信"指的是这样一种理论及效应,即一种严密、系统的理论能生产硬实力,也能转变为软实力,这种理论为人们提供强大的精神支撑,使人们在实践中树立必胜信心,坚持探索、推进创新。

4."理论自信"具有创新性特征

"理论自信"可以理解为"理论因人之创造而显示其新意"以及"人因理论之创新而变得自信"。就此意义而言,"理论自信"既表征人对理论创新的自信,也表征人对自身发展的自信。这是因为,"理论自信"最根本的价值在于主体的理论思维。理论思维具有创新性、灵敏性和开放性的特点。恩格斯指出:"一个民族要站在科学的最高峰,就一刻也不能没有理论思维。"① 这就说明,理论思维是促进人全面发展的能量,也是建立理论自信的方法。人们只有形成发达的理论思维,理论自信才能建立起来,而人们要形成发达的理论思维,就需要建立理论自信。一个以创新性、灵敏性和开放性的思维进行思考、探索的人或民族,才是较能实现全面发展的人或民族。因为创新催生自信,自信激发创新,理论创新引发理论自信,理论自信推进理论创新。正是理论的创新特质把人们引到其所希望发展的方向上去。

5."理论自信"具有开放性特征

科学的理论向来是革命的理论、批判的理论,而革命的理论、批判的理论必然是开放的理论。毛泽东思想、中国特色社会主义理论体系、习近平新时代中国特色社会主义思想所涵括的各个理论就是这样一种革命的、批判的、开放的理论,因而它们是科学的理论。在一般意义上,"理论自信"是指对理论的科学性持有坚定信念,即对理论具有革命性、批判性和开放性持有坚定信念。在特殊意义上,"理论自信"是指对毛泽东思想、中国特色社会主义理论体系、习近平新时代中国特色社会主义思想所具有的科学性持有坚定信念,即对它们具有的革命性、批判性和开放性持有坚定信念。在个别意义上,"理论自

---

① 《马克思恩格斯选集》第3卷,人民出版社1995年版,第467页。

信"是特指对毛泽东思想或邓小平理论或"三个代表"重要思想或科学发展观，或者是习近平新时代中国特色社会主义思想等马克思主义中国化理论持有坚定信念。这样的信念说明，科学理论能指导实践并推进实践发展，同时，科学理论也将随实践的发展而发展。这样的信念也说明，毛泽东思想、中国特色社会主义理论体系、习近平新时代中国特色社会主义思想能指导中国建设现代化国家并推进中国人走向全面发展，同时，它们自身也将随中国大实践大建设的发展而不断丰富、发展。上述对"理论自信"三个意义层次的分析说明了理论具有多种发展可能性，主体对"理论"的自信是向世界开放的。

当然，除了上述特征，"理论自信"还具有包容性、协调性、伦理性等特征，这些特征共同说明"理论自信"具有非常丰富的内涵，而充分揭示这些丰富内涵则要对其逻辑结构作出阐明。

（二）理论自信的逻辑结构

"理论自信"的逻辑结构是内在结构和外在结构相结合而成的系统结构。"理论自信"的内在结构的完善性表明主体的心智成熟度较高，其外在结构的完善性表明主体改造外部世界的能力较强。从整体上看，"理论自信"是主体改造心灵世界和改造外部世界的能力与水平的明证。

1."理论自信"的内在结构以"主体相信什么理论，为什么相信这种或这些理论，以及怎样相信这种或这些理论"等问题呈现出来

从结构要素层面来看，"理论自信"表现为主体"确立理论意识自信""坚持理论学习自信""检视理论运用自信"和"实现理论创新自信"这样一个从自信心理倾向的发生到自信精神意向的巩固的发展过程。从理论发展系统来看，"理论自信"表现为主体对先前理论的信仰，对发展中的理论的探索，对既有理论的坚持与运用，对外来的先进理论的尊重与吸收，在此过程中，主体逐渐把理论精华内化为心灵营养，转化为精神智慧。从中国化马克思主义理论来看，"理论自信"表现为主体对先前理论、原生形态马克思主义即马克思恩格斯思想的信仰，对既有理论、次生形态马克思主义即列宁主义和毛泽东思想的

坚持与运用，对发展中的理论、再生形态马克思主义即邓小平理论、"三个代表"重要思想和科学发展观的丰富和发展，以及对创新理论即习近平新时代中国特色社会主义思想这个当代中国马克思主义、21世纪马克思主义的学习、运用、翻译和传播。由此可见，"理论自信"不仅表现为主体对中国理论的信仰和坚持，也表现为主体对外来优秀理论对于中国理论发展具有借鉴价值的相信和认同。

2. "理论自信"的外在结构表现为掌握了理论的主体以自觉的方式推动理论外化，不断实现自我发展这样一个更高级的实践过程

从结构要素层面来看，主体对内在性的建构、对理论智慧的运用之终极目的并非止于"内秀""内圣"，而是为了"外化""外王"，为了具体的实在的"物化"。从理论发展系统来看，具有扎实理论基础的主体运用和发挥理论智慧于自身的心灵改造、人格改造、知识结构改造和交往结构改造，即以科学理论指导自我发展实践，并使这种具有合理性和合目的性的实践不断走向成功。这种实践的价值目标在于革命地"改变世界"。基于这种认识，"理论自信"意味着主体在科学理论面前不怀疑、不自卑，也不自傲、不张狂，意味着主体坚信科学理论能够引导自我走向全面发展，也坚信科学理论能够引导他者走向良性发展。因此，"理论自信"的外在结构，表现为主体的内在精神的外在化，即主体以精神外化实现构物化，实现自我发展的完善化。

对"理论自信"概念的结构分析，阐明了作为主体的精神实践环节的理论自信对于理论发展和人的发展的双重作用。这些作用彰明了这样一个现实，即主体只有自觉自信地从精神实践转向物质实践，才能创建精神文明，发展政治文明，丰富物质文明，促进生态文明，才能"继续此文明，增长此文明，孳殖此文明"①。

（三）理论自信的发展样态

理论自信的"发展样态"，是指主体在把握理论"始源"之基础上，使理论与其面对的具体问题相结合所产生的理论的"重构方式"

---

① 《梁启超文选》（注释本），侯宜杰选注，百花文艺出版社2006年版，第65页。

或"创生形态"。它表现为主体对既有理论的掌握和运用的自觉自信，也表现为主体以先前理论作为奠基，把科学理论与具体实际相结合，提出新观点、新论断、新体系，创新和发展理论。

"理论自信"表现为主体对与自身发展相关的理论系统的自知自觉，也表现为对创造出有利于自身发展的系统理论的自觉自信。这是"理论自信"的第一层面的发展样态，即主体懂得自身发展需要什么理论，懂得怎样去建构这样的理论。另一方面，"理论自信"还表现为主体懂得运用切适的理论去解决现实问题，并在解决这些问题的过程中概括和总结经验，发现和运用规律，创造和丰富理论，不断提升理论能力。在中国理论视野下，"理论自信"具有两个基本的样态：第一，作为发展主体的中国人对与自身发展相关的中国理论系统和文化传统形成自知自觉，对促进科学发展的中国特色社会主义理论体系形成自觉自信。第二，中国人懂得运用中国特色社会主义理论去解决中国现实问题，并在解决这些问题的过程中概括和总结新经验，发现和运用新规律，创造和丰富中国理论，不断提升理论创新能力。其实，"理论自信"的两个发展样态都体现了主体对基础理论的熟悉，对前沿理论的洞悉，也反映了主体对驾驭跨学科、边缘学科理论，真正解决现实问题或理论难题的能力和水平。在中国理论的视野下，主体对基础理论的熟悉，表现为中国共产党人和中国人民对马克思列宁主义基本理论的熟悉、理解和掌握；主体对前沿理论的洞悉，表现为中国共产党人和知识文化群体对现代发展理论、后现代社会理论、生命哲学、科技哲学、环境伦理学的时代主题和前沿思想的了解和把握；主体对跨学科、边缘学科理论的自觉驾驭，表现为中国共产党人和知识文化精英对自然科学、社会科学和人文学科及其交叉学科基础理论的自觉学习、正确把握与熟练运用。

必须指出的是，对"理论自信"的认识并不局限于"本质特征""逻辑结构"和"发展样态"这三个维度，因为"理论自信"自身还存在一定的矛盾，深化认识这些矛盾及其形态与人的全面发展的关系，也是非常重要的。

二、"理论自信"的矛盾形态与人的全面发展

人的发展并非直线式的、机械的,更非无矛盾的。其实,人的发展是在诸多矛盾中存在和实现的。人的发展矛盾既表现为个人与他者的矛盾、个人与自然的矛盾、个人与社会的矛盾,也表现为文化矛盾、实践矛盾和价值矛盾等。只有以理论的方式揭示人的发展的诸种矛盾,才能直面和破解这些矛盾,建立起促进人的全面发展的自觉自信。

1. 理论自信的文化矛盾

理论自信是一种文化自觉,但文化自觉不限于理论自信;理论自信的实现要求走向更高层面的文化自觉,但文化自觉却不完全、也不一定导向理论自信。这就意味着"理论自信"自身存在文化矛盾,这种矛盾表现为理论和文化的不同的出场个性,其实质是人在其发展过程中对理论和文化的作用的认识与理解的矛盾。

从"理论"和"文化"的个性来看,"理论"和"文化"有出场差异,也有融合可能。两者的差异性在于:"理论"诚然是文化的一类,是文化之所属,但"文化"显然并不必然是"理论"。"理论"是建立在文化发展之基础上的铸造和萃取,是文化的精华,是思想的集成;而"文化"既涵养理论,也为新理论的生成而奠基。两者的融合性在于:"理论"可以衍生出"理论文化","文化"也可以发展出"文化理论","理论文化"和"文化理论"的载体是"文化",其核心是"理论"。这就是说,它们两者都需要"文化"的熏陶,需要"理论"的指导。承受优秀文化熏陶的理论是正常发展、科学发展的理论,接受先进理论指导的文化是协调发展、持续发展的文化。应当说,没有不受一定的文化熏陶而生成的理论,也没有不受一定的理论指导而发展的文化。"文化"和"理论"既存在出场差异,也互相渗透、互相生成。"文化"和"理论"的差异性是它们得以存在、发展的条件,它们的互相生成性是其得以融合、创新的动力。这样一来,就不难理解为什么不同主体虽然存在文化背景或理论能力的差异却仍然能够协调相处、共同发展,也不难理解为什么形成文化自觉就能产生文化自信,从而

激发理论自信。进一步来说，不同主体即便存在文化差异，仍然能够尊重文化个性，发现文化魅力，形成文化认同。这种基于差异性所生成的文化个性就是理论自信的现实表现，这种发现文化魅力的能力就是理论创新或理论创造能力的直接体现。

从人的发展的辩证过程来看，"理论"和"文化"都以人为中介而相依相成，但它们也存在区别，在一定条件下互相制约。

从第一方面来看，在人的发展的初级阶段，即在"人的依赖关系"阶段，"理论"一开始并不是"文化"发展的核心和导向，倒是"文化"成为"理论"发展的始源和导向，人们的不同方面的经验及其集成往往成为"理论"的根基，而群体性文化则涵纳原初的"理论"。在人的发展的中级阶段，即在"以物的依赖性为基础的人的独立性"阶段，人们的经验、知识及其系统成为"理论"的根基，而个体主体不仅承继了原初的"理论"基因，即群体性文化的基因，也形成了原创的"理论"基因，即个体性文化的基因。在人的发展的高级阶段，即在"建立在个人全面发展和他们共同的、社会的生产能力成为从属于他们的社会财富这一基础上的自由个性"① 阶段，发展人的理论能力、提高人的理论水平以引导文化步入高端发展阶段成为时代的必然要求。在这一阶段，个体经验、社会知识日益数字化、信息化、公开化，地方文化、民族文化日益成为公共社区和全球社会的共有财富；随着人们的生活方式的多样化、工作方式的网络化、交往方式的多元化、能力发展的广泛化，人们对理论的兴趣反而趋于淡化。与此同时，人们日益要求回归到一种传统状态中去，回归到"人类创造的、赋有象征意义的所有产品的复合整体"② 这样一种文化境域中去。这样一来，人们就亟须在回归传统与走向现代的张力中提升理论思维，推动理论研究，发展理论文化，尤其需要"张扬个人主体性、增强创造性、鼓励竞争、激发个体生命潜能，以促进形成思想开放、富于进取、勇于创新的个体"③。基于这样的认识，以人为中介的理论和文化之间的关系

---

① 《马克思恩格斯全集》第 30 卷，人民出版社 1995 年版，第 107—108 页。
② [美] E. 希尔斯：《论传统》，傅铿、吕乐译，上海译文出版社 1991 年版，第 2—3 页。
③ 胡长栓：《文化的辩证法及社会的文化规范》，《求是学刊》2001 年第 3 期，第 32 页。

是相依相成、相互促进的关系，在这里，人是理论和文化的创造者、受惠者，而理论的创新和文化的发展不断成就人的全面发展。

从第二方面来看。"理论"与"文化"虽然有联系，但不能互相等同，也不能互相取代。这是因为，从科学上看，文化"对知识材料的加工处理，对象的形成和认知，也大都是直观地而非以逻辑推论的形式进行"①；理论则"专注于寻求和检验普遍定律"②或特殊规律，它是高度概括的理性化、系统化的知识体系和方法论。从常识上看，文化"是一个复杂的整体，它包括知识、信仰、艺术、道德、法律、习俗以及作为社会成员的人所具有的其他一切能力和习惯"③，它是人的生活方式和生存方式的表征；理论是存在于手稿、讲稿、著作等文本中的以专业术语或专有符号描述出来的规律、公理、公式、观点、推论及其逻辑论证过程的总称。相比较而言，文化是较为直观的、感性的、活泼的社会存在，而理论是概括的、理性的、抽象的观念存在。在文化发展的境遇中，"理论"既有可能繁荣发达，也有可能被遮蔽。在很多时候，追求感性愉悦、本能满足的大众文化，放大极端、不要边界的网络文化可能会拒斥抽象理论，甚至追求高雅、创新、卓越的精英文化也可能放逐主流理论，尽管处于一定文化境域中的人或多或少明白真正好的理论的形成和发展需要客观的态度、严肃的批判和理性的反思，抑或也明白那些倡导严肃思考、理性表达，反对炒作和拷贝的先进理论、科学理论对于文化建设具有高度重要性。这就说明，理论发展会受某些文化的影响而削弱，"理论"和"文化"之间难免存在一定范围、一定程度的内在冲突。正如"理论创新"不等于"文化发展"，"文化创新"也不等于"理论发展"一样，创新的理论不一定适应文化发展需要，创新的文化也并不必然引发理论创新。这正是主体在建立理论自信过程中发生实践矛盾的重要原因。

---

① [德]鲁道夫·卡尔纳普：《世界的逻辑构造》，舒炜光等译，上海译文出版社1987年版，第182页。
② [英]卡尔·波普尔：《客观知识》，舒炜光等译，上海译文出版社1987年版，第365页。
③ [英]泰勒：《原始文化》，蔡江浓编译，浙江人民出版社1988年版，第1页。

2. 理论自信的实践矛盾

"理论自信"的实践矛盾是指这样一种矛盾，即理论指导实践既可能导致成功，也可能导致失败，实践结果的成功并不代表理论已经完善，而实践结果的失败也并不代表理论必然错误。这就是说，理论自信面对"实践"也会出现某些困难。它体现在：一是理论指导实践比较顺利，取得预期成效；二是理论难于指导实践，经实践证明理论无效。前者不难理解，因为指导实践取得成功的理论能够激励主体，提高主体的自信力；后者不好理解，因为说不成功、不完善的理论能给人以自信往往会引起怀疑。其实，世界上并没有一开始就能使人顺利达到实践目的的成功理论。所谓"成功的理论"，它总要在实践中接受检验，经过反复修正，甚至要进行大的调适，才能确立起来。在马克思主义中国化的过程中，马克思主义并非一开始传入中国就获得成功、取得"领导地位"的。它在中国的成功、发展，也是经历了长期的革命和建设实践的反复检验、反复修正与调适的。与马克思主义相比，作为中国化马克思主义理论成果的中国特色社会主义理论体系及其内在组成部分，也不是在其建立之初就很成功、很完善的，相反，它是在经历了多年的改革开放和建设实践的检验，经历了许多重大事变的考验，不断调适、充实和丰富，日益成熟，其后才会彰显出"成功"气象来。对一种理论的自信，绝不意味着拿来一种曾经是成功的理论就获得了自信，也并非建立一种不怎么成功、完善的理论就不能形成理论自信。正确的认识是，"理论自信"源于对科学理论的掌握，源于把经受实践检验的好原则、好措施、好制度保持住、巩固好，并把它上升为富有解释力的能够解决问题的理论。这就说明，主体只有具有总结经验、创新理论的思想智慧，具有立足现实、求真务实的理论品格，具有追求卓越、勇于开拓的时代精神，具有强大的组织能力、动员能力、保障能力、自净能力，理论自信才能建立起来。

"坚定理论自信"，对科学理论而言，意味着主体相信中国特色社会主义理论体系、习近平新时代中国特色社会主义思想将不断完善，意味着相信"中国理论"指导改革开放建设将取得更大辉煌成就；对人的发展而言，意味着个人相信在走向全面发展过程中出现的价值矛盾问题能够得到有效解决。

3. 理论自信的价值矛盾

理论自信的文化矛盾、实践矛盾都贯穿着由主体的精神实践所产生的价值矛盾。这个矛盾体现为以理论为中介的个人价值与社会价值之间的矛盾。解蔽这个矛盾,既有助于主体建立坚定的理论自信,也有助于促进人的全面发展。

主体在建立理论自信过程中出现的价值矛盾,表现为以理论为中介的个人需要与社会需要之间的冲突。首先,以理论为中介的个人需要,是一种以提高主体的理论能力与水平为目的,并以理论自觉的方式体现出来的需要。对个体主体而言,坚信某种理论对其发展能带来某种物质利益或精神利益,这是个体主体对理论发生兴趣时所考量的内容。如若主体认识到某种理论对其无甚益处,那么主体就不可能做到"坚信理论"。如果说主体认识到相信某种理论对主体并无益处而继续坚信某种理论,那么,这个主体要么是因袭传统而被认作是盲信、愚信,要么是基于信仰而被认作是坚信或执信。这是个体主体在建立理论自信过程中发生的内在冲突,也是个体主体的价值即人的价值与理论价值发生的矛盾。其次,以理论为中介的社会需要,它指的是这样一种需要,这种需要不以满足某个人、某个群体的物质需要为目的,而是以满足整个社会最大多数群众提高理论能力与认识水平为目的。对社会主体而言,提高理论能力和理论水平是促进自身发展的理论前提。理论作为人对时间存在、物质存在、精神存在的合理理解和正确认识的积淀和发展,它参与人的生活,指导人的发展,并且通过改变人的思想观念来改造社会秩序、影响历史进程。从总体上看,"没有人能够真正地超出他的时代"①,也没有人能够游离于理论魔力之外,这是因为理论对于人的发展具有深潜性、长期性和整体性的作用。但是,某些人并不以之为然。这些人由于"太忙碌于现实,太驰骛于外界",导致"生活浮泛无根""兴趣浅薄无聊""意见空疏浅薄"②,导致"耻

---

① [德]黑格尔:《哲学史讲演录》第 1 卷,贺麟、王太庆译,商务印书馆 1959 年版,第 57 页。
② [德]黑格尔:《小逻辑》,贺麟译,商务印书馆 1980 年版,第 31—32 页。

言理想、蔑视道德、拒斥传统、躲避崇高、不要规则、怎么都行"① 的现象暴露无遗。显然，这是人因缺乏科学理论指导而理论又未能掌握人所造成的价值矛盾。

"理论自信"的文化矛盾、实践矛盾和价值矛盾并非独立自存的，而是贯穿在主体建立理论自信的精神实践过程中，贯穿在主体走向全面发展的过程中。然而，主体只有自觉地把创造体现特殊价值的个人价值与接受体现普世价值的社会价值融贯一致起来，才能走向全面发展。如果主体不能正确理解理论并在这个理论指导下妥善处理个人价值与社会价值、特殊价值与普世价值之间的矛盾，那么他或他们就难以对体现主流价值的理论建立起真正的自信。

三、坚定理论自信，促进人的全面发展

在当代中国的理论语境中，"理论"是作为"致想于事物之最佳最高者"② 的中国特色社会主义理论、习近平新时代中国特色社会主义思想，是马克思主义基本原理同中华优秀传统文化相结合产生的创新理论，是追求中国社会主义事业发展的精神精华，因而"理论自信"是指对作为指导道路的理论的相信和坚信，是对中国特色社会主义理论、习近平新时代中国特色社会主义思想的地位、作用和贡献的认同和共识。坚定这种理论自信，就能形成强大的自信力，不断促进人的全面发展。

坚定理论自信，做一个秉持优秀传统又承继悠久历史的人。人的发展离不开对始源的追溯，对根本的追寻。人正是在追问人的"始源"和"根本"的过程中建立理论自信、推进发展的。对一个中国人来说，其可以凭借重视"回溯到过去，寻找它的创立者及其门徒的智慧"的儒教精神来引导发展，也可以凭借重视"回顾示范性的启示生活中的

---

① 孙正聿：《属人的世界》，吉林人民出版社2007年版，第164页。
② ［古希腊］亚里士多德：《形而上学》，吴寿彭译，商务印书馆1959年版，第252页。

事件"① 的佛教精神来引导发展。但是,对一个共产党人来说,应当坚持用以人为本、实事求是的马克思主义精神来指导发展,真正做到既与时俱进又不忘历史,既立足现实又瞻望未来,既不割裂改革开放前后两个历史时期,又不偏执一方,互相否定。其实,只有不遗弃传统的人才懂得始源,不割裂历史的人才懂得根本,才能获得全面发展,而那种背弃传统、割裂历史的人就会成为无根的、碎片化的人,就难以发展或不可能实现全面发展。

坚定理论自信,做一个勇于探索创新又善于增强本领的人。探索创新是人的存在之根本特性,也是人走向内在完善的理想之路。面对日益复杂多变的社会环境,尤其是在经济转轨、社会转型、发展方式转变以及资本主义危机向弱势国家和地区转嫁所造成的强大压力下,人们要直面现实,深入探索问题,锐意追求新知,自觉掌握真理,不断实现自由。与此同时,人们要坚定理论自信,加强理论武装,掌握看家本领,增强制胜能力。只有这样,才能始终勇立潮头,担当重任,攻坚克难,不辱使命,无往不胜。相反,没有理论自信,缺乏科学理论指导和理论创新意识的人,就会变成盲目行动的人,这样的人难免为其行动付出代价。

坚定理论自信,做一个自我开放又向世界开放的人。一个自信的人,是乐于学习优秀理论,善于掌握科学理论,勤于运用正确理论,并在向世界敞开中建功立业的人。在中国墨家看来,那种处于顺境、逆境均不败其志的人,是具有自信力的人。对此,梁启超把自信力看作是"成就大业之原",认为一个人或一个民族若要成就大业,就要有自信力,就要自觉把握外部世界,吸纳世界优秀文化。鲁迅把自信力看作是"民族的脊梁",认为中华民族向来具有自信力,敢于迎头奋进,勇毅走向世界。在当下,中国人正全方位走向世界。但是,中国人只有始终坚定对中国特色社会主义理论体系、习近平新时代中国特色社会主义思想的自信,始终高举这个科学的思想理论旗帜,形成开放大定力,提升开放强能力,辐射开放正能量,才能自信地走向全

---

① [美] E. 希尔斯:《论传统》,傅铿、吕乐译,上海译文出版社1991年版,第282页。

面发展高境界。

第四节 "制度自信"与人的全面发展

"制度自信"是党在十八大报告中提出的一个重要概念。"制度自信"不仅对坚持中国特色社会主义制度,对推进马克思主义的中国化具有重要价值,对促进人的全面发展也具有特别重要价值。研究"制度自信"与人的全面发展的关系,应当正确把握"制度"的人学性质、"制度自信"的内在结构与发展价值,在此基础上形成推进人的全面发展的制度自信和制度自觉。

一、"制度自信"概念拓展人的全面发展内涵

"制度自信"是现实的人基于对制度的深刻认识和正确把握而形成的对制度的信奉。这种信奉是人的自信意识、自信观念和自信力量的统一建构。"制度自信"概念的提出进一步拓展了人的全面发展内涵。

1."制度"的发展始终与人的发展紧密相关

"制度"是主体的发展意志在规则层面的体现。中国特色社会主义制度是国家意志和人民意志在规则层面的体现。虽然"制度"可以从"习惯""礼俗""道德""规则""传统""法律"[①] 等存在形式来理解,也可以从流行于民间百姓的"族规、家训、乡约、里范"[②] 等存在形式来理解,但本文仅从"作为规则的制度"和"作为文化的制度"的维度来认识和把握"制度"概念,因为这两类"制度"都与人的全面发展深层相关。从"作为规则的制度"来看,它是规范行为主体的制度。在规范层面,存在着两种规范意志和规范力:一种是"制度制作

[①] 陈忠:《规则论》,人民出版社2008年版,第10页。
[②] 李泽厚:《说文化心理》,上海译文出版社2012年版,第4页。

主体"① 的规范意志,这种意志表现为制度制作主体单方面的意志,体现为单极主体的制作欲望,因而只具有单向度的规范力。一种是"制度领受主体"② 的规范意志,这种意志表现为制度领受者多方面的意志,它包括主体主动接受制作的意志、主体被动接受制作的意志、主体主动反对被制作的意志、主体被动反对被制作的意志,这些意志形成多向度的规范力。显然,"制度制作主体"的"强规范意志"和"制度领受主体"的"弱规范意志"在相互作用过程中形成不同的发展样态。

"制度制作主体"的"强规范意志"和"制度领受主体"的"弱规范意志"完全适应,产生互利共赢效应。若"制度领受主体"主动接受"制度制作主体"的"制作意志",说明后者可能超前认识到制度不适应现实情况,并因势利导做出改革调整,及时改变前者对后者的"制作意志"所可能产生的误解,实现以良善规则为中介的两者关系的相互适应。这也说明前者的"弱规范意志"和后者的"强规范意志"是完全相适应的。原因在于"制度制作主体"并非把"规范意志"强加给对象,而"制度领受主体"也并非被迫接受制度的"规范意志"。这就是说,这个制度被互主体所共同认同。显然,当一种"制度"体现了互主体的共同意志,反映了多极主体的共同愿望,实现了社会成员的共同理想之时,它就会产生互利共赢效应。

"制度制作主体"的"强规范意志"和"制度领受主体"的"弱规范意志"大体适应,制度正义得以维持。若"制度领受主体"被动接受"制度制作主体"的"制作意志",那么前者的"弱规范意志"和后者的"强规范意志"在较大程度上是相适应的。但是,对前者而言,它的"弱规范意志"仅是被动适应于"强规范意志"的意志,对后者而言,它只是获得较大程度的规范顺应。若"制度制作主体"能改革创新,维护制度正义,对"制度领受主体"的利益或权益形成有力保

---

① "制度制作主体"不能简单等同于"制度制作者",前者包括政府官僚、宪法奠基人或立法者,以及制度的拟定者、颁布者,而后者只是作为制度、政策、规则的拟定者、颁布者。
② "制度领受主体"是指直接或间接受制度和体制管理或影响的社会主体,它包括组织、群体和个人。

障,这种规范顺应就会延续下去。反之,如果"制度制作主体"固化制度秩序,坚守单向度的规范力,就会激发"制度领受主体"反制作的欲望,形成反制度的多维度的规范力,从而造成制度失去公信力。

"制度制作主体"的"强规范意志"和"制度领受主体"的"弱规范意志"不相适应,制度公信力下降。若"制度领受主体"被动反对"被制作的意志",说明"制度领受主体"的改革意识和发展愿望尚未完全自觉,其自觉意识将会随着自身利益的变动而改变。在主体的利益出现损失的条件下,其自觉意识即自觉的认知意识、自觉的接受意识、自觉的遵守意识以及自觉的反思意识就会提高,其"弱规范意志"也会逐步增强反制作的力量。尽管"制度领受主体"是"被动"反对"被制作的意志",但其毕竟行动起来并做出了价值选择,对那种不利于自身发展的不良制度说"不"。其实,这种对不良制度的"否定"是对"制度制作主体"的"否定",是对不良的"强规范意志"的摒弃,同时也是对制度正义的呼唤。

"制度制作主体"的"强规范意志"和"制度领受主体"的"弱规范意志"无法适应,制度规范力失效。若"制度领受主体"主动反对"被制作的意志",说明"制度领受主体"的规范意志开始从"弱规范意志"向"强规范意志"转变。转变是这样发生的:"制度领受主体"认识到"制度制作主体"的"制作意志"之利己性本质,认识到制度的公正性严重不足,从而质疑其公信力,进而不再屈从于"制度制作主体"的"制作意志",导致制度的规范力失效。在制度失效的情况下,"制度领受主体"不但不再关注和践行制度规范,而且还将表达改革制度体制的愿望,形成新的"规范意志"。这种来自底层的"规范意志"是推动社会改革的最深层力量。"制度制作主体"若正视这种力量,采取正确措施,则能救治日趋失效的制度,反之,就会丧失改革制度的最佳契机,给社会造成损失。从"作为文化的制度"来看,它是提升主体文化素质和精神能力的制度。在文化层面,"制度"是共同体成员参与游戏的规则,既然是游戏规则,它必然提出一些或允许或禁止行动者作为或不作为的规则。无论是"允许性规则"还是"禁止性规则",只要共同体成员认真遵守,这些规则就能给人们带来大体相等的机会、快乐和幸福。换言之,只要共同体成员都一致遵守这些游戏规则,人们的生活机会就会较为均等,人们的道德运气就会较为相似,人们的幸福感、成就感就会不断走高。因此,"作为文化的制度",它是被"文明""醇化"了的规则,是含蕴文化精神的规范,是人们能体察到善和领受到美的精神存在。正因为这种制度是每个主体所能体察到善和领受到美的行动规则或行为规范,因而它能熏陶主体,促使主体逐步形成优雅习惯,提升善德观念,固化优良制度。反过来,主体一旦对制度形成固化,那么"游戏规则"就自然化为主体的行为习惯、行动观念,进而坚固主体的思想意志。对此,费孝通就指出:在"世界一体化的市场经济,需要一个大家共同遵守的文化规则和社会秩序,共同的行为准则,甚至要有共同的语言"①。在此,费孝通指谓的共同的"文化规则""行为准则"正是人的全面发展所需要的共同的"游戏规则"。因此,"制度自信"是"制度制作主体"和"制度领受主体"在坚守共同的行为准则、思想意志、价值观念的前提下对提升文化素质和精神能力的文化的自信,这种自信也是"文化自信"的重要表现。

2. 理解"制度自信"概念具有多维视角

从始源性含义来说,"制度自信"是指主体对那些与其生活、发展相关的国家制度、社会制度、工作制度等制度所形成的自觉自信②。这就是说,主体对这个制度既存有"自觉意识",也存有"自信信念"。主体对该制度的"自觉意识"包含着自觉的认知意识、自觉的接受意识、自觉的遵守意识以及自觉的反思意识。主体对该制度的"自信意识"包含着对该制度的信奉意识、敬畏意识、创新意识和发展意识。无论是主体的这种自觉意识,还是其自信意识,抑或是这两种意识所

---

① 费孝通:《文化与文化自觉》(下),群言出版社2012年版,第470页。
② "制度自信"不完全等于主体对"制度"文本的自信,自柏拉图以降,亚里士多德、霍布斯、洛克、黑格尔等人所指认的"制度""律令""规范"就不仅仅限于"名词"意义的使用,而是包括了制度制作、律令布施和规范遵守的"行为"意义,这就是说,法哲学意义上的"制度"概念涵括了社会政制以及以法制对社会的"治理",因而从概念的始源意义上理解"制度自信",就应当把它理解为主体对现行制度文本的信任以及对以此制度治理社会所得的结果或影响的信心。

第三章 文化正义与马克思主义人学

涵摄的诸种意识,都是主体的显意识和潜意识的统一,都体现主体的自由意志。其实,主体之发展,不但体现在其肉身的健全和健美之上,也体现在其精神、心理和意识的协调和平衡之上;不但体现在主体与其外在的制度环境的适应之上,也体现在其与自身的精神心性的圆融之上。这样看来,"制度自信"就成为一种既适合于外部环境又适合于主体发展的"媒介",它在外源于制度存在,在内源于精神存在,同时融合于主体的发展实践,生成为主体的精神品格。从文本性含义来说,"制度自信"是特指主体对中国特色社会主义制度体系的自觉自信。这种自信有三层含义:第一,中国特色社会主义制度是一种成体系的值得信奉的好制度。它之所以是一种好制度,主要原因在于它经过了40多年现代化建设实践的检验,大量的历史事实证明了它是一种符合中国国情的制度,是能够把中国引向富强、繁荣与安定的制度,更重要的是,这个制度以消除两极分化,实现共同富裕为根本目标,形成了一种强大的发展动力机制和自觉的平衡调节机制相适应的科学机制。正因为它是多极主体共同利好的制度,人们才对它产生信任之情、信奉之心。第二,中国特色社会主义制度是迄今为止一种较为有利于人的发展的好制度。它之所以是一种好制度,主要原因在于它既不同于那种以资本主义制度的积极因素来体现社会主义的优越性的制度,也不同于那种以传统形态社会主义来体现社会主义本质特性的制度,而是这样一种制度,即以中国特色社会主义制度及其发展创新来实现社会主义从传统形态向现代形态转变,以科学的发展政策、发展体制、发展战略等来保障和促进人的全面发展。第三,中国特色社会主义制度尚有不完善之处,需要中国人依靠自己的力量,加大改革创新力度,提升制度生产力。这就说明,中国特色社会主义制度具有广阔的创新空间,它需要通过中国人自己的改革实践、开放实践和创新实践来不断完善。

中国特色社会主义制度是面对中国社会并服务中国发展的制度,也是面对外部世界并向世界开放的文化样态。这是马克思主义文化既出场、又在场的特性。因此,对中国特色社会主义制度的自信并不影响主体对世界其他优良制度的学习、宣传和接受,相反,主体应当通过学习、比较、借鉴，扬弃制度差异，汲取价值元素，运用"拿来主义"，推进人的全面发展。

二、"制度自信"提升人的全面发展样态

"制度自信"是"制度"和"人"之间的双向性制作。其"双向性"特征体现在："制度"对人产生刺激、影响和规范作用，即对人发生或制约或提升的作用，而具有主体性的人对制度的更新、改善和优化发挥主导作用，人在改变制度之同时也改变人自身。正如"环境的改变和人的活动或自我改变"① 是一致的，"制度自信"亦是制度环境优化与人的自信力提升互相作用的产物。

1. 制度自信具有多维度发展样态

"制度自信"的产生源于制度的生产力和德性的魅力。好的制度因其能创造发达生产力而使人信奉，也因其能培养美德而使人信赖，而具有德性美的、全面发展的人也能推动制度完善。这就说明，"制度自信"将会向"发展好制度"和"培养优秀人"的维度发展。

对制度而言，优越的制度是社会达致善治的重要条件。这是因为优越的制度向来是以人为本的制度，是致力于人的健全发展的制度，是着眼于人的善德发展的制度。所谓"致力于人的健全发展的制度"，是指保障、支持和促进人的身体、精神、人格、能力和素养等方面健全发展的制度。所谓"着眼于人的善德发展的制度"，是指基于人性本善的理念而促进人们向往善、臻于善的制度。这就意味着优越的制度是人性化较为高度发展的制度。这样的制度使执掌权力和管理资源的主体不敢做坏事，不愿做坏事，也不能做坏事。正如邓小平所说："制度好可以使坏人无法任意横行，制度不好可以使好人无法充分做好事，甚至会走向反面。"② 在马克思看来，不好的制度、低于历史水平的制度，"以政府的形式表现出来的卑劣事物"③，就要向它开火，就要批

---

① 《马克思恩格斯选集》第1卷，人民出版社1995年版，第55页
② 《邓小平文选》第2卷，人民出版社1994年版，第333页。
③ 《马克思恩格斯选集》第1卷，人民出版社1995年版，第4页。

判,"不仅要批判这种现存制度,而且同时还要批判这种制度的抽象继续"①。在这里,邓小平、马克思的论述都是着眼于发展与新生世界相适应的新制度、好制度。"好制度"应当是优越的、规范的制度,是科学化、程序化的制度,也是"出之于公的,在公的用心下形成的"②制度。只有这样的制度才能实现社会善治,把人引向幸福未来。但任何制度都是人为设计和为人布行的,因而仅有"制度"样式还是不够的,"制度好"还需"人道好",因为出之于公的优越制度要释放最大化效能离不开追求善德的具有优秀品质的人。就此意义而言,"制度自信"体现了人们对社会主义好制度的服膺,对社会主义制度优越性的信任,对保障科学发展和合理分享成果的中国特色社会主义制度的期盼。

对人而言,任何一个人要实现发展,既要有务实求真、遵纪守法、知礼行礼等优秀品质,也要有一套为了人、解放人、成就人的优越制度为其提供保障。"制度自信"的产生根源于优越的、具有公义的制度存在,也根源于现实的人的优秀品质。因为优越的制度是实现善治的前提,而人的优秀品质是形成善德的基础。"制度自信"的发展样态就在于其既"滋育善德",也"滋养善治"。滋育了善德的制度将提高社会善治水平,而滋养了善治的制度也将提高人的善德境界③。不管是对善德的滋育还是对善治的滋养的制度,都服务于对主体的培育培养,即既是对主体的道德能力、道德素质的培育,也是对主体的治理能力、治理水平的培养。

另一方面,主体的能力的培育、素质的充实和水平的提高,具有"内向性"和"外向性"。所谓"内向性",是指主体的道德能力、道德素质的培育以及主体的治理能力、治理水平的提高都是主体的发展维

---

① 《马克思恩格斯选集》第1卷,人民出版社1995年版,第7页。
② 钱穆:《中国历代政治得失》,生活·读书·新知三联书店2012年版,第143页。
③ "善治"与"善德"之间的关系问题向来是道德哲学和社会实践哲学的重要论题。古代中国孔孟二圣提出的"仁者爱人"和"施行仁政"的思想在西方中世纪哲人那里得到了呼应,即善者并非行为善而是人善,人善才能导致善治。在基督教传统里,其"博爱"思想亦是强调善人良心对于社会安定的根本意义。在马克思主义者看来,促进人的全面发展需要好制度,但更需要共产主义道德以及对正义之法的信任与敬畏。

度，都聚焦于人、趋向于人、内化于人，并为人所属的精神能力和文化素质。所谓"外向性"，是指主体的道德能力、道德素质的培育以及主体的治理能力、治理水平的提高都是主体由内而外推动发展的基础和条件，亦是促进包括制度环境在内的外部环境改善的根本动力，是提高人的生活质量的创造能量。因此，主体的发展维度是"向内"和"向外"两个维度的复合，它在融贯制度正义的基础上，通达人的精神力量，增强人的发展信心。

基于上述认识，"制度自信"从"由内而外"和"由外而内"这个复合向度推进制度创新和人的发展。"由内而外"，应当理解为受到优秀制度的熏陶和影响，形成全面的道德能力、道德素质和治理能力的主体自觉把能力和素养"外化"出去，释放生产能力，改造外部环境，形成人工自然，创造物质价值。"由外而内"，应当理解为因社会善治而形成的优良制度环境以及由制度环境制导产生的外部环境共同滋养主体，促进主体建立良好的习惯、负责的态度、进步的观念、科学的发展方式以及优雅的精神气质，等等，也就是以优越的制度来保障人的发展健康，实现主体在身体、心理和精神等层面上的健康发展。

2. 制度自信具有多元性发展价值

"制度自信"是主体的发展自信和制度保障主体自信发展的结果。主体对发展的自信无论是对制度的发展还是对自身的发展都具有多元性价值。这些价值主要体现在"制度"对人的发展所具有的保障价值、规范价值和预警价值等方面。

制度自信对人的发展具有保障价值。在阐释学意义上，"制度自信"应当理解为由制度所承载的"制作意志"是"制度制作主体"的"强规范意志"和"制度领受主体"的"弱规范意志"的结合，主体的存在是平等的互主体存在，因而"制作意志"所体现的是一种共同意志。"强规范意志"的规范力及其影响力正是"弱规范意志"所需要的范导力和刺激力，前者意欲实现的制度生产力正是后者希望获得的发展价值。由此说来，不存在"制度制作主体"高于"制度领受主体"、前者主宰后者的问题，只不过两者的出场性质有差异罢了，即前者是制度生产力的代表者，后者是制度生产力的受益者。前者只有以优越的制度来保障后者的利益和权益才能做好"代表者",后者的利益和权益得到有效维护或顺利实现才说明前者的"制作意志"具有合法性。当两者都高兴和满意时,信任这一作为降低社会交往成本的良好机制就生成于制度运行的各个环节之中,"制度自信"就几近平等地分配于多极主体的发展界面上。质言之,制度自信既保障主体的利益和权益,也提升"制作意志"的规范力,巩固制度存在的合法性。中国特色社会主义制度之所以具有合法性,原因就在于它代表了、保障了、发展了中国最广大人民的利益和权益。

制度自信对人的发展具有规范价值。任何制度都是在一定历史条件下形成的以礼俗、规则、条例、法律、政策形式等表现出来的规范。"规范"就是指用以范导人、引导人和教育人的规矩、准则。具言之,"规"是建立根据和形成尺度,为人的发展提供基础;"范"是指明方向、指导发展、疏解困厄。有"规"才有"范",无"规"不成"范",立"规"和树"范"是统一的。"建规""立制""树范"正是为了引导人、教育人、成就人。照此看来,制度的"规范"价值是"规制""规度""规人"互相兼容、三位一体的。其中,"规制"就是制作标准,使事物服从标准来运作,"规矩出方圆"指的就是这个意思。"规度"就是以满足人的需要为目的设定一个发展限度,在这个限度内使人的合理需要得到应有的满足。"规人",就是依照科学标准和理性限度来塑造人、发展人、成就人。"规人"以"规制""规度"为前提,"规制""规度"以"规人"为目的。总之,只有建立制度自信的主体才能知规、守制、识范,才能自觉遵守和维护制度,也只有懂得创新制度、弘扬好制度的主体才能持续形成发展自信,推进全面发展境界。

制度自信对人的发展具有预警价值。"制度"既有刚性的一面,也有柔性的一面。"制度刚性"是指制度的严肃性、公度性。在同一个制度面前,任何主体均是平等的,"制度无私"指的就是这个意思。"制度柔性"是指制度的人文性、灵活性。任何制度的设计、实施都应当融贯人文精神,体现灵活、开放的空间。常言谈的"老人老办法,新人新办法"指的就是这个意思。但是,制度有"柔性"并不意味着"制度"存在某种摇摆性、不确定性。这是因为"制度刚性"所强调的是规范的基线、底线，它设定了主体行事的内在限度。正是这样的限度提示主体应当在制度范围内务实事、办好事、做成事，而不能游离于制度之外。而"制度柔性"所表达的是规范的理想性、涵容性，它意味着主体可在尊重客观事实基础上对"制度"的设计、实施提出改进意见，可参与"制度"的改革创新活动，从而使"制度"更完善、更有人性。"制度自信"意味着主体领受"制度刚性"的特征，也领悟"制度柔性"的意蕴，由此懂得提前预警，自觉限制自己，规范自我行为，在有限性中实现人的全面发展。

应当说，"制度自信"的多维度发展样态与其多元性发展价值是内在关联的。前者体现了制度的健全发展、规范发展、科学发展的样态，这样的发展样态有利于规范人的外在发展，促进人的内在发展，而后者体现了人的深层性发展和全面性发展的内容，这些内容来源于主体对中国特色社会主义制度及其与主体的自信力互相生成性的科学把握。这种把握要求主体坚定制度自信，促进人的全面发展。

三、以制度自信促进人的全面发展

中国特色社会主义制度是促进人的全面发展的制度。坚定对这种制度的自信，既要求人们自觉彰显制度正义，积极参与制度创新，不断完善体制机制，也要求人们反对偏信外来制度，尊重制度发展传统，把握中国制度文化本质，从而促进人的自我解放、自我发展和自我完善。

坚定制度自信，要在反对偏信外来制度和盲信创新制度的过程中解放人。在当代中国，某些人对中国制度尤其是对中国特色社会主义制度不自信，由此而生不信任、不崇奉，反而偏信外来制度，甚至盲信、追捧发达资本主义国家的某些制度。这是十分成问题且有害的：一是因为主体没有勇气面对自己本身，面对国内制度存在的某些缺陷不是理性批判而是回避或漠视，造成偏执；二是因为狂热宣扬、崇奉国外制度，希望通过全面引进国外制度和彻底解构国内制度来实现制度创新，以此重建对制度的信任，造成盲信。对"制度"的偏执和盲信的态度都是错误的,其思维是不切实际的。马克思在批判德国旧制度时就指出,那种"抽象而不切实际的思维"之产生"只是因为现代国家本身置现实的人于不顾,或者只凭虚构的方式满足整个的人"①。马克思对国家的批判诉诸于对国家制度的批判,进而为人的发展创造条件这一论述,是富有启迪意义的。事实上,"国家""社会"和"现实的人"实际上是同一的。对现实的个人而言,只有回归自身,直面制度体制本身,既看到国内制度的优越性,又认识到其不足,在实践的基础上自觉推进制度创新,在创新的感性活动中解放人,发展人,才是正确的出路。

坚定制度自信,要在尊重制度发展传统和人的发展规律的过程中成就人。无论是国家制度、社会制度,还是管理制度、工作制度,都有其特定性、传承性。"中国制度"是中国的国家制度、社会制度、管理制度、工作制度以及各个领域的体制和机制的总体化。"中国特色社会主义制度"是中国特色的政治制度、经济制度、文化制度、社会管理制度以及各个领域的体制、机制的总体化。这就是中国制度和中国特色社会主义制度的特定性。而"中国制度"包括了中国的古代制度、近代制度和现代制度,这些制度对中国特色社会主义制度的形成发展发生了直接而重大的影响,在中国特色社会主义制度体系中,它的各个制度不同程度含蕴中国制度的传统、基因和元素。这就是中国制度和中国特色社会主义制度之间的传承性。尊重制度传统,也是尊重人的发展规律,离开了这个认识,就可能丢失传统。而丢失传统就会漠视人的成长规律,违反人的发展规律。正因为"传统是人们解决各种人类问题的文化途径"②,所以,只有尊重制度发展传统,才能达致"制度自信",才能"道法自然""循道而动",成就人的全面发展。

坚定制度自信,要在把握中国特色社会主义制度文化本质的过程中完善人。"制度自信"体现了中国共产党人与时俱进创新制度的精神

---

① 《马克思恩格斯选集》第1卷,人民出版社1995年版,第9页。
② [美] E. 希尔斯:《论传统》,傅铿、吕乐泽,上海译文出版社1991年版,第7页。

品格。从历史维度看,以毛泽东为核心的党中央领导集体为新的历史时期开创中国特色社会主义制度提供了经验基础和理论前提,以邓小平为核心的党中央领导集体成功开创了中国特色社会主义制度,以江泽民为核心的党中央领导集体充实和丰富了中国特色社会主义制度,以胡锦涛为核心的党中央领导集体在新的历史条件下创新和发展了中国特色社会主义制度,以习近平同志为核心的党中央在新的历史起点上继续坚持和探索中国特色社会主义制度完善之路。应当说,党的每一次制度创新都是重大的文化创新,都是对人的解放和发现。从现实维度看,先进的中国共产党人始终坚持以民主集中制为基础、以人民代表大会制为核心、以政治协商制为中介、以民族区域自治和群众自治制为辅助的中国特色政治制度,并且在中国现代化建设实践基础上成功创制了一系列"五位一体"的互相衔接的制度体系。这个制度体系吸收了具有调控高效优点的计划经济制度,设计了具有现代社会保障和社会保险特点的市场经济制度,因而是推进中国现代化建设的制度体系,也是全方位关照人、为了人发展的制度体系。从文化维度看,作为一种好制度的中国特色社会主义制度,它继承了中国制度文化传统的精髓,渗透了中国共产党人的思想文化智慧、汲取了西方优秀的制度文化元素,因而是实现全面建成小康社会的重要保障,也是促进"每一个人成长和实现幸福生活的重要基础"①。

总之,"制度自信",它在一般意义上意味着主体相信一定的制度或制度体系具有思想逻辑性、政治合法性和客观必然性,它在特殊意义上意味着中国人相信中国特色社会主义制度及其体系具有历史传承性、现实合法性、创生发展性,它在个别意义上意味着推进人的全面发展的自觉形式获得提升。只有坚定制度自信,才能正确整合个人的精神能量和制度的文化力量,才能实现分配合理化、快乐适度化、幸福最大化。

---

① 《习近平在第十二届全运会开幕前会见全国体育先进单位和先进个人代表的讲话》(2013 年 8 月 31 日),新华网,http://news.xinhuanet.com/politics//c_117171570.htm。

第五节 "文化提升"与新社会阶层的组织化

进入新时代以来,中国新社会阶层的人数已经超过7200万人,这些人成为建设中国特色社会主义事业的一支重要力量。党和国家高度重视新社会阶层的组织及其力量的发挥问题。从2000年至今20多年的时间里,新社会阶层不仅在人数上发生了重大变化,在组织形式上也发生了跃迁。基于对上述现实的关注,我国学者对新社会阶层的形成历史、基本特征、主要诉求、重要功能、变化趋势等问题做出了日益深入的研究,取得了较为丰硕的成果,但对于其组织化问题的深层性研究仍然显得较为单薄,需要做跟进性、拓展性研究。

从文化创新视野探讨新时代条件下提高新社会阶层组织化水平的文化机理,在理论和实践相结合的界面阐明:新社会阶层的本质诉求在于获得内含人格认同、能力认同、权力认同的身份认同,实现这样的认同,从个体主体层面看,新社会阶层人士主要通过释放专业能力以彰显本领,通过提高人格魅力以塑造形象,通过参与社会建设以积累功德,通过追求社会荣誉以完善人生等方式,实现自身的持续健康发展;从群体主体层面看,党政机关、统战部门和新社会阶层要形成文化自觉,以特定化设计、专业化服务、精细化管理、政治化发展来科学建构,融入国家治理体系和治理能力现代化框架,实现与中国特色社会主义事业的协调发展。

一、中国新社会阶层组织化问题是一个重要问题

进入新时代,中国新社会阶层组织化问题关联新社会阶层自身健康发展的问题,关联中国社会阶层结构健全发展的问题,也关联中华民族凝聚力发展问题,因而是一个具有现实性、思想性和理论性的重要问题。这样的重要问题已经上升为一个时代性问题。

首先，这个问题具有现实性。现实性问题是具体性、迫切性的问题。从具体性层面看，新社会阶层及相关行业的从业人员超过 1.5 亿人，掌控或管理的资产超过 10 万多亿元①。这只是数量的规定性。面对这个数量的规定性，需要思考的是它内在的本质的规定性。1992 年，建立社会主义市场经济体制以来，多样化的经济成分、组织形式、就业方式、利益关系、分配方式已经引起党和国家的高度关注，新社会阶层组织化问题提上重要议事日程。从党的十六大开始，党中央就从政策上做出安排，强调要发挥好新社会阶层人士的作用。2006 年 7 月，胡锦涛在全国统战工作会议上指出，"我们要坚持充分尊重、广泛联系、加强团结、热情帮助、积极引导的方针"，切实做好新社会阶层的工作，强调"使他们掌握的资本、技术、劳动、管理、信息等生产要素在建设中国特色社会主义事业中更好发挥作用"②。党的十七大进一步强调"鼓励新的社会阶层人士积极投身中国特色社会主义建设"③。党的十八大鲜明提出"鼓励和引导新的社会阶层人士为中国特色社会主义事业作出更大贡献"④。这些表述说明，党和国家对新社会阶层的重视程度不断提高，指导其发展的举措越来越走实走细。从迫切性层面来看，新社会阶层组织化问题事关中国新社会阶层的团结发展问题，也事关中国统战工作动向与成效问题。党的十九大以来，无论是决胜全面建成小康社会，完成攻坚克难的"三大目标"，还是不断推进中国特色社会主义事业，完成祖国完全统一大业，实现中华民族伟大复兴"中国梦"，都迫切需要加强新社会阶层内部的团结，以及加强其与其他社会阶层、社会组织的团结，在团结基础上汇聚力量，促进自身发展。而"组织化"是探索和促进新社会阶层更好团结更快发展的重要方式，也是提高统战工作成效的有力抓手。另一方面，党的十八大以来，党中央提出要构建具有中国特色的国家治理体系，实现国家治理能力现代化，这也是一个极为迫切的重大实践问

---

① 据《中国政协》2006 年第 8 期"经济信息与评论"提供的数据，参见该期杂志第 62 页。
② 《胡锦涛文选》第 2 卷，人民出版社 2016 年版，第 482 页。
③ 同上书，第 637 页。
④ 《胡锦涛文选》第 3 卷，人民出版社 2016 年版，第 636 页。

题。日益壮大的新社会阶层在新的历史起点上再出发，需要回答如何深层融入国家治理现代化框架并获得持续健康发展的问题。而加强新社会阶层组织化的工作体制机制研究，非常有利于回答好这个问题。

其次，这个问题具有思想性。思想性问题是学理性、逻辑性的问题。从学理性层面看，中国新社会阶层组织化问题与中国社会阶层结构协调发展相关联，它是中国建设橄榄型社会必须高度重视和解决的重要问题。马克思主义历史观揭示了人类社会发展的基本规律，阐明了经济基础决定上层建筑的原理。一个阶级或阶层的经济地位决定其在该国家或社会中的政治地位。一个阶级或阶层的经济地位与其政治地位相适应有利于社会阶级或阶层关系和谐。人们从古代社会发展史得出了"私有财产的不断增加必然会导致社会分化"①的客观认识。以此认识来看，随着中国新社会阶层占有社会财富的不断增加，社会分化也会逐步加大。社会分化是任何一个现代社会发展过程中的必然现象，问题是国家应当把它引向中间大两头小的橄榄型社会结构中去，才能实现社会和谐稳定。同时，这个问题也是新社会阶层在思想政治上增强"五个认同"必须解决的基础问题。从改革开放前中国的干部、工人和群众三大阶层，发展到20世纪90年代末的十大阶层，2010年之后原有的十大阶层继续扩大分化，阶层分化中也有回流融合。这就说明，把握新社会阶层的来源、身份、地位、诉求、作用等问题变得更加复杂。面对这样一个现实，如何进一步增强新社会阶层的"五个认同"，成为一个极为迫切的思想政治问题。换言之，弄清增强新社会阶层"五个认同"的学理性依据，要到推进新社会阶层组织化的实践过程中去寻找。其次，从逻辑性层面看，中国新社会阶层组织化问题在本质上需要研究新社会阶层所追求的包括人格认同、能力认同、权力认同在内的身份认同问题。人格认同、能力认同、权力认同和文化认同四个方面具有先后递进和逻辑发展的关系。在身份认同过程中，

---

① [苏] 波克洛夫斯基：《世界原始社会史》，卢哲夫译，江苏教育出版社2006年版，第201页。

人格认同是居于首位的，比如人格尊重。离开对现实的人的人格尊重，其他认同就难以提上来谈。能力认同是对人的生存技能、工作本领与生活艺术的尊重与理解，它是人格认同的较高级发展。权力认同是能力认同的进一步发展。并不是所有人都具有特殊意义上的政治权力、配置资源的权力等权力，这里论述所指向的是新社会阶层人士的生活权、教育权、发展权，蕴含"权力"和"权益"的意义，先赋有"权力"而后拥有"权益"。文化认同是对上述认同的整体性提升与发展。因此，新社会阶层的身份认同问题，归根结底是文化认同问题。

再次，这个问题具有理论性。理论性问题是研判性、治理性的问题。从研判性层面看，阶层的组织化包括内在组织和外在组织，也叫阶层的自组织和社会化组织或社会建构。阶层的自组织是其社会建构的基础与前提，阶层的社会建构是其组织的更高层级的发展，是个体的组织延伸、境界升华。阶层的自组织在社会变动、时代变迁、国家发展转型的条件下有必要向社会建构层面发展。进入新时代的中国，国家的面貌、民族的面貌、人民的面貌发生了很大的变化，新社会阶层从自组织层面向社会建构层面发展，这是新社会阶层自我发展的需要，也是国家实现治理现代化的需要。从治理性层面看，在当代世界面临百年未有之大变局形势下，在国家进入快速的高质量发展新时期，新社会阶层如何进一步发挥独特优势、克服能力短板、实现全面发展？走在中华民族伟大复兴路上，新社会阶层与其他阶层如何加强交往交流、增进团结共识、促进融合发展？在党委和政府视角下，如何加强新社会阶层的政治建设，正确处理其经济诉求、文化认同和政治愿望之间的平衡？等等。对于这些问题，既需要做出正确研判，也需要给予及时回应、科学治理。从总体上看，研判问题是为了实现科学治理，治理问题也有利于促进理论研判，这些环节都离不开对新社会阶层组织化的文化机理的深入探析。

必须指出，中国新社会阶层组织化问题作为一个具有现实性、思想性和理论性的重要问题，与中国特色社会主义进入新时代、中华民族走向伟大复兴、中国共产党领导中国人民走进世界舞台中心这个直接现实是息息相关的，而关注这个现实、回应现实提问、做好时代答卷，很有必要从文化机理这个端口切入对新社会阶层组织化问题作出研讨。

二、中国新社会阶层组织化的内在的文化机理

在新时代的历史条件下，中国新社会阶层组织化问题成为一个重要课题。这是一个理论问题和实践问题的合构，其结合点在于如何理解和把握新社会阶层组织化的文化机理的问题。从本质上看，这个机理从下述内在关联、相辅相成的四个层次展现出来：新社会阶层通过释放专业能力以彰显本领，通过提高人格魅力以塑造形象，通过参与社会建设以积累功德，通过追求社会荣誉以完善人生。

1. 通过释放专业能力以彰显本领

我国新社会阶层从20世纪80年代中后期开始小规模出现，这个小规模的人员与国有企业、集体企业改革分流密切相关，一些具有一定专业技术或手艺的中青年人出离体制，离岗下海。不管这些人是否发了财，最根本的收获在于，这些人在出力打工或出资办厂或与他人合作做贸易过程中，发现一个规律性认识，即一个人越是有专业能力越能够做事、做成事，处于观念比较开放、经济比较发达、人际关系比较简单的地区，有专业能力的人发展空间也比较大。这种实践得出的体悟与中国改革开放释放出来的生产力能量互相适应，促使下海的人敢闯敢干，其收获显然不小。1992年邓小平南方讲话后，中国坚定走社会主义市场经济道路，大量的外资、社会游资能够在中国改革开放的前沿地带找到搞活经济的抓手，建立稳固的产业基地，在这样的形势下创办的中国企业和合资公司，提供了较高的收入和福利待遇，吸引了相当一部分从国有企业停薪留职或离职的干部与熟练技工，还有一部分从大中专学校毕业的学生。直至2000年前后，构建橄榄型社会成为我国建设和谐社会的一个努力方向，新社会阶层中的大部分人以其较雄厚的经济实力聚集于中产阶层，以致人们刮目相看。党的十六大以后，党中央鼓励人们干事业、支持人们干成事业，"放手让一切劳动、知识、技术、管理和资本的活力竞相迸发，让一切创造社会财富

的源泉充分涌流"①，积极引导新社会阶层发展。由于国家政策宽松，社会体制创新，市场机制灵活，就业创业方式多样，到党的十八大前后，新社会阶层更进一步发展。这种发展集中体现在人员数量的扩大化、就业方向的多样化、专业能力的高层化上。党的十八大以来，与整个社会面貌的更新相适应，新社会阶层的创业活动蔚然成风，其创新精神进一步浓厚起来，其创造成果进一步得到肯定与彰显。回顾我国新社会阶层的发展简史，可以发现，在社会历史条件发生变化的背景下，新社会阶层总是体现出独特的社会精神气质，那就是懂得适应形势，善用国家政策，充分释放专业能力，不断彰显工作本领。这种精神气质显然超越了马克斯·韦伯所论述的资本主义伦理精神，彰显了中国特色社会主义新时代的价值追求。

2. 通过提高人格魅力以塑造形象

新社会阶层人士普遍是富有个性的个体人。他们主要从事经贸、管理、法律、教育、动漫、影视、策划、文化、艺术、收藏、旅游、新闻媒体等领域的工作。做好这些工作，除了需要专业能力外，还需要健全的个性和良好的形象。在调研实践中发现，新社会阶层人士一般从三个向度向人们展现自身的形象。一是优越感和游离感并存。新社会阶层人士普遍存在优越感，这种优越感源于对改革开放以来多次发展机遇的把握，以及在比较厚实的经济基础上形成的安全感、幸福感。尽管其对不在体制内工作仍存在一定的游离感，但其优越感、幸福感遮蔽了游离感。二是自由时间和理想空间并用。比较成功的新社会阶层人士通常对自由时间以及创造自由时间有极为理性的把握，他们善于从自由时间里建构理想的事业空间，并在事业层面创造自由时间。其时间理性和创业空间能够影响人。三是掌握资财和渴望荣誉并立。新社会阶层人士经过长时间开拓进取，干事创业取得喜人成果，积累掌握较多资财，与此同时，对实现个人价值抱有更多期待。在一个不再仅仅以资产数量多少来衡量个人奋斗是否成功的社会里，价值评价的多元性更能够呈现出人格魅力的稀缺价值。应当说，进入新时代，

---

① 《江泽民文选》第3卷，人民出版社2006年版，第540页。

新社会阶层人士普遍期望通过提高人格魅力来塑造良好形象,这成为一个基本的文化心理态势。

3. 通过参与社会建设以积累功德

改革开放以来,新社会阶层在不同时期做出不同历史贡献,其中大部分人在参与社会建设过程中建功立业,积累了值得表彰的社会功德。每年由国家和省市表彰的各类先进人物或道德楷模都有新社会阶层人士。应当指出,改革开放40多年来,中国社会建构了一个极为宏大的实践舞台,这个舞台有三个立体的面向。一是面向体制内的公务人员,他们必须在制度框架内恪尽职守,完成本职岗位工作,服务经济社会发展。二是面向非领导职务的专业技术人员和合同制的高、中级技术工人,他们在完成单位工作之余,可以在社会公共空间发挥能力,"凭本事吃饭",多做贡献。三是面向从体制内流出的部分党政干部,活动于社会中间层的专业技术人员,一些学成回国的海归人士。这三类群体人较多浸染中华优秀传统文化,爱国爱家,创新创造,立业立功,在取得一定可喜业绩的同时懂得回报社会,积善成德,取义奉献,弘扬社会主义核心价值观[①]。进入新时代,越来越多新社会阶层人士能够正确处理个我与他者的关系、事业与善德的关系、企业与社会的关系[②],在其心灵深处不断积淀丰厚的仁义精神。

4. 通过追求社会荣誉以完善人生

任何阶层的成长发展都与社会激励密切相关。这就是说,国家提供给各阶层用于激励其竞争和发展的制度、政策越多越好便越有效。对新社会阶层人士来说,激励也同样重要。由于新社会阶层人士总体素质比较高,跨领域从业比较多,对社会贡献不断增多,专业影响力不断增强,在国家鼓励干事创业背景下,他们追求稳定发展,也渴望社会荣誉,"渴望进一步提升自己的社会地位","向上流动到社会精英

[①] 张海东等学者所著《中国新社会阶层——基于北京、上海、广州的实证分析》(社会科学文献出版社2017年版)提供了有力佐证。文中指出,中国新社会阶层对政治参与、社会组织参与、公益活动参与、网络参与的意愿较强,具有积极的人生观、显著的竞争与创新意识。参见该书第264、310页。

[②] 张海东等:《中国新社会阶层——基于北京、上海、广州的实证分析》,第264、310页。

层"①。在通常情况下，阶层的自组织与其个人的人格、能力相联系，而阶层的社会建构与其参与的社会建设、追求的社会地位和获得的社会荣誉相联系。正是基于这种认识，若国家加强顶层设计，社会管理组织健全完善对阶层成长发展的激励机制，比如：对新社会阶层代表人士的捐赠给予命名，对其参与重要救助扶助行为给予证书，对功勋人物和道德模范给予表彰，对优秀代表人士给予合理的政治安排，等等，其意义十分深远，因为这些上升为国家层面的政策措施或激励制度与新社会阶层的精神追求是高度契合的。实践表明：国家设置各类功勋荣誉称号，在各个领域各个系统开展表彰奖励，必将扩大阶层影响力，增强社会聚合力，提升民族凝聚力。

应当说，中国新社会阶层组织化的文化机理含括了主体的专业能力、人格魅力、事业功德和社会荣誉四个层次，体现了主体的创造价值和客体的发展价值的统一、主体的理性精神和社会的道德精神的统一，这些统一既是新社会阶层对国家治理现代化要求的必然回应，也是新社会阶层加强自身建设、实现合理诉求的基本前提。在当前和今后一个较长时期，需要不断深化认识新社会阶层组织化的文化机理，不断探索推进新社会阶层组织化的文化路径。

三、推进我国新社会阶层组织化的若干文化路径

推进中国新社会阶层组织化，要以文化之，即以中国特色社会主义先进文化来化成它，以特定化设计、专业化服务、精细化管理、政治化发展等方式来科学建构。经过科学建构、以文化成，坚持中国特色社会主义"四个自信"，不断增强"五个认同"的新社会阶层必将成为一支推进中华民族伟大复兴的重要力量。

1. 以特定化设计打造个人形象、提升群体魅力

在当代社会，特定的行业、领域都具有特定化标志。这个标志不单是某个专业某个领域的标识，同时也是从事该专业该领域人士的文

---

① 陆学艺：《当代中国社会阶层研究报告》，社会科学文献出版社 2002 年版，第 105 页。

化形象标志。"特定化"不等于"固化",虽然固化是一种特定化,但是对新社会阶层人士而言,以特定化设计来打造个人形象,并非为了固化阶层利益,而是着眼于提升群体魅力。"特定化"也不等于"特殊化",因为以特定化设计来打造个人形象并不是针对个别人,而是使之服务于整个新社会阶层。问题就转变为:以什么样的特定化设计来打造个人形象?这就要考虑文化出场问题,促进文化传统传承与创新:一是提炼新社会阶层的发展理念。这些理念既要体现新发展理念,又要与本阶层特征相适应。二是设计新社会阶层的专用徽章。这个徽章适用于个人佩戴,其图标可用于制作新阶层的服饰、提包等。三是新社会阶层的活动口号。这个口号要把国家要求、社会理想、阶层使命结合起来,形成富有时代气象和吸引力的口号。应当指出,不同省区和市县的新社会阶层联合会或分会设计和运用特定化标志可以有地方特色,但"新社会阶层"这个最重要的符号意义不能缺失。正像中国共产党的党徽能够给每个党员带来形象与魅力的提升一样,新社会阶层成员也应当以特定化标志来增强阶层团结,增强发展信心,提升文化魅力,促进阶层壮大。

2. 以专业化服务促进个人能力全面发展、提高群体本领

不断推进人的全面发展是建设中国特色社会主义的本质要求[1]。发展个人能力契合能力主义时代要求。进入新时代,党内外干部普遍存在能力不足、本领不强的现象。对此,习近平同志在党的十九大报告中指出,要"注重培养专业能力、专业精神,增强干部队伍适应新时代中国特色社会主义发展要求的能力"[2]。新社会阶层人士也存在这样或那样的能力不足、本领不强的短板,以致不完全适应新时代中国特色社会主义发展要求。面对这样的现实,就要让文化出场,让思想理论、科技文化入脑入心,增强新社会阶层组织化、科学化建设水平,以专业化服务促进个人能力全面发展。"专业化服务"内含两个规定性:一是党政管理部门、新的社会阶层联合会要设计有关专题议题,

---

[1] 《江泽民文选》第3卷,人民出版社2006年版,第294页。
[2] 本社编写组:《党的十九大报告辅导读本》,人民出版社2017年版,第63页。

创立调研和活动项目,开展思想政治和业务培训,为新社会阶层人士提供专业化服务。这个服务重在提升新社会阶层人士的思想政治能力,增强"四个意识"。二是新社会阶层人士自身要积极发挥专业优势,提高科技文化服务能力,为社会建设提供专业化服务。这个服务重在提升新社会阶层人士干事创业、担当斗争的能力。上述两个"专业化服务"是两位一体的组织过程,是文化建构和文化融合的过程,这个过程将有力促进新社会阶层人士能力的全面发展,在此基础上整体地提高群体干事和发展的本领。

3. 以精细化管理引导个人参与社会建设、提高群体事功

提高新社会阶层组织化水平离不开精细化管理。精细化管理是文化出场、化育社会的具体实现形式。推进"精细化管理"需要创造三个条件:一是健全的社会组织平台。比如,建立由党委领导、统战部门指导的"新的社会阶层人士联合会""知联会"。二是精细的网格化布局。从省、区到市、区和县,做到新的社会阶层人士的姓名、籍贯、职业、职称、特长、履历等资料入网全覆盖,形成以数字化、信息化为基础的网格化管理布局。三是精准引导新社会阶层人士参与社会建设。不同地方、不同专业、不同领域的新社会阶层人士各有其所长与所短,党政部门应当依据地方实际,分人群、分层次、有目的地引导新社会阶层人士参与社会建设。比如,就贯彻新发展理念,把雄安新区建设成为中国世纪性工程的问题,引导新社会阶层人士从新发展理念的五个层面分别切入,建言献策。又比如,就落实党中央重大决策,把深圳建设成为中国特色社会主义先行示范区的问题,引导新社会阶层人士针对示范区建设的经济目标、科技目标、文化目标、环保目标、生活便利性等展开研究,提出富有前沿性、可操作性的精准举措。让文化出场,就是使每一个新社会阶层人士参与社会建设的积极性、创造性被充分调动起来,使整个群体发展的事功熠熠生辉。

4. 以政治化发展形成范导力量,完善群体人生境界

提高新社会阶层组织化水平要把讲政治、敢担当、升境界统一起来。在庞大的新社会阶层群体当中,有相当数量的优秀代表人士。这些代表人士具有良好的政治品格、丰富的实践经验、勇毅的创新精神、

显著的发展业绩和诚信的行业口碑，他们对参政议政、建言资政、奉献社会也有较高热情，对这样一些代表人士要给予合理的政治安排，选举其为人大代表、政协委员，推荐其到地方政府有关部门挂职、任职。这样就为新社会阶层人士树立了典型示范，在社会上形成向先进看齐的引导力量。对党政机关和统战部门而言，既要克服"对社会组织及其联系的新社会阶层人士存在底数不清、联系不上、说不上话"[①]的不足，也要建立和畅通从体制外进入体制内的流动渠道，为那些有责任意识、使命意识、进取意识、有更高境界追求的新社会阶层代表人士创造有利条件。随着越来越多新社会阶层人士坚持历史担当，"担国家民族之大任，当新时代新征程之先锋"[②]，新社会阶层这个群体主体的人生境界也将获得新的提升。这就说明，让马克思主义文化出场，把政治文化、责任文化和境界文化融贯于新社会阶层组织化过程中，就能够发挥以文化人的潜在力量，也能够促进新社会阶层健康发展。

总之，当代中国新社会阶层已经成为社会中间层，成为建设中国特色社会主义事业，推进中华民族伟大复兴的一支重要力量，在这样的历史条件下，各级党政机关和统战部门要从理论层面重视研究新社会阶层组织化的文化机理问题，以马克思主义文化意识形态引导个体主体树立"四个自信"，塑造良好形象，发挥专业能力，参加社会建设，追求社会荣誉，增强"五个认同"；在实践层面要加强对新社会阶层群体的科学治理，通过建立特定化设计，完善专业化服务，实现精细化管理，促进政治化发展，使之深层融入国家治理体系和治理能力现代化框架，从而获得持续健康发展。

[①] 宋华忠：《新社会阶层的兴起与中国共产党领导权实现路径》，上海人民出版社2014年版，第195页。

[②] 中共中央宣传部：《习近平新时代中国特色社会主义思想三十讲》，学习出版社2018年版，第340页。

第四章 文化开放与马克思主义的解释力

第一节 世界历史视野中的文化开放

随着社会开放的扩大与深入,现代化与全球化相交织,中国化与西方化相融合,出现了不少突出的全球问题,其中一个难以回避的问题就是文化开放问题。理论界更多从一个国家、地区或一个历史时期展开阐释,着重研究文化为什么开放、开放什么、怎样开放,至于文化开放存在怎样的总体性特征,至今并没有取得完全一致的意见。马克思主义对此问题具有强大解释力,这与其具有世界历史视野不可分离。从哲学研究范式看,"渐远"与"逼近"是表征文化开放的范式,它们是考察当代文化开放的双重视域;从总体理论特征看,多元共存、和谐开放、远近相宜是文化开放的发展趋势。从马克思主义的世界历史视野出发,正确把握这个趋势,运用好文化开放成果,形成中国哲学新的思想资源,就能够为构建社会主义和谐社会提供价值指引,也能够为建设和谐亚洲、美好世界作出新的更大贡献。

一、"渐远":文化开放的前思范式

所谓"前思",简言之就是在思之前。在人们思考文化问题之前,隐藏在文化问题之中的内在的规律已经存在,这些规律并非由人设计、

创造，而是具有不以人的意志为转移的先在性、不以文化事件及其现象之流变而变动的超越性。这种先在性和超越性分别决定了文化发展的确定性、必然性和文化进步的开放性、创新性。这两个基本特性构成了世界历史进程中文化开放的前思范式，此处把它表述为"渐远"。

在传统的观点看来，封闭社会基本不存在文化开放问题，即使有"开放"景象，也给框上了一个阶级局限、历史局限，这就终结了本应该得到挖掘的开放的活性文化因子。我们并不是为了证明中世纪乃至近代以来有多少文化开放景象被忽视了，而是力图阐明：第一，文化开放抑制不了，即便是在封闭社会也是这样，与开放社会相比，封闭社会的文化开放只是程度与范围不同、延续时间长短不同罢了。第二，不符合时代要求、不适应人的自由而全面发展的那些文化基因在文化开放条件下逐步变异、消隐，以致消失。随着这些文化基因的流变，传统的存在形态也发生变异。一方面，传统的原生形态的部分文化基因或自动压缩，或被迫放弃，渐行渐远，就像似水年光，迢迢去不停；另一方面，传统的原生形态的另一部分文化基因或自我膨胀，或创生充实，就像脱胎新人，茁壮成长。从世界历史视野考察，那些制约、羁绊乃至扼杀文化开放的思想、理论、思潮及其行动必然逐渐远去以至终结。这一过程存在下述主要表现。

1. 人性战胜神性：统治思想观念弱化的文化发力

世界历史进程中的文化开放，从最深层看，它是从人性的自觉开始的。人性的萌发降解了神性的威严；人性与神性的较量闪耀人性的光辉。人性战胜神性是从马克思主义的创立开始的。马克思主义哲学以实践唯物主义的"真精神"变革世界，促进了"真人性"与"真主义"的统一，既启发了西方的科学理性主义，又激发了东方的道德人文精神，这是统治思想观念弱化的深层文化发力。

在整个封闭社会，独立国家的政治统治不仅来自封建律法的强制，也来自思想观念的威严，对近现代的殖民地半殖民地国家或后发的依附型国家而言，后者所延续的影响或作用更为严重，因而思想观念的解放特别是在文化层面的开放对这些国家的发展就具有特别深远的意义。但是，这种影响或作用在西方和东方又具有不同特点。

在西方的文化传统中，神学驾驭科学，神权大于人权，一直居于主导地位。进入近代后，西方人文主义精神开始复兴，人的主体性得到张扬，从"人为自然立法"到"人为自己立法"，极大地削弱了"神为人立法"的精神统治，改变了人按照上帝旨意办事、立业、生活的恒定规则，极大地刺激了西方市场经济和市民社会的快速发展。"从一定范围看，自文艺复兴以来的西方社会的发展史就是逐渐摆脱和远离传统宗教及其世界的发展历史，也是人类逐渐树立自身信心的发展历史。"① 作为承继这种历史的一脉，即强大的后人文主义思潮，以福柯、德里达为代表的哲学家宣扬非主体、无中心主张，显示对传统的人性与人类中心主义的反感与抗击，希图反拨真人性的淹没和真主义的疏离。这种"真人性"，就是对人权的抽象化的人类中心主义和神权的世俗化的极端个人主义所带来的种种弊害的觉醒；这种"真主义"，就是坚持整合中求得和解、在和合中走向超越而形成的科学理性主义。

在东方的文化传统中，礼教统束文教，理性扼杀人性，自朱子以降曾经长期统治着人们的思想神经。尽管这种落后意识形态在现代也并没有完全消除，但是从世界历史视野考察，宏观意义上的中国文化开放，则既一脉相承华夏文化优秀传统，又与时俱进接纳外来先进文化，同时择善而从、融会贯通，展现了仁政德治、和谐育民的伟大创造力。此乃中国文化开放何以具有典范性的意义与价值的因由。在黑格尔看来，"只有黄河、长江流过的那个中华帝国是世界上惟一持久的国家"②，中华民族至今屹立于世界民族之林，主要原因在于：一是从黄河流域不断向南推进，向长江流域、珠江流域推进的内源性传统文化没有发生重大变异。以隋唐为例，"所有典章、制度、文化等，多系汉族与其他各族所分别创造"③，随着经济重心的南移，"五代十国开始，中国文化的重心也开始转到了南方"④；二是从中亚、印度、日本、东南亚等地吸收外来文化，渗透、延伸到中国各地各时代的外源性创

---

① 徐文俊：《理性的边缘》，中山大学出版社2000年版，第1页。
② ［德］黑尔格：《历史哲学》，王造时译，上海书店出版社2001年版，第117页。
③ 周谷城：《中国通史》上册，上海人民出版社1957年版，第442页。
④ 王连升：《简明中国通史》上册，中央广播电视大学出版社1993年版，第282页。

第四章　文化开放与马克思主义的解释力

新文化不断有所增进。它主要表现在：汉唐时代以佛教为依托促动印度文化、希腊罗马文化传入中国。元代进一步提出了宗教信仰自由，制定了优惠通商政策，开辟了海上丝绸之路。这些交往、"交流让中国认识了世界，世界也认识了中国，东西方之间的神秘面纱被揭开，世界文明史由此进入了新的时代"；因而古代中国建立了与西方和阿拉伯世界交流、对话的开放机制、体制，促进了中国的国际化，开创了欧亚大陆区域之间文化交流最繁荣的时代[①]。明朝郑和下西洋是中国航海史的重大壮举，也是中国对外文化开放的重要典范，明朝使者向目的地国带去了和平与友谊，传播了中华文明。清代开明学者、仁人、志士废科举、兴学校、派留学、办学会、译书刊，着眼于"师夷长技以制夷"等，则是在民族危机前提下推进的文化开放。20世纪初期，马克思主义为中国先进的共产主义者所掌握后，经过五四运动的革命洗礼，提倡民主反对专制，提倡科学反对迷信，提倡新道德反对旧道德，以新文化反对旧文化，它以思想启蒙为先导，写下了中国现代文化开放的新篇章。

在世纪转折关头，以邓小平为代表的先进的中国共产党人，解放思想，实事求是，拨乱反正，推动改革开放，发展中国特色社会主义，成功解决一系列历史遗留问题，使全方位、多层次、宽领域的"大开放"思想深入人心，取得伟大建设成就，形成了具有中国特色的开放发展模式。在俄罗斯经济学家看来，"中国的发展模式，或者说东亚的发展模式，对所有发展中国家具有难于抗拒的诱惑力，因为这种模式引发了世界经济史上前所未有的一轮增长"[②]。从文化哲学角度看，中国模式是中国文化成就的典范之一。这个典范不仅为朝鲜、越南、古巴等社会主义国家所借鉴，而且让越来越多西方发达国家刮目相看、加以综合研究，从而深刻影响了世界历史进程。

2. 渐远润泽重构：文化意识形态剥离的历史记录

从学理上看，文化具有两重属性。一是作为政治意识形态、思想

---

① 参见乌恩：《元朝在中国文化史上的地位和影响》，《光明日报》2006年9月4日。
② ［俄］弗拉基米尔·波波夫：《经济奇迹：中国模式挑战新自由主义》，《参考消息》2006年10月1日。

统治工具，着重于制度规范与价值取向方面；二是作为日常生活形态、消遣娱乐方式，着重于行为方式与生活态度方面。前者自古以来就被统治阶级、有产阶层、世袭势力看作私有的，接受文化教育也是这些富有的人或既得利益阶层的特权，从而在文化层面加以垄断变成加强阶级统治、巩固祖宗基业的重要战略选择。基于这种理解与认识，把文化看作政治统治构成的意识形态就不可避免了。统治阶级的思想在每一时代总是占统治地位的思想。这些思想或思想意识是阶级关系在观念、制度、价值取向上的反映。在封闭社会，人民一直受到它的强大压迫。在中国，秦朝发动"焚书坑儒"、清代制造"文字狱"，无不是通过摧残文化以钳制社会思想、强化封建集权统治。在欧洲，16世纪的加尔文主义，制造了旨在"对人类的冲动和欲望强加以迄今没人设计过的、苛刻的控制"①，最终使人们"为平凡捐弃了非凡，为彻底驯服的屈从捐弃了创造性的自由"的宗教教规，就是把文化当作政治意识形态、思想统治工具来使用的。

19世纪以来，在西欧乃至美国，随着市民社会的形成，文化消费主义日益扩张；在包括中国在内的东方，随着中产阶层的扩大，凝集为日常生活形态、消遣娱乐方式的文化发展开放趋势，已经不可逆转。反而，在生活世界日益澎湃的今天，无论是世界层面的宏大叙事，还是生活小节的话语交流，作为意识形态的文化被逐渐剥离开来，这是世界历史进程中文化开放的重要趋势。

首先，在哲学层面考察，主体间性的出场及其延伸是近代以来哲学发展转型的重大问题，中国哲学理性开始展现从思想精神理性回归交往实践理性的曙光。其次，在文学层面考察，文学的主体间性日益凸现是历史赋予的合理性与必然性，文学追求现代性的内在要求越发迫切。再次，从历史叙事逻辑来考察，进入开放时代，叙述合法性日益重要，它从虚幻的意识形态中剥离开来，现实生活价值及其意义才能彰显出来，因为"缺乏力量，我们的生存与繁荣将受到威胁，而迷

---

① ［奥］S. 茨威格：《异端的权利》，赵台安、赵振尧译，生活·读书·新知三联书店1986年版，第57页。

第四章　文化开放与马克思主义的解释力　　　　　　　　　　　　　197

失意义，我们的文明将陷入危机"①。最后，从日常生活世界批判的角度考察，自改革开放以来，中国社会生活的演进也呈现出回归生活世界的倾向。对此，中国学者指出，"在当今世界历史进程中存在着两种不同性质的日常生活变革的重建"，中国就属于"由前工业文明向工业文明过渡的社会超越传统日常生活的自在性质，使人由自在自发的日常生活主体向自由自觉的非日常生活主体转换"② 这一种。随着社会体制从浅层、局部向深层、全面的不断开放，人的现代化也不断得到一种深层次的文化启蒙，实现一种深刻的文化转型。无疑，这种转型本质上是文化开放的产物。

在世界历史视野中，人朝向全面而自由的发展是一个不可逆转的总体性趋势。进入开放社会之后，文化的政治意识形态作用日渐弱化、远去。而融入世俗社会的生活习惯、生活方式表现人民的生存状态所构成的物态、活态、心态文化，不仅不能被消除、消灭，反而不断扩散、延伸开去，日益逼近了。

3. 觉醒映现哀叹：殖民文化理论衰落的末世影像

殖民是人类社会发展进程中的一大罪恶。随着殖民地国主权意识的觉醒、民族精神的缔造、文化理论的建构，作为殖民行径的理论支撑或基础也坍塌下去。对殖民者来说，只有悲叹与无奈；对独立民族来说，带来无限振奋。这些文化现象的凸现可以看作是世界文化开放的重要影像。

主权意识的觉醒。国家主权是一个国家存在的根本法则与明证，从来就是不可商谈与移易的绝对权力。直至20世纪中叶，非洲最后一个殖民国家纳米比亚的独立，20世纪末期中国先后收回香港、澳门，恢复行使主权，标志着西方殖民主义在非洲和东方的终结，也是世界殖民体系的崩溃，同时也表明殖民文化理论开始走向衰落。因为殖民地总是殖民文化及其理论衍生的基地与温床，失去殖民地的殖民文化理论只有思想意识的影响，难有现实威胁、压迫或扩张的平台。世界

---

① 周建漳：《历史及其理解和解释》，社会科学文献出版社2005年版，第249页。
② 李小娟：《走向中国的日常生活批判》，人民出版社2005年版，第12页。

殖民地国家的独立是主权的独立，而主权的独立首先在于主权意识的觉醒，这种意识的觉醒必然引发资本主义世界的文化危机。在萨义德看来，两次世界大战后，"西方正在进入一个文化危机的新阶段，这一危机的产生部分根源于西方对世界其他部分控制力的减弱"①。这种控制力的减弱与亚非拉民族民主解放运动的高涨紧密联系。特别是 1955 年万隆会议的成功召开，参加国通过多边外交磋商、会谈，求同存异，达成维护民族独立、保卫世界和平、促进友好合作的共识，有效瓦解了殖民文化的封锁力、控制力。21 世纪前后，发展中国家采取一切可能的合法形式，在 WTO 等国际组织平台上，为争取公平发展机会、拥有平等话语权、建立公正合理的国际政治与经济新秩序，继续作不屈不挠的斗争。这个现象无疑应该看作是发展中国家主权意识觉醒的重要方面，以及对"新殖民主义"抬头或复辟的可能的一种预警。

民族精神的缔造。世界上每一个民族都有自己独特的文化、传统与精神。保持文化独特性、铸造民族传统、弘扬时代精神成为国家发展、民族振兴、走向现代化的重要财富。因此，殖民地国民族精神的成功缔造，并得到充分阐发，最为重要。在伊斯兰学者爱敏看来，阿拉伯许多国家在第二次世界大战后获得独立，离不开阿拉伯—伊斯兰文化体系的建立与完善，尤其离不开阿拉伯文化的开放性：一是对外来文化包括埃及、印度、希腊、罗马、波斯文化的融解与吸收，增进伊斯兰教的理性文化精神；二是对阿拉伯语的爱护、尊重与广泛使用，维系了民族解放战斗的武器，保持了良好的民族传统，坚固了阿拉伯文化与学术的基础。在复杂的政治、经济斗争中，两者的内在统一缔造了阿拉伯各国独有的民族精神，极大动摇甚至促进了殖民文化理论的没落。尽管殖民主义的思想理论完全可能以新的幌子、变更的形式存在于旧的国际政治秩序、经济秩序之中，但是，像带着某种偏见的黑格尔所描述的英国殖民者，或者类似殖民者的"世界警察"的"美好"形象将难于为世界各国特别是发展中国家接受了——"英国人担任了伟

---

① [美] 爱德华·W. 萨义德：《东方学》，王宇根译，生活·读书·新知三联书店 1999 年版，第 329 页。

大的使命，在全世界中做文明的传播者；因为他们的商业精神驱使他们遍历四海五洲，同野蛮民族相接触，创造新欲望，提倡新的实业，而且是首先使各民族放弃不法横行的生涯——"①。然而，对黑格尔所述的事实要作出有力的反应却需要具备一个前提条件，即发展中国家的民族精神得到了正确、广泛的阐扬，并且内化为进取民众的思想灵魂。

文化理论的建构。民族国家或地区对文化理论的合理建构反映了那些代表国家和民族利益的社会精英阶层的文化自觉与开放精神。从中国社会发展史看，以毛泽东、邓小平为代表的中国共产党人坚持把马克思主义普遍真理与革命建设实际、中国的传统文化相结合，创立了新民主主义学说与中国特色社会主义理论，中国人民在这些学说、理论的指引下，摧毁了包括殖民主义、法西斯主义在内的一切旧的黑暗统治，解放了普罗大众，缔造了光明中国。因此，这些科学学说、理论是适合于中国不同历史阶段的比较彻底的社会发展理论，也是成功建构的反殖民主义的文化理论。从阿拉伯—伊斯兰世界看，尽管这些国家的社会制度不同、意识形态不同、文化传统不同，甚至宗教信仰也不同，伊斯兰教世界的思想家或哲学家们基于两个多世纪以来在领土、习俗、教育、经济发展等方面，受到殖民文化的入侵造成的种种不幸，自觉反思"伊斯兰教传统和现代化之间的关系"②，展开了具有民族特色的宗教理论、哲学理论和文化理论创造，以此抵御或拒斥殖民文化带来的不良影响。像纪伯伦基于摆脱地域文化、民族文化和宗教文化偏见的世界文化立场而主张的地球村思想、卡扎菲为建立民众国社会的"世界第三理论"、爱敏具有整体客观主义的文化哲学思想、拉巴比为促进人格完善、实现人的解放的人道主义哲学思想，等等，就其在为民族解放、国家稳定、社会发展与人民幸福的意义而言，具有一定的理论与现实价值。

4. 渐远导致放逐：文化保守主义退却的时代选择

文化保守主义实际是一种文化守成主义、文化封闭主义。在保守

---

① ［德］黑尔格：《历史哲学》，王造时译，第449页。
② 蔡德贵：《当代伊斯兰阿拉伯哲学研究》，人民出版社2001年版，第4页。

者看来，和国粹同在的糟粕也应该一起"保护"起来，不能使之受到外来的丝毫阳光与空气，以免被氧化或腐蚀了。其心态似乎是保护，实际则极大有害于传统文化的继承与创新。对中国而言，清王朝的闭关锁国政策就是文化保守主义的"遗产"；在改革开放之前，固守苏联社会主义发展模式也是一种文化封闭主义。对世界文化开放而言，文化保守主义并不能抵御文化激进主义的冲击或文化现代主义的包围。就像20世纪70年代的伊朗，巴列维大量引进西式建设思想与消费观念，强烈地冲击了原教旨主义主导的文化保守框架。不过，任何一个独立的具有自己特色传统的国家在选择现代化道路的过程中，如若不能获得最大多数人民群众的高度认同，那些不切合社会实际的追求放纵的集群主义、表现个人的英雄主义、迎合时髦的激进主义，以及带着现代化幌子的文化消费主义、后现代主义，一律不能摆脱被终结的命运，渐远而去。因为，一方面文化保守主义不能给人民带来开放的创新文化与享受，另一方面文化激进主义又不能切合实际地改造传统文化中的劣根性部分以创造出有特色的现代文化，因此，两种思想观念的对峙、两股文化力量的冲突、碰撞不可避免。在贝尔看来，"资本主义社会由于缺乏一种来自空洞信仰和干涸宗教的文化，便反过来把要求'解放'的文化大众的生活方式当作自己的规范，然而，这种文化对所有实际经验都无法给予确定的道德或文化指导"①。因此，即使是"作为一种创造性力量"的现代主义也要走向完结。尽管从哥伦布发现美洲开始，至今已有500多年历史，从文化发展角度看，"亦是以西方文化为中心"②，而且，在孙隆基看来，自全球化出现至今，西方文化存在一个个人设计"不断开展"、经济活动"不断成长"、推动社会"不断改进"的"深层结构"③。事实上，在近现代资本主义世界，"西方文化中心论"或"人的发展（设计）深层结构论"都存在文化保守主义不断退却这样一个渐远性认识维度。在世界历史进程中，因为

---

① [美] 贝尔：《资本主义的文化矛盾》，赵一凡等译，生活·读书·新知三联书店1989年版，第196页。
② 蔡德贵：《当代伊斯兰阿拉伯哲学研究》，第3页。
③ [美] 孙隆基：《中国文化的深层结构》，广西师范大学出版社2004年版，第9页。

人类个体具有"越来越多地获取一种体制化的或超越于人的生物特性之外的文化能力和创造能力"①，他们永远不会满足于狭隘的地域性的时间与空间的有限存在，就不可避免要出现一种或多种能够代表社会正义方向与促进人的全面而自由的发展的新的文化思潮或动向，马克思、恩格斯在《德意志意识形态》中用"世界文学"的形成来描述这种思潮或动向，它以日益逼近的文化开放的反思范式表征出来。

总之，在世界历史视野中，文化开放是一种从封闭逐渐走向开放、从内蕴走向外发的文化自觉，它以多种渐远的反思范式展现出来，这是人与社会双向互动走向现代性、是价值理性与工具理性互为激荡的批判选择。

二、逼近：文化开放的反思范式

"反思"就是思想以自身为对象反过来思之，对思考的客体或思想的成果的再思与深思。而为了变革旧思想、创造新生活，就需要对构成思想的"前提"进行批判②，这些"前提"的凝结成为反思范式。在世界历史视野中，导入现代性、摈弃劣根性、延伸传统性、提升人文性，就成为面对文化经济勃兴、文化保护强化、多元文化认同、功利主义出现转型这些不可抑制的、日益逼近的文化开放的反思范式。

1. 潜流与激流的涌动：文化经济勃兴扑面而来

文化经济的勃兴是技术、知识、管理、品牌成为全球共享的时代需要，是世界历史进程中文化走向更加开放的必然产物。从本质与特征考察，文化经济既是潜流又是激流，向人们不断逼近。

从文化经济的本质看，文化经济是一种精神经济和生态经济、开放经济与福利经济的统一体。作为精神经济，它是精神、思想生产覆盖、融移到物质上以产生经济利益的新型生产方式。有人认为，文化经济就是建立在人文精神和知识、技术高度发展基础上的新型经济③。

---

① [美]爱德华·W. 萨义德：《东方学》，王宇根译，第351页。
② 参见孙正聿：《思想中的时代》，北京师范大学出版社2004年版，第7页。
③ 参见谢名家：《文化经济是以人为本的经济》，《南方日报》2004年4月14日。

也有人指出，精神经济是"当今世界的最具影响力的历史事件"[①]。作为生态经济，它体现了文化生态持续发展的内在要求和人的生活状态、生存秩序得以和谐延续的内生逻辑。作为开放经济，它是人类社会创造的精神财富包括知识、智慧、情感、传统日益获得平等、共享、增值机会的开放过程，是个人自由、精神自由、思想自由乃至民族自由面向未来的价值求索。作为福利经济，它要改变文化教育与文化资源的生产、分配仅仅隶属于资产阶层的弊病，使之惠及最大多数群众，因而从价值意蕴看，文化经济是人类精神的发扬，是人的本质力量的确证，是21世纪人类文明新的发展起点与标尺。

从文化经济的特征看，文化经济形成了独特的精神化的运作模式与发展规律。

一是需求的内向化。文化经济的兴起与其满足人的精神性需求不无关系。这种满足具有内向化特征，它不会因为物质资料满足人而独立存在、不满足人而成非存在，因此，它倾向于人不同程度的精神向往与寄托。以往人们认为，人总是在物质需求得到满足后才能提出并上升到一种文化、精神性的需求，这样，在物欲得不到满足情况下，文化的或精神性的必要需求就被遮蔽了、忽视了。因此，似乎应该说，只是在物质需求满足甚至相对过剩后，文化经济可以把人的内在化的精神性的需求挖掘得更深、发挥得更充分罢了。这样的话，逼近人们现代生活的，是来自经济力量的激流与来自文化力量的潜流双重化的紧迫。

二是生产的知识化。全球化的生产体系与以知识作为整体生产方式发生紧密关联，从而引起以创新型知识为中轴的文化经济的兴起，这里有两个基本关系改写了过去以经验型知识为主导的生产结构：一是知识、技术的生产、管理在社会经济发展中处于核心与主导的地位；二是社会以知识产品、技术产品、信息产品为载体或介质建立起新的经济运行方式，进而形成新的经济发展形态，这种发展形态与人们当下的科技型、创新型、生态型、文化型的生活方式是高度适应的。概

---

① 李向民：《精神经济》，新华出版社1999年版，第55页。

括起来，知识的生产、技术的生产以及知识和技术的管理产生的是知识产品、技术产品和信息产品，这些产品可以看作是一定文化生产力的载体、总和，也可以看作促进社会生产力发展的科学的内在要素。

三是流通的虚拟化。从两个层次看，首先，文化卖不掉，但是作为精神价值的文化以精神性存在的文化成果可以通过实践或虚拟的方式被嫁接、转化、复制和增值。其次，文化不能流通，从概念上看，文化流通是讲不通的，因为在20世纪80年代，在高速、宽带、海量的互联网信息平台完善建构之前，商品流通中的实物在时间与空间上很难与商流、资金流、信息流保持着一致，换言之，文化产品的实物流与商流、资金流、信息流是分开的，完全交叉或颠倒，而20世纪90年代中后期以来，尤其是进入21世纪，借助于发达的互联网络和创新型金融产品，当代意义上的流通包括实物流、商流、资金流、信息流、人才流在空间上难于分开，各要素在时间和空间上保持一致。但是，正是这种看似无序的有序才使交易各方实现了愿望、利益满足的最大化，正是高速率的资金融通、高速度的信息沟通、高质量的意向会通使得文化的流通成为完全可能。文化经济就是在创新的文化产品基础上体现文化生产力，又在文化生产力基础上创造更好更多的文化产品，成为新时代不可阻挡的发展潜流与进步激流。

四是交往的无纸化。交往是人的存在方式，也是文化经济的运行方式，作为文化经济意义上的交往是文化交往与经济交往的复合化。从文化交往看，主体之间借助发达的电子办公平台，从计算机、通信工具到互联网或局域网，再到电子邮件、数字化产品，完成信息的生成、占有、交换以至达成有关成果的分配，这个过程是互主体把物质文化成果精神化、无纸化的过程。从经济交往看，主体的精神化、无纸化交往并非不讲经济利益，相反是为了取得更好的收益与分配，是更高层级上的经济创造活动。在自然资源日益短缺、稀有资源更加匮乏的当代，人们已经深刻认识到建立生态理性的迫切需要，这就是以尽可能低或少的资源、资本和劳动生产出最大化的能量、使用价值和生态化效益。交往的无纸化、数字化就是其中的一种重要方式。从整体上看，文化经济的勃兴加强了社会主义经济发展动力，改变了粗放型经济增长方式,形成了快速、持续、协调、高质量发展的经济态势。

2. 警醒与自觉的并重:文化保护强化时不我待

全球化中的经济全球化与文化全球化紧密交织,无情地占有、同化、替代、扫荡、淹没一个民族、国家或地区的传统文化和文化传统。随着文化经济的勃兴,恢复和振兴国学,保护非物质文化,抢救民间文化传承人,防止传统文化消亡,抑制文化传统断裂,就像危机逼近一样不可犹豫、耽搁。但这种不断逼近的危机,却被表面的欢乐所掩盖。因此,加强文化保护,特别是保护传统文化相当紧迫。

面对文化消亡的警醒。在全球化时代,现代性扩张的一个重大后果就是民族文化被侵入、肢解后逐步消亡,而民族文化消亡往往是从该民族的传统文化开始的。要是中国的春节、元宵节、端午节、中秋节被西方的愚人节、圣诞节、情人节笼罩、取代,中华民族的认同就有威胁了,精神藩篱就出现了;要是中国人的年糕、饺子、汤圆、粽子、月饼被西式的西饼、三明治、肯德基、炸薯条所淹没、取代,我们从身体到心灵的底质就要被"更新换代"了,这样连同饮食、习俗、衣着、人居等在内的具有原生态的文化传统就逐渐被同质化的环境所颠覆,长此以往,"人文环境则在当代的文化传播背景下走向同质化,具有个性特色的文化传统也因此而在迅速消亡中"①,最后导致"国将不国""民为非人"的历史就会以新的样式重演了。亲历悲剧的人,不想悲剧重演。因此,警醒文化消亡,这是中华民族每一代每一个人的社会责任。

面对基质保护的自觉。警醒之后要升华为文化自觉,有了文化自觉,才能坚持在社会开放中保护,在保护中促进文化开放,形成面对基质的本源性、根基性的保护的高度自觉。当代中国从中央高层到普通群众大多保持清醒头脑,尤其是中国哲学社会科学界,充分认识到包括文化生态危机在内的生态危机取决于人的利益与心态。一方面,要调整人们的经济利益与道德心态;另一方面,要建立一个职责明确、反应灵敏、运转有序、统一高效的非物质文化宏观调控体系,包括:

---

① 高小康:《都市文化建设与非物质遗产》,《人文杂志》2006年第2期,第31页。

培养全民参与保护非物质文化遗产的历史意识，建立科学的非物质文化遗产保护制度，加紧进行非物质文化遗产普查、采录，发动全社会力量抢救、恢复、开发濒危的具有地方特色的节庆礼仪、口头传统、民俗活动、表演艺术、传统工艺等遗产，在尊重、保护、培养传承人的过程中保持非物质文化的本质的形态与样式，在一切可能的条件下使之转变为现实运作的经济形式，也就是上文论述的文化经济形式。

  特色多元文化的重建。在世界日益转变为世界历史的全球化开放进程中，文化与经济两个领域不能分开来认识。因为全球视野中的文化是经济化的文化，而经济则是文化化的经济，当代文化经济内在包含了知识经济，并在经济系统中充满了文化因素。其内容构成不仅有科学、技术等智力因素，还有理想信念、价值观念、文化艺术、娱乐休闲等精神因素，不仅包含科学精神，还体现人文精神，是科学精神与人文精神的有机统一。某种意义上，文化经济既突出了人文精神、观念文化作为生产力要素的价值，也暗示着如何较好地进行特色多元文化重建的可能路径。在马丁·阿尔布劳看来，"全球性恢复了文化的无边界性并且促进了文化表达方式的无限可更新性和无限多样性，而不是促进了同质化或杂交化"[①]。因为，一方面，只谈文化不谈经济，只谈特色传统不谈经济效益，就无助于解决在文化开放已经融入人们日常生活世界每个角落这个不断逼近的事实的条件下，让人们怎样有效拒斥麦当劳烤鸡、好莱坞影片、达拉斯骨牌、法国的香水、巴西的雪茄、意大利的匹萨饼、英国的咖喱饭、日本的动漫、韩国的"韩流"等这些可以给企业带来经济利益的市场元素；另一方面，只谈经济不谈文化，只谈经济利益不谈文化导向，更无法保证放弃马克思主义作为指导思想，忽视民族传统，完全搬用或移植以美、日、欧为代表的生产、生活与消费价值观就可以给社会主义国家带来无穷无尽的物质经济福利。因此，只有坚持马克思主义，特别是中国马克思主义在文化经济建设中的一元性指导地位，正视重建特色多元文化这样一个不断逼近人们而无法绕开的现实，这样，保持和创新民族传统的个性特

[①]　[英]马丁·阿尔布劳：《全球时代》，高湘泽、冯玲译，商务印书馆2001年版，第227页。

色才有充分的可能与厚实的基础,认同、宽容多元文化的气质风格才有宽松的环境与有力的保障。

3. 回潮与宽容的吁求:多元文化认同无法回避

经济全球化推动文化全球化,文化全球化的本质是异质杂多文化的回潮与涌现,认同多元文化是世界文化开放的重要特点。

异质杂多文化在世界历史进程中形成多元复合的建构。文化全球化和认同文化的多样性、重视文化的丰富性、促进文化的开放性是高度一致的。文化全球化是一个跨时态概念,指的是作为一种文明成果的文化在世界范围内形成、由世界各国人民创造,同时也由世界公民所拥有和共享这样一个无法回避的逼近过程。而詹姆斯·罗斯诺在《世界混乱:文化与继承的理论》中提出的"全球文化"概念,是一个具有代表性的共时态概念,例如中国文化、美国文化、印度文化、俄罗斯文化、伊斯兰阿拉伯文化,都是全球文化,确切地说,它们都是全球文化的一部分、其中的一个结构要素。按照这个逻辑,中国文化、美国文化、印度文化、俄罗斯文化、伊斯兰阿拉伯文化的世界化就是文化全球化,反过来说,文化全球化指的就是这些大类文化的世界化过程。当然,其他类文化的发展也存在这样的辩证逻辑。因此,世界文化、全球化文化是多个民族共同创造而不是某个民族单独创造的,全球文化、人类文明的起源是多元的,而非一元的①。因此,全球文化就是文化全球化的结果,但是文化全球化又是以全球文化作为基础的。在季羡林看来,世界文化体系中各大类文化没有优劣高下之分,只有先进与落后、开放与封闭、成熟与粗糙之分。同时,各大类文化不是孤立、封闭、沉寂的,而是借助于各个国家和民族之间的相互学习交流、批判吸收,在"和而不同"、求同存异、主动开放的历史进程中,动态地推进全球文化的发展。

异质同质文化保持适度张力促进国家民族文化健全发展。异质文化与同质文化都是一个相对的文化概念。没有异质文化就没有同质文化,同样,没有同质文化也就没有异质文化。异中有同,同中有异。

---

① 参见季羡林:《论东西文化的互补关系》,《北京日报》2005年9月24日。

第四章　文化开放与马克思主义的解释力

异质文化与同质文化相比较而存在，相融合而生成。在东方学文化语境中，作为"对自我扩张的、非道德的、具有技术专门化倾向的人文文化"所构成的威胁的回应，奥尔巴赫从语言学方法论角度考察西方文学的历史发展所展开的具有多样性、丰富性、创造性的总体性描述，从具体的例证得出了关于世界历史总体发展的认识，即人们只有"积极介入自身文化之外的某一文化或文学"才能认识整个世界。这一学术贡献强调了发展民族文化的优选机制，因而具有重要的认识价值。萨义德对此展开进一步阐述："要想对世界获得真正的了解，从精神上对其加以疏远以及宽容之心坦然接受一切是必要的条件。同样，一个人只有在疏远与亲近二者之间达到同样的均衡时，才能对自己以及异质文化做出合理的判断。"[①] 而胡锦涛指出："我们要共同推动各国加强对话、取长补短，尊重和维护文明多样性和发展模式多样化，促进不同文明和睦相处，增强世界发展活力。"[②] 这就说明，在文化全球化过程中，异质文化和同质文化对于国家民族文化的健全发展具有同等重要的价值。

蕴含优秀传统的中华文化为世界文化开放提供独特的智慧。中华文化是世界文明的重要组成部分。中华文化具有博大的内容、精深的思想、和谐的气象、和平的方式、包容的风格、开明的精神、开放的意蕴、创造的活力等独有魅力。在过去的两千年，它从多方面、多角度参与世界文明的创造、维护与更新。马克思和恩格斯从世界历史理论视野指出，随着社会开放的扩大，"过去那种地方的民族的自给自足和闭关自守状态，被各民族的各方面的互相往来和各方面的互相依赖所代替了"，这样，"民族的片面性和局限性日益成为不可能"，于是"各民族的精神产品成了公共的财产"[③]。中华文化同样是"公共的财产"。中国学者周宁就此指出，正是这样的文化，创立了覆盖整个东亚、远播南洋与塞北的华夏文化圈，在某种程度上还启发了西方的现代文明，甚至为整个东亚的现代化提供了儒家文化资源。在当代，以

---

① ［美］爱德华·W. 萨义德：《东方学》，王宇根译，第332页。
② 参见胡锦涛同志2007年2月7日在南非比勒陀利亚大学发表的重要演讲。
③ 《马克思恩格斯选集》第1卷，人民出版社1995年版，第276页。

天人合一、阴阳五行、中正平和、修身克己为核心精神的中华文化不仅创造了宏伟的精神财富，而且不断提供新的精神资源被用以解决人类的疑难、争端与矛盾，将继续为世界文化开放贡献独特的智慧，发挥独特的作用。

4. 反思凝聚逼近：功利主义转型的文化样态

随着高科技不断超前发展，向人们逼近的不仅仅是工具理性的肆虐、实用主义的膨胀、消费主义的扩散、功利主义的蔓延，还有生存危机、生活危机以及在此基础上生成的意义危机。但是，深入反思这种现象，人们看到渗透在生活世界中的功利主义又出现了文化转型，表现在形成道德信仰的迫切性、建立和谐理念的重要性、传播慈善精神的广泛性和渴望身心自由的全体性上，这一切无不凝聚着新的逼近趋势。

道德信仰导引终极关怀。信仰是生命的一种象征，是生存的一种提示，是生活的一种方式。道德信仰使道德化的生命、道德化的生存、道德化的生活充满了人性关怀与理想意义。唯有道德信仰才能导引终极关怀，唯有终极关怀才能节制功利主义。但是，人们什么时候失落了信仰就像什么时候丢失了自己的文化传统一样浑然不觉。"当今无论是东方，还是西方，是南半球，抑或是北半球，都面临着终极关怀失落的精神危机，这是一个全人类的普遍危机。"[①] 当下，深切反思这个危机，使公众建立起和社会主义核心价值观体系相适应的道德信仰，不仅是哲学社会科学工作者的紧迫任务，也是社会个体对理想生活的执着翘望。

和谐理念泽被全球主义。当今时代，是求和平、促发展、谋合作的时代；当下世界，是图变革、深反思、大实践的世界。这个时代是从国际跨过洲际，从洲际跃出球际、星际，来构建和谐亚洲、和谐世界，维护平安地球、平安星际。如果说卢梭对公正与平等的追求、蒙田对宽容与自由的仰望、罗尔斯对社会正义的阐发，是站在国家立场上谋求理想的生活图景，伽利略对宗教神学的反叛、康德对星云假说

---

① 许纪霖：《寻求意义》，上海三联书店1997年版，第202页。

的推演、霍金对宇宙太空的不倦探索,是站在人类未来的基点上谋求更深远发展的世界图景,那么,中国共产党人与中国政府因应时代之最强音和世界之大潮流,提出科学发展观构建和谐社会世界,提出新发展理念构建人类命运共同体,就是以和平之发展、开放之发展、合作之发展、包容之发展的理念推进中国与世界的全面、协调和可持续发展。这种和谐共生理念已经广为传播、深入人心,成为全球主义的核心价值旨趣之一。

慈善精神辉映生活世界。人类社会的协调发展,离不开慈善机构、慈善行动、慈善精神和慈善意识。经济越是强劲发展,越是凸现慈善关怀之重要。因为"人类社会的发展,总是需要对人类的总体行为进行全面的反应、深层的反省、规范性的矫正和理想性的引导,总是需要某种对人类的总体行为进行自我反思的自我意识"[①],慈善精神就是人类"进行自我反思的自我意识"的有机组成,慈善关怀就包含着"对人类的总体行为进行全面的反应、深层的反省、规范性的矫正和理想性的引导"的伦理内涵。从世界视野看,每年一次的胡润慈善榜,润泽了全球的共同价值;从中国的现实看,全国各地的慈善晚会、"慈善万人行"、阳光事业、希望工程等,都成为弘扬现代慈善精神、促使功利主义转型的重要范导。

身心自由获得理性自觉。市场经济条件下的功利趋向无孔不入,"功利主义的价值态度和工具理性的思维方式的盛行,一种'耻言理想,蔑视道德,拒斥传统,躲避崇高,不要规则,怎么都行'的社会思潮和理论思潮,正在越来越引起人们深深的困惑与忧虑"[②],这些困惑与忧虑曾经使人们日渐失去了身心自由的自控能力。当人们觉悟到功利主义思想或意识形态对人类的挑逗、控制、摧毁、蹂躏、宰制和矫正所造成的种种恶果之后,加大了对这些理论、思想或意识形态的反思与批判——"19世纪之后,狡诈的精神……以普遍地剥夺身体的自由和权利,不仅使人的思想不能接近真理,也使人的欲

[①] 孙正聿:《哲学通论》上册,吉林人民出版社2007年版,第262页。
[②] 同上书,第276页。

望完全屈从于利益法则，从而不断地使人疏离自己的本质和世界；使人迷恋于他人和金钱的纯粹外表，沉溺于不可自拔的感情和未满足的欲望，制造了疯癫与野蛮同步而行的人类历史。"① 因此，只有反叛种种狡诈的功利主义精神，从而增进人们对语言身份、种族身份、文化身份的宏观认同与深切理解，才能获得远离功利主义主宰的身心自由。就实用主义深层制导社会发展的美国来看，20世纪后半期，"美国的整个种族歧视文化——以前三个半世纪积累起来的、法定的和文化认可的公开在社会上、经济上和政治上实行的隔离和歧视的一套体系——已被实际废除了"②。这就意味着理性自觉的革命打开了一个缺口，人们追求身心自由的航船开始靠岸。马克思主义所批判的资本逻辑及其对人的压迫、剥削与异化将被人类整体的解放和自由所取代。

三、"远近相宜"：当代文化开放和文化创新的复合范式

在世界历史视野中考察，中世纪之后，特别是从近代到现代，文化开放是在一个立体的、浮动的圈层进行的，它体现在：一方面，作为人们把握世界的方式的哲学、宗教、意识形态、社会思潮逐渐远离生活世界，那些抽象化、理性化、神圣化的为文化元素出现由近而远、由浓转淡、由深到浅的疏离、解析过程；另一方面，建立在一定生活方式、思维模式、交往方式和价值观之上的既有传统日益逼近，重新回归日常生活世界，那些表现文化元素的社会存在出现由远切近、由淡而浓、由浅入深的积淀和集聚的过程。这是因为，世界上的不同异质文化具有开放、涵容、批判的特性，也是因为"文明冲突和文明共存引发世界文明的变迁、演进、发展和多样化，不同文明在交融中发生碰撞而走向整合"③。这种整合就是在文化创新中实现的文化认同，

---

① 张之沧：《论身体的智慧》，《中华读书报》2006年7月19日。
② ［美］塞缪尔·亨廷顿、劳伦斯·哈里森：《文化的重要作用》，程克雄译，新华出版社2002年版，第322页。
③ ［美］塞缪尔·亨廷顿、劳伦斯·哈里森：《文化的重要作用》，程克雄译，第3页。

就是"在共享人类属性的背景中寻求差异的一种坚持：有效地生活在本土和全球中，并分享一种'全球地方化'（glocalized）的文化"①。由此来看，"文化开放"蕴涵着经久不息的启示。一是"告别渐远、由远而尽"。文化来自源远流长的传统，应当维护文化传统的合理正义并尽享其思想精髓，这是"渐进"的文化自觉的过程。文化创新是文化自觉的理论形式和实践形式的总体化。二是"正视逼近、由近而远"。随着新的文化样式和文化元素扑面而来，人们既要顺应潮流、批判接纳，又要加强对非物质文化的价值再造，对人们的思想观念、意识形态、思维方式、生活方式进行"全面的反应、深层的反省、规范性的矫正和理想性的引导"，这是文化创新的本质的显现，也是"逼近"的文化认同的过程。三是"走向平衡多元的开放""达致远近相宜的境界"。这是一个经过渐进性的文化自觉与逼近性的文化认同的复合化之后逐渐实现人类文化生态平衡的过程，也是逐步构建起人类命运共同体的过程。这种平衡并非文化的种种表象的显示、充斥，例如语言、哲学、科学、宗教、艺术及其交叉学科、研究领域的符号化、标识化的泛滥，而是人类整体文化的健全进步与全体公民的自由发展。正如卡西尔所言："作为一个整体的人类文化，可以被称之为人不断自我解放的历程。"② 由此可见，从"渐远"到"逼近"，再到"远近相宜"，这是异质文化在坚守传统中生发多元、在和而不同中改变形态，进而共同形成更加开放、可持续发展的全球文化的总体态势。这种态势早已为马克思主义所预见。

第二节　文化开放视野下的制度自信

党的十八大提出要构建系统完备、科学规范、运行有效的制度体系，使各方面制度更加成熟更加定型，这是一个事关中国特色社会主义前途和命运的重大目标任务。理论界从多学科多视角对此问题做出

---

① 陶东风：《文化研究精髓读本》，中国人民大学出版社 2006 年版，第 295 页。
② ［德］恩斯特·卡西尔：《人论》，甘阳译，西苑出版社 2004 年版，第 203 页。

了大量研究，但主要侧重于研究制度自信的内涵、特征、来源、作用，对制度自信形成的总体始源、形成机制以及建构制度自信的合理路径的研究明显不足。如果从文化心理视角对此问题做出探析，能够深化对制度自信问题的认识。

一、制度自信的总体始源和内在结构

"制度"是社会性的规则和规范，"自信"是主体性的心理态度和心理素质，"制度自信"是主体的精神心理和社会制度的合构。这种"合构"说明，"制度自信"有其总体始源和内在结构。从社会生产方式、社会发展优势和人的精神心态等方面去探究制度自信的始源，从逻辑性、理论性和主体性等维度去把握制度自信的层次结构，应当是正确的方法。

1. 生产方式合理化、发展优势明显化、社会心态开放化构成制度自信的总体始源

生产方式的合理化是形成制度自信的物质基础。制度是一定社会的生产方式和人们的生活方式的有机集成和能动反映。一个社会生产什么以及怎样生产的现实构成社会的生产方式。社会的生产方式和人们的生活方式是结合在一起的。在《德意志意识形态》中，马克思把"生产方式"等同于"生活方式"①，在《哲学的贫困》中，马克思把它理解为"谋生方式"②，因而生产方式可以理解为"个人的一定的活动方式"③，"生活的生产方式以及与此联系的交往形式"④。生产方式和生活方式共同反映人的生存现实，即反映现实的人在一定的社会中是怎样生产、生活和发展着的。马克思、恩格斯就此指出："个人怎样表现自己的生活，他们自己就是怎样。因此，他们是什么样的，这同他们

---

① 《马克思恩格斯选集》第 1 卷，人民出版社 1995 年版，第 67 页。
② 同上书，第 142 页。
③ 同上书，第 67 页。
④ 同上书，第 83 页。

的生产是一致的——既和他们生产什么一致,又和他们怎样生产一致。"① 而"一定历史时代和一定地区内的人们生活于其下的社会制度,受着两种生产的制约:一方面受劳动的发展阶段的制约,另一方面受家庭的发展阶段的制约"②。据此,一定社会的占有制度、交换制度、分工制度、分配制度、契约制度、政治制度,等等,"总是从一定的个人的生活过程中产生的"③,这些制度反过来又对人们的生产生活产生这样或那样的影响。所以,人们对一个国家、社会的制度是否有信心与其所生存生活的现实过程是高度相关的。而合理的生产方式与健康的生活方式的融合是产生好制度的物质条件,也是主体建立制度自信的重要始源。

发展优势明显化是形成制度自信的社会基础。发展优势包括制度体制优势、经济优势、科技优势、政治优势、思想优势、社会管理优势等,其中制度体制优势在诸个发展优势中起主导性作用。因为一个国家、社会的制度体制有优势,经济优势、科技优势、政治优势、思想优势、社会管理优势等也容易发展起来。发展优势明显对主体建立制度自信具有多方面重要影响。从社会形态来看,高级社会形态比低级社会形态较有发展优势,例如社会主义社会比资本主义社会的发展优势要多要大。从社会有机体来看,理想的社会有机体比现实的社会有机体较有优势,例如在社会主义高级阶段比社会主义初级阶段的物质生产、精神生产和人自身的生产要更科学更完善。从社会改革开放状况来看,越是深化改革、扩大开放的社会越具有发展优势,对主体建立制度自信影响越大;反之,越是保守、僵化、落后的社会越没有发展优势,主体对制度也越自卑。从制度形态来看,以公有制为主体多种所有制共同发展的社会制度比单一形态的全盘私有制的社会制度要更有发展优势。从时空维度来看,世界历史时代比狭隘的地域性时代的发展优势要多要大。而现实的人总是生活在一定的时代、一定的

---

① 《马克思恩格斯选集》第1卷,人民出版社1995年版,第67—68页。
② 《马克思恩格斯选集》第4卷,人民出版社1995年版,第2页。
③ 《马克思恩格斯选集》第1卷,人民出版社1995年版,第71页。

国家和社会之中,由发展优势造成的社会环境深刻地影响人的发展,主体对具有优越性、先进性并体现发展优势的社会制度更易于建立自信。正如中国学者指出:"从时间层面看,自信来源于历史、立足于现实、指向于未来;从空间层面看,自信生成于自身、确证于比较、发展于实践,它是一种既根源于社会现实又相对独立地存在于意识领域、既由主体内在思想主导又受外部社会环境制约的复杂精神现象。"① 历史经验和社会现实表明,与处于弱势的社会相比较,具有明显发展优势的社会较能实现、保障和发展主体的各种利益,因而发展优势也是主体建立制度自信的始源。

社会心态开放化是形成制度自信的精神基础。自信是主体对事物的一种心理积淀过程,它是主体从不知到知,从知之甚少到知之较多,从肤浅之知到深刻之知,再到树立信心,形成信念,直至把坚定信念转变为实际行动这样一个复杂的精神体验。从知识社会学层面看,自信是建立在自知基础之上的确信,人因确知而相信。从文化社会学层面看,自信是建立在自觉基础之上的确认,人因觉悟而相信。从哲学层面看,"自信则是建立在历史唯物主义和辩证唯物主义观点的基础之上,建立在对客观事物内在本质及其普遍发展规律的正确认识基础之上,建立在对社会矛盾的准确把握和人类历史发展趋势的科学预测基础之上,是对自负、自卑的积极批判和全面超越"②。从精神心理学层面看,自信是健康人格和开放心态的反映,也是成熟稳重的精神气质的体现。由此可见,心态开放、心智健全、成熟稳重本身就是自信的表现,而制度自信是主体对制度从不知到知,从局部之知到全面之知,从肤浅之知到深刻之知,再到树立制度意识,形成制度信念,把制度信念转变为制度实践这样一个复杂的精神体验和心理积淀的过程。任何一个心态开放、心智健全的主体,只要全面、深刻地认识和理解制度的规范及其精神实质,都能对制度建立一定层次的自信。

---

① 房广顺、隗金成:《国家自信的理论基础与构建路径》,《人民论坛》2013年第11期(下),第178页。
② 同上书,第179页。

2. 逻辑的层次、理论的层次和主体的层次构成制度自信的系统层次结构

人的自信具有逻辑生成性、理论支撑性和主体发展性，因而制度自信就具有逻辑的层次、理论的层次和主体的层次，而且不同的层次有其相应的内在结构。

从逻辑的层次来看，制度自信表现为在一般性、特殊性和个别性三个层次上的自信。在一般性上，"制度自信"是指人们对具有先进性的抽象化的人类社会制度的自信，也指人们对一种具有优越性的现实化的制度的自信。前者如人们对未来共产主义制度的梦想，后者如人们对区域一体化、同城化制度的期待。在特殊性上，"制度自信"是指人们对某种现代社会制度的信奉，例如人们信奉现代社会主义制度或信奉现代资本主义制度。在个别性上，"制度自信"是特指中国人对中国特色社会主义制度[①]体制及其具体实现形式的信奉。

从理论的层次来看，制度自信表现为主体从"制度概念认知""制度意识建立"到"制度精神认同"这样一个不断深入、不断提升的层次上。主体对制度概念的认知属于制度自信的低级层次，它是指主体对制度的一般性知识、原则性规范的了解以及对制度环境的浅层理解。主体对制度的认知只是其建立制度自信的基础，它还有待于发展到形成清晰的制度意识这个层次上。主体建立制度意识属于制度自信的中级层次，这个层次是指主体对总体性的制度形成心理顺应，对具体制度体制表示肯定支持，对制度的不良方面也具有一定的批判意识。显然，制度意识的建立是主体联结知行、形成制度自信的重要中介。主体认同制度精神属于制度自信的高级层次，这个层次是指主体从现实行动上遵守制度规范，信奉制度宗旨，恪守制度精神，推进制度创新，服务社会发展。

[①] "中国特色社会主义制度"也具有一般性、特殊性和个别性这三个逻辑层次。如果把"中国特色社会主义制度"看作"一般"，那么中国特色社会主义政治制度、经济制度、文化制度、社会管理制度等制度就是"特殊"，而表现这些制度的体制机制及其具体的实现形式则是"个别"。人们对中国特色社会主义制度的自信是从总体上的一般性层面说的，其实，这种自信包括对中国特色社会主义的制度、体制、机制及其实现形式的自信。

从主体的层次来看，主体可甄别为体制内的主体和体制外的主体，也可以甄别为富产阶层、中产阶层和低产阶层，这些主体对制度形成不同的自信或不自信。

对体制内的主体而言，由于其享有当前体制所规定和供给的多种优惠条件或优厚待遇，因而绝大多数人对当前的制度体制抱有尊重、支持和相信的态度，甚至不希望改变制度体制现状。当然，不排除体制内某些人尽管享有大量优惠条件或优厚待遇仍不知足、不满意，因而对当前制度体制持着怀疑的甚至否定的态度，对制度不自信。对体制外的主体而言，亦存在两类现象：其一，有的人由于生活在当前体制之外而得不到由体制供给的优惠条件或优厚待遇，认为当前的制度不公正、不合理，故不顾客观事实，不分青红皂白而攻击之、否定之。这种因"吃不到葡萄"就得出"葡萄是酸的"结论的态度是不负责任的。其二，有的人虽然生活在体制之外，但这种人希望通过制度体制改革或通过自身的努力来改变生存境遇，提升生活幸福感。这些人虽然看到制度体制存有不合理的地方，但认为这些不合理和不公正之处能够通过制度改革和创新来改变。这种心理态度是值得肯定和欢迎的。

从富产阶层、中产阶层和低产阶层来看，他们对制度也形成不同的信心或信念。对富产阶层而言，由于这一阶层主要由政治、经济、文化、科技、教育、商业、媒体、体育等领域的精英组成，他们构成了上流社会的主体，因而成为当前制度体制的最大受益者。应当说，他们当中大部分人对当前制度体制是信奉的，但也有一部分人在享有优厚待遇条件下仍对制度不满，对西方制度抱着某种幻想。对中产阶层而言，由于中国的中产阶层的成长既得益于当前制度体制的优势，又受制于这些制度体制的影响，发展相对缓慢，因而其对制度的实际态度较为复杂，中国东部、中部、西部这些区域的中产阶层对制度的心理态度既有相似性也有差异性。从相似性来看，不同区域的中产阶层都希望当前制度体制更开放、更宽松，更有利于其身份提升和资产的积累与增值。从差异性来看，东部、东南部、东北部的中产阶层更倾向于政治经济制度的改革，以便实现政治身份和经济待遇的更大发展。中部的中产阶层对制度体制的改革既有积极倾向也有消极倾向，两种倾向交织在一起,其积极倾向希望加快改革,消除不良体制,其消极倾向希望保留或延长当前体制,一定程度上变成阻障改革的负面因素。西部的中产阶层对制度体制的改革颇为积极,但这种积极倾向表现为以获得更多优惠政策和倾斜待遇为主流。对低产阶层而言,由于这一阶层主要由工薪阶层、普通群众组成,他们对制度体制改革最有热情,抱有最大希望,参与度也最高,凡是事关制度体制改革的重大会议、事件及其结果,他们都极为关心。其根本原因在于,这一阶层的经济生活、文化生活的质量以及其参与民主事务的价值诉求都与制度体制改革息息相关,都与改革是否全面、持续、彻底息息相关。就此意义来说,这一阶层既对当前制度怀有较高信任,又对制度改革创新寄寓着理想,存有美好期待。

可见,生产方式合理化、发展优势明显化、社会心态开放化是制度自信形成的本体依据,而逻辑的层次、理论的层次和主体的层次及其细分结构是制度自信的内在层次结构。理解和把握制度自信的总体始源和层次结构是探析制度自信形成机制的重要基础。

二、形成制度自信的主要机制

制度自信并非天然形成的,而是主体在一定制度环境下通过积淀制度心理、提升制度精神、认同制度文化这样一个过程形成的。一方面,主体通过自我认识,强化生活意识、道德意识、价值意识、发展意识而形成制度意识;另一方面,主体通过自我控制,经由制度认知、制度认可、制度认同等环节,内化制度精神,实践制度规范,逐步形成制度自信。

1. 制度自信贯穿制度意识,并由生活意识、道德意识、价值意识、发展意识互相作用而形成

制度自信贯穿制度意识,体现主体的文化心理态度,二者紧密结合在一起。说制度自信贯穿着制度意识,意味着主体自觉以适应制度的方式去生活、实践和发展,在主体的生活意识、道德意识、价值意识和发展意识之中都渗透制度意识。因为任何一种值得一过的生活都

离不开一套良好的制度,而遵守制度是生活过得好的本有内涵。这意味着,一种好生活需要好制度好规范,也需要实践主体自觉去遵守它。具有这样一种生活意识的实践主体就有对制度的某种自知自信。任何一种生活要过得有价值有意义,主体都要有道德精神,至少要有某种道德意识。说主体要有某种道德意识,其实是说主体对关联其生活和发展的制度应具有一定的自觉自信。如果没有主体的某种道德自觉,就不会有其对制度的自觉;同样,没有主体的某种道德自信,就不会有其对制度的自信。所以,一个人应先有了道德意识、道德自觉,才会有其对制度的自觉自信。必须强调的是,遵守制度本身是道德行为。正是因为主体懂得道德并非指道德本身的道德性,而是指主体自身的行为具有道德性,所以,主体在遵守制度的过程中就凸显了应有的道德意识。

制度是有价值的,主体遵守制度和创新制度也是有价值的。人们认识到"制度是有价值的",在于人们懂得"制度"因其能规范人的行为,保障人的权益,形成良好秩序等而具有价值,还在于人们懂得遵守和创新制度本身也创造价值。这种对"制度有价值""遵守和创新制度也创造价值"的认识就是制度意识或制度价值意识。正是因为主体具有制度意识才使主体对制度产生自觉自信。所以,形成制度自信的一个重要始源就在于主体的价值意识。或者说,主体对制度有自信本身就体现出一种价值意识。这样看来,"制度"就应当理解为人们实现生活价值、道德价值、文化价值等价值的外在形式和基本保障。

在现实中,人们不能守成于过去的积累,也不能固步于当下的成果,这毋宁说人们为了巩固过去的积累,扩大对当下所取得的成果,就需要注重发展,提高发展质量,而达成这个目标,就需要运用和创新制度。就制度本身而言,推动制度的发展是主体谋求发展的应有的积极意识。换言之,人们要实现好发展,巩固和扩大发展成果,提高发展质量,必然要诉求于制度的发展,要以制度的创新和完善来促进更大发展。就此意义来说,制度意识内在于主体的发展意识,而制度自信则源于主体对制度发展的信心和向往。

因此,主体的生活意识、道德意识、价值意识和发展意识都离不开制度意识,都贯穿制度意识。这五种意识互相渗透,综合作用,共同建构了主体的制度自信,即主体对制度的自知、自觉和自信。这是主体形成制度自信的精神过程。此外,主体形成制度自信还存在一个从制度认知到制度认可再到制度认同的心理过程。

2. 制度自信体现文化心理,并由制度认知、制度认可、制度认同互相作用而形成

"制度认知",是指人们对一种制度的基本宗旨、文本规范和实践程序的了解与把握。它分为三个层次:一是主体对制度识见极少或毫无识见。一个对制度识见少或毫无识见的人是容易出现偏见的。这种偏见是因认识出现偏差而造成对制度的偏颇之见。二是主体对制度有一定的识见,但出现美国学者罗伯特·诺奇克所指认的那种因"不均衡使用评价标准"而造成对制度的偏见以及主体"在追求的目标本身以及其追求的方式上"[1] 存在对制度的偏见。三是主体准确、深入把握了制度的本质精神,对制度有较高识见、洞见,这是有创见的认知。从这三个层次来看,制度认知是主体形成制度自信的实践前提。

"制度认可",是指人们在制度认知基础上形成的具有较高层次的参与制度实践的心理倾向和思想态度。它也有两个层次:一是主体对制度形成初步的认可,即表层认可,它是对制度文本的形式认可。二是主体对制度形成全面而深层的认可,即实质认可,它是对制度精神的认可。只有对制度精神的认可才会导向制度认同。就此意义而言,制度认可是制度自信的基本实现形式。

"制度认同",是指人们对于影响其生活质量并构成其发展方式的制度所具有的合法性、合理性、合目的性的认同,它表现为主体自觉遵守制度,真诚支持制度,热情参与制度改革发展的心理倾向和客观态度。制度认同是制度自信的高级实现形式,也是文化认同和政治认同的重要表现形式。从类型上考察,制度认同分为表层认同和深层认同。表层认同是主体对制度文本及宗旨的形式认同,它是对制度外在

---

[1] [美]罗伯特·诺奇克:《合理性的本质》,葛四友、陈昉译,上海译文出版社2012年版,第163、169页。

性的了解与把握。深层认同是主体对制度的精神实质的高度认同，它是对制度内在性的深层理解和深入把握，并且由于这种把握而促使人们积极参与富有成效的制度改革发展实践。

人们对制度建立起真正的自信是一个从制度认知到制度认可再到制度认同的文化心理适应过程。制度认知是制度认可和制度认同的前提基础，制度认可是制度认知和制度认同的重要中介，制度认同是制度认知和制度认可的共同归宿，三者都是制度实践的基本环节和构成要素。当然，在具体的制度实践过程中，仍然存在多种阻障主体形成制度自信的不利因素。

3. 制度性、主体性和事件性的因素阻障制度自信的形成

在现实生活中，人们要对制度形成自信也会面临多种阻障因素，这些因素主要有制度性因素、主体性因素和事件性因素。揭示这些因素的内涵及其之间的内在联系，对人们建立制度自信，增强实践自觉，都具有重要价值。

阻障制度自信形成的首要因素是制度性因素。正如人们建立理论自信、道路自信的阻障因素来自"理论""道路"自身一样，制度自信的阻障因素来自"制度"。来自制度自身的阻障因素主要包括：一是制度设计不完善造成对人的疏离。一个设计不良的制度是令人生厌的，因为它疏离人、放逐人。马克思批判资本主义制度，其中一个重要着力点就是对资本主义制度非人性设计的批判和否定。正是那种奴役人、剥削人的非人性制度造成了人的异化。二是制度制衡程序欠缺造成对公正的扭曲。"制度"之"制"既有设计、出台、颁布的意思，也有制衡、制止、抑制的意思。一个良善制度总是包含着一定的制衡程序、制止机制或抑制环节的，缺少了它，"制度"就够不上一个好制度。而欠缺制衡程序的制度是不能保障其本有的公正功能的发挥的，其结果必将扭曲社会公平。三是制度执行乏力造成对主体利益的侵蚀。一个制度好，不仅在于其设计科学、程序严密，还在于它执行有力，执行效率高、效果好，使人民满意。战国时代的"立木取信"就是制度执行有力的典范。相反，一个执行乏力的制度则效率低、效果差，人民利益易受损失，制度就会"失信"于民，以致这样的制度难以存续下

去，制度自信也难以建立起来。阻障制度自信形成的关键因素是主体性因素。"制度自信"是主体对制度的自信，因而"自信"与"不自信"都根源于人本身。如果说，制度性因素是阻障制度自信形成的外部因素，那么人自身的因素则是关键因素，是起决定作用的因素。这些因素主要包括：一是逃避。有的人把制度所存在的不足故意放大，由此认为是制度因素造成主体对制度的不自信，这是成问题的。诚如上文所述，制度存在不足固然是阻障主体形成制度自信的一个因素，但不是关键因素。因为主体选择一个制度与否，对一个制度信奉与否，取决于主体对制度的客观认知、正确评价和理性认同，而主体的选择、信奉与否都是主体自身的事情。即便是面对一个不完善的制度，主体亦可以对之建立信心和信念，因为这个制度存在创新空间，它可以通过创新使之完善起来。相反的情况是，即便是一个颇好的制度，也有人对之不信任、不支持。所以，制度被逃避，规则被漠视，底线被抛弃，边界被忘却，并非制度体制或规则本身全出了问题，而是主体自身的认识、理解、选择和运用出了问题，致使主体自外于制度而生出不自信来[1]。二是媚外。在当前制度下，有的人享受着体制提供的多种待遇，生活好过且不断提升，但不全面客观审思既有制度的长与短，不懂得为完善之提供建设性思维，却只关注国外社会生活制度，隔岸观山，以为指导思想多元化、西方民主和自由模式、国有资产私有化就是好，甚至以为照搬、引进西方制度就能全面实现中国现代化，这种不顾国情、隔靴搔痒的做法和盲目崇拜西方的"西崽"心态是严重阻障制度自信形成的主导因素。三是自短。有的人认为"赞成资本主义的并非就是可恶，高举社会主义的也不乏无良"，这观点看起来似乎有合理性，但其言下之意无非是肯定资本主义制度好的多恶的少，社会主义制度好的不多无良的不少，这种人羡慕资本主义制度而自惭形

---

[1] 作者围绕"制度"把"主体"区分为制度制作主体和制度领受主体。基于这个认识，不排除因为制度制作主体人为扭曲制度而造成制度领受主体对制度产生厌倦和不信任，但这不能完全等同于制度领受主体对制度不自信，因为随着那些扭曲制度的制作主体也受到一定制度的约制，其不良行为受到规范矫正，任何主体对制度的信任度都会不同程度地提高。现实一再表明，只要中国共产党对一切导致腐败的"恶虎"和"苍蝇"决不手软，两者齐打，整肃制度，人们对中国制度的自信就会不断攀升。

秽，对当前制度视如敝屣而自卑不已。显而易见，一个人要是看不起自己国家的制度，对这些制度失去了应有的自知之明和自觉意识，那么制度自信就建立不起来。

阻障制度自信形成的社会因素是事件性因素。一般而言，除了牵涉个人和家庭的习惯、礼俗之外的制度、体制和规则都可归属到公共领域去，这就是说，通常言说的制度、体制和规则是指社会公共领域用于规范、调节、保障不同阶层主体的利益的理性化手段和合理化方式。既然制度是社会性的制度，社会制度就具有公共性，那么社会制度出了问题往往是与社会事件联系在一起的，而社会事件的发生向来与制度体制存在的缺陷不可分割。与制度性因素这个阻障制度自信形成的外部因素相似的是，事件性因素成为阻障主体形成制度自信的突出的社会因素。这个因素对外创伤制度体制本身，对内则制约国家软实力的发挥。在现实世界中，在众多公共领域出现的以利益独占、权力寻租、责任悬搁为特征的大量的典型的腐败事件，都给社会公众造成了不良的心理影响甚至极坏的社会影响，这些事件不但削弱了中国的制度体制优势，在一定程度上也削弱了中国的经济优势和社会优势，从而在广泛的社会领域里形成了不利于形成制度自信的氛围。

应当指出，党中央始终保持头脑清醒，始终警惕社会危机，始终注重以改革开放和创新驱动，开辟科学路径，妥善解决阻障制度自信生成的主体性问题和事件性问题，逐步提高人们的理性的制度意识，使坚定制度自信成为保障发展的强大力量。

三、建构制度自信的路径选择

在澄明形成制度自信的总体始源，明确生成制度自信的内在机制，厘清阻障制度自信的主要因素的基础上，就能合理选择提升制度认同、建构制度自信的路径。这些路径可以从促进政治善、确保制度善、提高公众善、增强表达善等方面上手。

1. 要促进政治善

政治善的关键之处在于实现政治治理的民主化、科学化和法制化。

民主化的政治治理主要在于以制度安排的方式确立分权治理和权力制衡治理，二者不可分割。分权治理不是不要统一集中，而是为了更好地集中和统一；制衡治理也不是削弱分权治理，而是为了更好地发挥分权治理的积极性、主动性。科学化的政治治理要求遵循科学原则和理性规律，讲求程序合法、环节严密、路径优化、效率至上、以人为本。法制化的政治治理就是把政治事务的全过程置于法制轨道之上，凡事有法可依，有法必依，执法必严，违法必究。应当说，民主化、科学化和法制化的政治治理不但体现了制度治理结构的优越性，也体现了现代民主国家的政治善。政治善是人们建构制度自信的首要条件。

2. 要确保制度善

制度善是主体建立制度自信的重要前提。制度善体现在：制度设计合理，制度覆盖全面，制度程序公开，制度规范公正，制度导向公平，制度执行效率不断提高。而要确保制度善，就要促进制度所包含的"自我重构的种子"① 健康地发育成长。制度的自我重构并非由制度自身来单独完成，而是由作为主体的人来主导。只有人不逃避制度、漠视制度、扭曲制度，使出台的制度不疏离人、漠视人、压抑人，使之体现出可协商性、可救济性，制度的"自我重构"才能彻底。从"制度的可协商性"来看，它是指制度的包容性、可伸展性，它从规范设计到执行实践都为人的健全发展开拓空间，创造机会。从"制度的可救济性"来看，它是指制度在不能保证其无纰漏、无失效的情况下对任何一种可能导致对人的损害的情况要作出一定的必要的救济和补偿，以使人们信任和崇奉制度。就此而言，确保制度善含有两层意义：一是以制度确保制度制作者作出理性选择，二是确保重构制度内在的善为公众所广泛认同，因而它是人们建构制度自信的科学路径。

3. 要提高公众善

制度自信是社会公众对制度所产生的一种积极的心理态度，这种心理态度反映并凝结一定的精神意志，因而它既与"制度善"相关，

---

① [美] 詹姆斯·G. 马奇、[挪威] 约翰·P. 奥尔森：《重新发现制度》，张伟译，生活·读书·新知三联书店 2011 年版，第 142 页。

又与"公众善"相关。从文化心理视角看,"公众善"主要体现在两个层面:一是态度善。它指的是公众对其所面对的制度形成正确认识,能以客观的历史的辩证的态度来理解制度的规范,把握制度的内涵、特性、宗旨和优势。它也指公众对制度之缺陷持有客观的否定意识和批判精神,也持有包容的态度和扬弃精神,也就是能以历史唯物主义的态度而非以历史虚无主义的态度来看待制度。二是公众对制度的执行和运用之善。好制度只有在被执行和运用的过程中才能体现出来。制度善之"普照之光"需要公众以善的行为来与之照面,才能光彩世间,惠及广众。因此,公众以自觉态度严格执行制度,遵从规范指向,提高制度执行力和运用制度的水平,这是利己、利他、利于社会的多面向的善德行为,也是人们建构制度自信的科学路径。

4. 要增强表达善

建构和坚定制度自信还与表达善有关。所谓"表达善",是指主体对制度自身的表达、政治治理的表达、公众利益的表达等,都要建立在适度的、中度的维度上。那种具有适度性、中度性特征的表达,就是善的表达。在文化心理视角下,"善的表达"主要是指以利益为媒介的话语表达和行动表达所要达致的真实性、真诚性和适度性。从话语表达层面来看,"真实性的表达"是指拿出事实,以事实说话。而不讲事实,不顾历史,信口开河,任意煽情,则是弄虚作假。这种非真实性的话语表达所造成的后果,正如"众口铄金"导致"积毁销骨"那样,是十分严重的。即便是好的制度,要是没有得到客观的评价、真实的表达也可能被贬损,不被人们信奉。"真诚性的表达"是指主体的话语表达内容、情感与制度现实相一致或者比较接近。而言不由衷、故弄玄虚、避重就轻等都是缺乏真诚性的表现。从行动表达层面来看,"人性善"要落实到"行动善"上,"行动善"要契合制度表达之善。而"制度表达之善"是指主体依循制度以合法方式表达,合理地用好制度,既不偏左,也不偏右,恰到好处地表达利益诉求。

总之,我们不但要深入研究制度自信的内涵、特征、作用,也要深入研究制度自信形成的总体始源、形成机制以及建构制度自信的合理路径,不但要从多学科的理论层面去认识制度自信的多种功能和理论价值，也要从跨学科的实践层面去把握制度自信的精神建构和心理建构的过程，自觉推进政治善、制度善、公众善、表达善的有机结合，不断增强对中国特色社会主义制度的认同与自信。这是促进马克思主义文化出场的致思之路和实践取向。

第三节 科学发展观的文化哲学解释

自党的十六届三中全会提出科学发展观以来，理论界对科学发展观的研究已经取得丰硕的成果，经过多年的伟大实践的检验，科学发展的思想不断深入人心，和谐发展的观念日渐拥有民心，协调发展的成果持续增强信心。科学发展观，作为指导中国共产党和国家长期持续发展的重要思想，必将以典范性、民族性、创新性的文化成果载入史册，并继续成为指导中国特色社会主义胜利前进的科学指南；作为理论化、系统化、开放化的中国马克思主义的最新成果，它不仅代表了党的正确领导与为民执政的重要智慧，也浓缩了人类理性发展进程的理论成果，需要给予合理化的理解，同时，也提示了中国共产党当下的决策与战略的步骤，指引着未来的发展方向，需要给予科学性的解释。因此，从文化哲学的高度对科学发展观作出理解与解释，使科学发展观的普世价值得到新的彰显和充实，其时代意义得到新的启拔和阐扬，就成为致思路向。

一、理解的意义：科学发展观引发的哲学检视

科学发展观的提出，并非天外来物，更不是无中生有，而是面对盛世危情和解决世纪难题这一时代背景提出来的确切判断和精深概括。对这一时代背景及其凸现的时代特征，人们需要以高度的勇气去理解，也需要以深度的志气去解释。以高度的勇气去理解这种背景、特征，这是理解科学发展观基本内涵的哲学前提；以深度的志气去解释这种背景下的难题及出路，才能解释科学发展观的划时代意义。理解的勇

气和解释的志气，构成了审思科学发展观的哲学新视角。

1. 理解科学发展观的哲学视角

首先，理解科学发展观，要从单体的理解、片面的理解、分散的理解进展到全体的理解、整体的理解、系统的理解。这种理解的高度，就是站在全体发展观、整体发展观和系统发展观相统一的高度。这个高度的理解，就是"大发展观"视野中的理解能力与审思勇气。

科学发展观是全体发展观。所谓全体发展观，就是把发展所容涵的人的世界、社会世界、自然世界理解为历史生成的总体，而不是分割成单体的人的世界，或者孤立的社会世界，或者寂寥的自然世界。既承认人的世界是自然的产物、是自然历史演进的总体性结果，人的世界是运用自然世界、生成社会世界的根本性前提；又承认社会世界是人的群体性集合、群体性创造的产物，是在改造自然世界与改造人的世界过程中共同融合而成的总体性图景；也承认自然世界是人的世界的物质地基、社会世界的运转平台，是人的世界与社会世界相复合的实体性根基。在亚里斯多得看来，全体就是全有，全有必然涵盖人的生活世界、社会的生产世界、自然的演化世界的所有存在，必然覆盖人与人、人与社会、人与自然、自然与社会之间的所有关系。这样，全体就是人的生活世界、社会的生产世界、自然的演化世界的所有存在和人与人、人与社会、人与自然、自然与社会之间的所有关系的复杂性实存或实有。科学发展观的提出，在其深层哲学基础上，正是对这些复杂性实存或实有的批判与反思。科学发展观的第一要义是发展。反过来，发展的第一要义是什么呢？第二要义又是什么呢？——这些不断追究下去的问题，都需要在进一步批判、反思复杂性的经济社会发展系统中得到解答。

科学发展观是整体发展观。作为整体发展观，应该在经济、政治、文化、生态、社会等领域浑然一体地构筑起全面发展、协调发展和可持续发展的模式、格局和态势，而不是片面强调、政策倾斜甚至人为倒置整体中的某个要素。整体是要素之间有机的、渗透的、关联的整体，要素是整体内部不可舍弃、忽视、删减的构成要素。这就是科学发展观的"全面协调可持续"的基本要求。全面性，要求完整地认识、考量发展的各个领域出现的矛盾和问题，不仅考虑经济是否发展、政治是否清明，也考虑文化是否进步、生态是否平衡，以及社会是否安定、人际是否和谐。因此，全面性的发展就是全盘考虑的发展、全局推进的发展。协调性，要求人类对目前已经掌握的领域提供和合、平衡、均势的运行方式或机制，尽最大可能减少人际关系摩擦、经济效益磨损和社会效益磨蚀，推进市场经济体制和社会发展体制的磨合，从而促使"卡尔多·希克斯改进"（受益者所得大于受损者所失）和"帕累托改进"（没有人受损但只一人或少数人受益）向"多方共存、和合发展、实现双赢或多赢"的评价目标转变。因此，协调性的发展并不是简单地消减受损者所失、提高受益者所得或者停滞于"没有人受损"的水平。可持续性，要求把发展的领域、结构、状态和人类生存的方式、态势、风险的关联提高到更紧密的水平，形成更紧迫的纵深课题，把代内与代际、传统与现代、发展与代价所涉及的深层矛盾整体地呈现出来，为科学发展提供整合价值指引。因此，整体发展观，要求人们基于当代的现实境况，去探索以人的生活世界为中介的社会的生产世界与自然的演进世界的相互适应关系，"去探索人及其思维与世界的对立统一关系"①。探索并澄明这些相互适应关系、对立统一关系，这就是马克思所说的"用不同的方式解释世界"②的理论活动。

　　科学发展观是系统发展观。所谓系统发展观，是指具有坚定发展主流的思想指导系统、明确发展主体的集体创造系统、鲜明发展主旨的观念播扬系统、强大发展主导的理论创新系统这一成体系的发展观。其中，作为发展主流的思想指导系统，就是中国共产党一贯坚持的马克思列宁主义，以及毛泽东思想、邓小平理论、"三个代表"重要思想、科学发展观、习近平新时代中国特色社会主义思想这些在社会开放中不断推进的中国化马克思主义理论。作为发展主体的集体创造系统，是指集中全党智慧和凝聚全国人民力量的中央领导集体，正如胡

---

① 孙正聿：《哲学观研究》，吉林人民出版社2007年版，第113页。
② 《马克思恩格斯选集》第1卷，人民出版社1995年版，第57页。

锦涛所指出:"党的十六大以来,党中央继承和发展党的三代中央领导集体关于发展的重要思想,提出了科学发展观"①。科学发展观的提出,正是中国共产党——社会主义事业领导核心对于发展的一系列重要思想的精确概括和重大提升。作为发展主旨的观念播扬系统,除了建立一个纵横有序、内外一体的完整的有机思想宣传机构、系统外,就是形成了以爱国主义为核心的民族精神和以改革创新为核心的时代精神相统一的社会主义核心价值观。作为发展主导的理论创新系统,就是在正视盛世危情和解决世纪难题的矛盾中推进的理论创新。从具象上看,就是人们所熟知的知识创新、科技创新、体制创新、文化创新和党的建设理论创新等所形成的创新系统;从抽象上看,是对二重化世界的矛盾、二重性人类的矛盾、二象性历史的矛盾和二极性实践的矛盾的逐步解决,即对"以人的实践活动为中介的自然世界与属人世界的矛盾""人对自然的超越性和自然对人的本源性的矛盾""人们自己创造自己的历史与历史发展的客观规律的矛盾""人的尺度与物的尺度、合目的性与合规律性、善与真的矛盾"②的科学而合理的解决。在马克思看来,这就是人们自主、能动地"改变世界"的实践创造活动。

其次,理解要从表层理解进入到深层理解,也就是从对发展的现象、表象、映像的一般性了解、常识性认识的理解进入到属人的意识发展、精神发展、心理发展及其各方之间相互联系的理解,这种理解,才是真正沉浸于科学发展观的核心即以人为本的内在维度之中的理解。

科学发展观是心态史的发展观。科学发展观是人类发展心态史演进的产物。工业革命之前的封闭社会,人们把自然世界看作天然为人的无穷无尽的实有。注重于经济增长甚于经济发展,或者把经济增长等同于经济发展,大量地砍伐、开采或疯狂地捕捉、攫取,乃至占有自然和环境提供的现成资材,这是掠夺性、攻击性心态形成的占有型经济。这种经济形态,一方面积淀生成了人类深层的傲慢心性,另一方面加剧了人们之间的利益分化和利益对抗。因此,"只要利益分化、

---

① 胡锦涛:《坚定不移走中国特色社会主义伟大道路,为夺取全面建设小康社会新胜利而奋斗》,《光明日报》2007年6月26日。
② 孙正聿:《哲学观研究》,第113页。

利益对抗的现实仍然存在,那么,违背自然规律、破坏自然环境的行为就不会自动消除,我们就仍然面临着强化和完善正确运用自然规律的社会机制的艰巨任务"[1]。工业革命之后,人类社会进入了开放的世界历史,但是悖逆人的生存的环境问题日趋突出,制约人的全面发展的社会问题全面紧逼,欧美一些主张理性主义的人文学者、提倡生态主义的自然科学家开始重视马克思哲学的思想资源,并自觉或不自觉地把马克思主义的自然生态思想运用到经济增长和社会发展的理论研究中去,同时,这些思想也潜在地影响了文化人类学、哲学解释学、生态环境哲学和后现代主义思潮的理论建构。从《寂静的春天》(1962)对环境的破坏、损失的批揭与忧虑,《新发展观》(1979)对由生存客体转向生活主体的发展内涵的拓展;再从《增长的极限》(1972)等研究报告对经济增长的复杂因素与社会发展的人口、资源、环境、生态等条件的相关影响首次做出全面、深刻的评价与指引,到《人类环境宣言》(1972)、《我们共同的未来》(1987)、《环境和发展宣言》(1992)等联合国文件对人口失控、生产失序、消费异化、环境恶化、生态失衡、文化失落等全球问题的发布与警示,这样,在不同界面显示出不同的发展心态。从主流方面看,在个人那里,升腾起来的是思想的道德正义;在世界层面,呈现出来的是理想的全球正义;在实践环节,吁求的是科学的程序正义和合理的实质正义。科学发展观的提出,就把个人行为所需要的道德正义、世界安全存在所需要的全球正义,以及人与自然、社会持续发展所需要的程序正义和实质正义,都有机地整合起来,集成人类健全和谐生活秩序的普世价值,成为当代世界建立合理发展秩序的普世真理。

　　科学发展观是思想史的发展观。所谓"思想史的发展观",是涵盖经济史、社会史、文化史、政治史及其紧密关联的发展现实的哲学观。这是因为,其一,科学发展观首先是把经济关系看作决定其他一切关系的经济发展观,它着眼于解决好城乡差别问题、区域差距问题,即经济增长和经济发展的关系问题,从而丰富了经济发展史的哲学观

---

[1] 参见汪信砚:《论恩格斯的自然观》,《哲学研究》2006年第7期。

(中国经济的成功与进步要靠中国化政治经济学的指引)。其二,科学发展观是把人类实践的历史成就看作生产力得以传承永续的基础的社会发展观,它着眼于"五个统筹"的内在统一,即城市发展与乡村发展、经济发展与社会发展、文化发展与人的发展、国内发展与对外开放、人的发展与自然平衡的关系问题,从而拓展了社会发展史的哲学观(中国社会的稳定与繁荣要靠中国化发展社会学的指引)。其三,科学发展观是中华民族文化在新时代条件下的创新典范,它概括凝练马克思主义的中国化历史进程中关于发展问题的一切重要的理论成果,吸收世界发展观理论研究的积极因素,实现了中国共产党在发展理论上的重大创新[①],从而在经济社会发展史演进的基础上促进了文化发展史的哲学观的转变(中国文化的民族化与世界化要靠代表中国先进文化前进方向的中国共产党的指引)。其四,科学发展观是科学社会主义的发展观。科学社会主义是马克思主义社会发展观理论的有机组成。科学社会主义为现实社会主义描绘了世界图景,指引了理想生活的前进路向,而当代中国共产党人的科学发展观又进一步充实、发展了科学社会主义理论。有学者指出,科学发展观坚持历史唯物主义的世界观和方法论,在对社会主义的历史、理论和实践进行科学总结的基础上,立足于中国特色社会主义发展实践,着眼于人类社会文明进步的道路探索,取得了科学社会主义发展观的新成果[②]。这就说明,科学发展观是在中国马克思主义的世界观、历史观和价值观的统一上把社会主义发展观推进到了更完善的阶段。

总之,从理解的意义上看,科学发展观是演进于马克思主义无限博大的开放创新论域的理论形态,指认了中国马克思主义发展的内在逻辑;它是植根于深厚丰富的社会历史的实践形态,指向了广阔发展前景的理想世界;它又是深渗于人的希望完美的精神心性的文化形态,指出了坚持以人为本这一核心原则的极端重要性。

---

① 参见李恒瑞:《论科学发展观的历史地位、思想体系和指导意义》,《岭南学刊》2006年第3期。
② 参见曹泳鑫:《科学发展观:科学社会主义的发展观》,《马克思主义研究》2006年第5期。

二、解释的意义：科学发展观指向的哲学图景

科学发展观是理论形态、实践形态和文化形态相统一的发展观，是"社会形态发展观"和"社会主义发展观"[①]，并且为人们指引了生活世界的理想发展前景，因此需要以深度的理论志气去解释这一面对盛世危情和解决世纪难题作出的重大理论创新，展现马克思主义社会发展观的时代新图景和哲学新境界。

1. 科学发展观对发展本质的全新揭示

发展的本质是什么，不是技术、经济或文化某个概念、范畴所能单独涵括的；科学发展观的本质是什么，也不是技术发展观、经济发展观或文化发展观所能综述的，因而它应该是加进代表主流价值、探解现代难题的改革开放的发展观。这一发展观是和谐改革观、和谐开放观的统一体。换言之，对科学发展观的解释，要从改革开放的发展观对发展本质的揭示中得到新的阐明。

和谐改革观：当代中国的改革主题。中国的改革已走过40多年的历程，这一历程不应该仅仅从"40年"看改革，而应该从长时段的旧中国、新时期的大变革、新世纪的大发展、新时代的大创新的背景去看中国的改革。从1949年前以暴力型的"改造旧社会"为目标的"中国革命的逻辑"，进展到20世纪中后期以探索型的"变革旧体制"为目标的"改革开放的逻辑"，提升到新阶段以建构型的"建构新和谐"为目标的"和谐改革的逻辑"，再升华到新时代以创新型的"高质量发展"为目标的"美好生活的逻辑"，我们看到，正是基于对中国改革实践发展逻辑的历史认知，形成了与时代主题相适应的"和谐改革观"。这种改革观，把改革看作是社会常规运动——社会体制的不停顿的调整与再调整，日常生活的持续性的适应与再适应，民生意义的积聚性的沉淀和复合化；看作是社会主义自我完善的促动力——政府揭蔽以去弊，政策除旧以布新，传统复归以承传，文化创新以化人。因此，

[①] 参见辛向阳：《论科学发展观的三个基本问题》，《中国青年报》2006年2月22日。

跳开"40年"的局限看中国的改革，中国的改革观就是和谐型发展观和发展型和谐观的统一。

树立和谐改革观，要反对两种倾向：一方面，要坚决反对否定改革、假装改革、阻碍深化改革的言行，维护和谐改革的历史价值取向。这样，中国的改革才能真正坚持整体主义的价值取向和合理正义的伦理取向，沿着共同富裕的道路前进。另一方面，要鲜明反对形成新的既得利益阶层和特殊利益集团。反对特权对法权的排斥、垄断对竞争的否定，反对邪恶对正义的侵蚀、金钱对人权的蔑视，唯其如此，中国的改革才能遵循从和谐改革向和谐开放的秩序进展。

和谐开放观：开放世界的中国走向。当代世界是开放的世界，当代中国是开放的中国。开放的世界离不开开放的中国，开放的中国不能不融入开放的世界。现代中国的开放，发端于"站直起来做人"的生存志气，积聚于中国式"新经济政策"①的探索实践，成长于社会主义市场经济理论的时代创新，兴发于社会主义和谐社会建设的开放进程。由此开始形成当代中国新的"大开放观"，这就是"和谐开放观"。它具有全方位和全局性的理论视野（现在的世界是更加开放的世界）、全面化和全体性的推进战略（全面深入开放是中国根本发展战略）、全社会和全民性的考量原则（多层次宽领域开放对国家人民有利）。进入新时代以来，面对更加复杂的政治经济形势，更加激荡的文化交往融合局面，开放什么、怎样开放对中国更有利、对世界更有益，这一重大问题进入中国高层的思考范围。一方面，通过改革求和谐、通过创新求和谐、通过发展求和谐，本身就是开放中的和谐；而开放中的和谐，也就是和谐改革、和谐创新、和谐发展的注解。另一方面，改革、创新、发展和开放是"一体多面"和"相互调适"的，换言之，改革、创新、发展都内涵开放、贯穿开放、推进开放；不开放，改革就难以深化下去、创新就难以超越出来、发展就难以接续成功。从这个意义上看，开放，无论作为内在目的或者外部手段、作为动力机制或者平衡机制，都需要和谐的交流机制、和谐的文化氛围、和谐的保障条件。

---

① 胡绳：《中国共产党的七十年》，中共党史出版社1991年版，第378页。

因此，和谐开放是贯彻落实科学发展观的必然要求，是当代中国开放的新形态，代表了开放世界的中国走向。

树立和谐开放观，也要反对两种倾向：一是把大开放等同于鄙弃传统、全盘吸收、领受西式的现代性；二是把和谐开放看作回避矛盾、不要原则、没有气魄的社会运行。恰恰相反，大开放要求坚守民族文化传统、批判吸收西方文明、自主选择中国现代性；而和谐开放是大开放的一个重要阶段，和谐开放更加需要正视社会矛盾、恪守公平正义进步原则、显示中国气贯山河的开放魄力。与此相适应，中国的开放才能遵循和谐开放与和谐改革相契合的秩序取得进展。

2. 科学发展观对和谐本质的全面阐扬

在科学发展观的思想视域中，和谐的本质并非"和谐"概念本身，而是与之相关涉的国家之和谐、执政党之和谐、人民的和谐。因为国家的存在是执政党和人的存在的现实历史基础，执政党的存在是国家得以发展的核心领导力量，是人的全面发展的重大政治保障，人的全面发展则是国家强大、政治民主、执政科学的唯一根本前提；而国家之和谐、执政党之和谐、人的和谐三者又是不可分割的统一体。三者的和谐，共同构成了科学发展观内蕴的和谐本质，凸显了建构于科学发展观中的解释框架。

国家和谐：源远流长的民族历史生成的和谐。在黑格尔的国家论中，国家是本质与形式的复合。只有本质与形式相复合的国家，才是真正"有国之家"和"有家之国"，才有国家和谐。同时，国家既指一国之"国"，也指"一国"与他国。因此，科学发展观，对单个国家的意义，它指引国内和谐、构建和谐国家；对多个国家的意义，它指导国家和谐、构建和谐国际。前者的和谐本质在于国家内部和谐，也就是当下和谐社会建设所指向的内容和范围；后者的和谐本质在于国际之间和谐，也就是中国共产党从科学发展观视野提出、论述与实践的和谐世界观。只有把和谐社会观与和谐世界观统一起来，国家和谐的理解才是可以解释的。

执政党和谐：民族国家政治文化积淀的和谐。一般而言，国家总是由某个执政党来领导的国家，而执政党往往致力于其所在的国家的发展目标。国家和谐有赖于执政党和谐，执政党和谐是民族国家的政治文化积淀而成的和谐。对一个执政党而言，政治民主、执政勤勉、治党严格就具有了和谐意义；而先进执政党的和谐，则是整个民族国家政治文化长期历史积淀而成的和谐。在科学发展观的解释框架中，正是依照"权力来自人民群众、群众是历史创造者"的法理根据，按照"科学执政、民主执政、依法执政"的理政标准，遵照"权为民用、情为民系、利为民谋"的工作规范，中国共产党以自身的和谐建设、民主建设为国家长期持续发展创造了和谐执政环境与执政和谐条件。正如胡锦涛指出："中国共产党的根本宗旨是全心全意为人民服务，党的一切奋斗和工作都是为了造福人民，要始终把实现好、维护好、发展好最广大人民的根本利益作为党和国家一切工作的出发点和落脚点，做到发展为了人民、发展依靠人民、发展成果由人民共享。"① 这是对中国共产党实现和谐执政目标与创造执政和谐局面的全面、深刻的说明。

人的和谐：劳动、活动与实践相融合的和谐。科学发展观视野下的劳动、活动与实践，应该是属于人本身的东西，而不是悖逆于人的东西；应该是内在于人的发展的构件，而不是外在于人的异物。在人的劳动、活动和实践中，目的上的合理性、手段上的正当性、道德上的正义性，哪一样都是不能残缺、放弃的。康德曾经告诫世人："要以这样的方式来行动，永远不要简单地把人当作工具，而永远要当作目的，不论是对你自己还是对于他人。"② 前者是人应当确立的"完全责任"，后者是人实现为人的"积极责任"；"完全责任"是一种通过"占有人"而"占有物"的科技理性行为，一种"依赖于人"而"假借于物"的工具理性的行为；"积极责任"则是人的伦理行为、善德的行为，是"追求自身的完善和他人的幸福"③ 的行为，因而是具有内置科学发展、内蕴人文精神和内涵价值理性的较高意义④的正义行为。因

---

① 胡锦涛：《坚定不移走中国特色社会主义伟大道路，为夺取全面建设小康社会新胜利而奋斗》，《光明日报》2007年6月26日。
② 康德：《道德形而上学原理》，苗力田译，上海人民出版社2005年版，第118页。
③ 同上书，第119页。
④ 只有包括自然的伦理正义、社会的合理正义及其整体考虑的责任行为，才是具有"更高意义"的正义行为。

此，科学的劳动、科学的活动和科学的实践是作为劳动中的人、活动中的人和实践中的人的向上性、追求性和理想性的存在方式、发展形态。

基于这样的理解，科学发展观对和谐本质的阐扬就有了新的意义。和谐的本质是人的和谐，人的和谐是人的劳动的和谐、人的活动的和谐和人的实践的和谐三个方面整体性、协调性、持续性的和谐。正是这种和谐，造就人的"健全的心理和完整的人格"，使人"具有强烈的社会责任感和平等意识，公正的待人处事态度，积极进取的精神，吸收新知识的求知能力"①，这就涉及科学发展观对和谐文化及人的发展观的提升问题了。

3. 科学发展观对和谐文化观的全面提升

和谐是精神的中枢，和谐文化是中国文化的中轴。以人为本的科学发展观的提出及其开放实践，不仅高度表征了中国和谐文化中"天人合一""中庸和合"等思想精髓，而且成为解决人类的疑难、争端与矛盾的精神财富，并将继续为世界和谐发展发挥独特作用，实现中国和谐文化观的全面提升。

科学发展观是全体发展观、整体发展观和系统发展观的统一与心态史发展观和思想史发展观的统一。从解释学的角度看，解释是分体的、层次的、系统上的解释，因此，科学发展观可以在经济、政治、文化领域解释，也可以在科学、技术、管理领域解释，这就是亨普尔所寻求的基于"解释基础上的理解"②，也就是从全体发展观、整体发展观和系统发展观的统一的高度所作出的理解。科学发展观也可以在哲学、文化、人学及其交叉学科中的理解基础上解释，这就是伽达默尔所创构的理解与解释的"视界融合"，这种"融合"，就是把科学发展观看作心态史发展观和思想史发展观的统一，这种"融合"，就是文化的和谐融合以及融合成和谐文化。同时，这些理解是解释"发展什么、怎样发展和为谁发展"的基础和前提，这些解释则是理解科学发

---

① 王海光：《旋转的历史：社会运动论》，上海人民出版社1995年版，第102页。
② 参见陶德麟：《当代哲学前沿问题专题研究》，武汉大学出版社1998年版，第282页。

展观思想体系和时代意义的展开和深化。显然，只有深入到这样的理解，才能科学表述科学发展观所内置的解释框架；根据这样的理解去解释，才能正确表征科学发展观所呈现的时代精神。理解化的解释和解释性的理解统一于批判性和反思性的发展哲学的图景中。这就是科学发展观为什么能够成为指导中国共产党和国家长期、全面、持续和协调发展的重大思想的深层根据。

科学发展观是人学文化形态的新创造，从文化观的构型看，这个新创造是心理态文化和理论态文化的复合体。

首先，从心理态文化角度看，科学发展观是一种意识形态哲学观，是在融合哲学、文化、人学及其交叉学科的基础上形成的意识形态。中国学者指出："意识形态同时表现为一种特殊的生产力，一种能够激励人们创造、降低制度创新成本的生产力。"① 西方马克思主义者马尔库塞也指出了这种生产力的"治疗性"文化作用："它的意识形态作用可能真是治疗性的——按照现实的实际面目来显示现实，显示这一现实不准存在的东西。"② 中国共产党人提出科学发展观，就显示了"现实的实际面目"以及反对"这一现实不准存在的东西"：一方面，反对农村那种"以贫为荣"的乞富济贫和城市某种"以多为好"的无度消耗，反对那些既得利益者种种"以富自傲"的劫贫济富和实力权谋者竭力"以少为优"的单极赢利，构建以社会主义和谐文化为价值指引的和谐社会；另一方面，以和平之发展、开放之发展、合作之发展、和谐之发展的理念推进国家间的全面合作、协调发展和持续进步。这种和谐发展理念已经成为全球主义的核心价值之一。

其次，从理论态文化角度看，科学发展观是理论形态、实践形态和文化形态相统一的社会主义发展观。其一，从理论形态看，以人为本的科学发展观是理论化的世界观和方法论。科学发展观不仅与过去的经济发展观、佩鲁的"新发展观"、生态主义发展观和可持续发展观相区别，而且与形形色色的非科学发展观大异其趣，根本在于中国共

---

① 参见李汉林：《科学发展观的社会意义》，《中国社会科学院院报》2005年10月27日。
② 马尔库塞：《单向度的人》，刘继译，上海译文出版社2006年版，第181页。

产党人的科学发展观不排斥人类历史上关于发展问题的各种观点、学说，而是批判地汲取其积极成果；也不把科学发展观作为唯一绝对真理强加给他人、他国，而是在全面小康社会建设中把以人为本的思想原则贯穿在发展工作始终，展示其范导意义。其二，从实践形态看，科学发展观是实践性的发展观和价值观。这种发展观和价值观，就是要让"小家"有情义，"大家"有道义，社会有正义，从而促进全体人都富有仁义、爱心和善德而成为他自己。就像亚历山大·M.斯欣德勒所描写的那样，"房子有了爱便成为了家。城市有了道义就成为了社会。红砖有了真理就成为了学堂。陋室有了宗教就成为了圣殿。人类全方位的努力有了正义就成为了文明"①。其三，从文化形态看，科学发展观是历史性的科学观和文明观。当下，已经进入一个大科学、大变革、大创新、大发展的新时代，这个时代又以不同文明的一定程度的冲突和多元文化的有机融合为特征，要求人们自觉构建人类命运共同体，推进人类社会文明和合共存、文化和谐发展。中国哲学家夏甄陶指出："人类的行为是由人们已获得的文化所控制的。"② 人一旦有了文化，尤其是有了先进文化、科学文化，人才按照人所特有的生存方式创造自身、按照人所特有的生活方式完善心灵、按照人所特有的交往方式中介世界。因此，要让马克思主义文化出场，去化育人、发展人。

这就说明，科学发展观不仅是中国共产党人关于人的发展学说的创新成果而使它成为全球文明发展的中国典范，而且凝聚最大多数人的智慧和品格而使它成为全人类文化发展的思想财富。因此，科学发展观是当代人的全面发展观的重要表述，也是中国和谐文化观的全面提升。

第四节 理解科学发展观的开放视域

科学发展观是党中央在 2002 年提出来的重大战略思想。这个思想

---

① 参见 Alexander M. Schindler：《人生的两条真理》，王妍译，《读者》2005 年第 23 期。
② 夏甄陶：《人是什么》，商务印书馆 2002 年版，第 178 页。

贯穿在中国式现代化建设这一伟大实践过程中，经过理论界多年、多学科、多维度的研究，它不断获得充实和丰富，到了2007年，它被写入中国共产党党章，成为党指导中国特色社会主义事业的根本指导思想。在2012年，党的十八大报告把科学发展观与邓小平理论、"三个代表"重要思想并提，它们三者共同构成中国特色社会主义理论体系的有机组成部分。应当看到，从科学发展观提出至今，理论界已对之做了大量的研究，取得了相当丰硕的成果。那么当今，人们还可以在什么意义上把握科学发展观呢？其实，怎样正确把握和落实科学发展观的问题，是一个重大的、需要不断深入研究的理论课题，也是一个长期的、需要结合具体实际去提升的实践课题。从理论课题来考察，人们还可以从媒介视域和复合视域分别探讨科学发展观的生成和发展的条件、内在特征和时代意蕴。从实践课题来考察，应当继续坚持"两个务必"，即"务必认真贯彻科学发展观"和"务必认真落实科学发展观"。只有这样，才能在开放视域中正确理解和把握科学发展观，自觉贯彻和落实科学发展观，协调推进"四个全面"战略布局，统筹推进"五位一体"总体布局，促进中国经济社会走向全面、协调、可持续和高质量的发展。

一、媒介视域中的科学发展观

科学发展观是中国化马克思主义的最新成果。以马克思主义的中国化范式把握科学发展观，就要对之作系统的探讨，也要对之作多视域、多层面的探讨。从媒介视域考察、把握科学发展观，就是其中的一个重要角度和方式。这个角度和方式可以从理论媒介、实践媒介和主体媒介等层面展开。

1. 科学发展观的理论媒介

所谓"理论媒介"，是指一种新的理论和学说的理论来源、理论平台和理论倾向。其中，理论来源是指该理论的先行理论和发展根源，理论平台是指该理论发育发展、实践应用、宣传普及的条件和环境，理论倾向是指该理论成熟、成体系进展的方向和渠道等。三者既内在

第四章 文化开放与马克思主义的解释力

关联，又互相作用，是新的理论和学说不可或缺的认识媒介。科学发展观具有这个理论媒介。

首先，马克思主义的社会发展理论、中国传统哲学的发展思想和西方马克思主义的发展观思想，是科学发展观的主要理论来源。马克思主义的社会发展理论强调解放生产力、发展生产力，消灭剥削、消除两极分化，实现社会财富共有、精神文明共建、公平和谐共享，尊重文化的多样性，推进人的全面发展等，构成了科学发展观的理论要素。中国传统哲学的发展思想崇尚天人合一、中庸中和、将心比心、安居乐业，以及对以"中""和""巧"为一体的"度"[①]的技术、艺术、治理体制或机制的建构与运用，则使科学发展观具有中国特色的文化基础。西方马克思主义的发展观思想对技术异化、工业异化、消费异化和社会异化的不良现象的批判，对历史传统、文化基因、自然生态、人伦心态的负面因素的揭示，对解决人类共同面对的世界难题的宣昭，也为科学发展观提供了有益借鉴。

其次，意识形态平台、理论决策平台和理论宣传与交流平台，是科学发展观的三大理论平台。就科学发展观自身而言，它是党的根本指导思想，是指导我国经济社会科学发展必须长期坚持的重大战略思想，因而它自身就是一个意识形态平台。就各级党委和政府而言，只有全面把握科学发展观的丰富内涵，"切实把科学发展观贯穿于经济社会发展的全过程、落实到经济社会发展的各个环节，切实把经济社会发展转入以人为本、全面协调可持续发展的轨道"[②]，而不能主观、任意和教条化地进行管理决策，才能又好又快地建设社会主义。这些系统的原则构成了科学决策的集中要求。在此意义上，科学发展观建构了一个理论决策平台。就社会心理和意识而言，从党员干部到一般群众、从内政到外交、从培训教育到学习交流，"科学发展观"成为关键词，成为日常交往媒介，变得日益深入人心、日益深得民心。

再次，以马克思主义中国化为范式，研究、把握和推进科学发展

---

① 参见李泽厚：《历史本体论》，生活·读书·新知三联书店 2002 年版，第 4 页。
② 《科学发展观学习读本》，学习出版社 2006 年版，第 90 页。

观，使之成为更成熟的中国化马克思主义理论成果，这是科学发展观内在的理论倾向。在马克思主义哲学指引下，科学发展观将不断对新的改革开放实践作出新概括，对新的建设发展经验作出精提炼，对新的社会发展理论作出好吸收，从而以自身的理论创新丰富、发展马克思主义哲学。而科学发展观之发展，一方面为马克思主义哲学中国化提供理论基础，推动马克思主义哲学基本理论的发展，另一方面为发展中国化马克思主义准备思想条件，推进新一轮现代化建设实践。

2. 科学发展观的实践媒介

所谓"实践媒介"，是指中国特色社会主义旗帜下推进的"总体实践""改革开放"和"人的发展"这三大方面。其中，"总体实践"包括政治实践、经济实践和文化实践及其三者的组织、关联。"改革开放"是总体实践的特定化，包括改革不适应于新的先进生产力发展要求的制度、体制和机制，也包括在社会发展各个领域向国内和世界开放，同时"改革"与"开放"又是一体化的过程，改革开放与总体实践也是一体化的过程。"人的发展"是总体实践的核心，也是改革开放的中心环节，人的发展问题贯穿总体实践，而改革开放则要求把人的全面发展作为新的时代坐标。科学发展观具有这个实践媒介。

提出科学发展观是总体实践的需要。在当代中国，"总体实践"是指中国特色社会主义实践，是建设高水平的全面小康社会。提出科学发展观，旨在为经济建设、政治建设、文化建设、党的建设、理论建设、社会建设提供更加先进、更加科学、更加适宜的思想指引，实现生产发展、生活富裕、生态良好、生命旺盛，实现经济发达、政治民主、文化繁荣、党群协调、百姓安生、社会和谐。这些发展目标就是科学发展观的价值目标。中国特色社会主义实践是坚持科学发展和实现综合价值相统一的总体实践。

贯彻科学发展观是改革开放的导引。改革开放是发展中国特色社会主义的一大法宝，是决定中国命运具有关键意义的一招。为推进新一轮的改革开放，就要深入贯彻科学发展观。一方面，我们要用科学发展观制导改革开放的秩序，使改革开放按照科学发展观的理念有步骤、相协调地推进；另一方面，我们要用科学发展观引发改革开放的创新，使改革有新精神、开放有新局面、发展有新水平。

落实科学发展观是人的发展的旨归。人的发展不是口号，而是依靠落实的行动。就是说，人的发展不是"名词"，而是"动词"，名词指示静态的存在，而动词指称动态的生成。因而，无论是中国特色社会主义的总体实践，抑或是日益深入的改革开放，都围绕、关联和提升人的发展，都是为了人的需要、维护人的利益、理解人的特性、充实人的本质。要言之，以人的发展为旨归是落实科学发展观的根本性、长期性和使命性的必然要求。

3. 科学发展观的主体媒介

科学发展观也有主体媒介。所谓"主体媒介"，是指现实的或虚拟的人，以及他们对一种理论学说的发育发展、实践应用、创新成熟所发挥的主体性中介作用。科学发展观的主体媒介主要包括国家主体媒介、群体主体媒介、个体主体媒介。这些媒介在中国特色社会主义实践中发挥着不同的作用。

国家主体媒介传达价值。国家是"虚拟的人"，它的主要作用是对人民群众或世界公众传达主流价值、共同价值。科学发展观不仅代表国家的主流价值，也反映世界发展所需要的共同价值。对中国而言，国家主体媒介传达中华文化的独特价值，彰显中华文化的独特魅力，辐射中华文化的独特影响。对世界各国而言，每个国家都要讲科学发展、协调发展和全面发展，同时，每一个国家追求发展过程中所形成的具有科学性、协调性和全面性的经验对群体主体而言又具有独特价值。

群体主体媒介传真意义。民族、阶层、集体都是群体主体，它的主要作用是向这些民族、阶层、集体传真意义。对我国而言，就是传真属于中华民族的共有的生存热望、共在的生命体验和共享的生活理想。科学发展观反映了中华民族的可持续的生存热望，凸显了不同阶层的多样性的生命体验，表达了各类集体的向上性的生活理想。正是这些"热望""体验"和"理想"传真了现实的人的存在意义。

个体主体媒介传续发展。个体主体是指每一个"现实的人"，他的主要作用是传续个人在需要、素质、能力、品质等方面的发展。国家主体的发展、民族主体的发展是中国特色社会主义发展的支架，而个体主体的发展则是中国特色社会主义发展的根基。推进中国特色社会主义的发展，要靠国家的发展、民族的发展，也要靠个体的发展。因为个体的发展是所有其他发展的最原始、最直接、最恒久的基础和条件，同时它也是实现国家和社会科学发展的终极的媒介力量。

可见，在媒介视域中能更深入理解和把握科学发展观的生成与发展的条件。审思这样的条件，能够促使人们进一步在复合视域中把握党的思想路线，既在党的指导思想的有机组成中，又在党的思想路线的重要精髓中把握科学发展观。

二、复合视域中的科学发展观

科学发展观是指导我国经济社会全面、协调、可持续发展的科学理论。这一理论载入了新党章，成为党的思想路线的"精髓"。如何认识科学发展观与党的思想路线的关系，这是不可回避的重要理论课题。在马克思主义的中国化范式中，科学发展观是实事求是的、解放思想的、与时俱进的和以人为本的科学发展观的内在统一，是科学精神、民主氛围、开放品格和时代主题的复合构建。

1. "实事求是"的科学发展观

科学发展观是"实事求是"的科学发展观。实事求是是科学发展观最基本的精神。坚持实事求是，就要尊重科学、相信科学。当下的"科学"并非传统意义上的"小科学"，即19世纪70年代以前"个人自由研究"时代的科学，而是美国科学史专家普赖斯提出的超大规模、深度分化和高度综合意义上的"大科学"[1]。在大科学观中，每个科学实验、科研项目、技术工程都面对着巨大的复杂性、风险性，人在这些复杂性、风险性的事业进程中能够积极进取、有所作为，但不是无所不为、无所不能为。人在自然面前有其内在局限，人越是远离自然界就越是脆弱，从而抵御自然危害的免疫力就越低。这就要求人们对待科学实验要严谨、忠实，对待科研项目要理性、求实，对待技术工

---

[1] 汪信砚：《当代视域中的马克思主义哲学》，湖北人民出版社2004年版，第57页。

程要专业、务实，并在这些科学研究及其应用过程中合作、笃实，富有责任地审察细节的复杂性、检讨环节的风险性，把认识自然界真理的深度、广度和理解人自身的局限统一起来，保持足够的自觉、清醒意识，不至于玷污人类赋予"科学"作为知识与理性之存在的光辉。这是对"实事求是"的真正的坚持，是对科学发展观的真正的把握。唯其如此，作为科学的科学发展观才闪耀求真务实精神，而不是悬设虚像幻影。

2. "解放思想"的科学发展观

科学发展观是"解放思想"的科学发展观。"解放思想"是一种政治意识形态、生活意识形态和发展意识形态。人们说解放思想是建立民主的前提条件，这是就政治和谐发展的需要来讲的。说解放思想是改善生活的观念条件，这是就生活和谐进步的需要来讲的。说解放思想是推动发展的创新机制，这是就信息能量发挥的需要来讲的。它们分别是从政治意识形态、生活意识形态和发展意识形态的视角做出的一种解读，又是在哲学意义上对一种合理秩序的追求。严格说来，它是对一种确定秩序的追求，而不是欲之无序，或使之失序。这样，坚持解放思想就联系着"两个民主"的诉求。所谓"两个民主"，一个是"人民民主"，一个是"集体民主"。"人民民主"在广义上是指国家民主、社会民主的根本制度；在狭义上是指党内民主、党际民主的制度、方法和精神。人民民主发达，国家就发达、社会就开放。或者说，人民民主发达，国家就更开放、社会更发达，两者同是一个意思。"人民民主"涉及民主制度的基本问题。"集体民主"在广义上是指组织民主、单位民主的体制与文化；在狭义上是指领导民主、个人民主的精神与方法。前者涉及民主的具体体制问题，后者涉及领导和个人的民主思想、民主作风问题。由此就不难理解，贯彻科学发展观，就是要求人们，特别是要求中国共产党人坚持并完善民主集中制，热爱并遵循"人民民主"，珍惜并关照"集体民主"，善于把"两个民主"结合起来，推动真诚信任、活泼和谐的"公民文化"的生成。

3. "与时俱进"的科学发展观

科学发展观是"与时俱进"的科学发展观。科学发展观与过去一切先进的发展理论、科学理论一样，它不会止步于一个守成的概念、一个既定的框架、一个封闭的体系。它作为马克思主义的社会发展观，同样"是对社会发展的本质揭示和原则性说明，是随着社会生活实践发展而发展的科学"①。它对于当下的发展理论体系而言，已经是真正出场的现实的观念的力量，是实现全面、协调和可持续发展的利剑。它对于未来难于预见的发展代价而言，则亟需实践主体的历史意识的真正出场，把社会发展史和人类文化史融合起来，既考量人类社会生产方式的多种经验、效应及其弊端，也考察人类社会在现代性条件下文化变革的必要性、可能性和动态性，从而把制度设计、决策能力、应对机制敞亮开来，像"科学"本身那样给人以清晰、明朗，像"民主"自身那样给人以清正舒坦。正是在这一意义上，可以说科学发展观也是反教条主义的。反教条主义，就是既反对不能具体化的抽象发展概念，反对不能细致化的宏大发展框架，也反对不能创新化的独断发展体系，反对不能多元化的单一发展格局。这才是"与时俱进"的科学发展观的本色。这个本色特征是：开放"概念"，使人意无不尽；开放"框架"，使好意无不在；开放"体系"，使创意无不纳；开放"格局"，使善意无不是。

4. "以人为本"的科学发展观

科学发展观是"以人为本"的科学发展观。所谓"以人为本"，人们无需过多地去引用近代开端以来在欧洲启蒙运动和文艺复兴时期对"人"的概念的阐述和对人的作用的承认与宣扬，也不必去苦心搜索中华古典中对"以民为本"的众多宝贵之述说。这是因为"以人为本"就是以"现实的人"为根本。马克思、恩格斯在对旧哲学"谢幕"的宣告中就告知了世界：现实生活中的人才是真实历史中的人，才向世界现实地呈现其历史。关注和考察这些人，就是面向人们本身的历史、面对事情本身。具体到中国层面，就是面向中国问题；具体到中国经验，就是面向中国文化。科学发展观的提出，首先是面向中国问题，

---

① 丰子义：《发展理论研究的发展——从马克思社会发展理论的视角看》，《山东社会科学》2008年第6期，第9页。

考察中国的经济、政治和社会结构发展的不平衡、不协调问题。其次，是面向中国文化，考察群众的生活质量、国家的生产水平、社会的生存观念的高低进退。说到底，把发展的总体性问题提升到国家层面、经验或模式层面，已经越出了单个国家的向度，而具有了"世界向度"。将"中国人的发展问题"凸现出来，不只是中国人个人发展的事情，而且是民族复兴大业的一部分。同样，办好中国人自己的事情，则是解决"中国人的发展问题"的基础性工作。由此可见，中国共产党提出和落实科学发展观，是在和平发展新时代，也是在人的发展新时代，必然凸现的一个重大主题。

因此，体现科学精神、民主氛围、开放品格和时代主题之复合构建的科学发展观，既是实事求是、解放思想、与时俱进和以人为本这一党的思想路线的有机统一，又是指导当代中国社会改革开放创新之精神旗帜。高擎这一旗帜，伟大中华民族复兴事业指日可待，中国特色社会主义事业必将胜利。当然，实现这一目标，需要在实践科学发展观上付出更大的求真务实的努力，做出更艰辛的无与伦比的创造。

三、实践科学发展观要加强"两个务必"

在百年以来世界未有之大变局背景下，实践科学发展观具有更高现实意义，而探讨如何"实践"科学发展观则为应对经济社会发展中出现的种种困难提供理论思维。在马克思主义中国化的范式中，"务必认真贯彻科学发展观"与"务必认真落实科学发展观"是实践科学发展观的两个重要取向。要当好现实的科学发展的主体，做到与党中央保持高度一致，才能促进经济社会稳健发展。

1. 务必认真贯彻科学发展观

"务必认真贯彻科学发展观"是思想掌握现实的先决条件。什么是"贯彻"，人们耳熟能详，但细究起来，又难于说透、难于梳理、难于弄懂。在说不透、理不清、搞不懂的情况下，是难于做到、做好贯彻科学发展观的。当下，不少人理解科学发展观，把它变成一个一个的"词"，即"全面""协调""可持续"，或加上"以人为本"。在通俗理解科学发展观的方式上，这样"词语化"未尝不可。但"词语化"的结果并不等于"认真贯彻"了科学发展观。就像当年毛泽东批评王明那样，满嘴马克思主义"词句"并不等于懂得马克思主义，更不等于运用马克思主义于具体实际，不等于解决中国的革命与建设的现实问题。为此，要在马克思主义中国化的范式中把握"贯彻"的基本内涵。

第一，要掌握思想。要掌握传统马克思主义、西方马克思主义和中国马克思主义在发展问题上已经形成的正确认识。首先，"传统马克思主义"以原生形态的马克思恩格斯思想、次生形态的列宁主义为代表，二者都是关于社会主义社会如何革命成功、如何进行现代化建设的"新世界观"，都是关于社会发展的科学学说。其区别在于，马克思、恩格斯对社会主义做了更多的远景性描画，而列宁不但提出了初步的社会主义建设设计，而且做出了奠基性的探索实践。这些描画和实践为后续的马克思主义理论开辟了发展道路。其次，西方马克思主义经历了形形色色的发展形态，不管是卢卡奇的阶级意识理论、葛兰西的市民社会理论、霍克海默与阿多诺的社会批判理论、德里达的解构主义、鲍德里亚的消费社会理论，还是列斐伏尔与阿格妮斯·赫勒的日常生活批判理论，弗洛姆、卡西尔的社会理性重建理论，高兹、佩珀的生态社会主义理论等，都在不同程度上延伸和发展了马克思主义的社会发展理论，只不过各派各有侧重，"片面"发展了马克思主义的发展理论罢了。但是，也应当看到，这些理论为中国马克思主义的发展提供了有益借鉴。再次，中国特色社会主义理论体系和习近平新时代中国特色社会主义思想，都是在毛泽东思想基础上形成的、与时俱进的中国化马克思主义。明确当代中国马克思主义的源流，实质就是明确中国特色社会主义理论是马克思主义同中国实践相结合，同中华优秀传统文化相结合的成功创构，是关于中国为何发展、为谁发展与怎样科学发展等问题的先进理论。

第二，要统一认识。统一认识是思想武装，是"贯彻"的思想前提。首先，要把当今中国和全国各地的发展统一到中国特色社会主义理论体系和习近平新时代中国特色社会主义思想的旗帜下。坚持马克思主义的发展观，就要坚持中国特色社会主义理论体系和习近平新时代中国特色社会主义思想，而只有坚持中国特色社会主义理论体系和习近平新时代中国特色社会主义思想，才能更好地坚持马克思主义的发展观。其次，要统一到中国整体的发展与地方之间的协调发展上来。中国整体的发展离不开地方之间的协调发展，而地方之间的协调发展又是中国整体的、全面的发展的基础。两者要统筹兼顾，统筹兼顾就是统一认识的集中表现。再次，要统一到解决地方、区域与国家的最突出、最迫切的现实问题上来。最突出、最迫切的现实问题也是时代性的问题。善于抓住时代性的问题，不仅是杰出的思想家的特性，也是人们能够有所作为的前提。从根本上看，"统一认识"就是要统一到科学发展观的本质精神上来，使思想的深入认识变成生动的实干精神。

第三，要聚集精神。人是应该有点精神的。聚集精神才能发展，而发展就要提振精神。孙中山那种"革命尚未成功，同志仍需努力"的进取、坚持精神，鲁迅那种"横眉冷对千夫指，俯首甘为孺子牛"的正义、勤务精神，毛泽东那种"红军不怕远征难，万水千山只等闲"的无畏、乐观精神，邓小平那种"思想解放一点，胆子更大一点，步子更快一点"[①] 的开拓、拼搏精神，习近平同志那种"我将无我，不负人民"的奉献、奋斗精神，等等，都是人成其为高大者、雄壮者、伟岸者的精辟的表征。追求科学发展仍然需要这些精神，就像民族精神仍然需要不同时期的时代精神的滋润一样。在时代精神、民族精神的共同滋育下，科学发展的精神更能够聚集人的精神、提升人的精神。全面认识、把握到了这三个方面，大体上可以说"贯通了"或"透彻了"科学发展观。但是，这种"贯通"和"透彻"科学发展观，还有待于在"落实"上下真功夫，做细功夫。

2. 务必认真落实科学发展观

"务必认真落实科学发展观"是"现实"转向"实现"的客观要求。强调"落实"是中国共产党在思想指向、方针指引和政策指导上非常鲜明的一条。如果说邓小平提出的"发展才是硬道理"[②] 是硬道

---

① 《邓小平文选》第 3 卷，人民出版社 1993 年版，第 367 页。
② 同上书，第 877 页。

理，江泽民提出的"创新是一个民族进步的灵魂"① 是硬道理，胡锦涛提出的社会主义"四位一体建设"要全面协调发展，"全体人民各尽其能、各得其所而又和谐相处"② 也是硬道理，那么，习近平同志提出的"四个全面"战略布局要"真落实""再落实""善于落实"同样是硬道理。人们在"懂"道理的前提下，关键在于"落实"道理。对广大领导干部和党员而言，落实科学发展观需要做到：

首先，要体现民情，将思想转变为行动。"思想"是心与脑的功能，"行动"是手与脚的功能。中国共产党人既重视开动心脑"机器"，又重视手脚并用，真抓实干，反对眼高手低、只说不做。所谓"空谈误国、实干兴邦"，它在很大程度上指向人们的"空转"的"思想"而不专注于把握民情。当前，最大的民情是群众的安生、乐生，"安而不乐"是寂安、偷安，"乐而不安"是虚乐、堕乐。要让群众安生、乐生，就要重视、研究民情动态，就要有取信于民的实际行动，促使领导干部和党员出实招、办实事、做好事。在这个意义上，落实科学发展观体现了马克思主义生活哲学注重民生幸福的人本理念。

其次，要反映民意，将政策转变为措施。"政策"是用来服务发展的规则，它根本上是为人民服务的制度和依据。好政策要配上好服务才能实现"为人民服务"。人人喜欢得到服务、得到好服务，人人要为"好服务"献计献策。一方面，政策要从政论中简化出来，使政策朝着利民、益民、惠民、便民的方向走；另一方面，政策要在反映民意基础上转变为可行措施。现实中出现的就业难、行路难、饮水难、看病难、买票难都是民情，但是好就业、行好路、饮好水、看好病、买到票则是民意。要能反映民意，政策要灵活，措施要应变，公务员不懒政。对各行各业管理者而言，要"动脑筋""早谋划""出真招"，让真服务留心，让好服务上岗，让服务好在场。在这个意义上，落实科学发展观体现了马克思主义实践哲学注重行动效能的现实本色。

再次，要巩固民心，将精神转变为自觉。精神与觉悟总是互相贯

---

① 《江泽民文选》第2卷，人民出版社2006年版，第132页。
② 《科学发展观重要论述摘编》，中央文献出版社2008年版，第66—72页。

通的。有精神不能没有觉悟，有觉悟不能没有精神。精神的觉悟导向自觉，觉悟的精神走向自立。在战争时代，得到民心者得天下，这时争取民心靠觉悟。在和平时代，顺应民心则天下治，这时巩固民心靠精神。对于巩固民心的问题，重要的是"在解决改革发展稳定的重大问题、人民群众反映强烈的突出问题、党的建设面临的紧迫问题上取得新的突破"①。这就意味着中国共产党要不断健全民族精神和高扬时代精神。得到健全的民族精神是富有自觉性的，得到高扬的时代精神是能够自立的。自觉的民族精神能会通时代精神，自立的时代精神能充实民族精神。因为自觉自立的精神能够巩固民心，能够促进科学发展观的落实。这就是为什么要弘扬社会主义核心价值体系的内在依据。从这个意义来看，落实科学发展观体现了马克思主义文化哲学注重精神塑造、以文化人的崇高旨趣。

总之，在中国特色社会主义整体视域中把握科学发展观，是面向当代中国实践，落实"四个全面"战略布局、"五位一体"总体布局的一个重要课题。我们要从媒介视域、复合视域上深化对科学发展观的理论认识，从整体上把握科学发展观的生成与发展的条件、本质蕴涵与时代精神，为推进经济社会工作科学发展提供理论思维；同时也要做到"不忘初心、牢记使命""敢于斗争、善于斗争"，把加强"两个务必"和贯通"四个务必"统一起来，不断为推进中国式现代化的全面发展、协调发展、可持续发展和高质量发展开辟新道路。

第五节　"无范式"研究的文化开放意义

当前，国内理论界十分重视并呼吁一种"有范式"的研究。中国哲学家王南湜撰文对近年来马克思主义哲学研究界所形成的研究范式做了一次全面概括和综观研究②，展现了各类研究范式的丰富内涵和具

---

① 《习近平总书记系列重要讲话读本》，人民出版社2014年版，第193页。
② 参见王南湜：《中国马克思主义哲学范式转换研究析论》，《学术研究》2011年第1期。

体样态。但是，在国内外理论界也有不少学者提出了"无××"的研究或批判。例如，俄国哲学家列夫·舍斯托夫就哲学问题提出"无根据"批判①，中国社会科学院学部委员赵汀阳就伦理学问题提出"无立场"的新怀疑论②，法国哲学家弗朗索瓦·于连就东西方的智慧问题提出"无立场"批判③，中国学者彭富春就哲学问题提出"无原则"批判④，美国哲学家法伊尔阿本德提出"不要规则"⑤等等，都意在抛弃惯常的、模式化的方法，而坚持和发展哲学研究的多元主义。然而事实上这类"无××"的研究或批判，其本身不可避免带有一定的"根据""立场""原则""方法"。这就出现了一个互相矛盾的不同认识：一种观点认为，理论探讨和学术研究要遵循固定的"范式"，无"规矩"不成方圆，无模式不成"体统"；另一种观点认为，"无根据""无立场""无原则"和"无方法"的批判研究也可行，同样能够做出创新成果。这两种观点究竟是完全对立、不可调和，还是存在融合会通的渠道，这是一个值得探究的理论问题。

一、"无范式"研究的哲学理解

从辩证法视角看，学术研究中既然存在遵循一定"范式"的研究，则必定存在"无范式"的研究，或者说"无范式"研究也可能是带有某种"范式"的研究，问题在于"无范式"是怎样的一种"范式"，"无范式"研究又是怎样的一种研究？这是首先要追问和澄清的基本问题。

1. "无范式"研究重视对先前理论体系的怀疑

任何一项取得重要突破的理论研究莫不是奠基于对前人研究成果之正确理解和吸收之上，但"无范式"研究却并不必然拘泥于已有成

---

① [俄] 列夫·舍斯托夫：《无根据颂》，张冰译，华夏出版社1999年版，第4页。
② 赵汀阳：《论可能生活》，中国人民大学出版社2010年版，第61页。
③ [法] 弗朗索瓦·于连：《圣人无意》，闫素伟译，商务印书馆2005年版，第145页。
④ 参见彭富春：《论无原则的批判》，《武汉大学学报（人文科学版）》2007年第4期。
⑤ [美] 保罗·法伊尔阿本德：《反对方法》，周昌忠译，上海译文出版社2007年版，第1页。

果及其思想范式,甚至研究者往往对一定领域的先前理论抱有理性的怀疑态度,这种态度促使其对先前理论的正确性、结构体系的合理性做出新的探索和论证。

首先,"无范式"研究体现在学术研究态度上。抱着合理质疑和理性怀疑态度的研究者往往对当前流行的研究范式、研究体例会做出必要的理论反应。这种反应并不是全然否定先前理论的所有问题与框架,而是对已成定论的问题作出合理质疑,部分地提出新问题,理性地作出科学论证。列夫·舍斯托夫指出:"一个人只有当他结束了自己手头的所有事情,当他已经不再'思考'也不再'工作'时,当他把自己向自身和他人完全呈现出来,开始自由地观看和谛听,开始容纳一切并向自己隐瞒一切时,他才会开始'研究哲学'。"① 在这里,人们不难发现,一个研究哲学的人是在一种"一无所有"的空无状态中开始的,舍斯托夫所谓的"结束所有事情""不再'思考'和'工作'""向自身和他人完全呈现""容纳一切""向自己隐瞒一切",就意味着一个人只有在没有任何限制和羁绊的自由状态下做哲学研究,才有可能形成新的成果。显然,舍斯托夫是要打破原有的思想格局,冲破流行的研究规范,憧憬进入一个完全无羁绊、彻底放松的自由境域中做研究。他所用的限定词多是"绝对"的,诸如"一切""所有""完全""彻底"等等,他认为"哲学家应当敢于蔑视怀疑主义所带来的痛苦,无休止地坚持进行自己的尝试,不因先前的尝试毫无结果而气馁,也不怕狠狠撞伤自己的嘴巴"②。在舍斯托夫那里,这代表无所畏惧、大胆尝试的探索精神和颠覆已有研究范式,开启"无范式"研究的意欲和雄心。

其次,"无范式"研究体现在理论重建方式上。人类多数领域的学科理论都不是平面化、直线性发展的,而是波浪式、跳跃性发展的。导致理论的非平面化、非直线性发展的原因有很多,诸如现实生活的复杂性、实践活动的曲折性、真理认识的长期性,等等。从主体层面来说,就是人们对理论的建设具有不平衡性、非同一性。在人文社会

---

① [俄]列夫·舍斯托夫:《无根据颂》,张冰译,第131页。
② 同上书,第102页。

学科领域，同一个课题让不同专业背景的人员来做，其成果几乎没有雷同的。在自然科学领域，同一个课题让不同大学相同专业背景的人员来做，其研究路径也可能有很大差异。人们早已认同，德国哲学家海德格尔开启的存在论哲学无疑颠覆了自亚里士多德以降直至笛卡尔所因袭的传统形而上学。传统形而上学审思的是外部世界的本质，追问的是外在于人的存在的存在。海德格尔并没有因循这样一个思想范式去研究外部世界，他看到世界最重要的存在乃是人的存在，由此着力构思以人的存在考察世界的存在的新哲学。而人的存在本质上是语言性存在、符号性存在。在《通向语言的途中》，海德格尔以哲学的方式解读诗歌中的语言、对话中的语言，进而概括语言之本质。在他看来，"语言就决不单纯是人的一种能力"，"语言乃是一切关系的关系"①。这"一切关系"之中最基本的关系是人与自然的关系，人与他人的关系，人与社会、国家的关系。而语言是承担一切关系的"关系"，它是作为中介贯穿一切关系的最本质的东西。由此看来，海德格尔道出了"语言之本质"，即它"属于那种使四个世界地带相互面对的、开辟道路的运动的最本己的东西"②。这样，海德格尔借助对语言本质的诠释而引出了对人的存在本体论的合理建构。人的存在本体论是对自然存在本体论的超越，这种超越是建立在海德格尔对传统形而上学思想研究范式的解构和颠覆之基础上来完成的。应当说，海德格尔开展的哲学研究是反范式的开创性研究。

2."无范式"研究重视对交往实践经验的审思

遵循范式的研究大多重视先前理论、核心概念、基本范畴，重视传习已有的理论立场、理论框架以及文本写作范例。而"无范式"研究与之背道而驰，这倒不是说"无范式"研究完全"离经叛道"，而是在概括交往实践经验和重构先行理论之基础上开辟新的道路。

首先，"无范式"研究不为既有理论的原则、立场和方法所局限。它更愿意把眼光聚焦于外部社会，更专注于由感性实践引出的突出问

---

① [德] 海德格尔：《通向语言的途中》，孙周兴译，商务印书馆1997年版，第211页。
② 同上。

题。奥地利社会心理学家阿·阿德勒是一个首先举旗反叛弗洛伊德学说的"无范式"研究学者。他在谈到一个有成就的哲学家应具有的行为特质时指出:"如果一个哲学家想要完成他的著作,他就不能老是与人一道去赴午餐或晚宴,因为他需要长时间地独处一室,以便集中、概括自己的思想观点,采用正确的方法。但在这之后,他就必须在社会的接触中得以发展,这种接触是他的发展中很重要的一部分。"[①] 阿·阿德勒在此所说的"接触",乃是马克思所说的"世界交往",是哈贝马斯所说的"交往实践",是指直接的、实际的交往实践。一个研究者若没有这样一种向社会开放、向世界敞开的交往实践,而只是封闭在书斋中勤学苦思,虽然也可能取得某些重要成果,但终究不能获得更大的突破。对此,马克思从理论上做出了通俗易懂的说明:"甚至当我从事科学之类的活动,即从事一种我只在很少情况下才能同别人进行直接联系的活动的时候,我也是社会的,因为我是作为人活动的。不仅我的活动所需的材料,甚至思想家用来进行活动的语言,是作为社会的产品给予我的,而且我本身的存在是社会的活动;因此,我从自身所做出的东西,是我从自身为社会做出的,并且意识到我自己是社会存在物。"[②] 这就意味着,任何科学研究,包括"范式研究"和"无范式"研究,都离不开为其提供资源的社会,离不开社会交往,而"无范式"研究更加需要学者"盯准"社会焦点、"绑定"社会难题和切中社会热点问题来开展研究。"无范式"研究之所以可能,或者说,它比"范式"研究更优越的地方,在于它善于从社会中最直接、最现实、最迫切的问题去找理论创新点。在马克思看来,"理论的对立本身的解决,只有通过实践方式,只有借助于人的实践力量,才是可能的;因此,这种对立的解决绝对只不是认识的任务,而是现实生活的任务,而哲学未能解决这个任务,正是因为哲学把这仅仅看作理论的任务"[③]。这就清楚地说明,理论和现实的矛盾的解决,理论本身的发展,都需

---

① [奥]阿·阿德勒:《生活中的科学》,苏克等译,生活·读书·新知三联书店1987年版,第40页。
② 马克思:《1844年经济学哲学手稿》,人民出版社2000年版,第83—84页。
③ 同上书,第88页。

要诉诸"现实的人"的实践活动,而科学研究的"实践方式"可以按照"范式"研究的方式来推进,也可以按照"无范式"研究的方式来展开,后一方式往往通过概括交往实践经验和重构先前理论来实现。

其次,"无范式"研究在交往实践中更容易形成科学研究的新动力。"范式"研究强调收敛性思维,对定向、定性的研究形成高度兴趣。与之不同的是,"无范式"研究强调发散性思维,对非定向、非定性的研究形成跨专业兴趣。如果说前者是集合性的专业研究,后者则是复合性的跨专业研究或跨学科研究。从研究管理视角看,"范式研究"遵循固定模式或领域内认可的定式开展研究,中规中矩,按部就班,几乎不越"雷池一步"。正像20世纪70年代以前美国学术界的"西方中心观"研究范式,虽然以这种研究范式开展的专业研究水平很高,但它容易形成一种"惯性思维"和"规范认识",以致也容易造成"思维的缺失"[1]。与之相反,"无范式"研究超越了"范式"研究那种固定模式或定向定性的研究的不足,来自不同领域、不同方向、不同专业背景、不同兴趣爱好的研究人员,由于他们富有激情、好奇心,他们对待难题和挑战持有不同态度,他们对解决现实问题和理论矛盾形成不同视角,催生了导致成功的科学研究的新动力。从研究过程看,"无范式"研究并不追求划一的标准、完善的程序、绝对的成功,相反,它追求的是无根本目标的"一致目标",无规范体系的"合理样式",无固定模式的"自由思考"。现实经验表明,研究者是否在其感兴趣的专业领域里做出成就,并不完全取决于是坚持"范式"研究还是坚持"无范式"研究,而要考察那些专业领域及其问题是适合采用"范式"研究还是"无范式"研究。这是因为,这两种不同性质的研究所生成的研究动力是非常不同的。汉字激光照排系统创始人王选院士对科研成功的动力来源做过总结,他指出:"好奇心、难题和挑战带来的吸引力、取得突破后可能产生的深远影响,是科学研究的真正动力。"[2] 由此应当说,"无范式"研究较易生成由好奇心、难题和挑战带

---

[1] 参见李晔:《太平洋学会中国学者冲破"西方中心观"研究范式新探》,《学术交流》2014年第12期。
[2] 王选:《科研成功应具备的要素》,《光明日报》2005年7月7日。

来的吸引力,因而它不只是研究活动中的一种可能性存在,而是根植于广泛社会实践而得出的具有可行性的研究理路。

3."无范式"研究重视对逻辑思维结构的重构

"范式"研究重视对理论方式和理论逻辑的建构,而"无范式"研究重视对认识方式和思维逻辑的重构。这两者从表面上看并无大异,从根本上看则存在思维出场差异。"范式"研究遵循的理路是从"理论"到"问题"再到"理论"的出场方式。前一个"理论"是指支撑课题研究的先前理论,这种理论以先行性、预设性的内容进入研究者的理论储备库之中,为研究者开展理论研究做准备。这样的"范式"研究在学术界有大量表现。在中国的哲学研究活动中,曾经存在言必称希腊,流行"以西解中",盛行"以西解马",偏好以西方哲学理论及其方法解读中国哲学问题,这是典型的"范式"研究样态。后一个"理论"是指遵循"范式"研究建立完型的新理论,这种理论传承了先前理论的基因,研究者对原有理论有所发挥,也有所创新,在理论建树上是有一定贡献的。但是,这种研究的不足也很明显,那就是,它虽然形成了内容充实、逻辑严密的理论,却难于看到它破解现实问题的真实力量。内容充实、逻辑严密的理论固然是有好价值的理论,但好理论的价值在于其解决现实问题的解释力和穿透力,而不在于其内容有多充实、体系有多完善。毛泽东在延安时期就指出:"我们历史上的马克思主义有很多种,有香的马克思主义,有臭的马克思主义,有活的马克思主义,有死的马克思主义,把这些马克思主义堆在一起就多得很。我们所要的是香的马克思主义,不是臭的马克思主义;是活的马克思主义,不是死的马克思主义。"① 在他看来,一切臭的、死的马克思主义都不是我们革命和建设所需要的,即便它有内容丰富和逻辑严密的理论;我们所要的马克思主义是香的、活的马克思主义,是能够与中国实际相结合,指导中国革命和建设从一个胜利走向新的胜利的马克思主义。应当说,从毛泽东反对本本主义、教条主义这一视角来看,他对马克思主义的研究是反范式的研究,他对待马克思主义

---

① 《毛泽东文集》第 3 卷,人民出版社 1996 年版,第 331—332 页。

的态度是实践的历史唯物主义的态度。

较之"范式"研究,"无范式"研究的理路是从"问题"到"理论"再到"问题"。它的出场方式是从变革认识方式开始的,这种变革以现实问题为导向。首先,它表现为研究者从现实社会发现和提出迫切需要研究的问题,对于如何解决这个问题,在他那里并无先在的理论或预定的模式。换言之,研究者是从问题本身出发来选择"理论"的。必须强调指出的是,"无范式"研究对理论的"选择"是根植于问题本身,为着发掘理论创生点而去"选择""运用"先前理论的,而非像"范式"研究那样预先在先前理论的指导下来研究理论。其次,"无范式"研究在问题研究过程中找到理论创生点,或者结合适用的先前理论做出新的理论创造,但它并不止步于"理论"的初步完成,而是回归到"问题"本身,切中新的现实问题,在比较彻底解决这些问题的基础上进一步完善理论建构。由此可见,"无范式"研究的思维逻辑是为着深入解决系列问题而开展研究的,其研究动力始于探索现实问题,其基本环节是建构完善理论,其根本目的是彻底解决问题。这就是说,"无范式"研究存在多种可能样态。从可能样态走向现实状态,就是文化开放的基本理据。

二、"无范式"研究的可能样态

"无范式"研究的研究者承认先前理论对研究开展存在一定的影响,但他拒斥这种影响,力求使其降至最小化的程度。然而,不建立在对众多先前理论的认识和理解基础上的研究是难于出新或产生好成果的,那么研究者如何处理在他头脑中已掌握或理解了的先前理论呢?"无范式"研究在这里碰到的不是困境,而是出现了生机,即它要在众多的先前理论之间开辟通道。对研究主体而言,既然他有意识地拒斥先前理论的影响但又不能完全排除其影响,那么可能的出路在于寻求在这样或那样的先前理论之间所具有的相似性、可通约性。这是其一。其二,研究者以发散性思维把上述理论之间所具有的相似性、可通约性与其所研究的问题的指向性、针对性结合起来。而"问题的指向性"

是指问题的提出方式、问题的解释方法;"问题的针对性"是指问题的解决方案和问题解决之后的后果。由此看来,研究者所着眼的应是把理论之间所具有的相似性、可通约性与问题的提出方式、问题的解释方法、问题的解决方案结合起来,做进一步的展开,充分考虑解决问题产生的后果。这种研究展开的正是"无范式"研究的思路、样式和方法。

"无范式"不是空无样式、虚无样态,"无范式"研究不是不要出路和进路,不是不要方式和方法,不是弃绝逻辑和结构。毋宁说,"无范式"研究是不限制研究的根据、样式和方法,是意欲创造出适合新问题的更好的研究方式。研究者为了"创造",在开展一项课题研究之前他甚至不知道具体的环节和可能导向的结果,但他知道会遇到困境、碰到失败。舍斯托夫就此指出:"创造是不间断地从失败走向失败的过程。创造者的一般状态,是不确定的、未知的、是对明天失去自信的精神的一种炼狱。""无范式"研究乃是一种不确定性的研究,是对不确定性问题的研究,然而这样一种研究却追求某种确定性的价值目标。何新先生就做过"乱七八糟地读,颠三倒四地想,没完没了地写"这样一种"无范式"的研究,但它却是有特色的研究。从独立形式来看,"乱七八糟地读""颠三倒四地想"和"没完没了地写",它们三者的每一个都是特色研究的一部分。从整体形式来看,它们三者构成"无范式"研究的重要样态。因为这样的"读""想"和"写"都没有完整地、连贯地反映研究者是如何开始、推进和完成某个研究课题并取得预期成果的。但是,人们却不能否定"乱七八糟地读,颠三倒四地想,没完没了地写"毕竟体现了研究问题、创造成果的某些具有规律性的东西。因为"读""想""写"三者不但关联着问题的提出、思路的开拓,也含蕴着观点的提炼、结构的设计,它们三者还存在一个发展的共同趋向,即集聚形成研究者所意欲获得的趋于完整的思维成果。这种看似无理论指导、无逻辑预设、无系统框架的研究往往是要被打入"冷宫"而废弃的,因为它与正统的体系化的研究格格不入。但是,在任何课题研究中,都存在"实践"和"变化"这两个关键词。无论是科研实践,还是交往实践,它们都具有复杂性,而且都处在变化状态。

研究者如果将一个充满复杂性的且处于发展变化的问题置于特定的理论框架和逻辑定式之中，生发情绪反应，先下价值判断，预设最终结论，那么研究"问题"就不是活了而是死了，运用"主义"不是香了而是臭了。这样一种"范式"研究不但不能弘扬，反而要旗帜鲜明地反对。正如在马克思主义理论的研究中，坚持以问题为中心，坚守实事求是态度，特别是坚定"无范式"研究的立场，具有重要现实价值。对此，中国学者罗荣渠指出："马克思主义要永远保持自己的生命力，就必须不断地研究生活中提出的大量的新情况与新问题，作出新的分析，同时作出新的综合与概括。"① 从"问题"中来，再到"问题"中去，这样一种态度、立场和方法，正是对科学的"无范式"研究的可能样态的现实呼唤。

首先，"无范式"研究坚持实事求是的态度。实事求是的态度，是客观中立的态度，是研究者在调查了解实际情况之后再做研究的态度，是带着现实问题去研究理论的态度。态度决定高度。实事求是的态度是科学态度，是把问题研究引向一定理论高度的正确态度。"无范式"研究的态度即是"实事求是"，它面对"实事"之事实，不回避"实事"之矛盾，从"实事"中发现和提出有价值的问题来，到破解"实事"困局或化解"实事"矛盾中去，总结实际经验，概括基本观点，创新理论成果。邓小平是坚持实事求是的典范。他指出，毛泽东思想的精髓是实事求是，"两个凡是"错误思想严重违背实事求是的原则。他力挽狂澜，拨乱反正，恢复和倡导实事求是的思想路线、工作方法，推动改革开放走向成功。因此，实事求是的态度，是依据不断变化的实际情况来认识客观事物、掌握内在规律、做出正确决策的科学态度，因而它是挣脱由思辨逻辑和惯常经验形成的范式锁链的态度。

其次，"无范式"研究坚守反体系化的立场。"体系化"是一种严格秉承一个思想理论体系而封闭运行的原则立场。"无范式"研究要求反对"体系化"。"反体系化"研究所依循的是探索性、分散性和开放性实践的原则立场。其实，"反体系化"并非什么新事物，古今中外都

---

① 罗荣渠：《现代化新论》，北京大学出版社1993年版，第23页。

有典范性案例。在古代中国，孔子创办私学是反官学教育体系的成功尝试。其"反"的意义并不是"反对"或"反叛"，而是"开创"和"补充"，是对官办教育体系的增值性建设。六祖慧能创建禅宗是反印传佛教修行体系的成功典范。慧能结合中国人的现实生活，开出一条走向世俗的开放的研习佛经、修行得道的道路。在现代中国，毛泽东开辟以武装割据、农村包围城市的革命新道路，这条道路与列宁领导的俄国革命走的正好是相反方向的道路。新中国成立后，中国共产党借鉴苏联模式，而后扬弃该模式，强调独立自主建设社会主义。在近代西方，哲学家叔本华、尼采是"完全漠视理性和逻辑的崇高例证"①，维特根斯坦则是反对因袭传统形而上学研究和体系化写作模式的重要开创者。由此可知，"反体系化"是"无立场"的立场，是否定标准化、齐一性而仰望多样化、开放性的价值立场。面对无序化的混沌状态、未解决的矛盾问题以及无法被理性思维设定的目标，它能不断创新研究方法，正像人们运用功能耦合系统的哲学方法去克服结构主义方法所带来的与历史主义的对立那样。

再次，"无范式"研究运用整合创构的方法。"无范式"研究是这样一种综合方法，它既整合其他学科领域的一切可行的方法，也在整合中创构出适应新问题研究的科学方法；它在整合多元方法中吸收有价值的元素，但反对任何超历史、超现实的凝固的方法；与此同时，它在研究新问题过程中大胆创构，这种创构"把人带到幻想和幻想性的无边大海之上，在那里，一切的一切，都同样既可能又不可能"②。这样一种方法，其实质是综合创新的方法，是创造性转化的方法，是与时俱进的方法。其实，自觉运用整合创构方法并取得重要学术成就的研究者不胜枚举。例如，中国哲学家李泽厚研究并推崇儒家思想，但他却认为，儒家倡导的道德主义不能作为推动中国社会全面进步的动力。由于他坚持实事求是的态度，反对教条主义体系，遵循综合创新方法，在20世纪80年代就得出"中国要实现现代化就必须实行法

---

① ［俄］列夫·舍斯托夫：《无根据颂》，张冰译，第130页。
② 同上书，第31页。

治"① 这样一个具有前瞻性的正确结论。又如，美国哲学家法伊尔阿本德反对僵化的规则，建立多元主义的方法，弃绝那些磨得精光、舔得打滑、漆得油亮的理念，从而使他能客观地指出中国共产党人具有"铲除科学沙文主义的固有危险"，"恢复中国人民的理智遗产和情感遗产"的美好品质②，这是一个了不起的创新性研究。可见，整合创构的方法在"无范式"研究中发挥了重要作用，它不但制导问题研究的深入程度，而且提高研究结论对社会和世界的影响范围。

三、开展"无范式"研究的文化开放意义

首先，任何一种称得上有价值的研究大体上都趋向于真理性理论、原理性理论、操作性理论等多个理论的中心，但它却难于抵达合理性理论和意识观念理论的核心。这就是说，在合理性理论和意识观念理论领域，"无范式"研究呈现出开放创新的发展空间，同时，遵循"无范式"研究所形成的成果也为研究者深入到真理性理论、原理性理论、操作性理论中去做拓展性研究提供多种可能通道。马克思是坚持以"无范式"研究而实现理论创新的集大成者。他对德国古典哲学、英国古典政治经济学和法国空想社会主义的研究与这些思想成果产生国的研究者所走的道路是截然相反的，他创立的新哲学和做出的新发现都是根植于"无范式"研究而获得的。

其次，"无范式"研究指导实践变革。社会行动和人的行为既有实践，也有虚践。"实践"包含社会的物质经济实践和生产交往实践。"虚践"则包含人的思想文化交流、意识观念传播和情感意志表达，等等。"实践"和"虚践"相互包含、相辅相成，共同呈现社会需要和人的目的。面对发生深刻变迁的物质经济实践，发生深层变革的生产交往实践，以及发生深度变化的虚践行为，人们不但需要借助"范式"研究去发现事物内部规律，建立专门科学，发挥工具理性，也需要尊

---

① 李泽厚：《走我自己的路》，安徽文艺出版社1994年版，第429页。
② ［美］保罗·法伊尔阿本德：《反对方法》，周昌忠译，第199页。

第四章 文化开放与马克思主义的解释力

重"无范式"研究去审视心灵世界,健全精神理智,摒弃陈规旧俗,完善价值理性,以便为社会进步开出良方新路来。美国宗教哲学家霍尔德·尼布尔在《道德的人与不道德的社会》一书中讨论了人的道德性——个人道德和群体道德与道德社会的内在关系问题。这个问题如果遵循"范式研究"的路数,就会得出"道德的人"必然能够建成一个"道德的社会"的结论。相反,他遵循"无范式"研究的路数,得出了"用道德的方式去解决政治秩序的问题"是行不通的观点①。这样的研究结论对一个政府布施某种社会政策是颇有指导价值的。这就证明,基于"无范式"研究得到的结论对于指导社会变革与社会治理实践都将起到真实有效的作用。

再次,"无范式"研究塑造自由个性。"自由个性"是人类追求自身发展的最高价值理想。这个价值目标的实现是以人的全面自由发展和社会的全面进步为前提的。"无范式"研究所坚持的实事求是的态度,所坚守的反体系化立场,所运用的整合创构方法,都为确立上述前提奠定基础。第一,坚持实事求是的态度,要求人们立足当前,慎终如始,慎思明辨,一切从现实出发,以问题为导向探索问题解决之策,多角度追求真理,多层面审思可能性,多路径奔向未来,在实现阶段性价值目标的过程中,不断增强人的自由发展的主体性。第二,坚持反体系化的立场,要求人们既独立自主,也向世界开放,做到不盲信一个既定的概念体系,不盲从一个未经检验的行动模式,不盲目追随一个社会关系范型,而是"通过阅读,观察,思考等手段,得到当前世界上所能了解的最优秀的知识和思想,使我们能做到尽最大的可能接近事物之坚实的可知的规律,从而使我们的行动有根基,减少了混乱,使我们能达到比现在更全面的完美境界"②,不断增强人的开放发展的自觉性。第三,实现人的全面发展要讲方法,但任何一种方法都有局限性,而运用整合创构的方法,则既能够解决因依赖单一方

---

① [美] 霍尔德·尼布尔:《道德的人与不道德的社会》,蒋庆等译,贵州人民出版社2009年版,第1页。
② [英] 马修·阿诺德:《文化与无政府状态》,韩敏中译,生活·读书·新知三联书店2012年版,第132页。

法而导致的人的片面发展问题,也能解决因学科或领域方法的封闭运用而造成的人的思维视界窄化的问题。一个既能运用哲学社会科学的解释和理解的方法,又能运用自然科学的实证和分析的方法的人较之一个只能运用单种方法来研究问题的人要更自由,思想更前瞻,也更有创新能力。一个人若能整合不同的思想理论方法,又能依据所需解决的实际问题对所整合的方法做出创新,那么就能增强其全面发展的先进性。

因此,应当大力弘扬"无范式"研究,在理论和实践相结合层面彰显马克思主义指导实践的科学性,提升社会主义先进文化出场的开放性,增强中国人民文化创新能力的整体性。

第五章　文化创新与马克思主义的建构力

第一节　发展创新社会主义协商文化

习近平同志在庆祝中国人民政治协商会议成立70周年大会上的讲话中指出:"人民政协是中国共产党把马克思列宁主义统一战线理论、政党理论、民主政治理论同中国实际相结合的伟大成果,是中国共产党领导各民主党派、无党派人士、人民团体和各族各界人士在政治制度上进行的伟大创造。"[①] 这个论断高度概括了70年来中国共产党领导人民政协取得的伟大创造成果,明确指出了推动协商民主广泛、多层、制度化发展的正确方向,为培育和提升协商文化提供了根本思想遵循。在实现"两个一百年"奋斗目标、实现中华民族伟大复兴"中国梦"、实现人民对美好生活向往的进程中,深入总结中国共产党创造协商文化的基本经验,呈现新时代人民政协培育协商文化的内在结构,整体提升协商文化发展质量,具有重大的理论意义和现实意义。

一、人民政协创造协商文化的基本经验

中国共产党领导人民缔造和建设中华人民共和国的伟大历程,也

---

① 《习近平谈治国理政》第3卷,外文出版社2020年版,第291页。

是党领导人民政协创造协商文化的光辉历程。在这个历程中，人民政协不忘初心，牢记使命，全面贯彻和落实中国共产党对政协工作的要求与指导，持续做好联合和团结的各项工作，不断推进实践基础上的协商制度创新，创造了协商文化"三个统一"的基本经验。

1. 拥护中国共产党的全面领导与接受中国共产党对政协工作的指导相统一

在70多年的伟大历程中，中国共产党和人民政协作为国家的组织主体发挥了主体精神，创造了组织合作发展历史，也创造了国家政治治理文化，同时增进了主体间的信任，完善了党的组织，树立了党的权威，促进了主体际的健康发展。

在统一的国家内，主体际关系的建构及其发展是有其根源的。个体主体对其他主体的支持根源于前者对后者的信任；组织主体对其他主体的支持和拥护根源于前者对后者权威的尊重；主体间的互相支持根源于主体际的合作以及由合作所得之分享。应当看到，个体主体是寓于组织主体的个体人，组织主体是涵盖众多个体主体的组织人、单位人。正如政协委员与人民政协的关系。还应当看到，组织主体间存在权威大与小、指导与被指导、合作与分享的关系。正如"没有中国共产党就没有人民政协"，这指的是中国共产党和人民政协之间的先与后的关系；"中国共产党组织和引导人民政协的建设与发展"，这指的是领导与被领导的关系；"人民政协支持和拥护中国共产党的领导"，这指的是两者的合作与发展的关系。在这些"关系"中，最根本的是中国共产党这个核心组织对其他组织主体和个体主体的领导，以及后两者接受中国共产党的领导之间的关系。认同、坚持中国共产党的领导，既是个体主体的积极情感，也是组织主体的思想意志，更加是中国人民在长期的革命、建设和改革实践中作出的正确选择。人民政协拥护中国共产党的领导，根源于中国共产党的领导有权威、有力量，中国共产党领导人民政协，团结最广大的党外干部和代表人士，凝聚最博大的正气能量和合作力量，使之服务于中国的革命、建设和改革事业。应当说，中国共产党的正确领导树立了崇高威望，为人民政协的健康发展开辟了道路，指明了方向。人民政协得到中国共产党的亲切关怀与正确指导,坚决拥护中国共产党的领导,发挥了多方面重大作用,成就了人民政协和多党合作事业。

由此可见,人民政协坚定拥护中国共产党的全面领导,坚决维护中共中央权威,自觉接受中国共产党对政协工作的指导,形成了"植根于协商合作的治理动力"①,缔造了具有向心力、凝聚力的治理文化,奠定了发展协商制度文化的政治基础。

2. 发挥政协独特优势与创新民主协商制度相统一

人民政协在长期协商交往实践中,形成了文化、平台、制度、人才"四位一体"的独特优势。这些优势在不断创新的民主协商制度中得到巩固和发挥。

一是形成了从"协商建国"到"协商治国"的文化传统。文化传统具有累积性、连续性和继承性②。中国人民政协第一届全体会议代行全国人民代表大会职权,引领各界代表人士讨论"国都""国旗""国歌"和新中国纪年,制定《共同纲领》,缔造了中央人民政府组织法、人民政协组织法、婚姻法等,协商制定了土地改革法。从此往后,这种协商文化传统不断发展创新。改革开放以来,人民政协全面贯彻解放思想、实事求是的思想路线,发扬"团结—批评—团结"的优良传统,巩固发展爱国主义统一战线。中共十八大以来,人民政协自觉加强思想政治引领,加强委员全面能力建设,营造宽容宽松协商氛围,提高建言资政质量和水平。因此,民主协商作为独特的文化传统贯穿在从新中国成立到治国的过程中。

二是建立了广开言路和取智于民的协商平台。人民政协坚持多样性和一致性的统一,以一致性主导多样性,以政治共识包容多样性,广开言路,凝聚力量,团结引导各界别人士为实现社会主义共同理想而奋斗。中共十八大以来,人民政协增加或调整界别,设立"委员通道""委员信箱",推行"委员博客""委员会客室",开办"政协论坛""政协热线",为各界别委员进行多渠道多层面协商提供平台,发挥了

---

① 夏志强:《国家治理现代化的逻辑转换》,《中国社会科学》2020年第5期,第25页。
② 陈钧泉、刘奔:《哲学与文化》,中国社会科学出版社1996年版,第280页。

开言路、吸民智、扬正义、聚民心等重大作用。协商平台围绕建成全面小康社会、打赢"三大攻坚战"等中心工作，聚焦发展公有经济和民营经济，推动经济高质量发展，协调推进"四个全面"战略布局，统筹推进"五位一体"总体布局，打赢抗击新冠肺炎疫情总体战等重大议题，展开深入的讨论、交流和协商，提高了委员参政议政的合法性、实效性。

三是巩固了最广泛的爱国统一战线的制度优势。人民政协是统一战线的重要组成部分。它为广大委员提供了政治培养的"阳台"、政治安排的"平台"、建言献策的"讲台"、资政兴国的"舞台"。具体来说，人民政协通过引导学习、组织考察、系统培养等方式为委员们提供政治进步的"阳台"。人民政协依据委员的政治能力、理论素质、现实表现等标准，对合乎标准的委员给予合理的政治安排，建构公平公开的发展"平台"。人民政协的调研会、座谈会、专题会、年度大会为委员提供了畅所欲言的"通道"、建言献策的"讲台"。全国政协委员通过高质量的提案，向中共中央和全国政协提建议，拥有资政兴国的"舞台"。这是一个包容范围宽广、委员参与平等、文化特色浓厚的国家治理制度，它具有西方民主制度所没有的显著优势。

四是铸造了聚集五湖四海各界人才的独特优势。人民政协团结聚集了各类和各方面人才。聚集人才是为了使用人才，发挥人才智力作用，凝聚社会普遍价值。正如中国社会科学院学部委员赵汀阳指出："无论是软力量还是硬力量终究都要依靠智力事业去创造和维持"[1]。全国各地政协是科学技术、社会科学、文化艺术、经济、教育体育、农业农林、新闻出版、医药卫生、社会福利、少数民族、港澳台侨、宗教诸界的高级人才、精英人才的荟萃地，也是民主党派、无党派的专门人才和代表人士的聚集地。迄今，八大民主党派出任省、市相应级别职位的主委、副主委，都是在各个不同领域有学术专攻、有事业成就、有社会影响的精英人士，都是党外的优秀人才。

---

[1] 赵汀阳：《坏世界研究：作为第一哲学的政治哲学》，中国人民大学出版社 2009 年版，第 183 页。

上述优势的形成与人民政协不断创新协商制度相互适应。比如，从2008年到2017年，广东省政协邀请了来自59个国家和地区的215位海外侨胞列席会议，聘请23位海外侨胞作为省政协特约侨胞代表人士①。这些侨胞的建言献策具有广泛代表性、现实影响力。这是海外华侨华人列席广东省政协会议的一项制度创新。再比如，2019年，广东省政协十二届一次会议邀请了8名港澳爱国青年社团优秀代表列席会议。这些青年代表列席地方政协大会彰显了政治认同、文化培植、实践范导等多方面的意义，进一步推动了地方协商工作制度的创新。这样就形成了全国政协大会和地方政协大会相结合，国内民主人士和国际代表人士相结合，各民族和各界别的委员相结合，就中国共产党和国家作出的重大决策、重大部署或关涉地区发展的重要问题展开充分讨论、深入协商，以民主和谐方式建设国家智力事业，推动中国社会全面进步这样一个崭新的局面。

因此，民主协商具有的独特优势是中国特色社会主义制度优势的结构要素，是形成具有生产力、组织力的协商文化的重要资源。这样的协商文化为政协委员增强履职能力提供了源源不断的精神动力。

3. 增强政协委员履职能力与提升提案工作质量相统一

中国共产党一贯重视、精心培养和全面提升政协委员的政治把握能力、调查研究能力、联系群众能力、合作共事能力、全面表达能力。进入新时代，人民政协既注重发展政协委员的全面能力，又注重提升提案工作质量，把两者有机统一起来，形成打造协商文化的有力两手。

一是坚定了政治认同。政协委员高度关注党情、国情、民情和社情，深入思考和正确研判形势；站稳政治立场，增强"四个意识"，与中共中央保持高度一致，坚定中国特色社会主义"四个自信"；认同中国共产党领导人民执政的合法性，把握各民主党派民主协商、参政议政的合理性，认识中国共产党和国家的决策政策的民本性，坚定对中国共产党的领导和国家发展的信心，提高了政治把握能力。

---

① 《漂洋过海来"省亲" 情系桑梓献箴言——海外侨胞列席广东省政协全体会议10周年座谈会侧记》，http://www.gdszx.gov.cn/mtjj/201710/t20171013_468659.htm。

二是健全了思维方法。政协委员自觉学习包括哲学知识与理论在内的创新文化，不断健全思维方法，掌握学习调研的看家本领，形成面向问题的辩证思维，运用历史唯物主义方法，关注当代中国发展现实，研究城市与农村基层情况，取得管用、长效的调研成果，提高了调查研究能力。

三是坚持走群众路线。政协委员把握我国社会主要矛盾的变化，认识到人民日益增长的美好生活需要和不平衡不充分发展之间的矛盾，坚持"从群众中来，到群众中去"，坚持理论联系实际，坚持专业把握方向，坚持精准破解问题。新冠肺炎疫情发生以来，各民主党派以及医卫界政协委员投身抗"疫"一线，开展群防群控，指导创新爱国卫生运动，为保障人民身体健康和生命安全作出重要贡献，提高了联系群众的能力。

四是落实中国共产党和国家的重大部署。全面建成小康社会，实现中华民族伟大复兴，是政协委员的共同事业。政协委员聚焦"一带一路"建设，瞄准粤港澳大湾区、海南自由贸易港建设，通过抢抓重大机遇，精心研究部署，统筹推进包括政党、人大、人民团体在内的主体际协商，完善开展专题协商、界别协商、例会协商等，深入开展真诚对话，努力实现和谐共事，增强了合作共事能力。

五是创新建言献策方式方法。人民政协引导各界委员革新建言方式，创新资政方法。以协商培育提案，以提案化育政策，形成具有革新力、创造力的协商文化。以广东为例，省市两级政协提案委员会的工作实现从"关门办案"向"开门办案"转变，从"文来文往"向"人来人往"转变，从"要我履职"向"我要履职"转变①，从"线下约见商谈"向"线上线下兼谈"转变，从"解释现实"向"改变现实"转变，提升了协商履职能力。

总之，70多年来，特别是中共十八大以来，人民政协坚定拥护中国共产党的集中统一领导，自觉接受中国共产党对政协工作的指导，

---

① 《用"人来人往"取代"文来文往" 从"要我履职"转为"我要履职"》，http://www.gdszx.gov.cn/tj/xsmz/201612/t20161201_69528.htm。

善于发挥独特优势，不断创新协商制度，锐意提升提案工作质量，增强政协委员履职能力，建设具有向心力、凝聚力、生产力、组织力、革新力、创造力的民主协商文化。在新时代条件下，这种文化的深层结构和思想内涵得到更新丰富，成为中国特色社会主义先进文化的有机组成。

二、人民政协培育协商文化的三重结构

文化具有三个基本特征：文化是积累而建成的，因而文化具有内向性、生成性；文化是交流而作出的，因而文化具有中介性、交融性；文化是拓展而铸就的，因而文化具有外向性、发展性。协商文化也不例外，它本质上是一种交往实践基础上逐步生成、拓展和融合而创造的商谈文化。协商文化内在地包含主体的协商互动实践、主体际认同与遵守的协商规范、主体协商成功后推动的积极行动及其引发的社会效应。因此，协商文化呈现交往主体全面参与实践和建构的"三重结构"，这个结构是新时代人民政协培育协商文化的系统结构。

1. 基于多主体协商、多层次协商、多领域协商实践形成平等真诚的交往文化

协商实践的基础是协商主体建立内部性协商，这是对内或向内的协商。在任何一类主体际协商开展之前，党派、政府、界别等内部首先需要完成协商。如果说单一主体内部尚未完成协商，而能够对外开展主体际协商，这是不可想象的，也不会产生好的协商结果。每一次内部协商及其形成的内部共识，在此基础上做出的决定、决议或决策，都是协商实践，都会积累思想文化。从过去的"协商建国"到当下的"协商议政"，协商实践过程也是文化实践过程，协商民主扮演着文化媒介的重要作用。民建在《平民》杂志发刊词中指出，民主一定要容许异见异议的存在和发展，一定要容许自由讨论和相互批评，决不可造成任何种类的"清一色"。事实上，这种"异见异议"的存在，"讨论批评"的开展，就是协商民主得以建立和实现的前提，也是协商实践产生成果的基础。离开这个前提和基础，平等真诚的交往文化就不

可能被创造出来。正如习近平同志指出，发展社会主义协商民主，要"促进不同思想观点的充分表达和深入交流，做到相互尊重、平等协商而不强加于人，遵循规则、有序协商而不各说各话，体谅包容、真诚协商而不偏激偏执，形成既畅所欲言、各抒己见，又理性有度、合法依章的良好协商氛围"①。这个重要论断说明，民主协商实践并不是那种被理解为"虚拟性"的讨论、"样式化"的交往，更加不是不接地气的"非现实"；相反，新时代的民主协商实践是传续思想传统、坚持走实走细、融贯平等真诚、打造良好氛围的文化实践，以会议协商、调研协商、提案协商和报告协商为载体的多维度的协商实践，都具有"内在化"的思想积累和文化意义。这就是文化多样性形成的内在合理性和有机包容性，具体地说，多样性的思想、观点不但不会阻碍反而有利于实现民主协商。正如美国学者詹姆斯·博曼所指出的，多元文化主义能够促进"公众利用理性，并使民主生活生气勃勃"②。近年来，各地政协认真学习贯彻中共十九大和十九届二中、三中、四中全会精神，学习贯彻全国两会精神，从文化媒介的意义上看，举办集中学习、做好学习笔记、开展专题讨论、深谈认识体会、做好总结交流，这个过程就是会议协商的具体化，它为后续的调研协商、提案协商和报告协商奠定思想基础，积累思想材料。由此观之，协商实践在形式上是外在的交往实践，在本质上是向内的文化实践，走实走细的协商实践打造平等真诚的交往文化。

2. 基于聚焦众事的世界观、共商众事的规则观、共识治事的发展观形成规范有序的制度文化

文化因交流而作出、而丰富。协商文化也因交流交往交融而丰富、发展。文化的交融性、中介性在协商实践中表现特别明显。在会议协商、专题协商、界别协商、提案督办协商、政府施策协商等多种多样的协商形式基础上形成协商的规范、伦理和制度。诚如习近平同志所说："在中国社会主义制度下，有事好商量，众人的事情由众人商量"，

---

① 《习近平谈治国理政》第3卷，第295—296页。
② 陈家刚：《协商民主》，上海三联书店2004年版，第70页。

第五章 文化创新与马克思主义的建构力

"我们要坚持有事多商量、遇事多商量、做事多商量，商量越多越深入越好"①。这两句话含括了事情"多商量、好商量、会商量"的丰富意义，也具有包容差异、尊重表达、汇聚意见的协商伦理。具体来说，"有事多商量"强调的是"多"字，不仅指协商可以多次多轮，也指"以量取胜"，即协商主体要有宽广胸怀与宏大肚量，虚怀若谷，能够包容差异。因此，个体主体或组织主体是否有胸怀肚量，决定性地影响协商的范围和广度。"有事好商量"强调的是"好"字，不仅指面对问题大家愿意商量，也指"以质取胜"，即协商主体要有崇高品质与优秀气质，器识深远。因此，个体主体或组织主体是否有优秀品质直接影响协商效能发挥。"有事会商量"强调的是"会"字，不仅指懂得协商的一般性程序，也指"以能力取胜"，即协商主体要有广博知识与深厚学识，学养深广。因此，个体主体或组织主体是否有高强能力决定着其能否直抵问题焦点。"众人的事由众人商量"强调的是"众人"两字，其意指广大人民群众这个主体的"利益无小事"，要重视、发展和保护众人的利益；也意指实现好、维护好、发展好众人的利益的具体事务要靠大家出谋划策、商量决定。这两个意义结合起来看，是指任何一个协商过程，既要发挥众人的智慧，又要尊重众人的意志，把吸收民智和凝聚民心统一起来，形成治事共识，不断解决问题，进而推动发展。比如，广东省政协创办"主席讲坛"，举行住粤全国政协委员座谈会，召开全省政协系统专题学习会，首要目的是确立关注国家和人民的大事这个"众人之事"的世界观。2015年，广东省委省政府出台《关于进一步加强我省人民政协提案办理工作的意见》，把提案办理作为选拔干部的参考依据，这是建立"共商众事"的规则观的鲜明体现。再如，强化河长责任制治理河流，统筹涉农资金参与农村环境治理，设立扶贫专项工作组促进精准脱贫，这些破解紧迫性问题的现实举措，无疑是"共识治事"的发展观的成功构建。近年来，广东以"清且亲"为价值目标，以粤商、省长面对面协商座谈会为媒介，探索构建新型政商关系的民主协商制度，打造具有岭南特色的协

---

① 《习近平谈治国理政》第2卷，外文出版社2017年版，第292页。

商文化，把"观事、商事、治事"的新实践提升到"众事众理、共商共建、共荣共享"的新境界。毫无疑问，人民政协打造的是开放创新的规范程序，推动的是协调有序的协商行动，实现的是正当合法的社会建构。应当说，在中国共产党的集中统一领导下，各界别政协委员和代表人士围绕"现实问题"这个"事"展开协商，形成"事"是众人之事的世界观，建立共商众事的规则观，构建共识治事的发展观。这就是以问题为导向、以规范为中介、以共识为核心的协商制度文化。

3. 基于共识话语、共享制度、共同政策形成廉洁高效的实干文化

协商是多极主体共同解决问题的需要。协商成功导致协商行动外化，这种外化是主体团结共识的话语、众人共同遵循的制度、多部门共同建立的政策系统生成的发力行为。它包括共识话语形成的思想力、影响力，共同制度形成的规范力、约束力，共同政策形成的生产力、创造力。正是在这个意义上说，协商文化是由于协商主体的积极拓展、真实行动而铸就的，协商文化的这种发展性、外向性引发务实求真、落实人心的协商行动，并产生积极的社会效应。

从话语层面看，协商过程所含括的对话、回应、辩论、听证、监督等环节允许主体使用不同的语言，但协商的目的却是为了达成共识，"所有领域的协商民主都是在对话和沟通的过程中达成合意、制定决策，因此它具有很强的话语性"[①]。这就必然要求主体遵循准确表达、确切理解、生成共识的进路来协商。正如当代协商过程的实证研究所表明，在现行社会选择机制之内，人们在协商前后对同一问题的偏好及判断是完全不同的[②]。这就凸显了开展事前、事中和事后协商的重要性，提示了主体在协商交往中遵守约定或规矩的重要性。清代爱新觉罗·玄烨在《庭训格言》中说过："人生斯世，与斯人相周旋，顾应之得其道"，其意思是说人际交往、人事商谈，要按照客观规律去适应它，才能达成共识。这里的"得其道"是指每一方的话语要明白，意

---

① 贺羡：《批判理论视阈中的协商民主》，重庆出版社 2017 年版，第 117 页。
② [南非] 毛里西奥·帕瑟琳·登特里维斯：《作为公共协商的民主：新的视角》，王英津等译，中央编译出版社 2006 年版，第 115 页。

义指向要确切,不造成其他人误解。简言之,协商就是要求人们讲实话、真话,讲彼此听得懂的话,在形成共识前获得各方的认同、支持,遵循这样的理路做出的话语行为就是求真实干行为。

从制度层面看,协商涉及的话题选择机制、提案制作机制、议事回避机制、监督办理机制,对必要的微观协商和重要的宏观协商的科学运用,对参与协商的没有利害关系的专委会、代表人士的合理选择与灵活安排,以及听证制度、检举制度、民主监督制度、群众批评和建议制度都要建立、健全、完善起来,并公之于众,约之于法,成之于行,成为一种稳定、成熟、定型的协商制度。这个现实表明,植入了社会主义先进文化的创造意识和引领观念的这样一种制度,是具有广泛性、多层性、制度化的协商思想的现实化、具体化,因而是马克思所论及的"现实力求趋向思想"和"思想力求成为现实"[①]相统一的确证。

从政策层面看,出台具有集体约束力的公共政策是协商理性化的成果。政府制定政策、发布政策到实施政策的过程,也是程序正当、目的合理、手段合法的民主协商过程的完成。如果说,建立共识话语是协商行动发力的第一阶段,是打造商谈文化的"出发地";建立成熟制度是协商行动发力的第二阶段,是创生商谈文化的"保障站";那么,出台政策就是协商行动发力的第三阶段,是委员协商、议政、资政和参政的"目的地"。政策出台后既要主动跟进、抓住反馈,也要看施策效应是否扩大攀升,施策主体是否清正廉洁。从整个过程上认识、把握政策的出台与实施,协商行动就体现了合工具理性和合目的理性的高度统一。这就说明,作为协商成果的"政策"并不是外在于协商主体的"异在",而是与协商主体同构的共在、"实在"。

应当指出,在中国多元一体社会中,民主政治语境下的共识话语、共享制度、共同政策并不是彼此分离的。"共识话语"并不局限于政协委员内部,广大公众也需要吸收、认同共识话语;"共享制度"并不是特定区域、特定群体所共享的制度,这种制度可以被借鉴、复制及推

[①]《马克思恩格斯文集》第1卷,人民出版社2009年版,第13页。

广;"共同政策"并不是针对特定时间、特定事件制定的一项政策,它可以在多层次、多维度实践基础上创新经验,服务于协商文化建设。随着"文化越来越成为民族凝聚力和创造力的重要源泉、越来越成为综合国力竞争的重要因素、越来越成为经济社会发展的重要支撑"①,培育、提升和发展包括协商文化在内的中国特色社会主义先进文化必然成为新时代的重大课题之一。基于这种认识,新时代的协商文化建设必将是共识话语、共享制度、共同政策融合一致的理性建构。

三、提升协商文化建设质量的主要举措

文化的繁茂重在建设。培育和提升适应新时代需要的协商文化是一个渐进的建设过程。提高协商文化建设质量,需要多极主体增强协商文化意识,提高协商文化能力,营造协商文化环境,聚焦重大现实问题,创造协商文化成果。当下,建设协商文化要与"五位一体"现代化建设相融相契、统筹推进,铸牢中华民族共同体意识。

1. 要在政治建设中提升协商文化的坚定性、敏锐性,构建职缘共同体

新时代培育的协商文化是主体性文化。在场的协商主体,都要有坚定的立场、崇高的信念,以及保持对国家大政方针、重大决策部署的敏感性,这是培育协商文化的始基。广大委员和各界别代表人士作为在场的协商主体,要坚守初心使命,坚定理想信念,增强责任担当,为实现国家富强、社会平安、人民幸福而奋斗。比如,委员或代表对涉港"国家安全法"的雄壮发声,各类团体、协会集体对任何形式的"台独""港独"的严厉警告,都是立场坚定、协商一致、政治敏锐的具体体现。在新时代条件下,协商主体需要进一步增强"四个意识",在民主协商、参政议政、监督监管实践中,构建"同心勠力、团结合作、进取有为"的职缘共同体。

---

① 李长春:《文化强国之路——文化体制改革的探索与实践》上册,人民出版社2013年版,第201页。

2. 要在经济建设中提升协商文化的厚实性、广博性，构建业缘共同体

新时代培育的协商文化是信任文化。面对当前中国社会不同领域，尤其是经济领域，存在不同程度信任不足的问题，经济界政协委员以及关心、参与经济建设的代表人士要补齐短板，着力培育和充实信任资本，带头建设信用经济，积累强大信任资本。比如，潮汕地区的人民政协，应当深刻检视潮州、汕头、揭阳三地经济发展相对滞后的根源，聚焦厚实根基与广博文化的目标，商讨弱项，增进共识，狠下功夫，协调区域经济，组团加快发展。在此基础上，要弘扬慈善信义，增强公益精神，在同行业中构建"互信互助、共商共建、臻荣分享"的业缘共同体。

3. 要在文化强国建设中提升协商文化的创新性、辩证性，构建文化共同体

新时代培育的协商文化是创新文化。广大委员或代表人士开展协商，商谈的论题、话语、观点、方法要有所创新，不能老调重弹、拾人牙慧，不能复制拷贝、简单抄袭。而要发挥龙的传人精神，继承"苟日新、又日新"的创新传统，弘扬中华优秀传统文化，学习浸润革命文化，建设适应社会主义新时代的创新文化。要在建设文化强国过程中，形成协商合作常态化机制，创新协商文化，提升协商质量，构建"自觉其美、美人之美、美美与共"的文化共同体。

4. 要在平安社会建设中提升协商文化的人民性、情感性，构建亲缘共同体

新时代培育的协商文化是亲民文化。人民政协为人民。人民平安、社会平安是国家平安的题中之义。人民政协要贯彻总体国家安全观思想，为实现我国社会的外部安全和内部安全、国土安全和国民安全、传统安全和非传统安全、自身安全和共同安全而商谈筹划、献计献策。政协委员和各界别代表人士要投入精力、倾注感情，把总体国家安全观思想转化为服务于治国治党、安民利民的具体实践，增强扩展型合作，关注并消除安全隐患，在建设平安社会、平安中国过程中，构建"爱国亲民、出入相友、守望相助"的亲缘共同体。

5. 要在生态文明建设中提升协商文化的共生性、持续性，构建命运共同体

新时代培育的协商文化是生态文化。人民政协要与政协委员和各界别代表人士齐心构筑"精神家园"，共同建设"生态文化家园"。在这些"家园"里充分彰显协商的互动性、文化的共生性、发展的持续性等特质。要坚持以习近平生态文明观为指导，批判吸收生态哲学思想，融贯古今生态文明智慧，活化现在物态观念，强化绿色生态理念，净化人文心态执念，主动贯彻绿色的可持续的发展战略，在生态文明建设过程中，构建"和谐人我、和睦社会、和融共生"的命运共同体。

总之，新时代要建设的中国特色的协商文化，是一种根植于中国大地，根植于中华民族优秀文化传统，根植于14亿多人民福祉与伟大梦想的主体性文化、信任文化、创新文化、亲民文化、生态文化，是中国特色社会主义先进文化的有机组成。这个文化形态与人民政协开展的民主协商实践和已经取得的丰富经验互为表里，与构建职缘共同体、业缘共同体、文化共同体、亲缘共同体、命运共同体互相支撑，从而铸牢中华民族共同体意识。在习近平新时代中国特色社会主义思想指导下，培育发展中国特色协商文化要注重文化创新，发挥马克思主义的建构作用，把主体性文化、信任文化、创新文化、亲民文化、生态文化整合起来，使之进一步健全与完善，更加茁壮成长、枝繁叶茂，并泽被人民、丰润国家。

第二节　全过程人民民主的伦理要义

"全过程人民民主"是习近平同志2019年11月2日在上海考察时提出来的一个创新理念。此后，在多个不同场域，习近平对践行以人民为中心的发展思想，发展全过程人民民主，走中国特色社会主义政治发展道路的问题作出了系列重要论述，逐步形成了全过程人民民主思想。学习中共二十大精神，把握习近平新时代中国特色社会主义思想的创新和发展，理解全过程人民民主是社会主义民主的本质属性，

第五章 文化创新与马克思主义的建构力

必然要求深化研究全过程人民民主思想。这是领悟和把握中国特色社会主义制度精髓与新型政党制度优势的重要内容，也是解读和弘扬伟大建党精神、中华民族精神的重要路径。从伦理学视野对此问题开展的研究还不多不深，因此，很有必要对全过程人民民主的伦理要义作出深化研究。

一、审思全过程人民民主伦理的双重视域

70多年来，人民民主与共和国共同成长、成熟并不断高质量发展，形成了共荣共生的伦理精神，铸牢了多党合作关系，巩固了共和国的稳定根基，见证了人民权利的日益扩大。进入新时代，中国共产党与时俱进，提出发展全过程人民民主，体现了对我国历史文化传统的继承，也体现了对中国共产党政治建设传统的赓续。

1. 全过程人民民主具有深厚公共伦理基础

"民主"就是让人民当家作主，让人民成为国家的主人，成为物质财富和精神财富的创造者、分享者和守护者。中国共产党从诞生之日起，就为国家谋富强、为人民谋幸福、为民族谋复兴而奋斗，这个目标蕴含着公共伦理原则和深厚民主精神。

首先，中国共产党的指导思想是马克思列宁主义。党的最高理想是实现共产主义，共产党员称作"共产主义者"。对此，列宁指出："我们把自己叫作共产主义者。什么是共产主义者呢？共产主义者是个拉丁词，communis一词是'公共'的意思。共产主义社会就意味着土地、工厂都是公共的，实现共同劳动——这就是共产主义。"① 列宁这个论述阐明，共产主义者在共产主义社会这个共同体里共同劳动和创造财富，也共同占有和分享财富。"中国共产党"这个词语和"共产党员"这个称号就蕴含着公共伦理精神。

其次，中国共产党与中国人民同心同德。中国共产党不仅热爱祖国、人民和民族，也把"热爱"写在革命的红色旗帜上，把"热爱"

---

① 《列宁选集》第4卷，人民出版社1995年版，第293页。

倾注在祖国大地上，使之成为每一个中国共产党人的常识、习惯和信念，成为中国共产党人的宗旨、信仰和传统。习近平同志指出："人民是我们党的生命之根、执政之基、力量之源。"① "中国共产党是人民的党，是为人民服务的党，共产党当家就是要为老百姓办事，把老百姓的事情办好。"② 这些论断说明，中国共产党的强大自信力来源于对广大人民永远不变的热爱。把爱祖国、爱人民、爱中华民族三者统一于革命、改革和建设各个时期，这是中国共产党形成民主观念和民主精神的历史基础。

再次，中国共产党与人民民主共生发展。马克思指出："权利决不能超出社会的经济结构以及由经济结构制约的社会的文化发展。"③ 从社会主义革命和建设时期到改革开放和社会主义现代化建设时期，再到中国特色社会主义新时代，各个时期取得的物质文化成就，都离不开在中国共产党领导下开展和推进的多层次民主协商、多主体民主决策、多环节民主选举、多程序民主监督。在探索中国式现代化建设道路过程中，中国逐步形成广泛、多层、制度化发展的民主体系和民主实践，形成全过程人民民主的范式。这个范式代表了先进生产力的发展要求和先进文化的前进方向。

进入新时代，全过程人民民主继承了人民民主的公共精神、道德信念、协商文化和思想传统，秉持为国为公为民的伦理精神，赓续中国特色社会主义政治伦理传统。

2. 全过程人民民主具有优秀政治伦理传统

全过程人民民主具有人类共同价值、社会主义独有价值，以及对政治文明的创造价值。全过程人民民主坚持运用中国共产党先进政治文化，批判吸收世界优秀政治文明成果，弘扬彰显中华优秀传统文化，建立起优秀政治伦理传统。

---

① 《习近平谈治国理政》第 4 卷，外文出版社 2022 年版，第 63 页。
② 《习近平在陕西延安和河南安阳考察时强调　全面推进乡村振兴　为实现农业农村现代化而不懈奋斗》（新华社陕西延安/河南安阳 10 月 28 日电），http://language.chinadaily.com.cn/a/202210/28/WS635fc536a310fd2b29e7f831.html。
③ 《马克思恩格斯文集》第 3 卷，人民出版社 2009 年版，第 435 页。

首先,全过程人民民主坚持中国共产党政治文化主体性。中国共产党的集中统一领导是建设和发展中国全部事业的最大优势。全过程人民民主的本质是全面实现全体人民更高质量、更高水平的民主权利,实现全体中国人民的美好生活向往。这种价值旨趣与中国共产党的根本宗旨、理想信念、历史使命与现实任务是高度一致的。这就说明,对于发展全过程人民民主,中国共产党具有强大的政治号召力、民族凝聚力、群众动员力,也具有强大的思想吸引力、文化融合力和实践行动力。恩格斯在研究俄国社会革命时指出,俄国只要善于"利用公有制的残余和与之相适应的人民风尚作为强大的手段",而且"把资本主义社会的巨大生产力作为社会财产和社会工具而掌握起来"①,就能够缩短自己向社会主义社会发展的过程。对于中国而言,只要发挥好中国共产党这个"主心骨""掌舵手"的核心领导作用,坚持中国共产党先进政治文化主体性,坚持"民为邦本""天下为公""执政为民""裕民于政"的政治伦理传统,践行以人民为中心的发展思想,掌握和运用好社会财产和社会工具,就能够在发展全过程人民民主过程中结出丰硕果实,创造文明新形态。

其次,全过程人民民主借鉴吸收世界优秀政治文明成果。全过程人民民主是开放的创新思想,也是开放的发展实践。作为开放的创新思想,它融入世界文明体系之中;它传承中国优秀政治文化传统,也积极吸收世界优秀政治文明成果;它一经提出就向此在世界敞开,展现中国式民主有容乃大、文明互鉴的宽广胸怀。诚如列宁指出:"马克思主义这一革命无产阶级的思想体系赢得了世界历史性的意义,是因为它并没有抛弃资产阶级时代最宝贵的成就,相反却吸收和改造了两千多年来人类思想和文化发展中一切有价值的东西。"② 全过程人民民主就是"吸收和改造了两千多年来人类思想和文化发展中一切有价值的东西"的民主新形态。作为开放的发展实践,它立足于中国式现代化建设实践,植根于社会各界别、各民族、各阶层的民主实践。它通

---

① 《马克思恩格斯文集》第 4 卷,人民出版社 2009 年版,第 458 页。
② 《列宁专题文集·论马克思主义》,人民出版社 2009 年版,第 297 页。

过全体社会成员的共同活动，建构民主平台，拓展民主空间，健全民主程序，保障民主权利，加强民主监督，提升民主质量。它自觉借鉴、吸收世界优秀政治文明成果，充实中国式民主的文化含量，提升中国民主文化资本的包容力、吸引力和影响力。就此意义而言，全过程人民民主是一种通过全体社会成员的共同活动而发展起来的文化资本和文化体系。

再次，全过程人民民主彰显中华优秀传统文化特殊价值。全过程人民民主是合乎中华文化逻辑和改革实践逻辑的创新型民主范式。第一，中华文化"天下一家""天人合一""和而不同"的理念与"全过程"概念相适应。发展全过程人民民主，强调全成员、全系统、全链条统一推进，这与中华文化的巨大包容性相适应，是其形成"和谐共生"伦理的基因。第二，中华文化"民为邦本""民胞物与""裕民于政"的理念与"人民"概念相适应。发展全过程人民民主，强调全体人民参与、获得或享有越来越广泛、多层、制度化的民主，人民实现物质和精神两个维度的全面发展，这与中华文化的深厚民本性相适应，是其形成"和睦共享"伦理的基质。第三，中华文化"为天地立心，为生民立命，为往圣继绝学，为万世开太平"的理念与"民主"概念相适应。真实的民主、廉洁的民主、契合民情的民主、有法治保障的民主、可持续发展的民主，都是全过程人民民主的题中之义，这与中华文化的坚定自信性相适应，是其形成"和平共荣"伦理的基底。第四，中华文化"敢为天下先"的理念与"创新"概念一脉相承。这是形成全过程人民民主"和正精进"伦理的基础。因此，全过程人民民主形成"和谐共生、和睦共享、和平共荣、和正精进"的和合伦理彰显了中华优秀传统文化内含的包容性、民本性、自信性、创新性等特殊价值。

总之，全过程人民民主是中国共产党领导开创的真实、广泛、制度化的民主新形态，它含摄了人类社会的共同价值、社会主义社会的独有价值、中华优秀传统文化的特殊价值和人类政治文明的创造价值，形成了公共伦理和政治伦理相统一的伦理原则和伦理精神，建立起中国特色的优秀政治伦理传统。

二、把握全过程人民民主伦理的复合维度

"全过程人民民主"是一个整体性概念。"全过程"是时间概念和空间概念的统一。"人民"是政治概念和阶层概念的统一。"民主"是政治概念和伦理概念的统一。"全过程人民民主"是一个浓缩执政真谛的治理概念和提升伦理精神的文化概念的统一。把握全过程人民民主伦理的基本要义,要从马克思主义的整体伦理、系统伦理、全域伦理的复合维度去认识。

(一)全过程人民民主伦理是"三元一体"的马克思主义的整体伦理

全过程人民民主是一个由多极实践主体、民主法治体系、伦理行为规范构成的整体。"整体"必有整体伦理。整体伦理的本质是信任伦理。没有信任就没有"整体"的成功建构。任何一个成功建构的整体必定是建立在多主体充分信任基础上的。

1. 全过程人民民主伦理是以协调配合为准则的集体伦理

全过程人民民主强化集体伦理,这种"强化"的意义在于:只有在集体这个组织中,民主精神才能得到全面体现;只有在集体统一的观照中,民主功能才能充分发挥作用;也只有在集体良好的氛围中,民主意识才能得到更好培育。全过程人民民主的强化力量就在于,首先,它强化了"集体"概念的存在。全过程人民民主与"集体"是共存共生的。其次,它强化了集体的家园功能,全过程人民民主趋向于并促进建构"家园"的温暖。最后,它强化了集体的和谐氛围。全过程人民民主力求打造和形成的集体自我意识,是服务广大群众的奉献意识。"集体伦理"和"集体主义伦理"相关联,但两者不能完全等同。第一,前者强调一个不完全确定的"集"之"体",它可能是一个随机的"集体",也可能是一个临时的不稳定的"集体",而后者却是一个完全确定的"集体"或稳定的组织体。第二,对于一个不完全确定的"集体",它是没有明确的思想支撑或鲜明的"主义"引领的存

在，而对于一个确定的"集体"单位或稳定的组织体，它必然有一个明确的指导思想或鲜明的"主义"作为它的行动向导。发展全过程人民民主，就是为着克服那些没有明确的思想支撑或鲜明的"主义"引领的"集体"存在，而使之变得能够思想起来、生动活泼起来，成为可以被人们依靠并且愿意依靠的新的集体存在。一旦这个"集体"成为人们可以依靠并且愿意依靠的存在，集体的伦理原则和伦理精神就会形成起来。这个集体伦理是协调配合的伦理，是亚里士多德所说的"我们能够共同享有的善"①，即"集体人"所发现的新需要，人们乐于为实现这个新需要相互配合、协调行动，其精神在于乐于干事、助人为乐。

2. 全过程人民民主伦理是以公开信任为准则的公共伦理

全过程人民民主巩固公共伦理。"民主"总是存在于公共场域的，"人民民主"也总是出现在广大人民中间的，而"全过程人民民主"能够把公共场域及其容纳的广大人民统一起来。公共场域即是公共空间，"是一种公共性的存在即公共存在，是个人存在赖以实现的现实条件"②。它是国家主体和组织主体共同构建的政治空间、社会空间和生活空间。在这些空间里，应当遵循相应的公共伦理，比如政治空间伦理、社会空间伦理和生活空间伦理，等等。这些伦理作为规则伦理或者观念伦理是人们步入其中并参与政治治理、社会治理、生活治理应有的行动精神。换言之，人们不一定熟稔政治空间、社会空间和生活空间的伦理规范，却一定需要在参与政治治理、社会治理、生活治理的过程中体现出相应的伦理精神来。发展全过程人民民主，要求人们巩固民主的伦理，巩固人民民主的伦理，巩固和发展政治空间伦理、社会空间伦理和生活空间伦理，也要求人们在参与公共空间治理的民主系统中建立信任伦理，这是因为，全过程人民民主伦理是国家的公共空间和民主系统的伦理。因此，全过程人民民主伦理是公共伦理，也是民主交往实践的信任伦理；发展全过程人民民主，有利于培养人

---

① [古希腊]亚里士多德：《尼各马可伦理学》，廖申白译，商务印书馆 2003 年版，第 291—292 页。
② 郭湛：《公共性哲学——人的共同体的发展》，中国社会科学出版社 2019 年版，第 82 页。

们对公共空间的信任感,也有利于交往主体之间建立信任感。

3. 全过程人民民主伦理是以忠诚奉献为准则的个体伦理

全过程人民民主对集体伦理的强化和对公共伦理的巩固体现了对参与公共空间治理的个体人的重视与指导。个体人是寓于集体的个体人,个体伦理即是个体人行动所遵循的伦理原则,体现了个体人所习得的道德观念。在这个意义上,个体伦理是从集体伦理发展出来的伦理原则和道德观念,而集体伦理是个体伦理及其道德观念的总体化。事实上,伦理实践是自由的环节,是人对世界的充分展开。在黑格尔看来,"伦理就是成为现存世界和自我意识本性的那种自由的概念",伦理性的东西就是那些具有合理性和必然性的东西,"就是调整个人生活的那些伦理力量"①。发展全过程人民民主,把个体人的民主意识、民主原则和民主观念提升到整体的系统的层面来规范和引导,它要求个体人培养出集体的民主意识、全体的民主原则、系统的民主观念,并以此去理解、看待和处理个体人所面对的民主事务和民主实践。因此,全过程人民民主必然内含个体伦理和集体伦理,即规范个体人行动的主观伦理和保障全过程人民民主实现的客观伦理。个体人对集体和组织忠诚奉献,即实现或体现了主观伦理;集体和组织信任个体人,使个体人自由自觉参与公共空间治理,享受民主权利,履行民主义务,推动全过程人民民主实践取得预期质效,即实现或体现了客观伦理。

全过程人民民主贯穿和体现的是马克思主义整体伦理,它内含集体伦理、公共伦理和个体伦理,这三个伦理不是顺次生成的伦理层次,而是整体伦理的不同侧面和有机元素。它释放集体伦理精神、公共伦理精神和个体伦理精神,这三种精神是体现整体伦理精神的结构要素。

(二)全过程人民民主伦理是"三位一体"的马克思主义的系统伦理

全过程人民民主是一个完整的可持续的实践系统。"系统"必有系统伦理。系统伦理的本质是责任伦理。责任伦理是系统伦理的基石之

---

① [德]黑格尔:《法哲学原理》,范扬、张企泰译,商务印书馆1961年版,第164—165页。

一，责任伦理在系统的发展过程中发挥担当奠基、协调促进的作用。在国家治理空间内，全过程人民民主是由中国共产党领导推动的人民民主的创新实践。这个实践涵盖了参政党的民主实践、各界别的民主实践和各阶层的民主实践，相应形成参政党伦理、界别伦理和阶层伦理。这三个伦理共同构成全过程人民民主的系统伦理。

1. 全过程人民民主伦理是以共商共生为原则的政党伦理

政党伦理是不同政党主体在民主交往实践中所遵循的伦理原则及其体现的伦理精神。从中国国内来看，"政党"是指中国共产党和各个民主党派。在全过程人民民主视域下，政党伦理是指中国共产党和各个民主党派在民主交往实践中形成的伦理原则、伦理观念和伦理精神。70多年来，中国共产党和各个民主党派同心勠力，围绕建立和建设新中国的一系列重大问题合作奋斗，建立了"长期共存、互相监督、肝胆相照、荣辱与共"的基本方针，相应形成了共存、共商、共信、共荣的伦理。这个伦理的本质是共商共生伦理。诚如习近平同志指出："发展社会主义协商民主，要把民主集中制的优势运用好，发扬'团结—批评—团结'的优良传统，广开言路，集思广益，促进不同思想观点的充分表达和深入交流，做到相互尊重、平等协商而不强加于人，遵循规则、有序协商而不各说各话，体谅包容、真诚协商而不偏激偏执，形成既畅所欲言、各抒己见，又理性有度、合法依章的良好协商氛围。"[①] 进入新时代以来，中国共产党加强思想政治引领，发展全过程人民民主，广泛凝聚共识，促进各民主党派不忘初心、牢记使命，使之做到传递正能量、发出好声音、展示新形象，积极打造高质量的政论与策论，成为肩负使命、坚守阵地、承担责任的重要力量。这就说明，社会主义协商民主是发展全过程人民民主的重要方式，也是彰显政党伦理精神的发展形式。

2. 全过程人民民主伦理是以合作共治为原则的界别伦理

界别伦理是不同界别主体在民主交往实践中所遵循的伦理原则及其体现的伦理精神。"界别"是指参与民主交往实践的各党派、各人

---

① 《习近平谈治国理政》第3卷，第295—296页。

民团体、各民族和各界代表人士。提出"界别伦理"概念，强调了"界别伦理"是一种应当正视的现实存在，各界别要提高文化能力，也要提升伦理精神。全过程人民民主思想的提出，引导国家、地方和社会的民主实践向全链条、全方位、全覆盖方向发展，这必将引起各界别发挥作用的空间、时间、方式发生新的变化。这是因为，在全过程人民民主体系下，开展和推进的民主实践，使各界别之间的商谈交往更便利，使其文化交流更顺利，也使其意见交换更有利。这样一来，推动形成不同界别无障碍的交往实践，无遮蔽的交流实践，无缝对接的提案转化与落实实践，这种合作共治的图景正是全过程人民民主伦理行动造就的生动现实。一个界别是一个共同体，不同界别构成的组织体也是一个共同体，后者是一个整体的系统的共同体。在这样的共同体里，界别伦理是其存在、运行的有机形式，是其富有生命力、释放正能量的必然形式。在黑格尔看来，伦理是家庭、市民社会和国家等"人类共同体的有机形式"，对此，苏联学者阿尔森·古留加强调："伦理是永恒的正义，如果个人妄想违抗它，那只是一场危险的游戏。"① 应当说，在发展全过程人民民主过程中，各阶层、各界别代表人士建言献策，其目的是追求社会的公平和正义，维护共同体的秩序和声誉，守护合作共治的责任伦理，推动国家高质量发展。

3. 全过程人民民主伦理是以共建共享为原则的阶层伦理

阶层伦理是不同社会阶层在民主交往实践中所遵循的伦理原则及其体现的伦理精神。"阶层"概念原初是以"经济"为主要内涵，不同阶层显现的是其经济身份的不同，如同"阶级"概念一样。在马克思看来，雇佣工人、资本家、土地所有者三大阶级的成员，"分别靠工资、利润和地租来生活，也就是分别靠他们的劳动力、他们的资本和他们的土地所有权来生活"②。这是阶级形成的经济根源。"阶层"是"阶级"的中间的、过渡的形式。在社会主义制度下，"阶层"概念是

---

① [苏联] 阿尔森·古留加：《黑格尔传》，刘半九、伯幼译，商务印书馆1978年版，第110—111页。
② 《马克思恩格斯文集》第7卷，人民出版社2009年版，第1002页。

以"社会人"为主要内涵。"社会人"和"经济人"不完全相等同。"经济人"重视发现市场机会、追求经济利益,当然"经济人"也会讲求经济伦理;而"社会人"重视市场机会、经济利益,更加重视家庭幸福、社会信誉和道德境界。作为"社会人"的阶层比之于作为"经济人"的阶层,其内涵更全面、意义更丰富,也被赋予更多伦理责任。一定的社会阶层必然有与其经济地位相适应的阶层伦理。21世纪以来,中国的社会阶层不断发展,形成了十个社会阶层和五种社会经济地位等级[①]。进入新时代,处于社会上层的精英阶层支持建设全体人民共同富裕的现代化,处于社会下层的弱势群体或相对贫困人士自信自立,坚持勤劳致富,实现对美好生活向往。作为中间阶层主体的专业技术人员阶层、职业经理人阶层、办事人员阶层、新型职业农民阶层等,对建设中国式现代化发挥着重大作用。中国社会阶层在融合发展中自然分化,又在分化发展中走向有机融合。这就说明,关注各阶层人民的生活状况,提升人民的生活品质,调动各阶层人民的积极性能动性,使之自觉参与多层次、宽领域、制度化的全过程人民民主实践,最大程度释放创造智慧和创新活力,正是新时代建构共建共享的阶层伦理的必然要求。

(三) 全过程人民民主伦理是"三线一体"的马克思主义的全域伦理

全过程人民民主是多极主体在特定的空间域和时间域开展推进的民主实践过程,主体在相关的民主程序、民主环节和民主制度中建立行动、完成使命、作出贡献,从而形成程序伦理、环节伦理、制度伦理,这个"三线一体"伦理是全过程人民民主的行动伦理,也是马克思主义的全域伦理。

1. 全过程人民民主伦理是以中间对接为程序的合法性伦理

程序伦理是合法性伦理,是主体开展民主实践、建构民主秩序的基本前提。虽然说程序是外在于民主实践的规则,但民主实践应当遵

---

① 陆学艺:《当代中国社会阶层研究报告》,社会科学文献出版社2002年版,第8页。

循民主程序来展开。在民主协商、民主选举、民主决策、民主管理、民主监督等过程存在的相应程序，这些程序被设计出来，相互对接、相互适应，运用于民主实践活动，获得行动主体的理解和支持，以致这些程序能够引导民主实践活动走实、走深、走稳，取得合法成果。习近平同志指出："我们不断发展全过程人民民主，推进人权法治保障，坚决维护社会公平正义，人民享有更加广泛、更加充分、更加全面的民主权利。"① 从这个意义来看，人民的民主权利得到广泛、充分、全面的保障是以法治实现的公平正义作为保障条件的，这与合法性伦理和程序伦理得到合乎于"法"的确证是一个道理，即人们遵循程序、支持程序为建构民主秩序提供了合法性确证。如果说程序是生成秩序的中间地带，那么程序伦理是人们在全过程民主实践过程中为了维护程序正义、建构伦理秩序而形成的伦理原则。因此，有了合法程序才有民主秩序。民主秩序是合法程序得到运行、程序正义得到维护的结果。

2. 全过程人民民主伦理是以中道顺应为环节的合理性伦理

环节伦理是合理性伦理，是实践主体中道而行、顺应作为的精神指引。环节是内在于民主实践的阶段，不同的环节可以看作是承载不同民主实践主体共同意愿的合理性阶段。全过程人民民主是创新型的人类民主，也是趋于完善的人民民主。邓小平指出："调动积极性是最大的民主。"② 发展全过程人民民主，实质上是健全发展人民民主实践的各个环节，建构各类平台、网站、论坛、议题，充分调动广大人民参与现代化建设的积极性，引导人们讲真话、朝前看，提出解决问题的新举措，形成筹划未来的新期待。这样设置的合理环节，就体现了多极主体的实践意志和民主自由的价值愿景，因而是合乎人的秩序的合理性。问题在于，环节伦理在什么意义上才是属人性的伦理，才使合理性伦理呈现为吸引人、怡悦人的行动伦理？"环节"是建设交流平台、建言网站，是成立文化论坛、商谈行动方案、制订时间节点，建

---

① 《习近平谈治国理政》第 4 卷，第 269 页。
② 《邓小平文选》第 3 卷，人民出版社 1993 年版，第 242 页。

构主体间信任关系的"邻里资本"①，即一种具有中道之性、顺应之理的社会资本。这种资本为邻里般的交往主体所共有共享，以致人们自觉强化信任行为，自愿顺应事由作为。因此，环节伦理有利于实践主体形成健全的民主意识，开展自由的民主行动，促进制度伦理建构。

3. 全过程人民民主伦理是以中正服人为制度的合规性伦理

制度伦理是合规性伦理。制度是建基于程序和环节并能够保障和实现人民权利的条件集合。制度伦理是由程序伦理和环节伦理融合形成的规范伦理。一个制度好不好、民主不民主，要看它能否实现和保障全体人民各方面的民主权利。邓小平指出："制度好可以使坏人无法任意横行，制度不好可以使好人无法充分做好事。甚至会走向反面。"②习近平同志指出："评价一个国家政治制度是不是民主的、有效的，主要看国家领导层能否依法有序更替，全体人民能否依法管理国家事务和社会事务、管理经济和文化事业，人民群众能否畅通表达利益要求，社会各方面能否有效参与国家政治生活，国家决策能否实现科学化、民主化，各方面人才能否通过公平竞争进入国家领导和管理体系，执政党能否依照宪法法律规定实现对国家事务的领导，权力运用能否得到有效制约和监督。"③这些论断，把评价一个好制度、民主制度的科学标准和实践标准提了出来，也把发展全过程人民民主的伦理要义揭示出来。作为一个国家或集体的民主制度状况的评价标准，它应当彰显制度伦理的中正要义。作为代表全体人民的共同意志，实现人民根本利益的民主制度，它应当合乎历史传统、适应时代特点、满足人民需要，彰显制度伦理的服人、化人要义。

总之，全过程人民民主伦理是马克思主义的整体伦理、系统伦理和全域伦理三个维度的统一建构。整体伦理内含协调配合的集体伦理、公开信任的公共伦理、忠诚奉献的个体伦理，其本质是信任伦理。系统伦理内含共商共生的政党伦理、合作共治的界别伦理、共建共享的

---

① [美]伊恩·夏皮罗：《民主的边界》，张熹珂、孟枚译，中央编译出版社2016年版，第218页。
② 《邓小平文选》第2卷，人民出版社1994年版，第333页。
③ 《习近平谈治国理政》第4卷，第258页。

阶层伦理，其本质是责任伦理。全域伦理内含中间对接的程序伦理、中道顺应的环节伦理、中正服人的制度伦理，其本质是认同伦理。这是全过程人民民主的伦理要义。

三、大力弘扬全过程人民民主伦理精神

全过程人民民主是全人员、全链条、全领域、全系统的民主新形态，这种民主及其实践贯穿整体伦理、系统伦理和全域伦理，生成全过程人民民主伦理精神。在当下，弘扬全过程人民民主伦理精神，即是弘扬信任伦理精神、责任伦理精神和认同伦理精神，这些伦理精神对于全面、高质量建设中国式现代化，具有非常直接而现实的意义。

1. 弘扬信任伦理精神，促进构建双循环格局

信任是一种文化资源，它可以发展成为资本，成为经济资本和精神资本。资源和资本都是市场经济社会的生产要素，都是发展生产力、创造物质价值的基础。发展全过程人民民主和建设社会主义市场经济，两者并行不悖。发展全过程人民民主，有利于发挥其整合资源、凝聚共识、破解难题等优势，建设有效率、有质量、有信用的社会主义市场经济；而发展社会主义市场经济，有利于释放不同主体的创造智慧和创新活力，健全法治保障，促进交易公平、经济正义，形成良好市场经济秩序。社会主义市场经济社会是一个信任社会，主体间应当建立相互信任、和谐共存的关系。在德国学者尼克拉斯·卢曼看来，在一个合理性社会里，"系统成员必须能够向外部表示信任"[①]。弘扬信任伦理精神，让社会成员认识到每个人都是社会整体中的有机分子，让他者相信自己，自己也相信他人，在彼此相信中得到肯定和支持。相互肯定、相互支持植根于信任的精神，植根于对这种资源和资本的厚爱与守护。在信任精神的支撑下，全体社会成员对构建国内经济大循环、国内国际经济双循环新格局所需要的消费、投资、生产

---

① ［德］尼克拉斯·卢曼：《信任：一个社会复杂性的简化机制》，瞿铁鹏、李强译，上海人民出版社2005年版，第121页。

与贸易就有强大信心。这是发展全过程人民民主所着力促进和形成的现实。

2. 弘扬责任伦理精神，建设中国式现代化

责任是担当与承受，也是使命与奉献。自觉担当、勇于承受使得"责任"有了人心依托、价值载体。肩负使命、乐于奉献使得"责任"有了政治基础、发展方向。党员讲责任，党中央才放心；军人讲责任，国防才有安全；教师讲责任，教育才有希望；企业讲责任，产品才有质量；医生讲责任，病人才有健康；法官讲责任，社会才有公正；等等。如果各党各派、各行各业、各家各户都讲责任，做到自觉担当、勇于承受，就会献计献策、全力以赴，积极谋划建设中国式现代化。如果各省各区、各个系统、各个领域都讲责任，做到肩负使命、乐于奉献，就会稳健形成"全国一盘棋"整体格局，协调推进"五位一体"建设。但是，如果人们不讲责任、忽视责任或者放弃责任，就会出现一个坏的"风险社会"，甚至是"危险社会"，其结果将难以想象或不可想象。因此，发展全过程人民民主，弘扬责任伦理精神，就是要让内含责任意识、责任观念、责任风尚的系统伦理贯穿各民族、各界别、各阶层，让人们自觉担当、守责尽责，真正为建设中国式现代化勤力奋斗、勇毅前行。

3. 弘扬认同伦理精神，建设软实力强大国家

"认同"是因认知而和同，因认识而协同，也因认可而赞同。"认同"是人们由于自觉去了解事物，逐渐对事物获得认知、认识和认可，而后自愿去接受该事物，从和同、协同发展到赞同。这样看来，"认同"是一个积累发展的思维过程，也是一个复杂变化的心理过程。认同伦理是涵盖认知、认识和认可的意识，也覆盖和同、协同和赞同的心理这样一种全域伦理。弘扬认同伦理精神，对广大人民而言，是指认同自己的祖国、民族、历史和文化，认同中国特色社会主义的道路、理论和制度，认同中国共产党以及党的全面领导；对广大党员干部而言，是指深刻认识"两个确立"的重大意义，忠诚做到"两个维护"，自觉树立"四个自信"，不断增强"四个意识"。"认同"是认知思维与社会心理的高度统一，是理性认识、深厚情感与坚定意志的融合建构。

因此，发展全过程人民民主和弘扬认同伦理精神是"一体两面"的事情。"一体"是建设软实力强大的中国，"两面"是通过持续不断的政治改革，让全体中国人民参与到全过程人民民主实践中来，"最大限度地增大人民群众的政治权益"①；在高质量发展人民民主的生动实践中，增进"五个认同"，增强全体中国人民的凝聚力、创造力和战斗力。

总之，全过程人民民主是中国式民主的重要范式。研究全过程人民民主伦理的基本要义，要建立文化传统和政治传统的双重视域，坚持整体性、系统性和全域性的审思维度。全过程人民民主是马克思主义的整体伦理和信任伦理、系统伦理和责任伦理、全域伦理和认同伦理的辩证统一。整体伦理的要义是协调配合、公开信任、忠诚奉献，系统伦理的要义是共商共生、合作共治、共建共享，全域伦理的要义是中间对接、中道顺应、中正服人。弘扬全过程人民民主伦理精神，对于弘扬伟大建党精神、赓续中华文化基因，全面、高质量推进中国式现代化建设，具有重大的理论意义和深远的现实意义。

第三节　打造政协联动协商的双重地基

2014年9月，习近平同志在中国人民政协协商会议成立65周年大会上的讲话中指出："社会主义协商民主，是中国社会主义民主政治的特有形式和独特优势，是中国共产党的群众路线在政治领域的重要体现。"② 五年后，习近平同志在中央政协工作会议上进一步强调指出："要发挥好人民政协专门协商机构作用，把协商民主贯穿履行职能全过程，坚持发扬民主和增进团结相互贯通、建言资政和凝聚共识双向发力"③。这样就把如何发挥好人民政协作为专门协商机构的作用这个重大课题提了出来。近年来，从中央到地方，各级人民政协围绕国家重大战略、重大部署、重大决定，团结各界政协委员，积极实践，勇于

---

① 俞可平：《论国家治理现代化（修订本）》，社会科学文献出版社2015年版，第191页。
② 《习近平谈治国理政》第2卷，第291页。
③ 《习近平谈治国理政》第3卷，第293页。

探索，逐步走出一条呈现中国特色、发挥政协优势、吸收人民智慧、促进经济社会发展的联动协商新路子。这条路子，是中国特色社会主义道路的组成部分，是新型政党制度的坚实支撑，是和谐协商文化的真实反映，因而具有丰富的历史底蕴和文化意蕴。从理论上概括人民政协开展联动协商的新鲜经验和建设成果，提炼联动协商的理论结构和实践范式，对于各级政协和政协委员增强"四个意识"，做到"两个维护"，把握"两个大局"，聚焦"十四五"规划，提高遇事好商量、多商量、会商量的能力，凝聚联动协商的思想智慧，营造和谐创新的协商文化，增创政协制度新优势，推进中国式现代化建设，都具有重大而现实的意义。

一、准确理解人民政协联动协商的丰富内涵

人民政协具有政治协商、民主监督、参政议政等主要职能，而"政治协商"是其首要职能，人民政协在发挥其政治协商作用的过程中，一种适应新时代要求、具有历史底蕴和文化意蕴的联动协商方式被建构起来、广泛运用。准确理解人民政协的联动协商的丰富内涵，是把握和建构其理论结构和实践范式的基本前提。

1. 联动协商是适应新时代人民协商意志的产物

"联动协商"是社会主义新事物，是充满活力、承载希望、植根人民和服务人民的新生事物。它作为政治协商的重要组成部分，体现了为了人民、源于人民的"政治"理念。孙中山在论述民权问题时说过："政就是众人的事，治就是管理，管理众人的事便是政治。"① 讲政治，就要过问和管理人民大众共同关注的事情。习近平同志多次强调指出："在中国社会主义制度下，有事好商量、众人的事情由众人商量，找到全社会意愿和要求的最大公约数，是人民民主的真谛……人民政协在协商中促进广泛团结、推进多党合作、实践人民民主，既秉承历史传统，又反映时代特征，充分体现了我国社会主义民主有事多商量、遇

---

① 《孙中山选集》，人民出版社 2011 年版，第 719 页。

事多商量、做事多商量的特点和优势。"① 显而易见，习近平同志的这个重要论述阐明了社会主义人民民主的本质、特色和优势，也指明了人民政协开展协商创新的科学路径。"联动协商"正是讲政治、讲人民民主、讲多党合作、讲社会意愿的现实表现。从根本上看，"联动协商"是这样一种反映和实现人民意愿的讲政治的协商实践，即在党的全面领导下，人民政协围绕团结和民主两个主题，适应新时代广大人民的要求与向往而形成的系列协商活动与商谈体系。这样的活动及其体系传承了新中国成立以来形成的多党合作的优秀传统。

2. 联动协商是顺应多党合作历史传统的产物

"联动协商"是中国共产党对民主协商、合作发展这个文化传统的当代继承，也是中国共产党团结党内外人士携手建设现代化中国这个实践传统的创新发展。我国政党之间的民主协商，经历了从"协商建国"到"协商治国"，从"参政议政"到"民主治理"的过程，逐步形成了中国特色的协商合作、协商建设和协商发展的光荣传统。1949年6月15日，毛泽东在新的政治协商会议筹备会上的讲话中指出，中国共产党"必须召集一个包含各民主党派、各人民团体、各界民主人士、国内少数民族和海外华侨的代表人物的政治协商会议……走上独立、自由、和平、统一和富强的道路。这是一个共同的政治基础。这是中国共产党、各民主党派、各人民团体、各界民主人士、国内少数民族和海外华侨团结奋斗的政治基础"②。习近平同志在庆祝中国共产党成立100周年大会上的讲话中指出："在百年奋斗历程中，中国共产党始终把统一战线摆在重要位置，不断巩固和发展最广泛的统一战线，团结一切可以团结的力量、调动一切可以调动的积极因素，最大限度凝聚起共同奋斗的力量。"③ 应当指出，新时代人民政协开展"联动协商"同样建立在统一战线这个"政治基础"之上。或者说，"联动协商"是中国共产党与各民主党派、各人民团体、各界民主人士、国内少数民

---

① 《习近平谈治国理政》第3卷，第295页。
② 《毛泽东选集》第4卷，人民出版社1991年版，第1463—1464页。
③ 习近平：《在庆祝中国共产党成立100周年大会上的讲话》，人民出版社2021年版，第18页。

族和海内外中华儿女为建设中国式现代化、实现中华民族伟大复兴而团结奋斗的实践表现。因此，联动协商是顺应中国共产党领导的多党合作与政治协商制度的有机产物。

3. 联动协商是呼应中国特色社会主义先进文化的产物

"联动协商"是社会主义先进文化的体现，尤其是中国特色社会主义协商文化的具体体现。坚持多极主体、多向机制、多种渠道、多个空间融入协商环节形成的联动协商，本身就是中国特色社会主义先进文化的实现和体现。从建立革命统一战线，到发展形成抗日民族统一战线、人民民主统一战线，直至新时代不断发展巩固的最广泛的爱国统一战线，始终贯穿着中国共产党领导下铸造形成的平等协商、包容相忍、团结发展、以文化人的精神信念。毛泽东同志指出："我们有一个广大的和巩固的革命统一战线。这个统一战线是如此广大，它包含了工人阶级、农民阶级、城市小资产阶级和民族资产阶级。这个统一战线是如此巩固，它具备了战胜任何敌人和克服任何困难的坚强意志和源源不断的能力。"[1] 革命统一战线之所以具有如此广大、巩固的影响力，乃至后来形成的抗日统一战线具有如此持久、坚强的战斗力，人民民主统一战线具有如此博大、深沉的吸引力，新时代爱国统一战线具有如此广泛、深厚的凝聚力，皆因为各时期中国共产党领导的统一战线渗透着中华优秀传统文化基因，赓续红色革命文化基因。在新时代条件下，人民政协继续结合新的实际和实践，"更加灵活、更为经常地开展专题协商、对口协商、界别协商、提案办理协商，探索网络议政、远程协商等新形式"[2]。在此基础上，更为自觉呼应发展中国特色社会主义先进文化，探索形成"联动协商"这个被赋予更多先进文化内涵的协商范式。

总之，"联动协商"是指人民政协以现实问题为导向，以人民发展为中心，遵循民主平等、团结合作的原则，联合不同主体共同开展在线或现场的协商，形成对策方案，回应社会诉求，建立价值行动这样

---

[1]《毛泽东选集》第 4 卷，第 1466 页。
[2]《关于加强社会主义协商民主建设的意见》，人民出版社 2015 年版，第 11 页。

一个协商议政参政实践。它是适应新时代人民协商意志的产物，是顺应多党合作历史传统的产物，是呼应中国特色社会主义先进文化的产物。科学把握"联动协商"的科学内涵、思想意蕴，有利于提高人民政协和各界委员参与联动协商的政治领悟力、思维开放力、实践行动力，有利于增强中国特色社会主义的道路自信、理论自信、制度自信和文化自信。

二、科学把握人民政协联动协商的理论结构和实践范式

中国人民政协富有理论，它更渗透和注重实践。人民政协作为专门协商机构，善于把理论认识的高度和实践改造的深度做具体的结合，打造联动协商的双重地基。在中国共产党的全面统一领导下，各级人民政协指导各地各界政协委员，联系相关职能部门或机构，聚焦党和国家的重大决策、重大部署，对接落实重大战略和规划，以经济社会发展重大问题和涉及群众切身利益的实际问题为导向，发扬同心同德、同舟共济精神，发挥不同专业界别优势，发展和拓展横向的与纵向的联动协商，取得了一系列新鲜经验，形成了联动协商的理论结构和实践范式。

（一）人民政协联动协商形成"五化一体"的理论结构

正如中国新型政党制度一样，人民政协指导开展的联动协商也是土生土长于中国大地的生动实践，它既肩负党的使命、承载社会希望，又植根广大人民、服务广大人民；它既生成特定的理论结构，又打造形成开放的实践方式。"联动协商"形成了一个由"协商主体多元化、协商精神和谐化、协商优势稳固化、协商问题现实化、协商目标清晰化"所建构的理论结构，这个理论结构与其实践方式互相契入，使人民政协集中呈现融入社会、改变现实、服务人民的重要作用。

1. 协商主体多元化

凝聚智慧是"联动协商"的致思路向。联动协商的前导是"联"，即"联合""联络"或"联系"。这里就涉及"谁去联合、联络""去联

合、联络谁"以及"怎样联合、联络"的基本问题。显然，中国共产党是中国特色社会主义事业的坚强领导核心，各级人民政协是指导政协事业的主体，是主导联动协商的主体。因而人民政协是联合、联络各界别政协委员，联系有关职能部门或机构推进联动协商的组织主体。而各地各级的各界别政协委员、有关职能部门或机构、地方代表人士则是受联合、联络，并参与联动协商的多元主体。在锚定的现实问题面前，人民政协发挥统一战线的组织优势、资源优势和交往优势，以开放的姿态、包容的心态、热情的语态、科学的模态，开启联动程序，建立联络平台，筛选协商人员，细化协商环节，为打通影响或阻碍协商成功的"最后一公里"奠定社会组织基础。在联动协商过程中，参与问题协商的每一个主体都有权利表达意见，有义务提出建议，有决心促成共识，更有责任推进行动。这就必然出现一种喜人景象，每一个主体都有机会，都能够建言献策，策论于题，做到言无不尽，尽心出力，贡献智慧。这种以凝聚思想智慧为媒介的联动协商充分彰显了人民主体思想。

2. 协商精神和谐化

和谐精神是"联动协商"的深层根基。协商是一个主体际交往过程，这个过程凸显主体的个性精神和集体精神。作为个体人的政协委员可能对协商议题提出不同的意见和建议，这些"不同"即是差异，"差异"凸显个性，这与每个委员的专业涵养和职业修养有关，具有个性的和差异特征的意见是解决问题的可供选择的意见，也是找出问题根源的不同的思想路径。在这个意义上，"联动协商"是尊重人的个性和体现个性精神的协商形态。另一方面，"联动协商"的重点是"协商"，协商的结果有两个走向：一是形成共识，而后开展对应行动；一是出现分歧，而后延缓协商或放弃协商。在社会主义制度下，中国共产党领导的多党合作和人民政治协商制度的存在及其效能的发挥，决定性地支撑起"联动协商"能够避免上述的不良走向，换言之，社会主义制度下的联动协商被提升到一个人们应当积极、自觉地去协商和解决问题的认识境界上来，这个境界就是"和合"且"和美"的境界，即"和而不同""和合共生"的境界。在这个境界之中，呈现出参与协商的组织主体、社会团体和行动小组的集体精神。可见，以和谐精神为根基的联动协商充盈着鲜明的个性精神，也闪耀着和合的集体精神。在联动协商中，发挥个性精神，有利于建立多维的价值观点、达成基本共识；发挥集体精神，有利于形成根本的制导力量、促成务实行动。

3. 协商优势稳固化

发挥优势是"联动协商"的突出表现。在新时代条件下，联动协商是政协协商的一种创新，也是政协制度优势的新的发挥。这意味着，它一方面继承、运用人民政协既有的制度优势，一方面又创造和建构能够被人民政协吸收的新优势。在人民政协既有的优势中，人才优势、组织优势、联系广泛优势等都是开展联动协商的基础优势。在联动协商实践过程中，以及在其后续的推进问题解决的过程中，它必将创生出新的优势，比如收集优质信息、发现优秀人才、整合优异资源、形成提案成果、引导改革创新等优势。这样一来，"联动协商"就会积淀成为一个"优势聚集体"。当下，人民政协要立足新发展阶段，贯彻新发展理念，促进高质量发展，建构新发展格局，这是围绕"两个大局"来思考和推进的政治意识。在这个意识内部，应当植入增创政协制度新优势的因子。就联动协商而言，它正是人民政协强化政治意识、强化中国共产党的政治领导、强化协商出优势的一个重要抓手。随着这个抓手的充分发挥、广泛运用，人民政协的优势不仅会增多起来，而且也会不断巩固起来。这是联动协商的一个重要贡献。

4. 协商问题现实化

破解问题是"联动协商"的关键环节。破解问题的前提是找准问题，而后要科学剖析问题，进而为破解问题找到答案、出路。马克思指出："问题就是公开的、无畏的、左右一切个人的时代声音。"[1] 在新时代条件下，中国人民政协要善于从政协协商的大空间，从改革建设的大视野，去找问题、解难题、得真理。诚如毛泽东指出："真理只

---

[1]《马克思恩格斯全集》第 40 卷，人民出版社 1982 年版，第 289—290 页。

有一个，而究竟谁发现了真理，不依靠主观的夸张，而依靠客观的实践。"① 从大历史观来看，中国共产党百年探索、追求及其取得的百年辉煌成果，从根本上看，就是在不同历史时期为找准问题、破解问题而发现真理的过程。中国新民主主义革命取得胜利的真理，是靠中国共产党领导千百万革命群众以战斗和牺牲来求得的。中国 40 多年改革开放取得成功的真理，是靠中国共产党领导亿万人民以探索、创新来求得的。新时代中国精准扶贫取得重大历史性成就、建成全面小康社会，也是靠中国共产党领导 14 亿多人民以科学奋斗和求实奉献来求得的。这就说明，只有在客观实践中才能找准问题、发现真理、走向胜利。从微观层面来看，"联动协商"是人民政协团结、指导不同主体、不同界别委员去发现问题、分析问题、破解问题而建构起来的发现真理和认识真理的独特方式。应当说，紧紧盯住现实的迫切问题来展开联动协商，是解决问题、造福人民和掌握真理的正确路径。

5. 协商目标清晰化

目标清晰是"联动协商"的行动力量。人民政协为人民。习近平同志指出："人民政协要把不断满足人民对美好生活的需要、促进民生改善作为重要着力点，倾听群众呼声，反映群众愿望，抓住民生领域实际问题做好工作，协助党和政府增进人民福祉。"② 联动协商也是为人民。"协商"是一个手段，是主体间谋求共识的工具理性；"联动"是"怎样协商"的配合方式，是创造生产力的积极方式，因而"联动协商"是主体间共同运用合乎意志的工具理性去创造生产力的有效方式，其最高价值目标是实现人民美好生活向往。但是，怎样才能够顺利实现人民的美好生活向往，这需要对具体问题做出具体分析。因为问题具体，提出的措施才能做到精准；因为目标清晰，联动协商才能做到精准发力。比如，买房难、饮水难、行路难、读书难、就业难、看病难、养老难、中小企业贷款难、农副产品或禽畜产品销售难等问

---

① 《毛泽东选集》第 2 卷，人民出版社 1991 年版，第 663 页。
② 《习近平谈治国理政》第 3 卷，第 294 页。

题，厘清这些涉面极广的问题，联动协商才能精准发力、解决问题。"爱国统一战线"是一个法宝。人民政协是爱国统一战线的重要阵地。依靠这个阵地，把"联动协商"打造成为"中国共产党科学执政、民主执政、依法执政、亲民执政、廉洁执政的重要资源，使中国共产党更能了解各阶级、各阶层、各党派、各团体、各族、各界等各种社会政治力量的政治诉求，更能深入了解民情、充分反映民意、广泛集中民智、有力汇聚民力"①，乃至实现好、维护好、保障好、代表好广大人民的根本利益和具体利益。在这个意义上，"联动协商"既是输送改革发展动力的"发动机"，又是实现人民美好生活向往的"孵化器"。

可见，新时代人民政协的"联动协商"是一个由"多元主体参与协商、输入和谐协商精神、发挥稳固协商优势、聚焦现实协商问题、形成清晰协商目标"所共同建构的理论结构，这是一个开放创新、充满活力的结构，它对"联动协商"的实践方式起着范导作用，并与之相互适应、同频共振。

(二) 人民政协联动协商形成"四多兼容"的实践范式

"联动协商"的实践范式是新时代人民政协主动探索、创新实践的表现，也是补短板与强弱项双向发力、理论创新与机制创新互动发展的结果。这个实践范式体现为"多主体联动参与、多机制联动创生、多平台联动建构、多渠道联动促进"相互兼容、共同打造。

1. 多主体联动释放协商话语正能量

国家层面的全国政协委员和地方层面的市区县政协委员，各级政协机关和其他党政机关、事业部门，中央企业及地方企业，政协各级专委会，企业事业单位及其基层单位，其他受邀个体代表，等等，都是可能参与联动协商的主体。无论哪一个主体参与问题协商，都要发出声音，发表观点，提出意见和建议，使彼此的观点相互碰撞或相互印证，也使解决问题的路径设计更科学、精准，从而形成联动协商话语。比如，2020年7月，广西壮族自治区柳州市政协首次举办"四级

---

① 罗振建：《爱国统一战线政权问题研究》，人民出版社2018年版，第216—217页。

委员联动"，联动协商释放正能量，助推螺蛳粉全产业链发展，取得了喜人效果。这样一种联动性的话语协商区别于单一主体内部的话语协商或双主体之间的话语协商，也区别于单一地域、传统空间的话语协商，它是人民政协主导下建立的多主体、集约型、跨地区、同时性的联动协商，正是这种具有交互主体性的话语协商，能够更好地集思广益、凝聚共识，更好地把智力资源转化为治理效能。

2. 多机制联动创生协商制度新效能

实现"联动协商"要依靠制度创新，其中建立联动机制是着力点、上手处。在现实论题、思路方向确定之后，建立诸如政协协商与基层协商联动机制，政协机关和一线现场联动机制，委员履职联合和活动联办相结合的机制，知识、科技信息联通和资金、服务资源联享相结合的机制，委员联训和课题调研相结合的机制，等等。正像深圳统战部门和市委、市政府联动合作，加强对口联系，切实为民主党派调研履职、发挥才智提供制度保障，从而使深圳农工民主党和九三学社共同促成全国第一部医疗基本法规《深圳经济特区医疗条例》顺利诞生。在多机制联动中，既有专题商谈的联动性，也有社会协作的联通性，既有资金资源的保障性，也有信息文化的共享性。从本质上看，多机制联动是联动协商的重要环节，也是创生协商制度新效能的主导力量。

3. 多平台联动建构协商合作大空间

人民政协为联动协商创造多种平台。一是建言资政平台。比如全国的政协大会、双周协商会，各省市的政协大会，广东开创的"暑期座谈会"，这些是政协开展联动协商的基础平台。二是人民政协和社会主义学院智库平台。以基地、智库建设为媒介，集聚高校、党校、社会主义学院、科研院所人才资源，促进专题联动协商，这是多元主体发扬民主、凝聚共识的平台。三是基层治理协商平台。这是彰显政协智力优势、破解基层难题的联动协商平台。四是网络协商平台。近年来，由于新冠肺炎疫情影响，人员聚集开会联动协商存在安全隐患，因此建构了由主会场＋分会场＋网络视频组成的协商平台。实践证明，"通过'互联网＋政协'新模式，基层干部群众'足不出户'就可以反映意见建议,部委负责同志'不需离京'就可以了解群众心声,介绍工作进展,打通通向基层传播共识的'最后一公里'"①。上述多个平台因应需要而联动,建构协商合作空间,受到广泛欢迎。

4. 多渠道联动促进协商高效价发展

人民政协在已有的上级政协和下级政协的协商、线下协商和线上协商的基础上,继续完善纵向的多层协商,同时推进横向共建型协商,推动"政协协商向社会协商、基层协商、公民协商拓展"②,把各地各级的社联、文联、妇联、青联、侨联、残联以及新阶联、知联会等主体联合起来,提高联动协商的代表广泛性、价值实效性和发展动态性。从 2015 年到 2020 年,由中共广东省委书记督办的系列重要提案,比如《开启创新驱动时代 构建改革开放新格局》《深化"双核"联动 全面释放双区驱动效应》等优秀提案,就是在多渠道联动协商中得到推进、落实的。应当说,在新时代建设以互联网为媒介、群众广泛参与的多元主体互动协商的治理渠道,促进不同主体、载体深度融合,促进协商高效发展,这是人民政协联动协商的新趋向。

总之,新时代人民政协的"联动协商"形成了"五化一体"的理论结构和"四多兼容"的实践范式。"联动协商"生成的开放的理论结构为其实践展开提供重要引领,而"联动协商"打造形成的多维的实践方式又为其创生新的理论提供坚实地基。在实施"十四五"规划,全面建设中国特色社会主义现代化过程中,人民政协既遵循理论引领,又创新协商理论,既筑牢实践地基,又开辟协商新领域,不断提升联动协商的质量和能力。

三、不断提升人民政协联动协商质量的主要举措

"高质量发展"是新时代的主题词,"人民美好生活"是新时代的

---

① 李达:《四级联动 一屏协商——全国政协常委会会议首次联动协商的实践和思考》,《中国政协》2020 年第 12 期,第 31 页。
② 董树彬:《从"政治协商"到"协商民主"的理论拓展》,《统一战线学研究》2017 年第 6 期,第 43—44 页。

关键词。人民政协要抓住新时代的主题词和关键词，处理好"高质量发展"和"人民美好生活"之间的关系，推动联动协商走向高质量发展，在推进高质量发展过程中实现人民美好生活向往。这个思想关系和实践关系内含联动协商的对话商谈逻辑、团结共识逻辑和行动效应逻辑。因此，充分展现逻辑力量的举措必定能够提升联动协商质量。

1. 做好政策具体对接与打造新发展格局相统一

人民政协是重要的协商议事机构，也是贯彻落实党的政策、战略、部署的重要阵地。因此，人民政协要把握联动协商的商谈逻辑，以商谈促进政策研究，以商谈谋划问题调研，具体对接好国家重大政策；要掌握联动协商的工作机制，把完善基层协商议事规则，构建程序合理、环节完整的基层协商体系结合起来，也要把创新基层党建、走好群众路线、健全基层协商结合起来，不断推进和巩固社会信任工程，减少和消除社会潜在风险，为打造国内经济大循环、国内国际经济双循环均衡发展的新格局奠定稳固社会基础。

2. 坚持力量下沉一线与精准破解现实难题相统一

人民政协要把握联动协商的共识逻辑，坚持把精干力量下沉到改革、创新和建设的一线，注重从"政治协商"到"协商民主"的纵向拓展，适当引导社会组织、群众组织参与基层治理的协商联动机制，围绕新阶段新使命，贯彻新发展理念，打造新发展格局。要把握联动协商的创新机制、创新平台、创新渠道，坚持发挥制度效能，着力解决市县政协基础工作薄弱和人员力量薄弱的短板，注重发挥各级委员的主体作用，精准破解生态文明建设与乡村振兴建设难题，促进民族和谐团结、宗教和顺发展，实现各级政协工作全面提质增效。

3. 推动服务真实落地与总结完善协商成果相统一

人民政协要统筹推进委员协商、代表协商、平台协商、网络协商和现场协商，总结联动协商成果，完善联动协商经验。诚如中国学者指出：要把握"如何下沉"的要领来搭建规范的联动协商平台，要研究"怎样联络"的方法来形成常态化制度化保障，要健全"怎样组织"的机制来推动政协组织触角延伸，要完善"怎样协商"的程序来构建纵横联动各方参与履职的新模式①。习近平同志在视察广东时提出，要把湛江和汕头打造成为广东新的经济增长极，省政协、粤港澳大湾区有关机构和部门、湛江和汕头市政协开展联动协商，其所出成果要升级和转化，形成新的生产力。这就是说，"联动协商"要用服务落地来对接政策落地，用协商成果来回应协商初心，用担当使命来报效国家。

4. 推进协商质量升级与彰显集体创造智慧相统一

一要抓准协商问题。广东要建设文化强省、科技强省，推进"双一流"大学、国家级实验室建设不可或缺，引进世界名牌大学进驻也不可或缺，联动协商应抓这些大问题来协商。二要做足协商准备。启动任何一个议题之前，有关机构、部门和与协商人员都要有调研、有论证、有观点，对可能出现的短板、弱项应有基本估计。三要理顺协商程序。开展联动协商，要使程序合理，参会便捷，发言活跃，气氛民主，社会效应明显。四要提好协商建议。白云区是广州市文化人口最多的一个区，如何促使该区在广州市乃至全省的文化与科技建设中走在前列，成为先行展示区，联动协商可以从中引出更有价值的建议。五要推进协商落实。打造港澳青年、台湾青年同胞创新创业的优质基地，经过联动协商，已成的协议、方案要加快落实，尚在协商中的议题要跟进。应当说，推进人民政协联动协商质量的升级也是彰显集体创造智慧的生动过程。

5. 激励协商实践创新与加强委员自身建设相统一

人民政协要坚持社会主义协商民主广泛、多层、制度化发展的方向，把握交往行动效应逻辑，促进多主体开展广泛性、多层次、高质量、高效率的协商交往，培育联动协商文化，推动联动协商制度创新。人民政协要把解决人民要解决的问题作为联动协商的切入点，把真诚协商、务实协商、精准协商作为联动协商的结合点，把政治建设、平台建设、能力建设作为联动协商的着力点，正像湖北宜昌市人民政协搭建的"两进两问""四请两公开"②，是激励联动协商机制创新的重要

---

① 齐自琨：《推进政协协商与基层协商衔接的逻辑思考》，《广西政协报》2021年1月7日。
② 刘学军：《建立人民政协牵引的基层协商民主建设协调联动机制》，《理论视野》2015年第6期，第95页。

载体。因此，不断创新的协商实践，不但能够加强政协委员自身建设，也能够提升政协委员参与联动协商的能力和水平。

总之，习近平同志关于加强和改进人民政协工作的重要论述是研究联动协商的根本指引。贯彻新发展理念、推进高质量发展、实现人民美好生活向往是开展联动协商的基本原则和行动目标。"联动协商"是适应新时代人民协商意志的产物，是顺应多党合作历史传统的产物，是呼应中国特色社会主义先进文化的产物。它形成一个由"协商主体多元化、协商精神和谐化、协商优势稳固化、协商问题现实化、协商目标清晰化"所建构的理论结构，打造一个由"多主体联动释放协商话语正能量，多机制联动创生协商制度新效能，多平台联动建构协商合作大空间，多渠道联动实现协商高效价发展"所建构的实践范式。可以预见，遵循对话商谈逻辑、团结共识逻辑和行动效应逻辑的联动协商，将随着中国特色社会主义事业的发展而发展，走向成型和成熟。

第四节　政协履职能力建设的文化语境

习近平同志关于加强和改进人民政协工作的重要论述是习近平新时代中国特色社会主义思想的重要组成部分，它科学回答了人民政协事业发展面临的具有方向性、全局性、战略性的重大问题，为新时代人民政协事业发展提供了理论指导和行动指南。正确把握习近平同志关于发展社会主义民主政治、推进人民政协履职能力建设的思想，科学界定人民政协履职能力建设的思想维度，对于提升人民政协和政协委员履职的"四个能力"，推进国家治理体系和治理能力现代化，发展中国特色社会主义事业，让马克思主义文化出场并产生积极效应，具有重大的理论意义和现实意义。

一、把握"人民政协履职能力"的四个维度

"人民政协履职能力"是人民政协和政协委员忠诚于党和国家、忠

实于人民和事业的全面履职的能力或能力体系。它包括政治把握能力、调查研究能力、联系群众能力、合作共事能力等方面。

1. 以坚定"四个自信"为基础提高政治把握能力

政治把握能力是一种涵蕴政治敏锐性、政治坚定性和政治伦理性的独特能力，是人民政协和政协委员要具备的重要能力。对国家政治保持敏锐性，就要对国情、民情、社情和党情高度关注，深入思考和正确研判形势，不能漠不关心。对国家政治保持坚定性，就要站稳政治立场，守护阶级意识，与中共中央保持高度一致，坚定中国特色社会主义"四个自信"。对国家政治保持伦理性，就要确证中国共产党领导人民执政的合法性，要把握各民主党派民主协商、参政议政的合理性，要认识党和国家的决策政策的民本性，从根本上看，就是对中国共产党的领导和国家的发展有信心。在当前，人民政协和政协委员提高政治把握能力，要增强"四个意识"，坚定"四个自信"，这是提高政治把握能力的思想政治基础。

2. 以健全"思维方式"为前提提高调查研究能力

没有调查研究就没有发言权。"调查研究"是坚持实事求是思想路线的生动体现，是政协委员取得话语权的先决条件。而提高调查研究能力就要植入改革思维，健全思维方式。一要从底线思维走向顶层思维。政协委员不但要有底线，有向下看的视野，更要有顶层思维，有向上看的视阈。这样开展调查研究才能做到下情上达。二要从客体思维走向主体思维。政协委员是实施民主协商监督、开展参政议政的主体，以主体思维来观照人民的权利、政府的责任和自身的政治伦理，开展调查研究才能有担当、有成就。三要从实体思维走向关系思维。关系思维要求政协委员以主体之间的视阈来考察政协工作与党委工作、政府工作的关系，考察国家、社会和人民群众的关系，它们之间的关系是内在统一的。完成政协的工作就是完成党、国家和人民委托的工作。四要从单向思维走向复合思维。人民政协和政协委员开展调查研究要形成多个尺度，并懂得把这些尺度统一起来，运用于改革发展实践。五要从静态直观思维走向动态发展思维。调查研究不能局限于办公室狭窄的空间或仅仅借助网络媒介来完成，而要面对中国变化发展的社会现实,做到"三个贴近",这样取得的调研成果才能管用、长效。

3. 以坚持"群众路线"为路径提高联系群众能力

联系群众的能力是人民政协和政协委员开展调研工作,发现现实问题,满足群众需要,密切党和政府与群众关系的基本能力。提高联系群众的能力,要正确把握我国社会主要矛盾的变化,深刻认识人民日益增长的美好生活需要和不平衡不充分的发展之间的矛盾,坚持走群众路线,以人民为中心做好政协工作。一要尊重呵护群众。尊重群众是联系群众的前提,是提高联系群众能力的思想基础。尊重群众的主体地位,承认群众是历史的创造者,理解、呵护人民群众,站在群众利益立场看待问题,做到为了一切群众。二要热爱关心群众。热爱群众是联系群众的心理条件,是提高联系群众能力的情感基础。群众是立国之本,是国家改革发展取得胜利的不竭源泉,要做到一切为了群众。三要支持帮助群众。支持群众是联系群众的落脚点,是提高联系群众能力的根本支撑。要支持群众的发展愿望,满足群众实现美好生活的需要,维护好、保障好、发展好群众的根本利益,为了群众的一切去做工作。因此,人民政协和政协委员应当在践行群众路线、实现群众美好生活向往的过程中提高联系群众的能力。

4. 以落实"四个全面"布局为重点提高合作共事能力

提高合作共事能力是党和国家对人民政协和政协委员提出的新要求。在当前,落实"四个全面"战略布局是人民政协和政协委员提高合作共事能力的重点所在。全面建成小康社会是中国人民的根本福祉,也是人民政协和政协委员的共同事业。只要着眼于全面建成小康社会,戮力于全面深化改革、全面依法治国、全面从严治党这样一个内在关联、互相促进的战略布局,人民政协和政协委员就大有作为。对广东而言,人民政协和政协委员应当围绕贯彻"四个全面"战略布局,落实习近平对做好广东改革发展工作提出的"四个坚持、三个支撑和两个走在前列"要求,聚焦"一带一路"倡议,瞄准粤港澳大湾区建设,抢抓重大机遇,精心研究部署,统筹推进政党协商、人大协商、政府协商、政协协商、人民团体协商、基层协商以及社会组织协商,完善开展例会协商、专题协商、界别协商、提案办理协商,通过真诚对话,精心谋划，和谐共事，增进实效，不断增强人民政协履职能力。

应当说，提高政治把握能力、调查研究能力、联系群众能力、合作共事能力，这是人民政协和政协委员履职能力的基本方面。加强全面履职能力建设，人民政协和政协委员还要注重健全和提升提案工作的文化条件。

二、提升人民政协提案工作的文化条件

政治协商是中国特色社会主义政治生活中的大事，政治协商制度是中国特色社会主义政治制度的有机组成部分。能否把政治协商这件"大事"办好、办活，办出特色，把政治协商制度坚持好、巩固好、发展好，在很大程度上取决于政协提案工作的质量与水平的高低。在如何做好提案的选题、办理协商、督查督办、办理成效评估等工作的质量的问题上，大多数人要么从客体层面强调，即从制度建设、机制创新上着手，要么从主体层面强调，即从提高能力、重视调研、忠实履职等方面去改善。这些研究视角和路数是正确的，但还不够。在新常态条件下，政协机关不能局限于一个"工作自我""领域自我""专业自我"的视野，而应当建立一个国内视野与国际视野相结合、专业研究与跨学科研究相结合、传承传统与关注现实相结合的交往实践观视野，这就是说，人民政协和政协委员要建立一个基于时代实际的出场语境，从多维视野全面审思政协提案工作，切实提高提案工作管理水平，为建设高质量全面小康社会做出更大贡献。

1. 要建立交往实践观思维

"提案"是政治协商的重要媒介，是政协委员主体意志的外在表达，也是客观现实问题在理论上的反映。广东政协委员开展提案工作，不能局限于一个"工作自我""领域自我""专业自我"的视野，亟需建立交往实践观思维。

政协提案工作要建立底线思维。底线是基线、红线，是始源性地基。政协提案工作是问政的喉舌，是政协委员发出声音的载体。政治协商工作首要的是"讲政治"，也就是要讲原则、讲立场、讲党性。唯

有讲原则、讲立场、讲党性，才能守住基线，不踩红线。以前有人提出广东的电视广播不能"讲粤语"，广州要"大拆大建"，广东沿海要填海造田，等等。这些所谓的建议或提案都是背离科学发展原则，偏离人民利益立场，游离于党的根本宗旨之外的。在当下，政协开展提案工作要建立底线思维。政协委员要立足国内，在"四个全面"战略布局视野下，建立规矩意识，做到提问题有依据，分析问题有边界，发表言论有党性。真正做到不胡说、不妄议、不忘本，做好省委省政府的喉舌，发出客观正义的声音，促进地方经济社会科学发展。

政协提案工作要建立际性思维。际性思维是多极主体交往对话的思维方式，是平等对话、持续协商、形成共识所需遵循的开放思维。政治协商强调的是围绕政治大局"讲协商"，协商是双方或多方的，也就是说协商是主体际之间的事务，因而做提案工作要关注主体际的思想意识和政治观念，要从主体间的视角和立场来考察各自的提案的提出背景、提案的内容以及提案的价值旨趣。有委员建议加强广东的文化产业、国际会展、国际金融和生态文明建设等专项调查，这是很有价值的事情。但是要真正开展好、落实好这些调查，以期为广东发展高端文化产业、会展业、金融业，形成优势产业链，不但需要建立产业企业主体的交往平台，形成平等对话机制，开展主体间的持续性的常态化协商，还要建立国际视野，以宽广的世界眼光来考察这些产业发展的核心环节、技术支撑、政策配套，等等，进而形成广东不同产业布局及其优化发展的共识，提出有高度应用决策价值的提案。

政协提案工作要建立化成思维。化成思维是实践思维的基本样式，它要求政协委员把提案的提出及其现实化作为追求目标，而不仅仅是为了提出一个提案来完成任务。只要提案是根源于问题的，它必然形成两个走向：或者聚焦于现实问题日益显示出其普遍性，从而要求有关部门加紧督办，使之走向现实化，实现问题的改变和社会状况的改善；或者由于问题的非紧迫性或提案的论证不力导致有关职能部门对提案的督办力度不大，其结果是，它作为潜在性的问题被搁置起来，因而该提案未能作为改变现实的媒介而发生有关作用。尽管我们不能要求任何一个提案都必然能够进入高层的决策视野，但是政治协商的

第五章　文化创新与马克思主义的建构力

落脚点是"出成果",是以提案的方式来引起决策层的注意,并使这种注意彰显出问题的价值来。因此,开展政协提案工作要贯穿化成思维,以"出成果"为价值目标,以"出好成果"为考核标准,做到集体培育,精心设计,科学论证,力求使提案走向现实化。

应当说,无论是底线思维、际性思维,还是化成思维,都是政协提案工作所要始终遵循的科学思维,只有基于这种思维而开展的政治协商活动,才能坚定地集中意志,凝练突出的问题,铸造精练的提案,推进主体间包括政党间、阶层间、民族间的协商交往实践,才能传承中华优秀传统文化,丰富以爱国主义为核心的民族精神,弘扬以改革创新为核心的时代精神,与时俱进地推进中国式现代化建设。

2. 要树立交往实践观精神

现代交往实践要求交往主体具有主体人格的真实性,以提案反映的问题具有客观性、实在性,也要求交往主体之间以问题协商为核心的交往交流具有态度上的真诚性、坦率性,彼此提出的解决问题的举措、方法具有切实性、有效性。从本质上看,政协委员开展提案工作,需要在专业领域内树立人本精神、诚恳精神、效能精神,也需要在跨学科层面形成以人民为中心的交往实践观精神。

人格的真实性是做好政协提案工作的主体基础。作为人民政协的委员,较之普通群众,应当具有真性湛然,内心澄明,中通外直,不枝不蔓的个性特征,委员们所做出的提案不仅仅是一个文本符号,而且是表现人之为人所应有的真正的本质及现实性。委员们这种"真正的本质"就是其真实性的个性本质。这种本质是由其身份特征所决定的。政协委员不但是现实的人,而且是为着人民根本利益而去做提案工作的人。首先,委员代表人民意志,不能是虚拟代表,不能请他人做代表,而必须是忠实代表、客观公正代表。其次,委员反映人民诉求,不能是个人的诉求,不能是想象的诉求,而应当是人民群众普遍关心的突出的诉求,即委员提出的问题要具有客观性、实在性。应当说,政协委员提什么问题,怎样提出问题,以及为谁提出问题,回答这些问题本身就凸显政协委员的人格与精神。具有正直、高尚的人格,树立以人民为本的精神是做好政协提案工作的本体基础。

态度的真诚性是做好政协提案工作的情感基础。政协的提案工作是一种具有特殊意义的交往交流工作，是政协委员之间、部门之间开展的文化交往、思想交流、情感交融的精神生产工作。首先，提案工作是一种文化交往工作。每个委员都有独特的文化背景、文化修养、文化传统，即便是处于同一个单位从事同一个领域工作中的委员也具有不同的文化底蕴。委员提交的提案无不体现出其文化色彩。文化是有温度的精神存在。有文化色彩的提案才能温暖人、影响人。其次，提案工作是一种需要思想，需要创新思想的工作。这种工作唯有建立在创新的基础上，形成创新思想，才能使委员履好职，代表好、服务好委员所在领域的群众与事业。创新是民族精神的活的灵魂。创新要求委员直面现实问题，运用科学思维，厘清矛盾结构，提出合理方案。再次，提案工作过程是委员发出呼声、表现情感、获得回应、磨砺精神的过程。每一个不同提案的提出都是一种有个性、有层次、有意向性的情感的勃发。这种情感的外溢在不同程度上表现了委员对群众生命的认知，对当代生存的领会，对职业生活的感悟，对社会发展的关注，以及对国家政策的呼应。无论把提案工作看作是一种文化交往工作，一种思想创新工作，抑或是一种情感抒发工作，它们都是精神生产工作，都要求委员在交往实践过程中具有真诚性态度，彼此敞开胸襟，坦诚相待。应当说，诚恳精神是政协委员对党组织、对国家和人民抱有热爱的基本精神。

举措的有效性是做好政协提案工作的实践基础。在当代中国，参政议政实践要讲效能、求实效。政协委员以专业态度提出提案，有关部门以行政程序审查、督办提案，这些工作具有目的一致性，那就是面向现实问题本身去解决问题，为发展扫除障碍，减少发展代价，实现又好有快的科学发展。但发展的合目的性要与合规律性统一起来，发展才能向着人们预期的理想的方向前进。这就必然要求提案所提出的举措应具有切实性、有效性。首先，举措具有切实性，是指它切中时弊，切中问题的要害之处，从而揭示问题产生的根源与矛盾。其次，举措具有有效性，是指它真正趋向于现实，能够接地气，顺民心，合民意，能够破除障碍，化解矛盾，促进社会健康发展。具有切实性、有效性的举措,是由于问题倒逼产生的解决问题的好办法、好方式,是政协委员严谨务实作风的具体体现,是遵循化成思维形成的有机成果。始终坚持以委员提出的举措是否具有实效性作为评判提案质量高低的标准,也就坚持了实践是检验真理的唯一标准。

总之,随着我国社会生产力水平的提高,对作为上层建筑的政协提案工作的要求也相应提高,对政协委员提出的解决问题的方法举措的可靠性要求也必然提高。这就要求政协委员自觉树立人本精神、诚恳精神、效能精神,自觉遵循交往实践理性,不断提升政协提案工作的质量与水平。

3. 要植入交往实践理性

政协提案工作是一项涉面广、层次多、要求高、影响大的整体性很强的政治工作。在经济新常态条件下,做好这样的工作需要健全交往实践理性。交往实践理性是交往行为理性和实践活动理性的统一。政协机关和政协委员都是政协提案工作的发起者、实施者和监督者,两者都需要健全交往行为理性和实践活动理性。这种理性融贯在做好政协提案工作的新思维、新观念和新精神当中。

人民政协要有新智库思维。在经济新常态条件下,在中共中央治国理政的新理念指导下,政协机关不能局限于原来机关的职能工作思维,还应当把省社会主义学院、省社会科学院、省委党校和一些高校纳入进来,组建政协新智库。这个新智库由政协委员以及上述机构的科研人员组成。新智库要形成国内视野与国际视野相结合、专业研究与跨学科研究相结合、继承传统与关注现实相结合的交往实践观视野,整体推进事关政协事业的问题研究,力促以提案为媒介的研究多出成果、出好成果。这就是说,省政协要从领导政治协商向引导协商共识转变,通过与新智库合作机构及其成员的真诚交往、密切交往,实现问政于民的常态化,取智于民的理性化,创造成果的合作化,管理成果的规范化。

各级政协机关要有大局观念。政协提案工作要围绕中共中央和省委中心工作来开展,这是识大局。各级政协机关要形成大局意识,努力提升提案质量,政协提案工作要与中共中央的正确决策保持一致,与全面深化改革保持一致,与全面依法治国保持一致,与全面从严治党保持一致，也与发展好、维护好、保障好人民根本利益保持一致。建设高质量全面小康社会是中国改革发展的大局，也是一个激动人心、压力颇大、任务繁重的重大任务。对此，政协提案工作要围绕这一目标，发挥优势，深入调研，夯实基础，拿出真招，谋划新篇，更上一层，开启新局，助力国家推进高质量全面小康社会建设。

政协全体委员要有创新精神。在全面推进中国特色社会主义"五位一体"建设的大道上，政协委员要发扬"敢为天下先"的创新精神，善于破解发展难题。从广东地方实际来看，在政治上，新形势下广东如何创新对港澳台地区的交往工作，如何促进共产党领导下的多党合作，民主党派如何提升"一个参加、三个参与"水平。在经济上，广东如何利用"一带一路"战略，提升"海上丝路"发展水平；如何优化广东自贸区建设，推进粤港澳大湾区建设；如何破解众创和"双创"困境；如何推进"区块链技术"在金融和商业上的应用。在文化教育上，如何建设南粤文化与技术高地；如何推进广东高校的"双一流"建设；等等。这些问题是造就发展机遇的时代呼声。政协委员应当自觉遵循交往实践理性，积极回应时代呼声，在专业研究中促进跨学科研究，在传承传统中促进理论创新，在破解难题中促进实践创新，不断提升政协提案工作质量，实现政协工作创造性发展。

总之，在新常态条件下，人民政协面临新的重大机遇，提案工作大有可为。为切实提高提案工作管理水平，需要建立一个国内视野与国际视野相结合、专业研究与跨学科研究相结合、继承传统与关注现实相结合的交往实践观视野。政协机关和委员都要健全交往实践理性，既要自觉建立底线思维、际性思维和化成思维，也要树立人本精神、诚恳精神、效能精神，还要把智库思维、大局观念和创新精神融会贯通，使之共同服务于高质量全面小康社会建设。

三、加强政协全面履职能力建设的出场视野

加强政协全面履职能力建设，要坚持以习近平新时代中国特色社会主义思想为指导，让马克思主义文化出场，形成"三个统一"，即树

第五章 文化创新与马克思主义的建构力

立唯物辩证思维和增强"四个意识"相统一,坚持创新发展理念和提升履职质量相统一,弘扬求真务实精神和注重优良作风建设相统一,发挥人民政协和政协委员在推进国家治理体系和治理能力现代化中的作用,这是加强人民政协履职能力建设的出场视野,也是当前和今后一个时期的重要实践课题。

1. 树立唯物辩证思维和增强"四个意识"相统一

提高人民政协和政协委员的全面履职能力,一方面,要树立唯物辩证思维。"唯物辩证思维"是主体观照现实、把握现实、改变现实的思维。它是人民政协和政协委员应有的思维方法。"观照现实",就要求有问题意识,善于发现问题。"把握现实",就要求有解释能力,善于阐释问题。"改变现实",就要求有合理举措,善于破解问题。树立唯物辩证思维,应当具有总体性思维方式,即人民政协和政协委员无论是考察问题、分析问题,还是解决问题,都要形成从底线思维走向顶层思维、从客体思维走向主体思维、从实体思维走向关系思维、从单向思维走向复合思维、从静态思维走向动态思维这样一个思维结构。这样的思维结构为提升人民政协和政协委员的履职能力奠定科学的思维基础。从"思维方式"转变为"实践能力",要求人民政协和政协委员努力诉诸实践活动,在各领域实践活动中运用唯物辩证思维去发现问题、阐释问题和破解问题,从而增长多方面才干,不断提升履职能力。另一方面,要增强"四个意识"。人民政协和政协委员要增强政治意识,提高政治判断力、政治领悟力、政治行动力,忠诚于中国共产党和国家的事业。要增强大局意识,坚持以习近平新时代中国特色社会主义思想为指导,协调推进"四个全面"战略布局,统筹推进"五位一体"总体布局,谋划推进中华民族伟大复兴战略全局。要增强核心意识,自觉拥戴核心、维护核心,与党中央保持高度一致。要增强看齐意识,向党中央看齐、向党的领袖看齐、向党的决策看齐,忠实于人民发展事业。在做到对党忠诚、为党分忧、为党担责、为党尽责的过程中提高履职能力。

2. 坚持创新发展理念和提升履职质量相统一

提高人民政协和政协委员的全面履职能力,一方面,要坚持创新发展理念。创新的本质在于发现新元素，充实新内容，形成新格局，创造新价值，因而创新理念是人民政协和政协委员应有的理念。从整体性视角考察，人民政协作为一个政治组织应当具有组织全体政协委员开展创新性工作，实现创造性发展的沟通、组织和统筹能力。创新性的沟通、创新性的组织、创新性的统筹都属于人民政协的工作能力范畴。人民政协只有具备这些能力，并不断提升这些能力，才能更好地保障政协履职，协助党和政府做好中国特色社会主义新时代各项工作，完成新阶段重要使命，助推中华民族复兴中国梦的实现。从个体性视角考察，政协委员是政协组织的能力主体、核心构成、行动中心。政协委员的创新理念在很大程度上决定了政协履职工作的创新水平。从系统性视角考察，人民政协和政协委员是互主体，主体之间的创新能力是互相影响、互相促进的。人民政协履职能力的创新性发展对于政协委员履职能力的提升具有促进作用，而政协委员履职能力的创新性发展对于人民政协履职能力的提升具有决定性影响。另一方面，要注重提高履职质量。履职能力强能够提升履职质量，而提高履职质量要求提升履职能力。人民政协和政协委员的履职是贯穿政治协商、民主监督、参政议政等在内的全面履职。全面履职要提升质量。履职质量的提高重在树立正确的国家观、人民观、利益观、权力观、政绩观，重在面对最直接、最迫切的现实问题提出科学的应对举措，实现国家富强、民族振兴和人民幸福的发展需要。

3. 弘扬求真务实精神和注重优良作风建设相统一

能力建设与作风建设密切相关。提高人民政协和政协委员的全面履职能力，一方面，要弘扬求真务实精神。"务实"是求真之务实，求真以务实。"求真务实"是马克思主义本真精神。人民政协和政协委员都要求真务实，求问题之真以获得解决问题之实，求规律之真以提高发展能力之实。讲求"务实"要反对"务虚"，因为"务虚"往往使计划流之空谈，使方案流之空设，使公文流之空转，不能形成以问题为中心、以人民为中心、以发展为目标来推进政协工作，完成重要使命。"务实"是中国共产党人、党外人士的优秀品质。正因为具备这种品质，才能促使中国共产党人、党外人士以问题为中心开展民主政治协商，以人民为中心开展调研设计方案，以发展为目标推动改革开放实践。"务实"也是做事的理性精神。人民政协为政协委员参政议政、发挥作用搭建了宽广的舞台。因此，人民政协和政协委员都要务实。人民政协作为政治机关，"务实"就是要遵循中共中央的指示，立足于最迫切的现实，精心统筹规划，服务地方政府，幸福全体群众。作为政协委员，"务实"就是要深刻认识中共中央的各项方针、政策和国家的基本形势、发展方位，善于围绕中心、服务大局，以专业的视角，作出合乎实际的理论阐释，提出有理有据的计策谋划，彰显求真务实的理性精神。另一方面，要注重优良作风建设。人民政协和政协委员要高举爱国主义、社会主义旗帜，坚持实事求是思想路线，发扬求真务实思想作风。要找到最大公约数，画出最大同心圆，坚持长期共存、互相监督、肝胆相照、荣辱与共，支持民主党派按照中国特色社会主义参政党要求更好履行职能。要积极植入改革思维，敢于面对现实问题，善于解决迫切问题，健全开放民主、雷厉风行、稳健理性的工作作风。要与时俱进，完善创新理念，创新工作机制，推动经济、文化与科技之间的创造性结合，在加强优良作风建设过程中提高全面履职能力。

总之，全面加强人民政协履职能力建设，要坚持以习近平新时代中国特色社会主义思想为指导，把习近平同志关于加强和改进人民政协工作的重要论述作为发展新时代人民政协事业的理论遵循和行动指南。要让马克思主义文化出场，坚持以文化人，提高政协委员的政治把握能力、调查研究能力、联系群众能力、合作共事能力。要推进文化创新，建立一个国内视野与国际视野相结合、专业研究与跨学科研究相结合、传承传统与关注现实相结合的交往实践观视野，提升提案工作质量。要促进方法创新，树立唯物辩证思维和增强"四个意识"相统一，坚持创新发展理念和提升履职质量相统一，弘扬求真务实精神和注重优良作风建设相统一，从而不断提升人民政协全面履职能力。

第五节　提升政协提案工作质量的创新路径

人民政协成立 70 多年来，在政治协商、民主监督、资政议政、凝心聚力、破解难题、推进发展等领域发挥了重要作用，为我国实现从站起来、到富起来、再到强起来做出了重要贡献。进入新时代，在建设中国特色社会主义伟大事业，推进伟大斗争，建设伟大工程，实现伟大梦想过程中，人民政协面临许多新使命，这就要求各级政协要深入贯彻习近平新时代中国特色社会主义思想，继续坚定"四个自信"，不断增强"四个意识"，大力弘扬"四个伟大"精神，也要求提案工作建立解释学的研究视域，使之真正深入时代深处，真正触及时代问题，真正准确剖析问题，全面科学建构"答案"，深层精准破解问题，使马克思主义文化出场，不断提升政协委员们服务大局、参政议政的能力与水平。

解释学是现代哲学的一个分支，但解释学并不局限于哲学的概念、原理及其相关问题的研究，相反，它早已深入到当代社会的政治、经济和文化等诸多公共领域，在日常生活和非日常生活领域发挥"解释世界"的独特作用。在当下，人民政协和政协委员要全面学习、深入贯彻习近平同志关于加强和改进人民政协工作的重要论述及其视察广东重要讲话精神，正确解释和深入理解这些论述和讲话的精神实质，做好做实做细政协提案工作，不断创新提升政协提案工作质量的路径。

一、以问题为导向的提案解释学意义

任何理论及其价值的解释都始于问题，而主体对问题的合理解释向来植根于理论指导。解释学就是这样一种能够指导主体对问题做出解释，阐明主体理解问题的合理意义，进而去建构对问题的科学回答的现代诠释学理论。在当代政协提案工作实践中，坚持以政治建设为引领、以现实问题为导向的提案工作，其解释学的意义十分重要。

面对简单问题和复杂问题的提案工作，其解释学意义在于增强提

案工作的可行性、实效性。讲政治是做好提案工作的首要前提，找准问题是做好提案工作的核心环节。既把讲政治和找准问题统一起来，也把简单问题和复杂问题关联起来，这是做好提案工作的基础，而解释学为主体坚持原则、解释问题提供双向性通道。讲政治，但不面对问题，这种"讲政治"是空泛的、不能落地的"空谈政治"；面对问题，但不讲政治，这种问题往往是没有找准的、不切发展方向的问题，甚至是"伪问题"。对此，有的人走单通道解释路径，其结果往往得到一种自以为正确或合理的答案。比如，广东改革开放40年取得了重大成就，但仍然存在许多制约高质量发展的问题。显然，高质量发展问题是一个复杂问题，虽然人们认识到这个复杂问题与发展中存在质量和效益不够高，科技创新的驱动力不够强，发展不平衡不充分，生态环境不够好等问题相关联、相重叠，但是，把这个复杂问题归结为广东在发展中存在质量和效益不够高这个具体问题，出现把复杂问题简单化的倾向，从而做出单通道解释的提案，这样一来，对提案的督办及其实施效果就会造成不良影响。

其实，高质量发展问题也是一个政治问题。从讲政治的高度去解释和认识高质量发展问题，就不能把它理解为仅仅是经济领域的高质量发展问题，它还包括科技、文化、开放、现代化经济体系、美丽乡村、法治环境等领域的高质量发展问题。因此，提案工作质量与多极主体即党政领导、政协委员、督办部门、实施单位的政治水平、工作质量相关。不同主体对提案的认识与理解存在差异，这就要求多极主体建立磋商机制，在问题面前多商量、好商量、会商量，及时发现差异根源，注重建立发展共识，善于促进问题转化，推进发展线索迁移，不断强化实施实效，持续增强提案工作的可行性、实效性。

面对个案问题和系统问题的提案工作，其解释学意义在于提升提案工作的长效性、预见性。政协提案多数涉及个案问题和系统问题，以往人们分别对之做出研究解决。从本质上看，这种"解决"问题的提案往往是不彻底的。解决问题不彻底，政协委员如何能够像习近平同志所强调的，做到认真履行职责，传递正能量、发出好声音、展示新形象呢？解释学强调，人们不能只把眼光聚焦于个案问题的解决上，而应当把个案问题置于系统问题之中来解决才比较彻底。比如，贯彻落实习近平同志视察广东重要讲话精神，对此有人提出发展实体经济、壮大民营经济的提案，那么这个提案不能只是就"企业减负"或"资金优贷"提出政策建议，而应当提出建立一揽子的系统性的改革与支持方案，比如建议增加对民营企业主的孩子入户、入学等方面的便利性政策安排。这样的提案就是基于系统和个案的内在统一性来考量做出的，其实施效果显然比从个案层面解决个别民营企业发展问题或个别地方的实体经济发展问题要好得多。再如，粤西个别企业违反环保政策，往地下排灌污水，造成地下径流严重污染，对此类问题提出的提案不能只作个案问题来研究和解决，而应当始终坚持习近平生态文明思想，深入贯彻"绿水青山就是金山银山"的理念，树立系统论的解释学精神，真正做到见微知著、防微杜渐，着眼于建立长效性的制度化的监督与惩处机制来提出提案，不断提升提案工作的长效性、预见性。这是新时代各民主党派、工商联、无党派人士和政协委员们的新使命。

面对专业问题和领域问题的提案工作，其解释学意义在于推进提案工作的精准性、全面性。优秀的政协提案工作总是建基于深厚的理论基础、文化基础和实践基础。离开马克思主义理论的科学指导，离开对中华优秀传统文化的忠实传承，离开对党领导下的革命、建设和改革实践的热情参与，是不可能或难于高质量完成各个阶段的提案工作的。近五年来，广东省政协表彰了175件优秀提案。在这些优秀提案中，突出地体现了省政协委员、各民主党派、人民团体、省工商联对专业问题的精深研究，对领域问题的广泛探索，这是省政协工作的优势与特色之处。但是，仔细研究这些提案，仍发现其中存在一些短板问题。那就是，关注专业问题的提案缺乏对领域问题的向上性思考，关注领域问题的提案缺乏对专业问题的纵深性探索。前者如加快广东特色小镇建设的提案。特色小镇建设显然是一个非常专业的问题，这是实施乡村振兴战略的组成部分。加快广东特色小镇建设，需要专业设计、规划工程、文化艺术、市场开发、物业管理等方面的人才共同参与进去，不能只强调某个专业的问题，否则就不能实现特色乡镇的前瞻性、向上性发展。后者如粤港澳大湾区建设的提案。大湾区建设是一个复杂领域问题，当下虽有美国纽约大湾区、旧金山大湾区和日本东京大湾区建设的经验可资借鉴，但是，粤港澳大湾区建设与之在本质上存在不同。因为美国和日本的大湾区都是在资本主义制度下建设和运行的，而建设粤港澳大湾区涉及粤港澳三地的制度与体制、事业与产业、文化与法律、科技与管理、生活与交往等诸多方面的差异问题，需要专业委员会和领域委员会既做精准性研究，又做整合性研究，从文化融合层面共同提出优化建设粤港澳大湾区的提案，否则就难于形成大湾区共建共治共享、大开放大发展大繁荣的发展局面。显而易见，只有共同关注专业问题和领域问题，才能不断推进提案工作的精准性、全面性。从长远观点来看，人民政协只有不断厚实理论基础，充实文化基础，夯实实践基础，全面、精准解释专业问题和领域问题，才能实现提案工作高质量发展。这些问题同样对政协委员们提出了新的考验与挑战。

应当指出，无论是面对简单问题和复杂问题，还是面对个案问题和系统问题，抑或是面对专业问题和领域问题，做好政协提案工作都需要运用马克思主义理论和方法，需要哲学解释学的深度介入。从提案的可行性、实效性、长效性、预见性、精准性、全面性等意义上植入提案工作创新过程，就能够突破定势思维的桎梏，实现优质提案、创新提案的创构。

二、以理解为媒介的提案解释学方法

在解释学视野下，理解是解释的前提，而解释是理解的深化。在问题的认识中，理解性的解释和解释性的理解是同等重要的。在提案工作中，政协委员们既要重视对现实问题的全面理解，也要重视对迫切问题的科学解释，从提案培育、写作乃至提案督办的过程中，都需要融会理解性的解释和解释性的理解，自觉运用以理解为媒介的提案解释学方法。这种方法是马克思主义唯物辩证法在关注现实、解释现实和改变现实中的重要思想方法。

政协提案工作始终要坚持"围绕中心、服务大局、提高质量、讲求实效"的方针。这个方针和2018年3月习近平同志对广东工作作出的重要指示即"四个走在全国前列"是高度契合的。为贯彻落实这个指示精神,广东省政协要在大学习大调研的基础上,全面理解、深刻把握"四个走在全国前列"的思想意义,做出深入的、具体的、有分量的提案。从根本上看,"在构建推动经济高质量发展的体制机制上走在全国前列",是强调广东要推动制度供给、服务供给、要素供给和市场供给的全面发展,其本质是生产要素的全面生产。"在建设现代化经济体系上走在全国前列",是强调广东要形成优势发展、协同发展、加快发展、创新发展的局面,其本质是形成高质量发展格局。"在形成全面开放新格局上走在全国前列",是强调广东在站位、做事、谋势、造局上要"四位一体",其本质是建立和运用科学方法。"在营造共建共治共享社会治理格局上走在全国前列",是强调广东要促进多极主体的担当、建设与发展,其本质是造福广东人民。因此,对"四个走在全国前列"的理解不能止步于"四句话",而应当形成新的概括,那就是"全面生产、高质发展、科学方法、幸福人民"。从解释层面上看,"全面生产"是全面建成小康社会的基础和前提,"高质发展"是全面建成小康社会的关键和核心,"科学方法"是全面建成小康社会的理性思维,"幸福人民"是全面建成小康社会的本质和落脚点。从理解层面看,一个国家和地区的生产、发展、方法与人民是不可分割的有机整体,中国特色社会主义社会的全面进步植根于生产的全面性、发展的优质性、方法的科学性、人民的幸福性。正如"大学习出智慧,大调研出成果"一样,各级政协都要形成解释学智慧,推出富有解释力的调研成果和优质提案。对广东而言,只有推进马克思主义文化出场,不断走在全国前列,不断为全国提供新鲜的可复制和推广的经验,国家的富强、民族的复兴和人民的幸福就会更快成为直接现实。

在新的历史起点上,人民政协要把理解性的解释和解释性的理解相统一的方法论融贯于提案工作全过程,始终在创新政协提案工作、提出优质提案、完成重要使命中走在时代前列。就广东而言,政协委员、各民主党派、人民团体、省工商联、知联会、新的社会阶层联合会等,都要全面理解党的十九大以来习近平同志对广东工作作出的重要指示批示精神,要深刻解读习近平同志视察广东的重要讲话,结合人民政协的独特地位和优势功能,形成内在关联、辩证统一的发展共识;要充分理解党中央对广东寄予的厚望和鞭策,以发展实践创新、工作制度创新、专业理论创新共同推动提案工作质量全面提升。基于这样的认识,政协委员只要始终坚持文化出场的理念和路径,就一定能够在解释和理解的视域融合与方法融通之中建构起新时代人民政协高质量提案工作的新格局。

三、以质量为目标的提案解释学建构

在走向全面建成小康社会的胜利路上,人民政协提案工作要以提高质量为目标,不断对事关国家和社会发展的重大现实问题做出新的探索和回答,实现高质量提案的解释学建构。

质量是科学发展的决定性价值之所在,这是解释学视野下把握的价值共识。进入新时代,中国的发展要实现从粗放型、能耗型发展向集约型、节约型发展转变。高质量发展是集约型、节约型、绿色型发展的集中表达,是发展转型成功的注解。中国的 GDP 从 2018 年的 90 万亿发展到 2022 年的 120 万亿,今后将取得更庞大的经济体量。从 2020 年中国建成全面小康社会发展到实现中华民族伟大复兴,在一个又一个成功发展的阶段上,高质量的政协提案起着凝聚发展共识、促进发展转型、实现发展目标的独特作用。这是马克思主义文化出场形成的历史镜像。

提案工作质量与主体思维能力密切相关。从解释学视野考察,主体的思维能力的提高取决于其思维结构的完善,这就说明,健全发展主体的思维结构是提升提案工作质量的始源性力量。人们只要认真学习和研究习近平同志"谈治国理政"的重要论述,对人民政协工作的重要论述,理解和把握习近平同志视察广东的重要讲话,就不难发现,习近平同志在不同时间不同场合多次强调了各级领导干部要形成历史思维、系统思维、底线思维、创新思维、包容思维和共生思维,这些思维就是人们需要完善的思维结构。形成这样的思维结构,有利于人们建立深邃宽广的历史视野，增强统筹全局的战略定力，防范化解风险的警醒意识；有利于人们贯彻以人民为中心的发展原则，保持密切联系群众的宗旨意识，振奋锐意进取的创新精神；也有利于人们拓展勇于担当的宽广胸怀，建构合作共赢的治理格局，树立大国威仪的良好形象。基于这样的理解，在新时代新阶段，人民政协要从下述三个维度全面建构、系统推进提案工作质量提升。

要对问题分层解构。结合广东实际来看，对经济发展、创新驱动、环境治理、民生保障、大湾区建设、港澳台工作等紧迫问题进行条分缕析，在专题研究中发现最直接的现实，在系统问题探索中找出基础性的矛盾，不断提升提案趋向现实的"精准性"。

要总结规律性认识。广东政协对广东区域存在的不平衡发展、不协调发展和不充分发展等问题，要进行系统提炼，归纳概括，做出合理性理解和深刻性解释，对标补短，向上海、京津冀、苏浙等先进地区看齐，既要彰显广东特色，又要领先全国发展，使广东元素融入"中国元素"，为国家富强增添更丰富亮色。

要建立融合视域。对不同主体提出的提案，政协提案工作委员会要在承认差异、保持地方特色的前提下，打通存在于观念意识、交往媒介、实施渠道之路上的一切障碍，使优质提案得以形成政策、制度，及时施行，产生正向社会效应，使"科学思想"变成"物质力量"，真正造福人民。在此过程中，人民政协还要把探索出来的经过实践检验的成熟的经验提炼为理论，把好的制度成果定型化，为全国各地提供有益借鉴。

总之，进入新时代，人民政协肩负新的使命担当，要铭记人民政协的光荣历史，传承人民政协的优良传统，建立解释学的研究视野，借鉴解释学的理论方法，让马克思主义文化全面出场，发挥其强大建构能力。要深入学习习近平同志关于加强和改进人民政协工作的重要论述，全面把握习近平同志视察广东重要讲话精神要义，正确理解和准确把握习近平同志治国理政的重要思想和思维方法，善于把它们贯彻和运用到提案工作的全过程，不断提升提案工作质量与水平，使之服务于新时代中国的改革开放发展，服务于中国特色社会主义现代化建设。

第六章 文化富民与马克思主义的亲和力

第一节 践行党的群众路线的当代价值

面对社会转型、经济转轨、文化转向出现的新情况,推进党的建设新的伟大工程出现的新特点,正确梳理、总结、概括和探讨新时代坚持践行党的群众路线的重大意义、积极成果、工作思路,对中国共产党保持先进性、纯洁性,提高执政领导能力,实现长期执政、科学执政、依法执政和民主执政,对建成高质量的全面小康社会,建设中国特色社会主义现代化,加速实现中华民族伟大复兴,都具有巨大的理论意义和实践意义。

一、新时代坚持践行党的群众路线的重大意义

"一切为了群众,一切依靠群众,从群众中来,到群众中去"是党的群众路线内涵的经典表述。群众路线是中国共产党经过长期革命战争、经济建设、改革开放而形成的精神财富之一,是推动社会全面进步和推进人的全面发展的思想旗帜之一。新时代继续坚持和践行党的群众路线,具有引领时代进步、推动民族复兴、促进社会稳定、完善党的领导、推进人的全面发展等多方面的重大意义。

坚持践行党的群众路线能够引领时代进步。进入新时代,坚持党

的群众路线和推动时代进步是互相适应的,而推动时代进步要求坚持走群众路线。时代进步表现在经济物质发展、精神思想充实、思维方法发达、社会结构完善、生活秩序和谐等方面,它反映了社会发展的总体面貌和基本趋势。党的群众路线是党的根本政治路线,所谓"根本",是指事物具有全面、全局的意义;而所谓"政治路线",是指在执政条件下,党加强群众工作,集中群众智慧,反映群众意愿,满足群众需求,推动经济社会全面进步这样一个思想路线、组织路线、行动路线的集中表达。坚持党的群众路线,就要正确带领群众,及时反映群众意愿,善于集中群众智慧,不断满足群众需求,推动社会全面进步。这一路线说明了:群众是历史活动的主体,是创造世界历史的根本力量。历史活动不仅造就了群众事业,也推动了社会进步,而社会进步则推动了历史发展,也印证了走群众路线的伟大功力。坚持党的群众路线,自觉走群众路线,才能站在时代前沿,引领社会进步。

坚持践行党的群众路线能够促进社会稳定。社会稳定是群众促成的,群众的活动方式和力量走向决定着社会的稳定程度。社会稳定涵盖经济走势稳定、政治局面稳定、文化活动稳定、百姓生活安定等内容,这些内容实质就是人民群众经济文化利益发展的稳定,正确对待、维护和代表群众的经济文化利益,就要按照群众路线的本义、要求和方法去制定政策、战略或决策,促进经济走势稳定、政治局面稳定、文化活动稳定、百姓生活安定,在社会稳定中推动改革、实现发展,在社会发展中推进改革、维护稳定,在深化改革中实现稳定、加快发展。在稳定、改革、发展中推动社会全面进步,在社会全面进步中实现稳定、改革、发展,这是坚持党的群众路线的思想逻辑,也是巩固党的群众路线的发展逻辑。新时代坚持党的群众路线,就要围绕构建社会主义和谐社会、建设高质量全面小康社会这个中心任务,把促进稳定、推动改革和实现发展三者高度统一起来,形成稳定合力,增强改革动力,提高发展能力,从而推动经济社会协调运行,全面提升发展质量。

坚持践行党的群众路线能够完善党的领导。党是群众路线的制定者、执行者和推动者。党的领导及其地位不是自封的,也不是天上掉下来的,更不是一劳永逸的,而是中国共产党与人民群众在建立密切关系基础上，为着共同的理想目标，与人民群众同心同德、艰苦奋斗、战胜一切敌人、推翻一切反动统治和反革命势力取得的，也是在建设和谐中国、文明中国、民主中国、富强中国的历史进程中形成的。党在中国式现代化建设进程中居于核心领导地位是历史赋予党的神圣使命，是全体中国人民的坚定抉择。但是，党居于执政的核心地位，并不等于党是一个完美无缺的组织，党的工作难免存在这样或那样的缺点和不足，正因为如此，党中央历代领导人都强调，不允许任何一级党组织、党员以恩赐的方式对待群众，与之相反，要坚持以民为本、情为民系；不允许任何一级党组织、党员凌驾于群众之上，与之相反，要坚持以民为根、利为民谋；不允许任何一级党组织、党员因掌握权力而脱离群众，与之相反，要坚持以民为基、权为民用。人民是中国共产党长期执政的最大底气。这些执政理念构成了群众路线的本质内涵，它被写入党章，载入党的文献，成为党指导群众、检查自己、巩固组织和促进工作的重要原则。新时代坚持党的群众路线，意味着要全面加强和改善党的思想作风、工作作风，改进学风、文风、会风，改善党员干部的生活作风。新时代坚持党的群众路线，意味着各级党员干部要在思想上始终清醒，增强为民执政的忧患意识；要在政治上始终坚定，提高为民服务的公仆意识；要在作风上始终务实，增强为民发展的节俭意识。深刻认识这些新的要求和丰富内涵，对改进和完善党的领导具有重大现实意义。

坚持践行党的群众路线能够推动民族复兴。中华民族复兴是中国共产党所肩负的人民的嘱咐、历史的重托。这里的"人民"是指近代以来接续不断的中国人民群众和党组织的成员，这里的"历史"是指近代以来由民族的耻辱史、血泪史和奋斗史所熔铸的复合篇章。近代中国社会的中落已经证明：不相信、不依靠、不重视人民群众力量的执政王朝必然堕落覆亡。近代资产阶级的民主革命已经证明：离开大多数人民群众而只靠少数精英奋斗的革命终究不能取得胜利。20世纪以来，先进中国共产党人把马克思主义的革命学说正确地运用于中国的实际，相信群众、依靠群众、重视群众、发动群众、为了群众，真正走出一条洗刷耻辱、告别血泪、振臂战斗、自力更生、图强进取的民族解放道路。这是一条从旧民主主义革命走向新民主主义革命、再走向社会主义革命与建设的民族振兴道路，是一条从改革开放走向创新发展、从一个胜利走向另一个胜利的光辉道路。这条道路也是党能够不断发展壮大的道路。我们只有始终坚定地走群众路线，才能不断推进中华民族的伟大复兴。

坚持践行党的群众路线能够推进人的发展。群众路线和人的发展密切相关。一方面，践行群众路线是推进人的发展的重要途径与实现形式。践行群众路线，就要尊重群众、礼待群众、贴近群众、心系群众，因为在群众中有巨大无比的力量，有宝贵鲜活的智慧，有素朴恒久的感情，这些力量、智慧和感情是滋养人的心力、教育人的道德、提高人的素质的重要素材。践行群众路线，要真诚倾听群众的呼声、真实反映群众的愿望、真情关心群众的疾苦、真切解决群众的疑难，这个过程是联系群众最为紧密的过程，是启发人的灵感、影响人的思维、发挥人的能力的重要条件。另一方面，人要获得发展，在任何时候都需要践行群众路线。人的发展并不仅仅局限于党员干部和社会精英分子，它还应该包括所有群众在内的社会人员；而人的进步也不仅仅局限于知识的充实、财富的增加和技术的提高，它也包括工作能力的增强，社会关系的拓展，道德境界的提升，还包括处理人与人、人与自然环境的素养和水平的不断提高，等等。

因此，人的发展和进步，不是在课堂、书本中轻易取得的，每个人只有投入到群众事业中去，在亿万群众中接受教育、在艰巨任务中克服困难、在探索过程中开拓局面、在民族事业中承担责任、在国家创新中锐意进取，才能逐步实现；每个人只有深刻认识"任务要依靠群众去完成，经验要靠群众去积累，新事物要靠群众去创造，困难也要靠群众才能克服"这个朴实道理，才能在坚持践行群众路线过程中推进人的发展，在推进人的发展过程中始终坚持践行群众路线。

二、新时代坚持践行党的群众路线的重大成果

进入新时代以来，中国共产党的治国理政实现了科学转型，变得

更加理性、更加民主、更加成熟,表现在坚持群众观点、执行群众路线方面,更加具有充实根据、合法标准和科学规范,从而形成了坚持践行党的群众路线的重大成果。

1. 深化认识了党的群众路线的形成根据

党的群众路线的形成根据,指的是党的群众路线建立的合法性前提,解决的是"相信谁、依靠谁、为了谁"的世界观问题。这个世界观问题,展现了中国共产党与人民群众的最基本、最密切、最长远的关系,摆正了党在人民群众中的发展方位,明确了人民群众在社会发展中的历史地位,阐释了党为人民群众长期执政的最深层的法理根据。

人民群众是中国共产党立党之基。群众是历史的创造者,也是中国共产党的创造者。中国共产党诞生于人民群众之中,人民群众为中国共产党哺育了一代又一代的优秀儿女,人民的好儿女不断加入党的队伍,充实了党的肌体,壮大了党的组织。人民群众是中国共产党人的衣食父母,无论是在革命战争时期,还是在全面建设时期,或者是在改革开放新时期,党的发展及其实现治国执政所需要的物质资本、文化资本、社会资本无不是来自人民群众的伟大创造。

人民群众是共产党人的胜利之本。中国共产党人是人民群众的一分子。中国共产党人再多,也没有人民群众多;中国共产党人力量再大,也没有人民群众的力量大。中国共产党人是人民群众中的优秀分子的集合,他们代表了人民群众的意愿与力量。正因为有了人民群众的巨大能量的支撑,中国共产党人敢于斗争、攻坚克难、善于胜利的力量才得以发挥出来,中国共产党人的强大力量实质是亿万群众现实力量的集中表现。

人民群众是中国共产党执政之根。"水能载舟,亦能覆舟。"人民群众和执政党的关系就如水与舟的关系。在革命战争时期,中国共产党在人民群众的支持下,推翻了"三座大山",结束了国民党的黑暗统治,取得了执政地位;在和平建设时期,中国共产党在人民群众的支持、拥护下,领导建设中国式现代化事业,长期执政。这就说明,"天下之势,常系于民",民心向背决定着一个政党的兴衰荣辱。只有始终同人民群众保持血肉联系,既承认来自于人民群众,又服务于人民群众,中国共产党才成为合法的执政主体,才成为社会主义现代化建设事业的领导核心,才不断取得举世瞩目的历史性成就。中国共产党作为执政主体,是与人民群众融合在一起的;中国共产党作为执政核心,是代表广大人民群众依法执政的。

2. 科学制定了党的群众路线的评价标准

是否坚持践行党的群众路线是一个根本性政治问题,而是否按照党的群众路线的内在标准发表言论、作出行动是一个重大的价值观问题。科学制定党的群众路线的评价标准,是新时代坚持党的群众路线的重要成果之一。评价标准是一个由总体标准和具体标准、理论标准和实践标准所构成的复合标准。具体地说,党的群众路线的总体标准是:从群众方面看,共产党的一切言论行动要符合、代表和实现最广大人民群众的根本利益;从党的方面看,共产党的一切言论行动要得到最广大人民群众的拥护、支持和认同。党的群众路线的具体标准是:从群众方面看,党的理论、路线、方针、政策、战略和工作要得到群众的赞同、认可、落实,即群众拥护、群众赞成、群众高兴、群众答应;从党的方面看,一切相信群众、一切依靠群众、一切为了群众,不断实现好、维护好、发展好群众的根本利益,党的领导和执政也在这一过程中不断得到改进、完善和巩固。党的群众路线的理论标准是:党的最大政治优势是密切联系群众,党执政后的最大危险是脱离群众,党的最大成就是一贯、持续、全面得到最广大人民群众的支持、拥护。党的群众路线的实践标准,是一个随时代发展而发展的实践准则,而新时代坚持党的群众路线的实践标准则是,实践中既要贯彻、落实邓小平提出的"三个有利于"原则,江泽民提出的"三个代表"要求,习近平提出的"以人民为中心的发展"思想,又要把握面向基层、面向群众、面向实际问题这"三个面向",做到发展为了人民、发展依靠人民、发展成果由人民共享。

3. 充实完善了党的群众路线的规范尺度

群众路线作为党的根本政治路线、组织路线、工作路线,体现了中国共产党人的认识论和方法论的问题,它实质上提出了践行群众路线的规范尺度的问题。这一问题，就是以什么样的政治内容与水平、组织内容与水平、工作内容与水平，才能保障党的群众路线得到正确贯彻实施的问题。进入新时代以来，抓紧抓住党群关系、干群关系、群众之间的关系，以强大的思想政治工作教导民心、以正确的方针政策凝聚民心、以切实的利益效益赢得民心、以廉洁清正的形象取信民心、以和谐优美的环境安定民心，真正当好"两个先锋队"，当好"时代排头兵"，当好"人民勤务员"，当好"合格党员"，这些是坚持"两个务必""人民至上"、遵守"八项规定"、反对"四风"、反对特权和特权现象，做到"把权力关进笼子里"，这是坚持以人民为中心的群众观点、践行群众路线的重要典范，也是落实党的政治路线、组织路线、工作路线的规范尺度。

在习近平新时代中国特色社会主义思想指导下，中国共产党进一步完善了坚持和践行群众路线的规范尺度。在思想认识上，提出了"群众利益无小事"，"民族宗教无小事"，"执政强国无小事"的理念，这样就把群众和群众利益放在头等重要位置；强调了群众利益，必然要重视民族利益，重视群众和民族的宗教利益；重视了群众利益、民族利益以及群众和民族的宗教利益，就必然承认"执政强国是大事"的论断。而坚持为民执政、强国安邦，就需要不断坚持和完善党的群众路线。在制度体制上，明确了践行群众路线的程序化、制度化、规范化的问题。践行群众路线涉及群众利益的方方面面，要维护好、保障好群众利益，就需要健全制度体制，特别是在群众的利益表达，全过程政治参与上的法律、法规建设方面。建立程序化、制度化、规范化的利益表达和政治参与制度体制，是坚持党的群众路线的重要组成部分。在政策安排上，坚持各界联动协商，完善政协协商、人大协商，促进了决策的科学化、民主化，推进了践行群众路线的科学实践。从群众最直接、最关心、最现实的问题切入，特别是针对群众的"急难愁盼"的民生问题，广泛征求意见，形成科学化、民主化的决策，真正解决群众关心的热点、难点和焦点问题。在具体考评上，形成了评议结合、评管结合、评建结合、评纠结合的工作机制。党员干部的考核、评议要取得良好效果，就要坚持和践行群众路线。

群众路线是中国共产党的基本的组织路线和组织方法。新时代把考核、评议党员干部的工作机制提升为评议结合、评管结合、评建结合、评纠结合的方式,反映了党对坚持群众路线价值的新认识,提高了引导群众参与监督工作的新水平。在实施方法上,坚持了一般与个别相结合、领导与群众相结合、中心工作与具体工作相结合的方法,这是从群众中集中起来又到群众中去的方法,是中国共产党的基本领导方法,是群众路线在理论和实践上的创造性展开。

三、新时代坚持党的群众路线的工作思路

贯彻落实党的群众路线,需要把做好组织群众、宣传群众、教育群众、团结群众、服务群众、满足群众和发展群众等方面的工作与保持共产党员的先进性、加强执政能力建设、构建社会主义和谐社会、建设高质量全面小康社会,实现伟大民族复兴的时代使命、历史使命结合起来,不断推进中国特色社会主义事业。

要扩大党的群众基础,科学武装群众。要加强党的群众观点、群众路线基本内涵的教育。科学地宣传群众的社会角色、政治地位、历史作用,既提高党员干部的理论认识,又帮助广大群众理性认识自己,使党关于群众的理论观点、思想学说、立场方法为广大干部群众所掌握,使干部群众共同为全面建设高质量小康社会出谋献策、努力奋斗,不断扩大党的群众基础。

要增强党的阶级基础,高效组织群众。在宣传群众基础上去组织群众,而组织群众的工作,要善于通过提出和贯彻正确的理论路线带领群众前进,又善于从群众的实践创造和发展要求中获得前进动力。只有注重提高党员素质,优化班子结构,提高工作效率,改进服务水平,保持共产党人的蓬勃朝气、昂扬锐气和浩然正气,才能达到高效组织群众,增强党的阶级基础的目的。

要增强党的凝聚力,耐心教育群众。党没有以"救世主"自居,群众也会有缺点。以恰当的方式教育群众,帮助群众明辨是非、曲直、荣辱,耐心教育群众,帮助群众觉悟,促使群众理解和认同党的路线、

方针、政策，发展符合条件的群众入党，不断增强党的凝聚力、影响力，这是党的群众工作的有机内容，也是中国共产党赢得民心、赢得青年、赢得未来的重要途径。

要反对形式主义、官僚主义，紧密团结群众。加强党的先进性建设，保持共产党员先进性，热心服务群众，转变工作作风，改进工作方法。只有真实地反对一切形式主义、官僚主义作风，真正地维护党的光辉形象，真诚地密切党群、干群关系，才能使党同人民群众的血肉联系转变成无穷的发展力量。

要坚持立党为公、执政为民，合理满足群众。党要管党、从严治党。要贯彻运用立党为公、执政为民的思想，全心全意为群众谋利益，踏踏实实为民众办实事。要基于经济发展条件，不断改善群众的物质福利，丰富群众的文化生活。要深怀爱民之心，恪守为民之责，善谋富民之策，多办利民之事。要从群众最关心、最迫切需要解决的实际问题着手，为群众提供看得见、摸得着的、感受得到的实惠和方便，不断提高党的工作的影响力。

要加强党风廉政建设，长远取信群众。要旗帜鲜明地反对腐败、惩治腐败，从源头上预防和解决腐败问题。加强政务公开、厂务公开、村务公开、行政事业单位的财务公开，自觉接受群众监督，切实维护群众利益。要把党内监督、纪律监督、群众监督、舆论监督统一起来，不断净化党的肌体，增进党的纯洁性，夯实党的执政基础，以党风廉政建设的实际成效取信于民，以改革开放发展成果惠及于民，促进广大群众逐步实现共同富裕，走向全面发展。

总之，马克思主义把民心看作是最大的政治。群众路线是党的根本政治路线，是党从过去走向未来，从一个成功走向另一个成功的重要法宝。群众路线是党推进自我革命、完成伟大社会革命的重要渠道，也是党传承中华民族优秀传统文化，建设中国特色社会主义先进文化的精神媒介。全党自觉践行群众路线是党始终立于不败之地的根本所在、价值所在。历史和现实证明："只要我们始终坚持全心全意为人民服务的根本宗旨，坚持党的群众路线，坚持一切为了人民、一切依靠人民，坚持为人民执政、靠人民执政，坚持发展为了人民、发展依靠人民、发展成果由人民共享，坚定不移走全体人民共同富裕道路，就一定能够领导人民夺取中国特色社会主义新的更大胜利。"① 坚持以人民为中心，坚持以富民为本、以文化富民是新时代践行党的群众路线的思想精髓和发展路向。

第二节 "讲真话"的马克思主义伦理

进入中国特色社会主义新时代，人民群众是否"讲真话"的问题成为一个重大现实问题。社会上"讲真话"的人是多了还是少了，是自觉了还是迟钝了，直接影响求真务实精神的发扬，直接影响诚实守信品格的形成，直接影响政府部门公信力的提高，直接影响强基固本工程的建设。因此，深入探讨中国干部群众"讲真话"的伦理蕴含，揭示人们不敢讲真话、不愿讲真话和不会讲真话的社会背景、文化心理和人性本质，提出破解这些问题的可行之策，对于进一步坚持和发展中国特色社会主义，促进马克思主义文化出场，提升育人铸魂质量，具有特别重要的理论意义和现实意义。

一、"讲真话"问题成为一个重大现实问题

在当代中国，党政干部、知识分子和基层群众都存在不同程度的不讲真话的问题。不讲真话，而讲假话、空话，将会危害国家安全，制约民族事业发展，影响优秀社会精神风尚形成，最终给文化统战工作带来很大的障碍。因此，"讲真话"的问题成为一个亟需高度重视和深入研究的重大的现实问题。

1. 党政干部不讲真话危害国家利益

一个人"讲假话"是缺德的表现，"讲真话"则是诚实的表现。古

---

① 《中共中央关于党的百年奋斗重大成就和历史经验的决议》，人民出版社 2021 年版，第66页。

希腊哲学家亚里士多德说过：一个诚实的人是一个有德性的人，这样一个人"在无关紧要的时候都爱讲真话，在事情重大时就更会诚实。他会拒绝不诚实的行为，认为那是耻辱"①。在当下，从中国官媒公布的信息来看，被查办的党政干部在落马前后的讲话判若两人，落马前言之凿凿，落马后悔之戚戚，前后对比，可以得出一个基本结论，即这些领导干部"不讲真话"或"假讲真话"，并且不觉得羞耻。问题关键在于，党政干部是党和国家的精英和财富，是党和国家制定政策、落实政策、执行决定的"干事人"，这些人"讲假话"造成严重后果，危害国家利益。首先，党政干部不讲真话，就会吐露谎言，遮蔽事实，这种不诚实的表现直接造成他们身心不安、精神失衡和人格分裂，以致丧失健康。其次，党政干部不讲真话，就会捏造事实，歪曲真相，模棱两可，躲避责任，这在政治伦理上是伪善堕落的表现，它危害国家安全，影响政治稳定。因为这些人讲假话、空话，既可能扭曲现行政策，悬搁现实制度，损害群众利益，也容易误导党委决策，欺骗上级领导，模糊政策执行，造成政策落实与问题解决的阻隔，组织领导与群众认识的阻隔，职能部门工作协调的阻隔，等等。正是这些"阻隔"，造成党群、干群、社群之间的不信任，造成政策空投、公文空转、公务空行，增加社会成本，抬高发展代价。再次，党政干部不讲真话，就会造成政风不正，民风难正，社会风气败坏。诚实清正、求真务实、廉洁奉公的政风对社会风气起到正面的积极的影响，弄虚作假、欺上瞒下、贪污腐化的政风则对社会风气造成负面的消极的影响。如果党政干部不讲真话，而讲假话，讲脱离实际的话，讲无病呻吟的话，讲故作高深的话，讲照本宣科的话，甚至"妄议中央大政方针"，其所形成的不诚实、不真实、不严谨、不负责的坏作风，就会败坏党风，侵蚀民风，恶化社会风气。

2. 知识分子不讲真话制约民族事业

知识没有国界，但知识分子有民族归属和国家认同。知识分子自古以来就对民族事业和国家发展发生重要影响。古代社会的谋士、幕

---

① [古希腊]亚里士多德，《尼各马可伦理学》，廖申白译，商务印书馆 2003 年版，第 120 页。

僚、资政、大学士无不对王朝执政治国发挥了重要作用。在当代，在学术理论、文化艺术、教育传媒、商贸金融等领域的大多数知识分子是社会精英。这些人是否讲真话直接或间接制约着民族事业和国家基业的兴衰成败。德国社会学家马克斯·韦伯指出，"讲真话"是一个知识分子从事任何职业所应有的基本精神。因为只有讲真话才有责任伦理。美国学者爱德华·赛义德也强调："知识分子的角色是对权力说真话，对任何社会的中心权威毫不虚伪地讲真话。"① 讲假话的人就会丧失"话语权"这个"权力"，丧失话语权的人同时意味着丧失应有的道德能力。在封闭社会中，社会领域合一，其运行的是非市场经济秩序，独一无二的世袭权力或至高无上的政治独裁扮演着绝对权威的角色，在这种条件下，权力资本和人际资本主宰着民族国家和个人的全部命运。但在开放社会，社会领域分离，其运行的是市场经济秩序，知识文化资本扮演着其他社会资本难于替代的重要角色，它甚至扮演着比经济金融资本更具有优势地位的角色，在这种条件下，知识文化资本与经济金融资本二者共同主宰着民族国家和个人的整体命运。在这两个类型社会中，封闭社会虽然存在一些知识分子、技术精英，但他们在绝对权力的支配下不能运用自身掌握的知识和技术来配置社会资源，影响政治决策，更准确地说，那些知识分子几乎没有机会发挥自身的优势来参与政府决策或影响国家发展。与封闭社会所不同的是，开放社会奉行的是市场化原则，即尊崇公平公开、等价交换、民主协商的原则，知识和技术作为资本成为影响社会经济运行最为重要的结构要素，尽管经济金融资本对民族国家发展很重要，但它毕竟是在知识和技术所掌握的权力下发挥作用的。从根本上看，现代开放社会的"知本权力"和"技本权力"与"政治权力"的结合日益紧密，前者对后者的渗透与影响越来越多且深入。由此看来，知识分子"讲什么话，怎样讲话"的问题对民族事业发展的影响就非常大。若知识分子"讲真话"，讲事关未来前途的话，就能促进民族事业顺利健康发展；若

---

① 转引自［美］保罗·鲍威:《向权力说真话》，王丽亚译，中国社会科学出版社2003年版，第237页。

知识分子"讲假话",或"发射根本不触及现实的豪言壮语"①,就会制约甚至危害民族事业发展。对当代中国党政干部而言,情况也是如此。

3. 基层群众不讲真话影响社会精神风尚

一个社会的精神风尚标示这个社会的健康状况。社会的精神风尚受到两个方面因素的影响。一个方面是政风,另一方面是民风。对政风问题,上文已做了分析,不再赘述。民风来自基层群众的生活习惯、生存方式和道德传统,正如勤俭节约、慷慨大方、诚实友善、知耻节制,就是良好民风的体现。一个地方的民风纯朴往往与基层群众普遍讲真话、树正气、做实事密切相关。与之相反,一个地方的基层群众不愿讲真话,假话就会盛行;基层群众不敢讲真话,托词就会流行;基层群众不会讲真话,冷漠就会风行。累于时日,虚伪和欺骗、造假和贩假、迷信和拜鬼等歪风邪气就会弥漫在群众生活中,以致"生活变得没有意味,没有快乐,没有信仰,没有真实感"②。对此,马克思有过深刻的分析,他认为,"如果一个时代的风尚、自由和优秀品质受到损害或者完全衰落了,而贪婪、奢侈和放纵无度之风却充斥泛滥,那么这个时代就不能称为幸福时代"③。显而易见,在民风败坏、政风不正的时代里,良好的社会精神风尚就难以形成。

应当说,在社会生活诸个领域里,"讲真话"是一个真正的现实,"讲假话"则是非现实,非现实的东西是要批判和扬弃的东西。只要"讲假话"成为"潜规则","讲真话"就没有市场,"讲真话"的人就难以发展,甚至没有前途。为避免这种恶的后果,哲学就要出场,要以现实的批判去批判非现实的东西,即哲学要发挥"解释世界"的功能,阐明"讲真话"的伦理意蕴,哲学也要发挥"改变世界"的功能,为"讲真话"的人提供前进的正确理念。

---

① 《马克思恩格斯全集》第 1 卷,人民出版社 1995 年版,第 328 页。
② [美] 埃里希·弗洛姆:《健全的社会》,王大庆等译,国际文化出版公司 2007 年版,第 290 页。
③ 《马克思恩格斯全集》第 1 卷,人民出版社 1995 年版,第 463 页。

二、"讲真话"体现多维健康发展伦理

"讲真话"蕴含着丰富的生活、交往与发展的伦理意蕴。"讲真话"的人是一个"求真道""务实事""致中和""促发展"的存在者，这样的人所讲之话对个我、他者和社会都发生不同程度的积极作用。

(一)"讲真话"是成为好人的伦理品格

"讲真话"是求真务实的表现。唯其"求真"，才能"务实"；唯其"务实"，才能求真。求真务实的人往往具有直率、阳光的个性，也具有真诚、信任的品格。这样的人是一个有德性精神的好人。

1. "讲真话"体现求真爱智的伦理

"讲真话"是讲真实的、正确的话。它是讲话者求真爱智的实际表现。"求真"是一种理性方法，它是人们从事生产和交往所需把握的权力，这个权力是人们处理个人与外部世界的关系的前提条件。"求真"必然"爱智"。"爱智"是一种生活智慧，它反映人们渴望发现生活意义，追寻本真生活状态，仰望终极至善的事物。

"真话"是个人的真实意思表示，具有真实确切的意义。"讲真话"的人有正气、爱求真。"正气"即是正人之气，带有振奋民心、提振信心的阳刚气息。"求真"即是追问事物的实质与存在的本源。"爱求真"和"爱智"是相联系、相一致的。"求真"之人必然反对虚假，"爱智"之人必然唾弃伪劣。一个求真、爱智之人是正派公道之人，是反对歪风邪气、嫉恶如仇的人。因此，"讲真话"是讲话者真实确切表示其自由意志的表现。

"真话"向来切近事物发生的始源，"讲真话"往往逼近事件真相。"讲真话"即是"讲事实""摆道理"。唯有"讲事实""摆道理"，才能把问题引向深入的讨论或引起理性的争鸣。显然，这种讨论和争鸣对人们澄清事实，促进价值认同，是大有帮助的。要是参与争鸣、辩论的人都讲真话，那么讲话者所陈述的事实、道理与其意欲达到的目的将会趋于一致。

再次,"真话"居于思想题旨的中心,"讲真话"反映事物发展的真实过程。"真话"讲出来不掩盖人们的真实所想,其所包含的知识、信息和经验易于被人理解和接受。"讲真话"的人不必压抑自己的真情实感,免于人的"抑制力所强加的焦虑和精神冲突的压力"①。因此,"讲真话"能够给人带来良好期待和真实希望。

由此可见,"真话"联结人的真实思想、自由意愿和朴实情感,而"讲真话"能够还原事实原貌,呈现真实的客观世界,使人际的心灵世界互相靠近,也使人们能够更好地把握外部世界。

2. "讲真话"体现务实进取的伦理

由于"真话"是真实、正确的话,是联结现实事物,呈现内在矛盾,直指问题症结的客观反映,因而人们"讲真话"就是务实精进的表现。作为一种态度,"务实"反映主体客观对待现实生活的道德能力。作为一种能力,"务实"能够合理调节个人与他者之间的矛盾关系。因此,敢讲真话、爱讲真话的人就具有务实进取的伦理精神。

"讲真话"是踏实做人的基本品质。"讲真话"反映主体的文化修养和道德情感,也表明个我与他者之间形成良好的交往关系。一个缺乏道德修养的人是难于或不会讲真话的,讲假话倒是其生活常态。一个对他人不讲真话的人也难于与他人维系良好而长久的交往关系,因为讲假话会增加交往成本,加剧人际摩擦,消解信任关系。

"讲真话"是务实做事的基本表现。"讲真话"说明一个人有底气,有底气的人能务实做事。"有底气"说明一个人具有理论能力、丰富经验和宽广视野,具有处理社会矛盾的科学思维方法,也具有解决现实问题的较高实践水平。在交往实践中,"有底气"的人能讲与其能够处理的现实问题相关联的"真话""实话",而一个人在讲真话、实话过程中也能提升其处理现实问题的"底气"。反之,"讲假话"是一个人缺乏自信、勇气和底气的表现,这样的人很难让人相信其能做实事、好事。

"讲真话"诠释讲话者与他者的真实的实践关系。对讲话者而言,

---

① [英]乔治·弗兰格尔:《道德的基础》,王雪梅译,国际文化出版公司2007年版,第68页。

"讲真话"既展现其纯真、正直的心灵，也增强主体干劲，形成发展后劲。对他者而言，"讲真话"提供过去与现在的连续感，增强彼此之间的信任感，使人放心。习近平同志始终讲真话、讲实话、讲管用的话，也就是讲"接地气""贴民心""合实际"的话，讲党和国家迫切需要解决的问题的话。他为全国党政干部树立了"讲真话"榜样。正是在"讲真话"的过程中，讲话者与受话者之间的实践关系才真实地显露出来。

3. "讲真话"体现和谐发展的伦理

对普通群众"讲真话"，是一种生产和气的人文关怀；对国际社会"讲真话"，是滋育仁爱的理性作为。"生产和气"意味着人们在家庭里创造和睦气氛，在社会中创造和谐环境。"滋育仁爱"意味着在国际社会反对强权霸权，反对不公正的政治经济秩序，为和平发展创造条件。"生产和气"和"滋育仁爱"都需要面对现实"讲真话"。

在家庭成员之间，"讲真话"是真心关爱的表现。和家庭成员讲真话，就是讲知心话，做到促膝交谈，传递信息，肯定成绩，指明缺点，提示注意事项，促使成员平安生活、健康成长、顺利发展。从家庭生活的本真意义来看，"讲真话"就是烹制"心灵鸡汤"，真心关爱亲人，生产丰富情感，消除疑虑困惑，强健生活意志，教诲成长经验，造就幸福家园。

在社会公共领域，"讲真话"是真诚做人的表现。在社会成员之间，敢讲真话，不讲假话，实际上是选择符合公众目的的有效方法，是协调或减弱个人利益冲动与他人利益冲动之间的冲突的理性方式。因为"讲真话"能够使人们理解自身与他者的真实处境，使人们懂得即便在个人处于优势的条件下仍会"限制自己"，根据他者的实际需要来规范自己的行为。这样一来，就有利于增进人际信任，促进社会团结，实现多极主体的和谐发展。

在国际交往领域，"讲真话"是捍卫全球正义的表现。新中国成立以来，中国共产党始终讲真话，坚持以"和平共处五项原则"来处理国际关系，赢得最大多数国家的认同和支持。新世纪以来，中国共产党在这个重要原则基础上，强调"共建、共商、共享"的理念，为广大发展中国家所接受。中共十八大以来，中国共产党提出的"'亚太命运共同体'、新型大国关系、正确义利观、亚洲安全观、'一带一路'等一系列中国理念和中国倡议广获世界积极回响"①。这些事实表明，"讲真话"的"中国声音"、促发展的"中国方案"能够形成中国魅力，传播中国文化，发挥中国作用，促进世界和平。

（二）"讲真话"是自我肯定和自我尊重的实现方式

在一定社会境遇下，人们仍会在不同程度上"讲假话"。这就说明，"讲假话"存在一定的因果性，探明其成因，不仅有利于洞悉其"讲假话"的发生机制，也有利于阐明"讲真话"的文化本质。

人们"讲假话"的发生机制存在于心理、精神、物质利益、制度环境和干部作风等层面。

从心理层面看。首先，一个人"讲假话"有可能是出于保护隐私的原因。"隐私"是个人心灵的私密，它与个人的精神生活紧密关联在一起，保护隐私即是保卫尊严，保护自我与他者的生活自由。但"讲真话"并不意味着必然泄露隐私，伤害人格尊严，相反，它是人们自我肯定和自我尊重的实现方式。其次，一个人"讲假话"有可能是为了掩盖真相，以避免他者触及真相而伤害自己。"真相"是事物发生发展的过程及其本质的呈现，即排除了人为添加因素或外来干扰的原始状况。还原真相即是回归现实，但一个人"讲假话"很可能是为了掩盖真相，回避现实。回避现实即是回避矛盾，不敢正视问题，其后果是不敢担当，不负责任。在社会实践中，人们不敢"讲真话"的心理机理有三个层次："一怕得罪领导，影响个人升迁；二怕得罪群众，影响人际关系；三怕捅娄子，影响正常工作。"②

从精神层面看。在一定条件下，一个人在心理层面的积弊会向精神层面转移和堆积。正如一个人经常"讲假话"，并形成"讲假话"的习惯和经验，这就说明，"讲假话"的心理意识在这个人的精神结构中

---

① 《2014年习近平治国理政干成的"十件大事"》（2014年12月25日），http://politics.people.com.cn/n/2014/1225/c1001-26273622.html。
② 尹闻杰：《讲真话是坚持公道正派的武器》，《党建研究》2004年第2期，第61页。

植入了积习的经验,即"讲假话"的"心理意识"转变为"讲假话"的"精神经验"。讲假话者以为自己掌握了"讲假话"的秘笈,足于应对复杂局面。但是,他仅仅懂得从经验中,"从外在和内心的当前经验中去把握真理"①,而不是"从现实本身去寻求观念"②,去寻求解决现实问题的正确方法。这就是"讲假话"何以会遮蔽和扭曲现实的深层原因。只要讲假话者把遮蔽和扭曲现实看作是"自然的现象"或"合理的存在",他就会不讲原则,不要规则,麻木不仁,放弃责任。

从物质层面看。"讲假话"有其物质根源,即讲假话者存在寻求私利的意欲。一个人无论是为了保护隐私和维护尊严而在某种特定情况下"讲假话",还是为了遮蔽和扭曲现实而惯常性"讲假话",从根本上看,讲假话者都有根源于某种物质利益的取向。正如"甜蜜的谎言"尽管是"甜蜜"的,但它毕竟是"谎言",是假话,在"谎言"的底层,涌动的是现实的人的某种私欲或私利取向。

从制度环境看。"讲假话"有其制度和历史根源。制度好可以使坏人不敢讲假话,不会讲假话;制度不好可以使好人不敢讲真话,不愿讲真话。所谓"好制度",即是协助人、成就人、拯救人、完善人的制度,是使人自觉接受合理强制的制度,是使人能够看到未来希望,通过诚实劳动能够获得公正分配的制度。就像芬兰这个国家,它不但有完备的司法体系、透明的行政程序,也有"讲真话""守信诺""反贪腐"的社会氛围。芬兰人自幼就被告知,有不义之举的人将为其行为付出巨大的法律成本和社会成本,以致不敢也不会讲假话、失信诺、违法纪。

从干部作风看。"讲真话"是党政干部从政参政、履职公干、担当作为的基本伦理。党政干部作风是坏是好直接影响下级和群众是否"讲假话"。所谓"上梁不正下梁歪",上级领导干部的工作作风、生活作风及其对待群众的态度对下层干部是否"讲真话"影响极大。要是党政干部愿意倾听"真话",鲜明反对"假话",正确对待"真话",多

---

① [德]黑格尔:《小逻辑》,贺麟译,商务印书馆1980年版,第110页。
② 《马克思恩格斯全集》第47卷,人民出版社2004年版,第13页。

种多样的"假话"就难于流行,有利于工作、有利于团结、有利于发展的真话、实话就会多起来。

从总体上考察,现实的人"讲假话"的发生机制有心理机制、精神机制、利益机制、制度环境机制、干部作风机制等,透过这些机制能更深入把握"讲真话"的文化本质。

"讲真话"是有文化的表现。有文化、有修养是人性的真正本质。马克思指出:"人的本质不是单个人所固有的抽象物,在其现实性上,它是一切社会关系的总和。"① 这就是说,人的本质反映在其社会交往和感性活动的过程之中。任何一个现实的人都是在现实的交往关系和生产关系中发展的。"讲真话"是现实的人开展生产和交往的重要基础,也是其自觉求真、自主行善、自性赏美的前提。事实上,任何人要开展生产、建立交往和实现发展都离不开"讲真话"这个基础。不讲真话的"生产""交往"必然不安全、不顺利,不讲真话的"行善"和"赏美"难于走向尽善尽美。因此,唯有"讲真话",人们的生产、生活、交往与发展,才能臻于至善,优美且好。

"讲真话"是人格独立的表现。"讲真话"既能助人更好地认识其优长与缺点,也能促进个性的解放和自由发展。有学者早已指出:"所谓个性解放,除了取消各种不利于文学和学术发展的条条框框,打破多年因袭而来的思想桎梏以外,对作家和学者自己来说,关键还在诚实的劳动:尊重自己,尊重客观规律,不要讲假话。"② 显而易见,"讲假话""出虚招"释放的是负能量,这是不唯实、不诚实的表现,也是人格不独立的表现。

总之,"讲真话"合乎人际社会健康发展伦理,体现马克思主义伦理。它是人们实现自我理解、自我肯定和自我尊重的方式,是人的本质的真正的充实与回归。"讲真话"的马克思主义伦理包括促进人格完善的德性伦理,和谐人际交往的文化伦理和繁荣国家事业的民族伦理。"讲真话"必然否定"讲假话",以及一切假字当头做假的话。对于

---

① 《马克思恩格斯选集》第 1 卷,人民出版社 1995 年版,第 56 页。
② 裴斐:《个性化是精神生产必须遵循的客观规律》,《文学评论》1981 年第 2 期,第 34 页。

"讲假话"的发生机制应当区别不同情况严肃批判。在批判检视之后，现实的人应当走出"讲真话"所面临的困境，为创造"好生活"、干出"高质量"的工作而讲真话。

三、破解"讲真话"面临的伦理困境

"讲真话"并不难，难的是现实的人在陷入某种伦理困境之中回避问题或转嫁矛盾而讲假话，这样或那样的伦理困境不同程度制约着人们"讲真话"。只有深入剖析并切实破解现实的人"讲真话"面临的伦理困境，才能形成人人敢讲真话、爱讲真话、善讲真话的良好环境。

1. 现实的人"讲真话"面临权利和义务的双重挟迫

现实的人是否"讲真话"的问题与人的权利和义务问题是密切相关的。首先，每一个人都是被赋予一定的权利和义务的社会存在者。一方面，权利和义务是对等的，即一个人拥有多少项权利，相应就负有多少项义务。另一方面，一个人享有的权利与其应尽的义务是对等的，即人们在享有一定的权利的同时应当去履行一定的义务，人们在履行一定义务的同时也必然分享某项权利。这意味着，在交往实践过程中，人们不能只强调享有自由发言的权利而不承担自觉约束言语的义务，也不能只强调承担遵守言语规范的义务而限制自由表达观点的权利。由此可见，现实的人所具有的权利和义务涵盖了对他者讲真话和实话这样的诚实要求，一个人即便是在做职份外的事情而发表的讲话也不能以假话误导他者。对此，英国政治哲学家拉兹认为，包括讲话、处事和做人在内的"诚实"，它是"一种与不行骗的义务紧密连结在一起的美德"[①]。其次，在现实生活世界，"讲真话"既是人的一种正当权利，也是人的一种合理义务。迄今，在人类历史上并没有一种普遍而抽象的法律对人们只能讲真话不能讲假话的问题做出明文规定，但是，无论是在非日常生活领域，还是在日常生活领域，现代文明国家都要求人们面对"事件"反映事实，面对"问题"具象真相。前者

---

① [英]约瑟夫·拉兹：《自由的道德》，孙晓春等译，吉林人民出版社2006年版，第201页。

如法庭审判，要求证人如实证言，不能做伪证；后者如政策宣传，要求宣传者忠实讲传，不能添油加醋或随意删节。因为"讲真话"是一个人有德性的体现，是人之成为人的重要条件。一个懂得自己的权利并自觉去履行义务的人是一个具有智性和德性的人，但"讲假话"却不是人的正当权利和合理义务，因为"讲假话"是不诚实和自欺欺人的表现，它背离人所应有的诚实品质，亵渎对他者负责的义务，还潜存对他人权益的伤害。如果一个国家及其社会制度允许人们"讲假话"，那么亚里士多德所说的塑造一个完整的人所应有的"理智德性和道德德性"①就没有学习、研究和提高的必要了。应当说，"讲真话"是人称得上为"人"的重要评价尺度，现实的人应当始源性地把"讲真话"贯通到与权利和义务相统一的行动中去。

2. 现实的人"讲真话"受到功利主义和道德主义的双重影响

在市场经济条件下，现实的人是否"讲真话"难免受到追求物质利益的功利主义和安顿精神家园的道德主义的双重影响。首先，现实的人是物质媒介存在。人们的生存活动和发展实践都需要依凭一定的物质媒介，都与一定的物质利益发生多种多样的联系，不但人们的交往行动之所欲是在一定功利意识诱导下形成的，而且人们在交往行动中之所言所语也与一定的利益意识相关联。马克思、恩格斯在其合著《神圣家族》中指出："'思想'一旦离开'利益'，就一定会使自己出丑"②，非但"思想"本身是这样，人们的交往行动也概莫如此。现实的人所以"讲真话"与其做实事一样，莫不是为了追求合法利益，维护合理权益，获得最大效益。但是，如果"讲真话"不能给现实的人带来可以预期的物质利益，那么他就很可能通过"讲假话"来避免或减少个人的损失，尤其是在某种物质利益对现实的人具有很重要的刺激作用的条件下，"讲假话"往往会成为其惯常性行为。其次，现实的人是精神媒介存在。现实的人的生活及其发展，既需要获得物质媒介以满足其生理需要，也需要获得情感、信仰和爱等精神媒介以满足其

---

① [古希腊] 亚里士多德：《尼各马可伦理学》，廖申白译，第35页。
② 《马克思恩格斯文集》第1卷，人民出版社2009年版，第286页。

精神心理需要。"讲真话"本身就包含着人的某种生产性情感、坚定性信仰和真诚性爱恋，它符合人的发展特性。人的发展特性表现为面向未来的巨大开放性、多种可能性和非特定性。这种发展特性决定了现实的人需要依凭一定的理想、道德、信仰、传统和规范来实现、维持或推进自我的良性发展。"讲真话"为人们获得良性发展奠定一个道德基础。但是，不可否认，现实的人在面对特定的"事件"和"问题"之时是否"讲真话"与其对获得或失去一定的物质利益与精神利益之间做出的选择密切相关。如若"讲真话"对现实的人能够产生或获得其所意欲的物质利益、精神利益或者它们二者之时，他多数会做出正确的行为选择；如若"讲真话"不能对现实的人产生或获得其所意欲的物质利益、精神利益或者它们二者之时，他很可能会发出虚假的声音，做出非理性的选择，即讲假话。因此，现实的人面对现实问题是否"讲真话"，取决于其是否懂得"讲真话"在未来一定时间里能够"产生某种善的事物"，能够为别人"产生某种快乐"或"防止某种痛苦"①，甚至能够为社会减少发展代价。

3. 现实的人"讲真话"面临良心道义和人的使命的双重考量

在现代开放社会，面对种种现实问题，现实的人是否"讲真话"并不是个人为所欲为的私事，而是关涉到由个人的良心意志所导向的作为处于一定社会关系中的人的使命的紧要问题。首先，"讲真话"关涉人的良心道义。"讲真话"是对现实生活及其本质的客观反映，是回到事情本身并助力问题解决的良心体现与道义行为，是内在善与外在善相统一的行为。"讲真话"是对他者讲"真话""实话""管用的话"，即便"讲真话"会伴随善行而对他者产生一定程度的不良影响，它本身仍然是善的，是值得赞许和弘扬的，因为它对多数人产生现实价值和道德价值。对前者而言，"讲真话"对人们过上好生活有良好助益。一种有意义的好生活，需要正心、诚意、忠实的态度，需要人们"讲真话"去表白与阐明。正如法国哲学家福柯所言："在人生的任何情况、事件和变故中，人为了确立与自身恰当的、完满的关系，都需要

---

① [英]戴维·罗斯：《正当与善》，林南译，上海译文出版社2008年版，第160页。

真话",都需要"把真理变成他自己的",使他自己成为说真话的主体①。英国伦理学家亚当·斯密也指出,在社会一切场合中,人们都需要良心、道义这样一个"内心的那个人"来做"判断我们行为的伟大法官和仲裁人"②。对后者而言,"讲真话"对促进人的自我完善具有导向作用。儒家教诲人们"非法不言""口无择言",佛家教诫人们为人要"正语",不妄语、不谤语,都是强调一个人讲真话、实话,对事物真相做确证的重要性,这是人的良心和德性的彰显。其次,"讲真话"关涉人的发展使命。在人生中,"讲真话"是对他人和社会负责的真实表现,它与人们信守诺言、敢于担当、务实勤干的品质是相适应的。在德国哲学家费希特看来,"力求使别人变得更加完善,力求把别人提高到他自己所具有的那种关于人的理想的程度",从而实现"社会的所有可能的成员完全一致和同心同德"③,这是人的发展使命。相反,"讲假话"是一个人违背良知,离散良心,弱化良能的表现,它在不同程度、不同层面对人际和社会造成恶的影响。发明家诺贝尔对"讲假话"深恶痛绝,他说过:"撒谎是万恶之首"。革命家列宁把不负责任的吹牛撒谎提高到影响政党兴亡的高度来批判:"吹牛撒谎是道义上的灭亡,它势必引起政治上的灭亡。"④这些论证说明,现实的人"讲真话"才能真正把自己的力量和别人的力量联合起来,促进彼此之间的透彻的了解,提高全社会的道德素养,凝聚起团结奋进的力量,推动国家和社会的健全发展。由此可见,"讲真话",反对妄言戏论,摒除言不由衷,既是现实的人弃恶扬善的修行方式,也是现实的人共同完善的发展使命。

总之,"讲真话"蕴含并体现马克思主义伦理,即促进人格完善的德性伦理、和谐人际交往的文化伦理和繁荣国家事业的民族伦理。"讲真话"是现实的人实现自我理解、自我肯定和自我尊重的方式,是人的本质的真正的充实与回归。现实的人只有把"讲真话"看作是一种

---

① [法] 米歇尔·福柯:《主体解释学》,佘碧平译,上海人民出版社2005年版,第346—347页。
② [英] 亚当·斯密:《道德情操论》,蒋自强等译,商务印书馆1997年版,第165页。
③ [德] 费希特:《论学者的使命 人的使命》,梁志学等译,商务印书馆1997年版,第22页。
④ 《列宁全集》第9卷,人民出版社1959年版,第281页。

正当权利和合理义务，看作是良心体现、道义行为和不可推卸的发展使命，才能真正破解妨碍人们"讲真话"的伦理困境，创造敢讲真话、爱讲真话、善讲真话的良好环境，促进文化改革创新与精神文明进步，推进中国特色社会主义事业不断发展。

第三节　乡村治理与马克思主义关怀

文化富民不能让农民缺席，产业富村不能让农村缺位。在共同富裕视域中，农民富起来是中国不可或缺的"在之者"，农村成为"致富空间"需要重视发展，现代农业成为"致富媒介"需要加大投入。近10年来，全国不少报刊媒体对各地干部下基层、驻农村和一系列精准扶贫建设工程作出了热情报道，但从总体上看，这些报道赞美的成分比较多，欠缺对农村建设和治理问题本质的准确把握。事实上，农村建设和治理的深层问题是全面发展的农民何以可能、优质发达的农业何以可能的问题。理性反思这两个问题，对于推进中国农民整体富裕起来，促进社会主义乡村振兴，体现马克思主义现实关怀，都具有显著的现实意义。

一、农民也要走向全面发展

当下，有一种不正确的观点认为，农民只需要增加经济收入，改善生活条件，似乎农民有收入就行了，有新家电、新家具就不错了，其他问题诸如心理调适、精神平衡、能力培养、道德提升等，作为人的发展的有机要素的问题，却被忽视了。事实上，发展问题并不仅仅是某些社会新阶层的事，全面发展的要求并不是城市人的特权，农民也要全面发展，新时代如何培育全面发展的新农民的问题是中国农村社会建设与治理的首要的基本问题，也是统战工作从城市向农村延伸的一个重要问题。

（一）现状与问题

关于农民发展问题，其涉及面相当广，有待解决的问题也相当多。基于对中国西部、北部和东部农村的实际考察，农民在意识、思想和观念三个层面上存在的问题需要高度重视。

自私自利意识的原生化。自我意识是一种既有"为我"又有"为他"的主体意识，但当它仅仅考虑"为我"时，或者说，当它不考虑主体的对象和对象化的结果时，自我意识往往就舍弃了应有的"为他性"，偏向了自私意识。在农村，农民的为我性意识比较突出，但农民并不认为这种意识存在什么不妥，因为它是一种由自然生活长期积淀所形成的合理化存在。只不过在过去的大跃进、集体划一的生产运动中模糊了农民的这种为我性意识。应当说，关注生产及重视生产的水平、成果、收益，这是农民的自觉意识的原生形式。随着农村改革开放的发展，这种本源性的主体意识理应得到复归与还原。另一方面，又必须看到农村、农民存在的发展困境。它主要体现在：一是农村信息闭塞。有些村委会即便有了电脑，能够上网，一些干部群众也没有主动上网浏览与自身发展问题有关的信息、知识。二是农民视野狭隘。多数村级组织订有报刊，建有农家书屋，但真正去读报、去思考一些问题的人少得可怜。三是缺乏制导机制。农村普遍缺乏引导农民从自私自利意识转向既为我又为他的发展意识的制导机制。这些情况致使多数农民那种原生化的注重自我实利的意识未能从根本上改造过来。

以贫为荣思想的复杂化。由于孤独意识大量存在，使农民群众在贫富思想上变得复杂。贫穷并不可怕，可怕的是以贫为荣。因为贫穷，可以依据党的"一号文件"基本精神得到从各级政府、社会团体、仁人志士的怜惜与捐助，可以减少意识的杂乱、思想的烦闷、心情的波动和身体的劳作，原先守土安贫造成的种种无望，而今变成了一次又一次的冲动热望。在社会机构、福利组织和慈善个人的帮助下，原先沉重的生存压抑得到了部分释放，困顿的生存压力不再那么苦不堪言，因为从那种默默耕耘的人世之苦转向了持续不断守望的人生之乐。这种思想倾向还在农村社会一定范围存在着。必须承认，绝大多数人是或曾经是农民的儿女，即使现在的家庭殷实了，甚至富裕了，多数人并不会忘记过去穷困、难过的日子，有的人甚至还常回老家重新回味糠糟之食，并与后辈一同感受难忘的沧桑岁月，告诫年轻人要珍惜来之不易的全面小康生活，而不会在心里头抱守以贫为荣的思想。这就不能不出现这样一种悖论：一方面，要客观看待以贫为荣的思想，批判这种现代社会中落后的"等靠要"思想倾向，而不应该因此鄙视农民、薄眼穷愁；另一方面，要反思扶贫济困的政策路向，实地考察一下，在党中央和各省委关怀下拨出的资金、物资究竟有多少真正到达农村、注入农业、惠及农民。只有让助民脚印踏入农村，让为民情感渗入田地，让利民利益进入农户，才能比较彻底地改造落后农村的积弊，特别是落后农民的以贫为荣的思想。

不思进取观念的深潜化。和老农交朋友、谈真心，可以知道他们朴素的愿望、深沉的想法、变异的心态，可以获得不一样的感受，形成有一定差异的认同。在孤独化的自我自私意识压抑下，在复杂化的以贫为荣思想的影响下，反映农民生存心理的观念也就自然流露出来，其比较集中的一个观念是不思进取的观念。无论是有侨汇支援、接济的农民，还是靠天吃饭的农民，普遍存在碌碌无为、不思进取的生存观念。深究其原因，诸如身体疾患的拖累，收成不高的愁苦，子女成才的无望，人际关系的荒疏，知识文化的薄弱，这些原因不但致使其人生理想淹没其中，而且很大程度上凝固了农民这一相对落后的生存群体的深潜性观念。正是这种观念，使得部分农民产生了妒忌心理、仇富心态，甚至做出了一些例如坑害他人、干扰生产、破坏器械、损伤物业等非法或非理性的举动。正是这种观念，使得推进社会主义乡村建设的任务特别紧迫，同时也使加强农村社会治理的努力丝毫不能放松。

（二）批判与诉求

改革开放 40 多年来，农民的经济收入、政治地位、文化权利得到了空前的提高。但是，随着中国社会的转型，现代化不断推进，农民与其他社会阶层相比，其发展水平、发展质量落差越来越大。农民离开土地、背井离乡，农民要进城务工，要改变其生活面貌与生存格局，这是农民的正当权利与追求。正是这些权利与追求成为农民群众的现代寄托与精神依赖。

"农民就是这样"的话语弊端。"农民就是这样"这句话在县镇政府部门,在乡村一些基层组织,颇为流行。现在必须起来反对这种不负责任的讲法了。凡有不好之事、不妥当之事,有些干部就会把事情的矛盾归咎农民,个别地方干部甚至把"不听话"、不顺从其意志的农民贬称"刁民""流氓",因为农民变成了"刁民""流氓",所以"农民就是这样"的。这是不成道理的痞子逻辑,它不仅存在话语表达弊端,容易让人讹传、误解,在一定程度上还成为妖魔化农民形象的诱因。农民之所以被认为"就是这样"的,主要根源在于,一些带有深度偏见的城市人、某些干部从狭隘的生存地域视角去观察农民、评判农民,而不是以开放的、辩证的思维去对待农民、关爱农民。另一根源在于,人们从城乡二元分立的维度去加深这种偏颇的认识,总认为城里人和乡下人不一样,城里人高人一等,乡下人矮人一截,来去相差甚远。许多城里人殊不知自己的父辈、祖辈其实就是农民,甚至不愿意承认自己是农民的后代。这是极其悲哀的事情。如果是为其好求其变、为其全求其善、为其真求其美的话,"农民就是这样"的话语只有重塑为"农民也是好的""农民也能成就""农民也要发展",才能被揭蔽祛魅,才能彰显社会正义。

"农民不要苛求"的精神反拨。出于"农民就是这样"的偏见,其理论逻辑必然推导出"农民不要苛求"的谬论。那么"农民不要苛求"的内涵是什么呢?这种观点指出:一是不要苛求农民发展什么,让他们"自生自灭";二是对农民不要太好,好了也不好。甚至有些农民出身的知识分子也提出,不能给农民和农村干部太大的权力。就前者言,他们基本上不了解或不愿意了解农民的生活状况,似乎了解农民就会带来思想负担,接近农民就会增加经济拖累,于是事不关己,束之高阁,清心了事,这是深层脱离群众的现代样板。就后者言,他们完全丢掉了以人民为中心的发展方略,忘记了一切为了人民这个党的最高宗旨,丧失了作为一个有良知的中国人的农民情结。谁都无法否认,过去,没有农民的支持中国共产党难于取得新民主主义革命的最后胜利;现在,没有农民的发展中国难以实现既平衡又充分的全面发展;

今后，没有农民的全面发展，中国特色社会主义现代化就难于全面实现。中国的全面、持续发展需要中国农民，中国农民的发展依然是中国持续发展的最为可靠的基础与支撑；中国农民的发展需要中国的高质量发展，中国的高质量发展为农民的健全发展创造了更多、更宽广的条件。这样看来，要"农民不要苛求"，实质就是要农民放弃理想追求，特别是放弃那些与社会发展相适应的更高追求。深一层看，这个判断意味着否定农民在中国式现代化进程中的建设主体地位和历史创造作用。因此，对"农民不要苛求"进行精神反拨，就是要给农民群众一个不可剥夺的发展权利和正当地位。这是在实施乡村振兴战略和开展农村统战工作中应当坚持的一个原则。

"农民也要发展"的理性诉求。任何时候农民都是社会历史创造主体的组成部分。只要农民和农民工还存在，农民的正当发展权利就必须得到应有重视、落实。有一天农民消灭了，就像剥削消灭了一样，说明消灭农民、消灭剥削的社会物质条件已经成熟，这就进一步说明"农民也要发展"的理性诉求开始得到了全社会的高度认同，农民实现健全、充分发展的愿望有了理想成果。回到现实，消灭农民、消灭剥削与其发生的条件是同时具备的。因此，"农民也要发展"不应该被看作农民消灭了之后的事情，而是当下一种与中国特色社会主义基本方略、新发展理念相适应的科学诉求、民主诉求和文化诉求统一实现的动态过程。在科学诉求方面，农民要有更多实实在在便利的机会了解科学、亲近科学，特别是农业科技、自然科普、网络与数字信息的知识；在民主诉求方面，农民要提高对农村经济发展的参与意识、合作意识、责任意识，提升农村基层治理能力；在文化诉求方面，农民要妥善利用现有的文化资源，加强文化修习，提高智力水平，要争取外来的文化教育支持，获取发展所需的技能支撑。农民是无产阶级的重要构成，重视和回应广大农民的理性诉求，这是马克思主义文化关怀的重要使命。

（三）举措与出路

农民发展问题是中国所有发展问题的重大问题之一。直面中国农民普遍存在的现实问题，提出一些举措与出路，意在抛砖引玉，并非万全之策，它只是推动农民走向全面发展的可能路径。

走向商品市场经济。走向商品市场经济是农民自己培养自己、发展自己的重要途径。改革开放虽然40多年了，但与商品市场经济相适应的各种观念、意识并非在所有农村和农民中间真正深入，实现生根、发芽、结果。许多村级经济仍然落后，发展不平衡，这固然与村级党组织的凝聚力、战斗力不强有很大关系，但也与包括村干部在内的广大农民的市场观念、经营观念淡薄，信用意识、竞争意识不强，进取精神、开拓精神缺乏有很大关系，上述原因共同地而且极大地制约着村级经济的正常发展和跨越发展。因此，要农民走向市场经济不能停留在嘴皮斗争上，而应该落实在贴近农民的生产经营实践之中。这就是说，要为农民建立可以大胆闯的大平台，要为农民扩展可以进入大市场的大视野，使之在社会主义市场经济体制下建构一定的发展空间。只有在走向、融入社会主义市场经济的过程中，农民的眼界与视野才会得到拓展，农民的精神与品格才会得到改造，农民的能力与素质才会得到提高。

树立科学发展取向。发展的取向，指的是人的发展取向。出发点是人，落脚点也是人；目的是人，手段也是人。这种发展是出发点与落脚点相统一、目的与手段相统一的发展。广东各地都有自己的特色资源，只是有些农村不清楚"发展什么"、不知道"怎么发展"、不明白"为谁发展"，归结起来就是没有树立科学发展的价值取向。大量实证资料显示：无论是在发达地区还是欠发达地区，一些县域之间的经济发展存在很大差异。这些差异值得人们深入反思。地方发展的差异实质是人的发展的差异。因此，树立科学发展的取向很重要。这种取向体现在：一要选出发展的带头人。这种带头人不仅要有为群众谋福利的仁心义举，还要有担风险创效益的魄力，在当地党组织领导下，懂得协调经济发展和群众利益的矛盾。二要理清楚发展的内容。有些乡村资源不少，但是发展不起来，有些市县区位优势明显，至今还比较落后，任其蹉跎日子，人老不见月圆，这与始终没有理清发展内容大有关系。三要研究符合村情、民情的发展思路。这项工作既要得到政府、理论界的帮助,也要靠当地干部群众的努力,只有发挥群众的创造智慧,科学的发展思路才能制定出来。四要让发展的成果惠及群众。让群众分享发展成果,在共享中推进发展。"为谁发展"不是一个理论问题,不需要争论。为了群众、依靠群众、回报群众,让发展的成果惠及群众,推进农民群众全面发展,这是发展的本质要求。

塑造特色文化自我。在当代,文化对农民具有特别重要的意义。农民不是落后、愚昧、粗陋、野蛮的代名词。"文化自我"是新型农民的一个重要规定性,也是农民完善自己的一个重要途径。"人类在世世代代的进步和发展过程中,永无止境地实现、追求和丰富着自己的规定性,生产着自己的全面性,发展着自己的普遍性。"① 对农民而言,走市场经济之路,树立科学发展取向,塑造一个文化自我,就是不断"实现、追求和丰富着自己的规定性,生产着自己的全面性,发展着自己的普遍性"的过程,只不过农民要基于农村的具体实际、农业发展的现实条件,对照塑造新型农民的标准具体地推进自身的改造,实现自身的完善。进入新时代,农民要学习、践行社会主义荣辱观和社会主义核心价值观,不断提升塑造个性化的文化自我的水平。7亿多农民是中国建设现代化国家的重要力量。新型农民的意义在于它是中国实现全面现代化的新的基础,是实现中华民族伟大复兴的重要力量。

健全素质能力。农民的发展要健全基本素质、提高全面能力。走向市场经济大潮、树立科学发展取向和塑造个性化的文化自我,都是提高其思想道德素质和科学文化素质的途径与方式。具体说来,农民要通过自我的自修学习、集中的培训学习、生产的交往实践来健全基本的文化素质,不断提高全面的发展能力。特别要指出的是,各级党委要尽可能为村一级干部创造条件,逐步安排干部到县一级党校及以上机构进行系统培训,增长市场经济发展能力、为民执政创造能力。近些年来,一些驻村、扶贫工作组注重培养大学生村干部,注重提高村干部的原有学历,其现实意义十分深远。这个模式应当和实施乡村振兴战略结合起来,不断深化研究,及时加以总结、完善和推广。

---

① 夏甄陶:《人是什么》,商务印书馆2000年版,第154页。

总之，在习近平新时代中国特色社会主义思想的指导下，要贯彻落实中国特色社会主义基本方略，抓住影响农民发展的最直接最现实的具体问题，不断完善农村公共服务体系，保障农民基本生活，不断满足农民日益增长的美好生活需要，不断提高农民的获得感、幸福感、安全感，从而不断促进农民的素质与能力的全面发展。

二、农业应走助民致富优质之路

农村社会建设与治理的第二个基本问题是建设优质发达农业何以可能的问题，它是农民全面发展何以可能的问题的具体化和深入化；同样地，欠发达县域乡村只有向基本实现农业现代化的地区学习、借鉴科学发展经验，才能更好地推进当地农业现代化建设，促进农民逐步走向共同富裕。

（一）建设优质发达农业的四大障碍

优质农业应当是高质量、高产出、高效益的农业，它是一种低成本的、生态化的、不过多依赖禀赋要素而获得健康发展的阳光产业。发达农业应该是一种市场运作高效、产品流通便捷、经营拓展灵活、利益分享公平、系统管理科学的先进产业。建设优质发达农业，既需要农业专门技术人才以及这些人才通过系统性、经常性培训所获得的知识、技能来提供支撑，又需要农业经营主体所具有的强烈市场竞争意识以及能够促进长效发展的支持机制来保障。在当前落后的中国乡村，建设优质发达农业面临四个方面的障碍。

缺乏专门技术骨干人才。优质发达农业不是中央、省市下达一个文件就能建成的，非以一大批具有农业专门技术的骨干人才留下来、扎进去、干起来不能成就。当下农村，要找到懂一两门先进生产技术的农民，如同深圳要招聘月薪高达上万元的高级技师一样困难。怀有一技之长的农民几乎都往城里钻，哪怕是摆地摊、卖早点、打杂工也干，因为这样可以看到奔头，日月进账可以算计。但是，在家乡忙乎一年似乎都难以看到最后的收成。留在农村里的人，绝大部分是老弱病残鳏寡孤独，要么是不得已留守农村照顾孩子、老人的女人，要么是从事小本生意的，至于那种守着几亩或几分田地不辞辛苦耕耘，谋求发展优质发达农业的农民委实不多，这就造成了许多村庄空巢现象、许多良田丢荒现象。经深入调查，在中国西部和东部，一些在册户口有几千人的乡村，但入屋燃灶的村民实际不足一半。在这种境况下，能问津农业专门技术的人才寥寥无几，即使有这样的人也不足以应付具有一定规模的连片生产管理，更不用说进行集约型的大生产经营和管理了。

缺乏系统性经常性培训。优质发达农业所需的专门技术人才、骨干，不是自然生成的，不能靠传统农业社会里的经验方式，即手教口授方式来养成。问题在于，当下农村仅存的农业技术人才、生产骨干正是承传于手教口授，接续于既得的老办法、老方式，甚至思维方式也保持着"你说我做、你不说我不做"，"你怎么说我就怎么做"的机械图式。这实际是经验型的直观技术，它简单老土，有一定实用性，但是，经遇气候、虫菌、水文、土质等因素的变化，就不一定管用了。这种农业技术一旦失效，随之而来将是作物的减产、失收，将是劳力的损耗和经济的损失。更大的问题在于，农民的这些机会损失并不能得到像美国、西欧、澳洲等国家和地区那样的政策性补偿、风险性保险，其结果必然造成农民厌耕、弃耕，加剧农副产品供应、上市的价格紧张。这样，农业生产的风险、市场波动的风险、利益均衡的风险莫不来自于最本源的技术动因，这就是农业生产者缺乏系统性、经常性培训所付出的经济代价。这个代价虽然大多由农民本身来承受，但它却是广大消费者将要付出的延续性代价。与此同时，消费者边际损失的增加必然带来社会福利水平的下降，这时，问题又一次回归到各级政府的农业治理决策上去。这就是，对农民缺乏系统性、经常性的科技培训和服务管理，反过来就必然会惩罚低档、劣质、低效的落后农业。

缺乏强烈市场竞争意识。市场意识、竞争意识作为思想观念，其形成来源于感性实践，也来源于理论灌输，脱离了这两个方面的作用，思想观念就成了无本之木、无源之水。而所谓发达的农业，是在优质农业基础上加上一个高效、灵活、便利的市场系统要素才能生成的农业发展格局。这种格局需要具备一个非常重要的内生条件，那就是生产经营者的强烈的市场竞争意识。市场竞争意识并不是市场附加给农民的，而是农民内生的，需要附着、融会到市场活动中去的。但是，市场竞争意识不会自动生成于农民心脑中，它必须是一个借助于感性实践和理论灌输才能生成的观念化、人文化过程。因此，不能存在简单地指望农业生产者不经过专门教育、业务培训、理论灌输和环境影响就可以成长发展起来的梦想。没有专门的农业技术人才的指引、范导，没有系统性经常性的科技学习、培训，没有典型的成功实例的剖析、总结，那么，市场竞争意识就总是在农民的身外、心外、不着边际的市场之外，而不会成为制导发达农业的内生性要素，也不会成为驱动农业高效成长、高质量发展的持久性动力。

缺乏长效发展支持机制。建设优质发达农业是一项系统、长期、复杂的大工程，不是某些朴实农民所能为，也不是某级政府某些部门的一厢情愿，更加不是政府发文、老板圈地、农民耕种就能完成的搭搭台、唱唱戏的玩意。在发达农业的时代内涵里，它尤其要具有一种长效的发展机制、长效的支持机制，因而要把科学规划、政策设计、资金补贴、风险保障、市场开拓、运营控制、结构调整、产品升级、工业增值、分配机制、人员培训、发展接续等，贯穿在农业的生产、管理、销售、流通、储藏、保障、分配以及再生产整个过程，建立一个完整、系统、协调、长远的发展支持机制。当下中国有些村委会，一方面有地卖地、有山租山、有树砍树，另一方面无钱建房、无人耕种、无力发展。现在仍然有一些驻村挂点干部，手持红头文件说开会，嘴叼香烟打麻将，这是与"聚精会神搞建设，一心一意谋发展"唱反调。照此下去，即使有良好方案，也不能切实、及时实施，其结果必然造成"农村就是这样""农民无非这样""农业不过这样"的尴尬局面。

(二) 建设优质发达农业的复合道路

中共中央 10 多年来连续发出"一号文件"，力促现代农业大发展，一直强调要把推进农业产业化"作为农业和农村经济工作中一件带全局性、方向性的大事来抓"①。综观中共中央对中国现代农业的关注与现实情况的认识，建设优质发达农业的道路必然是多元复合的。这个"多元复合"的道路可以表述为"两个转变"和"四个观"。其中"两个转变"是建设优质发达农业的"思想上层建筑"，"四个观"是建设优质发达农业的"经济物质基础"。

1. "两个转变"：文件变精神、落实变力量

一是领导重视向领导履行转变。发展优质发达农业的关键在领导，重点在基层，实质在心态。现代市场经济并非是完全竞争的自由经济，它仍存在一定的计划安排、行政干预、人为调控，特别是在市场均衡被破坏，市场造成比较大的震荡，民生受到明显影响时，就特别需要加强计划安排和行政干预，甚至不排除对区域市场、要素市场及其子市场进行合法正当的人为调控。这一切关键在领导。发展优质发达农业也是如此。现在农牧副渔产品价格不断攀升，除了人口增长、生产价格居高不下以外，主要的问题在于农牧副渔产品生产侧结构失衡，存量不少，优质不足，尤其是优质产品生产的供应量不足，市场调节与物流配送问题并非主要原因。显然，农业在农村、基层，不在城市、温室，这就需要领导从意志重视转向实际履行，坚持既说也做，坚持做比说多，坚持心头向民、关口向下，坚持轻车简从、问查基层，坚持深入田间切实解决发展优质发达农业碰到的困难。这一切实质是执政为谁的问题、当官为谁的问题。如果领导干部坚持执政为民、为民着想，没有解决不了、解决不好的现代农业问题，只有愿不愿意、出不出力、想不想办法的心态权衡问题。

二是政策制定向政策落实转变。政策制定很重要，但是政策只是为政之策，尚未到达滋育生民的地步。现在不是没有政策、缺乏好政策，而是缺乏保障政策落实的政策，缺乏推进政策落实的变革力量。要建设优质发达农业，就要大刀阔斧地进行农业发展体制改革。仅从政策的层面看，要从政策制定向政策落实转变，这种转变有三个内涵：要把中央的"一号文件"变成省市县治理农业的"尚方宝剑"，准确理

---

① 江泽民：《论中国特色社会主义（专题摘编）》，中央文献出版社 2002 年版，第 133 页。

解农业增效、农民增收、农产品竞争力增强的政策指向；要采取一切必要措施，确保落实农业增效常规化、农民增收稳定化、农产品竞争力增强持续化这一关系农业现代化的关键点；客观、及时评估政策的生产取向、价值取向，实地考证助农、利农、惠农、兴农、富农的真实效果。没有这三点，或者说缺少这三个内涵的任何一个，政策制定向政策落实转变就会成为一句空话。

2. "四个观"：现代农业的科学发展论

"四个观"，就是优质先行、发达继起的"农业观"，本土固本、引进促进的"人才观"，先试验特色、后推广多元的"产品观"，满足当地、优胜外域、扬名海外的"市场观"，这是现代农业"四位一体"的科学发展论。

所谓优质先行、发达继起的"农业观"，是指把创立优质农产品品牌作为第一步，有了这个基础，再考虑做发达高效农业。因为有优质才能有优价，有优价才能有市场，有市场才能发达。优质先行，发达继起，只是战略上的考虑，不等于优质与发达之间没有渗透的可能。事实上，优质必须走向发达，发达以优质做基础。所谓本土固本、引进促进的"人才观"，是指要以当地既有农业技术、生产人才为根本，依靠他们、培养他们作为建设优质发达农业的基本，就是"本土固本"。但是，毕竟当地人才有限、水平有限，因而需要一定的引进、帮扶，引进贵在促进、提升技术支撑的力量，这就是以"引进"带"促进"。所谓先试验特色、后推广多元的"产品观"，是指先建设特色农业产品基地，使基地成为公司化运作的平台与基础，采取局部建设、重点开发、有效推进的办法，取得较大市场规模后，再逐步扩大特色品种，走精品化、多元化发展道路。最后，所谓满足当地、优胜外域、扬名海外的"市场观"，是指在重点开发特色产品基础上的市场发展观。其主要思路在于：其一要先满足当地的消费市场；其二要对产品进行二次开发，注册商标，形成特色品牌，开拓、占有市县外域市场；其三，要建立具有一定规模的现代生产线，内引外联，促进产品升级，走国际化经营道路。

总之，农业、农村、农民问题是关系国计民生的根本性问题，必须始终把解决好"三农"问题作为全党工作的重中之重①。贯彻落实中共二十大精神,加强中国农村社会的建设与治理,其核心在于农民的发展,在于促进农民的全面发展,其重点在于农业的发展,而农业的发展的关键在于走优质化道路。不断深化研究、妥善解决这两大问题,是建设产业兴旺、生态宜居、乡风文明、治理有效、生活富裕的社会主义新农村的必然取向。农业发达、农村美丽、农民富裕是马克思主义社会发展与建设理论在中国的成功实践,也是马克思主义文化富民思想落地生根,结出的累累硕果。

第四节　合作发展与粤港澳大湾区前景

在世界历史出现大转折,环太平洋西岸经贸格局大调整,中国继续发展崛起的背景下,粤港澳大湾区合作发展面临着新的重大机遇。为把握好这个机遇,粤港澳三地应以"经济共荣""文化共生""社会共进"为核心理念,着力推动"地方协调发展""区域和合发展"和"经济社会共生发展",应在社会发展的时空观思想上建立更高的价值共识,通过"生产空间、节约时间、共享资源、提高效率、增长财富、幸福人民"来实现三地共荣共赢发展,创造重大合作成就,提供新的宝贵经验,为实现中华民族伟大复兴"中国梦"创建更强大的物质财富和文化基础。基于马克思主义文化出场学的视野,从时间与空间、内生与外生、政论与策论相结合的方法,研究粤港澳三地的协调发展、和合发展、共生发展问题,为推进粤港澳大湾区建设提出一些可资借鉴的路径,澄明一种值得向往的美好前景。

一、粤港澳大湾区合作发展的历史机遇

在全球化潮流迅猛发展的现时代,处于环太平洋西岸的粤港澳三

---

① 习近平:《决胜全面建成小康社会,夺取新时代中国特色社会主义伟大胜利——在中国共产党第十九次全国代表大会上的报告》,人民出版社 2017 年版,第 32 页。

地出现了一个全新的发展机遇。这个机遇的生成根源于世界海洋发展中心的转移、中国整体发展方式的转型和中国社会发展内涵的转变等因素的综合作用。以下从三个方面来具体考察。

1. 世界海洋发展中心发生转移为粤港澳合作发展创造了新机遇

欧洲资产阶级革命成功后,以大陆为中心的发展格局逐步转向以海洋为中心的发展格局。17—18世纪,海洋发展中心在大西洋地中海沿岸,并出现了以葡萄牙、西班牙、荷兰为中心的发展格局。18世纪下半叶至19世纪中期,"中心"开始向英国、法国、俄国转移。19世纪末至20世纪上半叶,海洋发展中心开始从大西洋东岸向东太平洋沿岸转移,此前形成的以英国、法国、俄国为中心的格局也开始向以美国、日本为中心的格局转移。可以说,整个20世纪几乎可看作是以美国、日本为中心的海洋世纪。但是,进入21世纪以来,特别是近10余年来,随着克林顿执政时代的结束,美国经济持续走低,并且危机四伏。美国经济危机不只是金融领域的危机,而且是美国社会整体生存方式的危机①。而一直受制于美国的日本虽然在第二次世界大战后恢复了经济,并重新成为世界经济强国,但是受1997年以来的世界经济危机的影响,日本经济堕入衰迷之路,加之日本政局长期动荡,黩武精神浸染社会,在侵略亚洲国家问题上缺乏真诚、深刻的反省,以致包括中国、朝鲜、韩国等国在内的亚洲国家不能不对之保持高度警惕。尽管美日经济衰落各有特点,亦有其不同的社会历史原因,但从本质上看,美日两国出现的经济社会危机是资本主义文化危机。正因为是文化危机,就具有深潜性、持续性、广泛性,因而它波及中美洲、南美洲以及亚洲许多国家。中国也受到很大影响。作为中国经济发展有机组成部分的粤港澳三地,其经济发展无疑也受到一定程度的影响。问题在于,相对美日等资本主义市场经济体而言是"危情"的经济危机,它对中国这个庞大而较为健康的社会主义市场经济体而言则是一个重大的发展机遇。尽管中国这个世界最大的发展中国家无意于做

---

① 张尚仁:《对全球发展基础理论之危机的哲学思考》,《哲学研究》2009年第10期,第11页。

"救世主"，但作为一个负责任的大国则使中国自觉承担起自己的"世纪义务"和"历史责任"，向世界承诺货币不贬值，承诺增加对其他国家的贸易和货物的进口量，同时继续向与中国发展贸易交往的国家提供物美价廉的产品。更重要的是，随着中国综合国力的增强，逐步减持美国国债，减少来自日本的贷款，降低对外技术依赖，不断增加对东盟以及南亚、非洲等友好国家的投资或援助，中国的发展方位走向太平洋、印度洋和大西洋。就此意义来说，海洋发展中心日趋游离于美日，逐渐向西太平洋沿岸转移，中国的重要地位日益凸显。对粤港澳三地来说，世纪性发展机遇已经来临。

2. 中国社会发展方式发生转型为粤港澳合作发展创造了新机遇

1978年中国推行改革开放后，高度集中的计划经济逐步向有计划的商品经济转变，在国有经济发展壮大之同时，非公有经济不断发育发展。20世纪80年代乡镇企业的蓬勃发展为中国建设社会主义市场经济体制奠定了实践基础。1992年邓小平南方谈话之后，中国掀起新一轮经济改革和对外开放，它不仅在整体上形成了多层次、全方位、宽领域的发展格局，而且在转变经济发展方式问题上开启了正确方向。至1997年前后，中国不断推进国有企业改革，推进资产重组和职员调整、分流，同时刺激中小型民营企业的蓬勃发展，形成了国有经济和民营经济半分天下的新局面，这个状况预示着民营经济将在中国经济体中扮演重要角色。2002年前后，国有企业产能过剩、能耗过大、自主创新不足的问题大面积呈现出来，与此同时，中小企业负担过重、生产力落后、产品附加值不高等问题颇为严重，尽管中国部分企业具有较强科技创新能力，自主知识产权保有量也在增加，但从"经济增长方式"向"经济发展方式"迁移，实现经济发展方式的整体性转变已成为中国经济健康持续发展的头等重要问题。作为当代中国马克思主义的习近平新时代中国特色社会主义思想，即是应对世情国情民情的新变化，推动中国走全面、协调、可持续、高质量发展道路的思想旗帜和科学指南。在这个创新的思想理论的指导下，在解放和发展社会生产力的问题和压力的倒逼下，不但广东要推动发展方式转型，降低过剩产能，淘汰落后生产力，提升第三产业质量，增强综合竞争力，港澳地区也要与时俱进，提升科技创新、知识创新、管理创新、文化创新和服务创新的能力与水平。三地尤其要形成一种发展共识①，即中国的崛起需要转变发展方式，粤港澳作为中国发展的前沿阵地应当担当"排头兵"重任，先行先试，锐意改革，科学发展，创新合作，共同打造新的发展平台，精准贯彻"一国两制"战略，联合落实粤港澳合作框架协议，联手建造充满综合竞争力的世界级经济圈，促进三地城市群又好又快发展，也推进中国社会整体跨越发展。

3. 中国社会发展内涵发生转变为粤港澳合作发展创造了新机遇

纵观中国改革开放以来 40 余年的发展历程，当今中国的社会建设和社会管理已经不同于改革开放前的情况。从时间维度上看，"逝者如斯夫，不舍昼夜"，但时不我待，只有争朝夕，敢教日月换新天，中国才创造了巨大发展成就，令世界刮目相看。作为中国发展先行地的粤港澳地区亦获得了空前发展，正所谓"白驹过隙四十年，功业建立代际传"。但是，几十年来，经济高速增长的中国社会也积累了不少突出问题，诸如环境恶化、资源短缺、结构失衡、两极分化、人口老化，等等，皆亟待综合治理。从空间维度上看，欧美国家对中国贸易持续打压，东盟国家对中国贸易持续扩大，中国大陆经济转型压力增大，粤港澳地区的经济规模因生产空间窄化而出现平板化发展问题。与后工业社会状况相适应，粤港澳大湾区在社会生产生活的总体秩序上，在处理人与自然、人与社会、人与他者的关系上发生了新变化，主要表现在：人民群众对环境生态、健康保障、养老保险、资产增值、社会安全、公共服务、商务旅游、教育就业等问题提出了新的更高的要求，地方政府对推进经济体制改革，统筹推进政治体制改革、文化体制改革、社会体制改革、生态文明体制改革等问题变得更加迫切，依照全面发展、协调发展、可持续发展的原则，推动大湾区实现人本发

---

① 在中国学者看来，在经济全球化、区域一体化的总趋势下，解决经济危机的出路不能靠"反全球化"或"去全球化"，只能是进一步加强国家之间、地区之间的经济协调与合作。寻求合作发展、实现共赢共荣是社会共识，亦是发展机遇之所在（参见范恒山：《关于深化区域合作的若干思考》，《经济社会体制比较》2013 年第 4 期，第 4 页）。由此来看，推进粤港澳大湾区合作发展正是抓住了这个重大发展机遇。

展、民生发展、安全发展、质量发展、创新发展、和谐发展成为社会共识。在这种条件下,粤港澳大湾区在观光旅游、商务会展、文化体育、节能环保、批发零售、医疗保健、志愿服务等领域的产业投资和事业建设将会保持高增长态势,这就为大湾区各地走向高端化的合作发展造就了新的机遇。

总之,在美日等国经济长期滑坡,中国继续发展、稳步崛起,中国在亚洲乃至在世界的影响力日益扩大这个大背景大趋势下,具有地域的比邻性、经济的相依性、文化的同根性、民生的融合性、政治的认同性以及社会结构的相似性等特征的粤港澳大湾区,面临着一个全新的重大发展机遇,三地应当抓住这个机遇乘势而上,共同深化改革,朝着地区合作发展的价值目标开拓前进。

二、粤港澳大湾区合作发展的价值目标

在文化出场学视野下考察,"任何发展皆离不开共生思维","在共生中生存、在共生中感悟、在共生中创造、在共生中发展"①,这是人与社会和谐发展之大道,亦是粤港澳合作发展的重要途径。粤港澳合作发展所谋求的价值目标是同一时空下的共生发展以及跨时间跨领域的共赢发展,其表现为"经济共荣""文化共生""社会共进"这三个互相关联、互相支撑、互相促进的发展维度。

1. 实现经济共荣是粤港澳大湾区合作发展的首要价值目标

历史哲学不回避历史假设,但现实的历史时空不存在假设。在港澳两地回归祖国前,根本谈不上粤港澳三地的合作发展,不必做任何历史假设,原因显而易见,港澳作为租借地,分别受制于英国和葡萄牙两国政府,经济时空被社会制度割裂,即便商品服务贸易不存在政治意识形态管控问题,但粤港澳合作发展终究提不到现实的议事日程上,以致三地的生产空间高度隔离,三地的发展时间高度封闭。港澳两地回归祖国之后,尽管它们继续实行资本主义市场经济制度,各自

---

① 胡守钧:《社会共生论》,复旦大学出版社 2012 年版,第二版序第 11 页。

保持高度自治，但它们是中国行政区划、祖国大家庭中的一个不可分割的组成部分，在统一的中国之"家"中，推动粤港澳大湾区合作发展具备了时空融合的历史条件和现实基础。

应当说，中国改革开放的40年，亦是广东与港澳经济交流合作发展的40年。在这40年中，广东以港澳为进出口前沿基地，获得了走向世界市场的通道，吸引了大量外资和急需人才，输入了民生商品和应用技术，积累了生产资金和发展经验，增强了管理能力和营销水平。没有港澳作为市场交换平台、物资中转站，就没有广东的快速发展，至少会延滞广东的发展。就此意义而言，港澳回归祖国大大促进了广东经济社会的发展。对广东而言，它拥有优质的原料基地、宽松的商品集散地、良好的融投资基地、广阔的消费市场、丰富的人力资源，以及由广阔地理空间构成的生产延伸带。对港澳而言，广东是港澳实现可持续发展的不可或缺的可靠基地，港澳只有以广东为纵深发展腹地，才能实现经济社会持续发展。同样重要的是，中国大陆实行社会主义市场经济体制，广东作为中国南部最具潜力和活力的地区，不管是国企还是民企，都能够与实行资本主义市场经济体制的港澳企业交易和合作。正因为粤港澳三地之间形成了互利共生的生产关系和唇齿相依的发展空间，才使三地经济40年来长盛不衰。

进入新世纪以来，中国社会的结构性矛盾突出，挖内需和促外贸的风险因素增多。就广东而言，出现产能过剩严重，结构调整迟缓，资金配置失衡，生产成本上升，内需市场挖掘不足，国际市场开拓减缓，对外竞争力时有下降等问题。在这样的形势下，广东需要继续依借港澳在市场开拓、人才培养、管理升级、资金融投、制度创新等方面的优势和力量，建设性地消解广东经济社会发展中出现的突出问题。就港澳而言，面临着市场饱和、资金滞积、地理空间狭小、人力资源成本走高、产业转型升级困难、信息资源增值受限等问题。客观地说，随着中国大陆商品市场的高度开放，信息流通速率的提高，多渠道交通条件的完善，上海金融中心地位的稳固，港澳地区的综合竞争力有所下降。直面这个事实，港澳需要与广东加强合作发展，加紧推进三地一体的自贸区、大湾区建设，依借广东腹地全面开展产业合作、市场合作、社会管理合作、信用信息体系建设合作等，建立统一的市场体系、金融体系、监管体系，实现经济共荣发展。

毫无疑问，"经济共荣"与"文化共生"息息相关。"经济共荣"是实现"文化共生"的重要基础，而"文化共生"则是"经济共荣"的深层动力。由地理空间的"共存"走向财富时间的"共荣"是粤港澳大湾区合作发展的首要价值目标。为达致这个目标，需要三地的地方政府、企业组织、社会团体在既有价值共识的基础上求真、务实、合作，需要广大人民群众同心戮力，健行不息，日新不已，方能如愿。

2. 实现文化共生是粤港澳大湾区合作发展的核心价值目标

与社会共生[①]相适应，"文化"也是"共生"的。"文化共生"源于文化的实践创造性、多元差异性、共享再生性。这就是说，文化是人类或族群基于生产交往实践创造出来的实在，因而具有人为特性；文化在不同圈层和地域具有不同的价值观、权力观[②]，因而具有独特个性；文化可以被人们选择与分享，对人具有培育和提升作用，因而具有为人特性。从这些理解"文化"的正确观点[③]中可以得出一个对"文化"概念更基本的认识，即"文化"是人们在"人化"和"化人"的过程中所形成的具有共生性特征的精神存在，"文化"的本质特性是"自由"和"共生"，文化对经济社会合作发展具有深层性作用。就此意义而言，实现文化共生是粤港澳大湾区合作发展的核心价值目标。

---

① 19世纪70年代，德国学者De Bary提出了生物界的"共生"问题。20世纪80年代，日本学者大来佐武郎从经济发展与生态系统的相互关系视角提出了"共存"概念。21世纪初，胡守钧较为全面地提出和论述了"社会共生"的基本原理。应当说，"共存"与"共生"是互相包孕、互相生成的。"共生"概念的始源意义来自生态学，它是指在一定生态环境下植物群、生物群及其之间在发育、成长和发展过程中具有相互依存性、促进性。在当代，"共生"作为一种思想、原则和方法被广泛应用于社会科学和人文学科领域。

② 在美国学者亨廷顿看来，在文化相同的文化圈层和地域里具有相同或相似的价值观、权力观。参见塞缪尔·亨廷顿、劳伦斯·哈里森：《文化的重要作用——价值观如何影响人类进步》，程克雄译，新华出版社2002年版，第133页。

③ 在马克思看来，文化是自然界向现实的人的生成。在韩美林看来，文化是提升人的东西。在余秋雨看来，文化是可选择的，又是可分享的。在季羡林看来，不同民族的文化从属于不同圈层，它没有高低优劣之分。在日本学者青木保看来，异文化的存在有其合理性，尊重异文化，善于向异文化学习，才能发展民族文化，等等。这些学者对文化问题的认识无疑是正确的。

同属于中华文化圈的粤港澳大湾区文化具有共生性特征。这个特征体现在：地域的比邻性、经济的相依性、文化的同根性、民生的融合性、政治的认同性以及社会结构的相似性。具体地说，粤港澳三地在地理空间上相比邻，这个地缘特性形成了三地经济发展的相依互补性。港澳回归祖国后，粤港澳三地的空间阻隔随之消散。由于三地居民绝大多数是岭南人及其后裔，因而作为岭南人的生存发展方式之表征的粤港澳文化也具有同宗同源特性。即便100多年来港澳地区移入了不少外国居民，但这些居民与粤港澳居民长期交往，一部分自然融入中华文化圈层，一部分在保留其民族文化传统的同时也地方化了，即"港化"或"澳化"。对三地人民来说，讲粤语、潮语、客家话，唱粤剧、潮剧、客家山歌，听粤曲、潮乐、咸水歌，吃粤菜、潮菜、客家菜，拜关公、敬妈祖、祭龙母，设龛恩念"天地君亲师"，等等，成为惯常性的传统生活方式。正是这样一个充满文化魅力的生活方式造就了浓淡总相宜的岭南文化环境，这样的环境就是法国思想家丹纳所说的涵容风俗习惯和时代精神的"精神气候"①。人们置身于粤港澳大湾区任何一地，都会发现或感受到这种"精神气候"，即岭南文化对异文化、对世界多样性的包容与悦纳，它依靠自己独有的精神象征和适应方式被传播、被创造，也被有差别地分享。人们可以实证，美日两国文化进入粤港澳大湾区不会被拒绝，印巴区域文化进入粤港澳大湾区不会被排斥，东南亚各国文化进入粤港澳大湾区不会被驱离。这样的现实说明，粤港澳大湾区的文化既有岭南文化的自性，也有中华民族文化的根性。因为有前者，所以三地文化既有各自的明显个性，亦有自由发展的空间。因为有后者，所以三地文化能够在儒家的"以民为本、大一统、德治、贵和、中度"的思想中，在道家的"有所为、有所不为"，"循道而为、顺道而为、逆道不为"的思想中，在佛家的"反思人性、追问人伦、检省人神、避免穷苦"的思想中，在墨家的"兼爱、非攻、相利"的思想中，在法家的"法刑相应、官民平等"的思想中，在理学家的"理一分殊、万物一心"的思想中，以及在康梁、

---

① ［法］丹纳：《艺术哲学》，傅雷译，安徽文艺出版社1998年版，第72页。

孙中山分别提出的"大同""共和"和"三民主义"的思想中找到共同基因，找到民族精神，找到归宿地。由此看来，三地文化在发展始源上具有同根性，在历史演进上具有互渗性，在现实活动中具有共生性。这些特征在改革开放之后表现更为突出。对发展起来的广东而言，它在经济总量方面可与港澳相比肩，而今后，广东还将在更多领域超越港澳，而港澳亦可能保持某些优势领域，这样在未来就必将出现以粤港澳大湾区为"增长极"而向"泛珠区"辐射发展的新局面。这个新局面，既在时间维度上彰显了文化共生的内在价值，也在空间维度上表现了空间绵延的生产逻辑。

粤港澳大湾区合作发展所谋求的基本价值是生产空间的扩大、社会时间的节约、物质财富的增值，由此带来人的发展自由的扩大和精神幸福的提升。这些价值的实现，既有科技力量的驱动，也有政治力量的推动，更有文化力量的促动。而源于"文化共生"的文化辐射力、文化影响力、文化融合力等文化力量对实现粤港澳合作发展价值的作用更深沉、更持久。英国人类学家马林诺夫斯基指出："文化赋予人类以一种生理器官以外的扩充，一种防御保卫的甲胄，一种躯体上原有设备所完全不能达到的在空间中的移动和速率。"[①] 以这样的"文化"意义来看，"文化共生"就是使粤港澳三地民众走向自由发展的精神价值共识，是三地实现共同发展的隐性媒介力量。对媒介的文化力量和文化的媒介力量来说，加拿大学者麦克卢汉作出过精辟论述。他认为，人们借助电力和自动化，"突然成为游徙不定的知识采集者，这一游徙前所未有，人的博学多识也亘古未有，从割裂的专门化程序中解放出来的自由也空前未有"[②]。这就是说，媒介技术越先进，媒介文化越发达，人与社会发展的自由度就越大。这个认识是正确的，但还应当推前一步，即一个人口稠密的地区要扩大发展空间，增大人的发展自由，除了要适应电子文化时代对印刷文化时代的超越之外，还要提高推动地方现代化的文化共生的程度。因此，推进粤港澳大湾区合作发展，

---

① [英]马林诺夫斯基：《文化论》，费孝通等译，中国民间文艺出版社1987年版，第90页。
② [加]麦克卢汉：《理解媒介——论人的延伸》，何道宽译，商务印书馆2007年版，第438—439页。

三地应当建立文化共生意识，促进文化和融会通，实现高起点合作、高标准规制、高水平运作、高效能发展。

3. 实现社会共进是粤港澳大湾区合作发展的长远价值目标

"社会共进"是一个社会发展哲学概念，它由"社会大同""社会进步""社会文明"共同建构，并体现为一个由人民群众以历史意识、责任意识和共生意识来推动区域和合发展的动态过程。"社会大同"内蕴于社会共进，"社会进步"得益于社会共进，"社会文明"根植于社会共进。没有社会共进，广东就难于率先实现基本现代化，也难于全面建成小康社会；同样，没有社会共进，港澳两地走向未来发展所受到的物质障碍和时间阻隔也难于全面解决。因此，实现社会共进乃是粤港澳合作发展的长远价值目标。

粤港澳大湾区全面实现社会共进的历史条件日趋成熟。粤港澳三地具有与共同市场建设、共同利益发展和共同愿景向往高度关联的"地缘相切""人缘相近""乡缘相亲"等优势。首先，粤港澳三地抬升"地缘相切"的优势，把广东的前海开发、南沙开发、横琴开发与港澳的产业转移、产业创新结合起来，必将开辟三地合作发展新天地。其次，粤港澳三地发挥"人缘相近"的优势，把讲普通话、粤语、潮语、客家话、雷州话的广东人、岭南人、香港人、澳门人团结起来，运用人民的智慧，总结三地发展的新鲜经验，借鉴国外发展的先进经验，同心戮力，筹谋策划，必将开创三地合作发展新境界。再次，粤港澳三地彰显"乡缘相亲"的优势，在一些战略性、关键性合作平台上，以血浓于水、情重于山的爱国爱乡爱家的情怀，自觉范导本土市民，推动改革创新，以"仁义""智信""同安""共富"的进步信念，积极牵引爱国华侨华人参与三地合作发展，必将开启三地深化合作发展新前程。

粤港澳大湾区服务"一国两制"的责任意识不断增强。"一国两制"是关于国家统一问题的新认识，也是反映客观实际及其规律的科学理论。进入新世纪以来，粤港澳三地适应世界和平发展的趋势，把握世界经济发展重心转向环太平洋西岸的态势，导入共同追求最大化利益的轨道，更加自觉坚持服务"一国两制"方针，充分认识三地合作的历史机遇性、地域区位性和世界价值性，全面推进宽领域、多层次、跨专业的合作发展，构建生产发展、生活富裕、生态平衡、公平正义、民主法治的和谐社会，不断取得新的重大成就。正是在这样一个社会发展过程中，"人们各自不同的个性在那里可以协调地发展并对取得一种集体的成就起一份作用"①。这就说明，随着三地贯彻服务"一国两制"方针的责任意识的增强，那些对实现共存共荣愿景发挥重大作用的能力，推动包容发展的能力，以及坚固共同福祉的能力也将日益发展起来。

粤港澳大湾区建设地方现代化事业的文化自觉不断提高。应当说，粤港澳三地在建设共同市场、发展共同利益和向往共同愿景的过程，也是全面发挥"地缘相切""人缘相近""乡缘相亲"这三个优势的过程，而随着这些优势的充分发挥，三地将造成不必争斗就有浓厚民主氛围的自由空气，不经净化就有干净空气水土的生态环境，不用防范就有安全稳定处所的发展环境，不用检验就有互相信任态度的心理环境，不必劳心积虑于规范的效用就有民众的自觉自律精神。于是，粤港澳三地就会出现罗马俱乐部的报告者 E. 拉兹洛所说的那种状况，"把我们每个人都具有的可能性变为现实，把与个人的气质和愿望相应的某种动机变为现实"②，也就是以实现社会共进这个长远价值目标来制导粤港澳三地合作发展，来建设含括社会大同理念、社会进步格局和社会文明现实的世界级都市圈。

总之，实现经济共荣是粤港澳大湾区合作发展的首要价值目标，实现文化共生是粤港澳大湾区合作发展的核心价值目标，实现社会共进是粤港澳大湾区合作发展的长远价值目标。这三个价值目标互相贯通、互相支撑、互相促进。实现这些目标有赖于三地以中国价值共识开拓生产空间，优化空间组织，创造文化时间，创新制度政策，节省交往成本，使之服务于粤港澳大湾区合作发展，共同融入国家发展大局，推进中国式现代化建设。

---

① [英] L. T. 霍布豪斯：《形而上学的国家论》，汪淑钧译，商务印书馆1995年版，第129页。
② [苏] 弗洛罗夫：《人的前景》，王思斌等译，中国社会科学出版社1989年版，第107—108页。

三、促进粤港澳大湾区合作发展的科学战略

从今往后,粤港澳大湾区的合作发展要实现全面深化和整体跃升,就需要建立适应大湾区实际的科学战略。这些战略主要包括:以转换时空观念来促进粤港澳大湾区经济共荣和谐发展,以建构文化时间来促进粤港澳大湾区文化共生和合发展,以服务"一国两制"来促进粤港澳大湾区社会共进和平发展。

1. 转换时空观念促进粤港澳大湾区经济共荣和谐发展

孤立地考察一个地区的发展时,该地的时间和空间也是孤立、封闭的,但从时空统一观来考察一个地区的发展时,就可以从时间转化为空间加速地区发展,也可以从空间转化为时间调节地区发展。因此,粤港澳合作发展应着眼于时空观念转换,以空间生产和时间节约思想来引导三地开展全方位、宽领域、高层次、集约化、少环节的合作发展,促进三地经济共荣、社会和谐发展。

第一,从历时性角度考察,随着经济发展水平的变化,粤港澳三地的"中心"与"边缘"的地位发生了历史性变迁。在改革开放前,广东经济大大落后于港澳,那时的港澳是地区发展中的绝对的"中心",广东则是"边缘"地区。改革开放后至20世纪90年代中期,广东经济增长强劲,文化繁荣发展,虽然它与港澳仍存有发展差距,但广东不再全面落后于港澳,那时的港澳成为地区发展中的相对的"中心",广东从"边缘"的地带走向增长极的"中心"。进入新世纪以来,尤其是近十年来,改革开放继续深化,广东跨入中等收入时期,在经济总量上,广东已经全面超越了港澳,这时期的港澳不再是"中心"了,而广东亦不再是"边缘"了。在中国大发展的背景下,港澳力图巩固"中心"的地位,驱离被边缘化的危险;而广东则以强大经济实力日趋建构"中心"的地位,过去的"边缘"地位正在不断剥离。在这种状况中,改革开放前的粤港澳三地所形成的封闭空间,即生产和发展空间被分割、分类或分等的局面已逐渐被打破。正因为"时间是

人类的发展空间"①，是"人的积极存在""人的发展尺度"②，因此，推进粤港澳合作发展，就要在发挥地缘、人缘和乡缘的优势的基础上重塑更科学的时空观，以时间节省开拓发展空间，以空间延展争取自由时间，不断提高空间开拓能力、时间控制能力、财富增值能力。随着这些能力的增强，必然带来社会创新能力的提高，引发三地经济领域出现连锁正反应，进而推动生态化、文化化、现代化的都市经济圈建设。

第二，从空间维度考察，广东经济特区从空间的透明性和易懂性的建设实践上为粤港澳合作发展提供了成功范例。2010年以后，深圳、珠海两个经济特区在原来的特区范围上建设特区、发展财富已经颇受局限。直面这个现实，广东把这两个特区的区划空间扩展至全市区，规划、建设前海开发区和横琴新区，从而为增强特区经济活力，扩展特区活动空间，扩大特区市场经济关系创造了新的前提。这是因为，"在人力、资本、资源的全球化配置中，空间是一种要素组合，是一种网络，是一种信息，甚至是一种影响力、控制力的存在方式"③。就此意义来说，在重大战略机遇期，推动粤港澳合作发展，三地要着力下述三点。首先，要重视包括物质生产空间、制度生产空间、文化生产空间在内的"空间"的生产，发挥社会主义市场经济体制的空间优势，推进经济快速健康发展。其次，要以时代特征的变化为转移，以民生吁求的变化为导向，树立共存发展意识和共富价值意识，创新以经济占有机制、经济交换机制、经济分配机制为统一体的经济机制发展系统，不断完善竞争机制、协调机制、激励机制和应急保障机制。再次，要联手总结经济合作发展的新鲜经验，联合担当探索地区科学发展新路的重任，联盟构建有利于地区科学发展的体制机制，形成有利于以时间节约去消灭空间和距离的发展新优势。

第三，从时空转换角度考察，粤港澳大湾区合作发展战略可以具

---

① 《马克思恩格斯选集》第2卷，人民出版社1995年版，第95页。
② 《马克思恩格斯全集》第47卷，人民出版社1979年版，第532页。
③ 景天魁：《时空社会学：一门前景无限的新兴学科》，《人文杂志》2013年第7期，第100页。

化为五个方面。

第一，粤港澳大湾区应推动政府职能、市场监管、金融监管和社会治理方式的根本转变。三地应以申报建设自贸区为契机，重点推进行政审批、市场准入、商事登记、海关监管、检验检疫等制度改革，实行准入前国民待遇加负面清单的管理方式，完善注册资本认缴登记制度，为粤港澳合作发展打造廉洁高效的服务型政府。与此同时，借鉴横琴新区发展决策委员会、管理委员会、发展咨询委员会"三位一体"的运作机制，完善决策、执行、监督机制，成立"粤港澳经协"，统筹指导三地经济合作发展，对内扩大对"泛珠"的辐射力，对外增强对东盟、南亚经贸的影响力，不断增强对全国乃至世界经济的辐射、服务、引领能力。

第二，粤港澳大湾区应加强基础配套，形成内生合力，提高生产效率。三地应发挥经济体制机制改革创新的制导作用，鼓励优势企业开展跨地区、跨所有制的兼并重组，推进跨省合作，加强高新区、孵化器、大学科技园、经济园区建设，健全落后企业退出机制，提高产业集中度和综合竞争力。同时，强化企业的创新主体地位，实施创新驱动战略，完善知识产权制度，培育经济增长新动力，增创经济竞争新优势，进一步释放大湾区经济合作发展潜力，实现经济发展方式根本性转变。

第三，粤港澳大湾区应重视银行、媒体、通信三大领域的联盟创新。首先，随着数字经济时代的发展，三地银行应加快合作步伐，促进金融创新合作，发展地区性中小银行，优化配置金融资源，降低银企资金运行成本，早日实现港澳地区银行和广东地区银行互相进驻广州CBD金融区、港澳金融区，为三地经济合作发展提供完善的融投资服务。其次，随着网络社会的兴起，三地应加强传播媒体建设合作，在新闻、出版、电视、网站、报纸、期刊等领域展开对口交流、密切合作，实现媒体信息资源共享，共同抬升知识传播速度，提高媒介产业素质，为三地经济发展提供完善的媒介服务。再次，随着互联网、物联网、云计算和5G新型移动信息终端的广泛普及，三地应加大通信技术与产业合作的力度，创新电信与网络开发渠道，降低长途电话通话及其漫游资费，为大湾区提供完善的电信服务。

第四，粤港澳大湾区应建立具有统一高效医治管理体制的合作医院。为构建和谐医患关系，三地应建立"以健康促进为中心替代疾病治疗为中心，以公平和绩效为核心，注重精细管理和成本控制"① 的医治管理体制，整合三地医师、医药、医力资源，建立粤港澳统一挂牌的共建共享的合作医院，建立与这些合作医院相配套的医疗网站或支持远程医治的网上医院，促进大湾区医院的高质量高效益发展，切实保障大湾区居民身心健康发展。

第五，粤港澳大湾区应创造人性化、便利化、立体化、高速率的交通条件。三地应推进交通体制创新，探索和试行三地交通年票互通体制，比照出入广东的港澳籍车辆的管理办法，对拟出入港澳地区的粤籍车辆加挂港澳地区牌照，三地车辆均须遵照行驶地的交通管理制度，为居民从事商事交往活动提供更大便利。同时，要在既有跨海大桥、海底隧道建设基础上，推进跨区域的交通基础设施建设，进一步推进连接大湾区的高速公路、高速铁路、城际和城市轨道交通、港口航运等基础设施的建设，为粤港澳大湾区经济合作畅通交通空间。

总之，粤港澳大湾区经济合作发展应转换时空观念，加强社会组织的时空重组，使之"能够跨越时空距离而对社会关系进行规则化控制"②，把行政主体合作、市场主体合作、媒介主体合作整合起来，把服务合作的信息化、绿色化、低碳化、便利化的基础条件夯实起来，把提升质量的城市化、产业化、市场化、社会化的发展价值融合起来，发挥技术密集型、资本密集型、管理高端化的产业行业优势，促进改革红利、政策红利、人口红利、质量红利多向度释放，不断推进大湾区居民消费质量升级，持续延展大湾区合作发展的美好前景。

2. 建构文化时间促进粤港澳大湾区文化共生和合发展

在重要战略机遇期，推进粤港澳大湾区文化共生和合发展，要充

---

① 杨敬：《建设健康促进型社会是实现"中国梦"的重要支撑》，http：//theory.gmw.cn/2013-07/28/content_8428834.htm.
② 景天魁：《中国社会发展的时空结构》，《社会学研究》1999年第6期，第56页。

分运用中华文明智慧，建构面向未来的和谐的文化时间。正如非洲学者丹尼尔·埃通加-曼格尔所指出："对未来没有一种活力强劲的时间观念，就没有计划，没有预见，没有方案的制订；换句话说，就是没有一项涉及未来事态进程的政策方针。"① 因此，只有转换时间观念，把三地的地理距离、时间距离、空间距离、语言距离、制度距离、学术研究距离、社会发展距离、个人自由发展距离，等等，所有的距离都压缩进共存的状态，清除空间的分割、等级化和精细化，消除制度的隔离、产业的分离以及科技对人的背离，才能实现文化市场统一、文化产业融合、文化事业均等化，不断提高三地文化软实力。

第一，要构建粤港澳大湾区学术话语体系，建设粤港澳"统一科学"的枢纽平台，实现信息文化资源共享，创造可以自由支配的增值财富的文化时间。首先，以国学研究为媒介，三地共同开展"港学""澳学"和"粤学"的研究及其交叉研究，以"研学"方式积储文化时间，为三地的自然科学、社会科学和人文学科的统一发展充实基础。其次，开展三地文化产业调查，实施适应后现代文化工业发展趋势的产业规划，科学调整文化产业发展布局，促进产业有机集群，以"产业"转移和升级的方式转换文化时间。再次，借鉴国内的"国际公众论坛""中国尼山论坛""国际人类论坛"等，设立定期的粤港澳文化论坛、管理论坛、发展论坛等，以"论坛"集智汇明的方式传播文化时间。复次，创办培养本硕博专业学位的"粤港澳联合大学"，创建实体型研究机构，创办类似新加坡"卓越研究中心"那样的科技创新中心、学术研究中心，成立"粤港澳文协"，统筹督导三地文化合作发展事务，以"管理"升级换代创造文化时间。通过建构文化时间，促进三地在学术研究、高中等教育、科技文化创新、信息资源共享等方面加快交流合作步伐，既扩大合作空间，又提升交流层次，既传扬中华思想智慧，又促进经济文化发展。对时间建构的问题，马克思指出："社会发展、社会享用和社会活动的全面性，都取决于时间的节省。一

---

① [美] 塞缪尔·亨廷顿、劳伦斯·哈里森：《文化的重要作用——价值观如何影响人类进步》，程克雄译，新华出版社 2002 年版，第 112 页。

切节约归根到底都归结为时间的节约。"①而"时间的节约",意味着人们可以自由支配的时间的增多,人们创造财富的条件与机会的增多,也意味着人们能够以较少的时间代价去获取较大的成功发展。因此,粤港澳三地应当设置促进社会科学发展的时间节律,形成贴近人民生活实际的时间意识,感悟"时间就是人的发展空间","时间就是金钱","效率就是生命"等箴言,"提醒我们生命的短促,召唤着能赋予时间以积极内容的伟大行动"②,促使人们把握住重要战略机遇期,建构自由支配的文化时间,创造更多物质文化财富。

第二,要汇聚全面深化改革正能量,推进三地信用法律制度衔接,整合广东六大经济新特区,建设服务粤港澳大湾区和合发展的取精用宏的文化平台。首先,要明确改革的主体是人民,要发挥人民的主体性,让人民参与改革过程,感受改革正义力量,分享改革发展成果,从而既使人民安神定气,支持改革,拥护改革,形成贯通文化时间脉络的改革文化,也使改革凝聚人民智慧,光彩人本精神,为粤港澳合作发展营造文化氛围。其次,要先行先试,探索促进三地金融、信用、法律、通讯、检测认证等服务贸易领域的制度衔接,推进三地的合作制度、合作方式、合作渠道的创新③,增强制度文化优势,释放文化时间能量,形成与良好发展现实相适应的制度自信。再次,要从宏观上整合中新广州知识城、南沙新区、深圳前海新区、珠海横琴新区、佛山中德工业服务区和东莞台湾高科技园,促进三地生产要素自由流动,实现三地人力资本、金融资本和文化资本高效配置,推动三地科技、信息、管理和市场资源深度融合,提高文化时间价值,形成参与和引领世界经济发展的文化优势。复次,要热爱、发展本土文化,也要尊重、学习异文化,还要看到"每一文化区有它底中坚思想,每一

---

① 《马克思恩格斯全集》第30卷,人民出版社1995年版,第125页。
② [法]路易·加迪等:《文化与时间》,郑乐平译,浙江人民出版社1988年版,第335页。
③ 范恒山指出,区域合作应着力推进"从交换式合作向交融式合作转变","从被动式合作向主动式合作转变","从依靠单一力量推动合作向有效动员各种力量推动合作转变",这三个转变是合作方式的创新,对推进粤港澳合作发展颇有启发。参见范恒山:《关于深化区域合作的若干思考》,《经济社会体制比较》2013年第4期,第7页。

中坚思想有它底最崇高的概念,最基本的原动力"①,坚定中华文化自信,"做到圆融汲取而不拘一格,取长补短而不崇洋媚外,革故鼎新而不妄自菲薄,适应时代而不数典忘祖,以我为主而不唯我独尊"②,走向费孝通所说的"各美其美,美人之美,美美与共"的大同境界,实现文化时间全面共享。在此基础上,把粤港澳大湾区打造成为既有传统文化内涵又有时代精神,既有岭南文化特色又合乎世界潮流的世界级的文化都市圈③,让生活在这样的文化都市圈中的人民,与生活在我们伟大祖国其他地方的人民一样,"共同享有人生出彩的机会,共同享有梦想成真的机会,共同享有同祖国和时代一起成长与进步的机会"④。

因此,推进粤港澳大湾区合作发展,应当以建构文化时间为价值指向,把建立科学发展模式试验区、深化改革先行区、扩大开放的重要国际门户、世界先进制造业基地、现代服务业基地、全国重要的经济中心与建设国家级科技创新中心、学术研究中心、信息交流中心、金融中心、商贸中心、文化旅游中心结合起来,不断巩固合作发展所形成的共存条件,不断充实和谐发展所造成的共荣局面,不断升华共生发展所生成的共赢境界,全面实现三地发展时空的内在延拓。这就是一个以"文化共生"的方法来实现社会和合发展的价值理想,也是中国在未来建成高质量全面小康社会的文化逻辑。

3. 服务"一国两制"促进粤港澳大湾区社会共进和平发展

一个美好社会是科学发展、深度发展、协调发展、共进发展的社会。粤港澳三地要在服务"一国两制"战略过程中,充分利用在市场、产业、资本、资金和管理方面的比较优势,在科技、教育、卫生、旅游、会展、交通、食品、治安、养老、救助、慈善等领域开展深入合

---

① 《中国现代学术经典·金岳霖卷》,河北教育出版社1996年版,"绪论"第18页。
② 李建军:《中国传统文化的现代转型的战略构建》,《江西社会科学》2013年第6期,第238页。
③ 以广东六大经济新区为增长极的制造业中心应与香港物流航运金融中心、澳门旅游博彩业中心加强合作,提升三地合作平台建设,拓展合作视界,促进大湾区科学发展。
④ 习近平:《在十二届全国人大一次会议闭幕会上的讲话》,http://news.xinhuanet.com/2013lh/2013-03/17/c_115052635.htm。

作，共同完善市场、产业、技术、资本、管理、机制等合作模式，把三地建设成为一个基于经济发展基础上的财富社会、包容社会、进步社会和幸福社会。

把粤港澳大湾区建设成为财富社会。在时空社会学视野下，"财富"表现为时间财富和空间财富。前者是指人们占有自由时间和对生产时间的节约而形成对物质经济财富的增值发展；后者是指人们因对空间的转换而占有便利空间或对生产空间的拓展而实现对物质经济财富的增值发展。正如马克思所指出，财富"在最高次方上表现为交换价值"，"表现为完成的经济关系"①。就此意义而言，建设财富社会，粤港澳要从两方面着力：一方面，要建立公平均等的公共服务供给体制，形成在地方政府主导下的政府与市场相互共生的公共服务供给机制，促进融合发展的利益分配机制，全力保障经济民生，增加群众收入和实惠。另一方面，要建立高效规范的相互配套的竞争机制、激励机制和约束机制，加强成本管理、招标管理、全面质量管理，防止经济垄断，保障粤港澳大湾区合作事业成功发展，全面体现共建共享、共荣共富的社会主义价值观。

把粤港澳大湾区建设成为包容社会。"包容社会"是指包容度比较高、宽容心比较大的好社会。社会包容主要是指文化包容、制度包容。社会主义市场经济体制的完善发展为增进社会包容提供了充实基础。在粤港澳地区，文化具有互渗性，即涵容广府文化、潮汕文化、客家文化、香山文化和外域文化的三地文化具有互渗性。这一特性说明，三地在文化结构、文化体系和文化价值上具有相融性、可延展性。进入信息网络时代，三地要在尊重中国历史文化传统，传承中国历史文化记忆，丰富中国人文历史思维，坚定中国历史文化选择的基础上，"大胆吸收和借鉴人类社会创造的一切文明成果，吸收和借鉴当今世界各国包括资本主义发达国家的一切反映现代社会化生产规律的先进经营方式、管理方法"②，赢得地区比较优势，增强推动合作发展的文化

---

① 《马克思恩格斯全集》第 30 卷，人民出版社 1995 年版，第 293 页。
② 《邓小平文选》第 3 卷，人民出版社 1993 年版，第 373 页。

优势，提高社会的包容度和包容力。

把粤港澳大湾区建设成为进步社会。"进步社会"是一个生产安全、生灵健康、生态更好、生活更美的社会，是彰显科技价值和人文价值的社会，是多元文化共存共荣的社会，是发展人的自由个性的社会。在粤港澳大湾区合作发展中，应当抛弃落后的生产方式，反对不适应时代要求的增长方式，摒弃危害人类社会整体安全的发展方式，推动经济发展方式转变，促进人的潜力、活力和能力的充分释放，逐步把粤港澳建设成为人本化、道德化、智能化、生态化的美好社会。在这个社会中，三地人民借助高度发达和高度综合的科技力量，借助"生命科学、信息科学、纳米科学、仿生工程和机器人学的结合，信息转换器、人格信息包、两性智能人、人体再生和互联网的结合"①，转换时空存在，实现健康生存、体面生活、乐智发展、自由创造。这样的进步社会，既与发达先进的科技文化、底蕴深厚的岭南文化高度融合在一起，也与培育健全健康的人格、自由灵活的个性紧密联系在一起。

把粤港澳大湾区建设成为幸福社会。"幸福社会"是粤港澳大湾区社会建设的最高境界。建设幸福社会要求三地把握好如下基本原则：要把服务一国两制和抓好中心工作统一起来，也要把坚持优势互补、共荣共赢统一起来；要把统筹兼顾、突出重点与分类管理、整体发展统一起来，也要把创新驱动、开拓空间统一起来，还要把固本强基、修德创文统一起来。这就是说，建设"幸福大湾区"的全部工作，在于推进三地经济社会的全面、协调、持续发展与人的全面自由发展，在于"得民心""顺民意""兴民利""藏民富"，也在于"修善德""懂荣辱""树正义""知律法"，还在于形成"合天人""同人我""谐个我"的发展局面。因此，"幸福社会"是由亿万幸福人民确立起来的多元共存的和谐共生的文明社会。

总之，从文化创新视野考察，粤港澳大湾区合作发展问题是一个

---

① 何传启：《科技革命与世界现代化——第六次科技革命的方向与挑战》，《江海学刊》2012年第1期，第104页。

以"和合共生、共荣共进"为发展理念，以"全面发展、协调发展、可持续发展"为社会共识，以"空间生产、时间节约、资源共享、效率提高、财富增长、人民幸福"为价值目标，推动三地经济协调发展、文化融合创新、社会共生进步的问题。粤港澳大湾区合作发展的美好前景在于，建成聚集"财富社会""包容社会""进步社会""幸福社会"于一体的和谐社会。这样一个和谐社会是中国地方社会科学发展实践的重要表现，是中国式现代化丰富内涵的充分彰显，也是伟大中华民族精神光耀世界的真实确证。

第五节　共同富裕与马克思主义文化

中国共产党从成立之日起，就把实现民族独立、人民富裕、国家强盛的奋斗目标写在自己的旗帜上，坚持把马克思主义基本原理同中国具体实际、中华优秀传统文化相结合，坚持科学真理、探索中国道路，坚持理论创新、推进建设改革，坚持以民为本、创造美好生活，形成"共同富裕"概念。这是中国共产党的伟大创造。习近平同志指出："消除贫困、改善民生、实现共同富裕，是社会主义的本质要求。"[①] 这就说明，"共同富裕"概念是一个整体性的概念，具有丰富的内涵、意蕴和作用。从基本内涵来看，它是一种自我意识、发展理念、政策制度、治国思想和国家话语。从文化意蕴来看，它展现中华文化和谐伦理，彰显中华文化天下境界，突显创新时代共享特征。从发展作用来看，它能够和合中国式现代化，和解中西异文化，和美人类命运共同体。从根本上看，"共同富裕"是马克思主义的中国化的理论、制度、文化和实践的总体成果。深入认识"共同富裕"概念，对于推进和实现全体人民共同富裕、实现中华民族伟大复兴，都具有重大的理论意义和深远的现实意义。

[①] 《习近平谈治国理政》，外文出版社 2014 年版，第 189 页。

第六章 文化富民与马克思主义的亲和力

一、"共同富裕"概念的发展演进

中国共产党作为马克思主义政党,不仅善于运用马克思主义基本原理同中国革命、建设和改革的实际相结合,开辟一条走向民族解放、人民幸福和国家强盛的胜利道路,而且善于运用马克思主义基本原理同中华优秀传统文化相结合,在实践中探索、总结和提炼中国特色的话语和概念,形成马克思主义的中国化的理论、制度、文化成果。"共同富裕"概念是众多中国化实践成果的重要范例之一,其丰富内涵的发展演进可以从不同维度去理解认识。

1. 作为自我意识的共同富裕

共同富裕首先是一种自我意识。因为意识总是被意识到了的意识,这就是自我意识。一个相对贫困的个体人没有意识到自我需要改变经济地位,实现经济独立,走向共同富裕,那么其自我意识的深处显然没有形成改变现实生活的意识。马克思、恩格斯指出:"意识在任何时候都只能是被意识到了的存在,而人们的存在就是他们的现实生活过程。"[①] 全国各地的思政课教师和驻村扶贫干部自觉肩负教化育人的使命,他们始终以坚定的信心去讲解、提醒处于社会生活底层的人们,要想尽办法去改变贫困面貌和落后现实,这项使命至今仍未全部完成。众多希望改变贫困面貌和落后现实的人仍然怀抱诸如等、靠、要的期待,仍然尚未形成积极致富的自我意识。其所以如此,是由相对贫困的个体人的现有生活状况决定的。"不是意识决定生活,而是生活决定意识。"[②] 随着中国现代化建设实践的推进,大多数相对贫困的个体人理解了党的富民政策,接受了政府的正确指引,形成了追求和实现共同富裕的自我意识;那些已经富裕起来的个体人形成并巩固了先富带动后富的意识,与相对贫困的个体人一起追求共同富裕,那么人们此时的意识就是积极进取、包容发展的自我意识。这种自我意识将会积

---

① 《马克思恩格斯选集》第 1 卷,人民出版社 1995 年版,第 72 页。
② 同上书,第 73 页。

累性发展,逐步形成一种高远非凡的超越意识。这种超越意识的形成,意味着个体人开始懂得超越自我的内在局限,去健全完善一个新的自我,并以自我意识的多种形式去影响外部世界,改变相对贫困的现实。

2. 作为发展理念的共同富裕

共同富裕是先进的发展理念。理念是意识的较高级形式,也是自我意识的较成熟形态。个体人的自我意识进展到理念阶段能够使其精神达到高一级的层次,以致这种理念也成为促进其自身发展的精神原动力,这是因为理念是自我意识的沉淀、积聚,是新的发展意识的有机生成。一个理念的形成包含着对已有的自我意识的反思或否定,这种辩证的自我否定会形成一个突破自我的意识,由此产生新发展的意欲。把共同富裕作为发展理念,这是中国共产党的一个理论创造和实践创新。首先,从理论创造来看。毛泽东在《关于农业合作化问题》中最先提出"使全体农村人民共同富裕起来"的表述,其后在中国共产党第七届中央委员会扩大的第六次全体会议上再次提出"使农民群众共同富裕起来",这个表述是和建设一个富裕、民主和文明的新中国紧紧联系在一起的。1992 年,邓小平在南方谈话中把共同富裕作为社会主义本质问题提了出来,他指出:"社会主义本质,是解放生产力,发展生产力,消灭剥削,消除两极分化,最终达到共同富裕。"[①] 这个论述把毛泽东的共同富裕思想推进到一个新阶段。进入新时代,习近平指出,要正确处理我国社会不充分、不平衡发展和人民追求美好生活之间的矛盾,准确理解新发展理念,稳步实现全体人民的共同富裕。其次,从实践创新来看。改革开放以后,党中央"提倡一部分人和一部分地方由于多劳多得,先富裕起来"[②],目的是让先富带后富,让经济发达地区带动经济欠发达地区,最终实现共同富裕。进入 21 世纪,中国经济进一步加快发展,但区域发展不平衡、地区经济发展水平差异较大,国家一方面注重提高经济效率,一方面更加注重维护社会公平公正,提出"限高保中提低"原则,着力缩小贫富差距,构建社会

---

① 《邓小平文选》第 3 卷,人民出版社 1993 年版,第 373 页。
② 《邓小平文选》第 2 卷,人民出版社 1994 年版,第 222 页。

主义和谐社会。随着小康社会的全面建成，推进区域和城乡协调发展，"通过改革给人民带来更多获得感"①，实现全体人民共同富裕的问题被提上议事日程。党的十九届五中全会提出深入贯彻新发展理念，实施乡村振兴战略，调整生产结构、改革经济结构、畅通交换结构、完善分配结构，把"幸福生活是奋斗出来的"的重大动员手段和推进共同富裕的重大决策部署紧密结合起来，推进中国式现代化建设。

3. 作为政策制度的共同富裕

政策制度是共同富裕的重要支撑。这就是说，实现共同富裕的目标和建立共同富裕的政策和制度是一体两面的事情。共同富裕是总体、全体，政策和制度是侧面、支撑。这个"总体"融入党的宗旨理念、人民的愿望、社会的期待，也含括党的富民政策、国家的卫生医疗制度、企业的生产安全制度、社会的保障救济制度等。而这个"侧面""支撑"之所以突出，乃是因为政策和制度作为一种行动规则对推动和实现共同富裕发生直接作用和持久影响。首先，为什么要推动共同富裕的问题由党的宗旨理念来解决。习近平指出："人民对美好生活的向往，就是我们的奋斗目标。"② 党的宗旨性质决定了党所做的一切是"全心全意为人民服务"，不断丰富、提高人民的物质生活和精神生活。在新时代新阶段，就是为全体人民谋划、推进和实现共同富裕。其次，从哪些方面实现共同富裕的问题由党的战略决策来解决。对此，党中央提出了解决问题的总思路，即"构建初次分配、再分配、三次分配协调配套的基础性制度安排，加大税收、社保、转移支付等调节力度并提高精准性，扩大中等收入群体比重，增加低收入群体收入，合理调节高收入，取缔非法收入，形成中间大、两头小的橄榄型分配结构，促进社会公平正义，促进人的全面发展，使全体人民朝着共同富裕目标扎实迈进"③。最后，怎么样保障共同富裕目标实现的问题由国家的制度来解决。中国特色社会主义制度具有巨大优越性，但是好的制度结构不等于完全公正的社会现实。因为好制度的生命力在于实施，更

---

① 《习近平谈治国理政》第 2 卷，外文出版社 2017 年版，第 103 页。
② 《习近平谈治国理政》，第 4 页。
③ 习近平：《扎实推动共同富裕》，《求是》2021 年第 20 期。

在于实施所产生的实际效应。诚如著名经济学家阿马蒂亚·森指出："无论是多么好的制度，都不应认为其根本上是好的，而应以其能否实现可接受的或出色的社会成就来判别其好坏。"① 正是基于这种认识，中国既要对那些经过共同致富实践检验是成功的做法，使之成为可复制和推广的经验，把它定型化，上升为制度，使共同富裕行动具有制度保障；又要"抓紧制定促进共同富裕行动纲要，提出科学可行、符合国情的指标体系和考核评估办法"②，尤其要完善分配制度，规范收入分配秩序，规范财富积累机制，使共同富裕行动具有制度遵循和可操作性。

4. 作为治国思想的共同富裕

共同富裕是治国安邦的思想。治国安邦是中华优秀传统文化中的重要元素。中国历史上开明的君王都懂得裕民于政、富民安民是实现天下顺治的根本。中国共产党从诞生之日起，就把马克思主义关于人的全面发展的崇高理想同中国具体实际、中华优秀传统文化相结合，把民族独立、人民幸福、国家富强作为奋斗目标。历代中国共产党人肩负起实现中华民族伟大复兴的神圣使命，团结带领人民为消除贫困、改善生活、走向富裕而奋斗担当。新中国成立七十多年来，党始终坚持以人为本原则，坚持一切为了人民、为了人民一切、为了一切人民，始终把人民的冷暖安危、财产收入、根本福祉放在最重要位置。追求共同富裕和实现人的全面发展相互关联、内在统一。共同富裕是中国共产党人的奋斗目标，是社会主义本质的具体反映，是物的全面丰富和人的全面发展的有机统一。2021年8月17日，习近平在中央财经委员会第十次会议上指出："共同富裕是社会主义的本质要求，是中国式现代化的重要特征，要坚持以人民为中心的发展思想，在高质量发展中促进共同富裕。"③ 这个重要论断为中国共产党团结带领人民实现共

---

① ［印度］阿马蒂亚·森：《正义的理念》，王磊、李航译，中国人民大学出版社2012年版，第75页。
② 习近平：《扎实推动共同富裕》，《求是》2021年第20期。
③ 《习近平在中央财经委员会第十次会议上发表重要讲话》（2021年8月17日），新华网，http://www.xinhuanet.com/202108/17/c_1127770343.htm。

同富裕目标夯实了思想基础，也指明了前进方向。

5. 作为国家话语的共同富裕

共同富裕是国家话语和文化名片。党的十九大特别是党的十九届五中全会以来，"共同富裕"与"美丽中国""民族复兴""党史教育""乡村振兴""高质量发展"等语词一样，成为国家话语。作为国家话语，它主要存在于三个层面：在民间叙事中，共同富裕是社会生活中的一个关键词，它是人们形成兴趣的原点、促进交流的中心，也是汇聚民意、凝聚民心的一个焦点问题。在国家战略中，共同富裕是事关人民幸福、国家兴盛的发展主题，它既是党中央高瞻远瞩去思考并高屋建瓴去部署的重大战略问题，也是各级地方党委必须去制定可行措施并完成使命任务的重大现实问题。在对外交往中，共同富裕是中国特色的国家文化名片，它不仅能够反映社会主义的本质特征，也能够彰显中国共产党的执政效能。从这些意义来看，共同富裕就从民间交流叙事的焦点转变为社会精神激励的重点，从人民群众追求的理想生活转变为党和国家的意识形态，从社会主义制度的顶层设计转变为中国的国家文化名片。

总之，"共同富裕"概念是中国共产党的伟大创造，它具有多维度的丰富内涵，它涵容积极的包容意识和高远的超越意识，涵摄奋进新征程和建功新时代的发展理念，涵蕴使民不争和促民富庶的行动规则，涵盖裕民于政和富民强国的执政思想，涵蓄国家意识形态和国家文化名片。理解和把握了"共同富裕"概念的基本内涵，就能够进一步探讨、挖掘这个概念所具有的中华文化底蕴。

二、共同富裕具有中华文化底蕴

中国共产党是中国人民和中华民族的先锋队，也是中华优秀传统文化的继承者、弘扬者。一百多年来，中国共产党始终不忘初心、担当使命，始终坚守理想、胸怀天下，矢志为人民谋幸福、为民族谋复兴、为国家谋富强、为世界谋和平。在推进和实现全体人民共同富裕的伟大实践过程中，集中展现了中华文化的和合伦理，彰显了中华文化的天下境界，突显了创新时代的共享特征，整体呈现了中国共产党这个世界大党敢于担当作为、善于建功立业的形象。

（一）共同富裕展现中华文化的和合伦理

"共同富裕"作为一个整体性的概念，它具有底蕴深厚的和合伦理精神，它揭示了追求和实现共同富裕的个体主体既自利又利他的和谐意蕴，体现了追求和实现共同富裕的集体主体同心合力、共建共享的和睦意蕴，澄明了追求和实现共同富裕的人类共同体命运与共、同舟共济的和平意蕴。因此，个体主体之间的和谐、集体主体之间的和睦、人类共同体之间的和平共同展现了中华文化的和合伦理。

1. 共同富裕涵摄个体主体自利利他的和谐意蕴

共同富裕首先指向现实的个人或家庭。个人或家庭对待共同富裕的精神心性体现和合伦理。"你有、我也有"是共有，"你好、我也好"是共富，这是个体主体的积极的自我意识。由你和我的"有"和"好"去成全他者的"有"和"好"，这是由自利而利他的伦理。从"有"的层面来看，个体主体从有存粮、存货，发展到有存款、投资，资产获得增值，这是对丰富多样的物的占有，也是对潜在增值的物的占有。从"好"的层面来看，个体主体的物质资产和精神财富从"有"发展到"多"且"优"，是对物的丰富的超越，既体现了个体主体拥有丰富的资产和财富，又体现了个体主体拥有充实的精神和涵养。个体主体在获得自我的"有"且"好"的资产的增值、财富的增长之基础上，能够看到他者生活和发展的需要，看到由你和我共同助力其获得"有"、实现"好"的目标的意义，这个意义就是个体主体包容他者的心理价值和共同致富的伦理价值一并显现。个体主体的心理价值在于自我因为拥有财产和财富的"心安理得"，在于帮助他者获得财产和财富而变得更好的"助人为乐"；个体主体的伦理价值在于获得自我实现的"自利利他"，也在于帮助他者致富向好的"成人之美"，这种价值发展的较高级阶段，则是走向"共享发展"。可见，把你、我、他者之"有"和"好"放置在同一个平面上来审视，既等同看待、又共同拥有，这是中华文化"安富养民""务利贫人"的和合伦理，也是建构和实现个体主体之间和谐的意识基础。

2. 共同富裕涵容集体主体同心合力的和睦意蕴

共同富裕植根于国家主体、政府主体和企业主体的共同创造。国家主体、政府主体和企业主体都是集体主体，它们在实现中国人民共同富裕过程中发挥不同的行动结构作用。其中：国家主体发挥组织结构的作用，政府主体发挥分配结构的作用，企业主体发挥生产结构的作用。正是这个三位一体的集体主体及其行动结构共同推进、保障和实现全体人民的共同富裕，体现了集体主体同心合力、共建共享的和睦意蕴。

国家是代表人民意志和民族利益的主权主体。"国家是最正规的公共组织。"[1] 它具有一个理性使命，就是促进国内的所有公民实现共同利益。中国必须统一，也必然统一，在统一有序的国家内才可能实现全体人民共同富裕。民族也是一个整体，中华民族是一个团结和谐的整体，中国五十六个民族在团结互助的民族共同体内才可能实现共同富裕。从国家到民族，离不开中国共产党的集中统一领导。从实现国家完全统一，到实现中国人民共同富裕，再到实现中华民族伟大复兴，也离不开中国共产党的强大组织力、社会号召力的发挥。正是因为中国共产党具有天下一家的整体意识，自觉肩负富裕人民的神圣使命，才能够铸牢中华民族共同体意识，才能够担当中国人民奋进新征程建功新时代的主心骨，才能够为实现共同富裕目标提供强大组织保障力量。

政府是代表人民的意志及其现实利益的行政主体。《周礼·天官冢宰》论述了官府的六项职务，其中第六项是事职，即"以富邦国，以养万民，以生百物"[2]。新时代的人民政府也具有类似的"事职"，即制定和实施富民强国政策，建立和健全经济法律监督，培养和增强政治意识、法治意识、责任意识、服务意识，显现和发挥政府机关的职能、效能，体现和提升政府的行动力、改造力。各级政府是贯彻落实党的

---

[1] 詹世友：《公义与公器：正义论视域中的公共伦理学》，人民出版社2006年版，第77页。
[2] 王玉德等：《和谐融通》，武汉大学出版社2007年版，第127页。

脱贫攻坚政策、乡村振兴战略，肩负实现共同富裕的使命任务的责任主体，也是建立完善经济分配结构的主导者、公证人。由政府所主持建立的经济分配结构要体现出目的正义、程序正义和结果正义，因为它决定着全体人民共同富裕的实现程度。俗话常说，老区要致富，主要靠政府；农民要致富，关键靠支部。这句话强调各级政府和基层党组织，要增强使命担当意识，提升清正廉洁精神，高效建设基础性、普惠性、兜底性民生工程。习近平指出："要发挥政府在规划引导、政策支持、市场监管、法治保障等方面的积极作用。"① 党的二十大报告强调，要采取更多惠民生、暖民心举措，着力解决好人民群众急难愁盼问题，健全基本公共服务体系，提高公共服务水平，增强均衡性和可及性，扎实推进共同富裕。因此，各级政府和党组织要坚持依法行政、裕民于政，做到惠民利民、安民富民，推进和实现全体人民共同富裕。

企业是与国家和人民的现实利益密切相关的经济主体。企业强则中国强，企业富则中国富。在中国，公有制企业和非公有制企业都是国家物质财富和社会经济利益的主要创造者，两者相辅相成、相得益彰。在科技层面，企业是先进科技的创发者；在文化层面，企业是商道文化的推进者；在市场层面，企业是要素市场的建设者；在人才层面，企业是复合人才的培养者；在税收层面，企业是国家税收的主要贡献者。质言之，从公有制经济到非公有制经济，从实体经济到数字经济，企业是国家和人民的现实利益的主要生产者。习近平强调指出，企业家们要弘扬爱国敬业、守法经营、创业创新、回报社会的精神，要聚焦实业、做精主业，努力把企业做强做优②。有了大量做强做优的企业，中国现代化经济体系就能较快建成，中国人民共同富裕就能较快实现。

应当说，共同富裕是三位一体的集体主体共同组织和科学引导中国人民生产出来的现实成果。在推进和实现共同富裕过程中，国家主

---

① 《习近平谈治国理政》第3卷，外文出版社2020年版，第262页。
② 《习近平谈治国理政》第3卷，第268页。

体、政府主体、企业主体分别发挥着组织生产、治理生产、资财生产的作用，这与三个主体的结构功能是相互适应的，每一个结构都贯穿促进人民"兼有""都好"、实现人民"惠益""共赢"的行动伦理，这是一个引导集体主体和人民主体同心勠力、团结进取，以最高效率和最大公平实现全体人民共同富裕的和睦伦理。

3. 共同富裕涵蓄人类共同体同舟共济的和平意蕴

"共同富裕"概念，狭义上看，它是指中国全体人民共同富裕，是人民的物质生活富裕和精神生活充实的统一。在中国共产党的全面领导下，要让人民成为国家政策红利的分享者、社会普遍福利的获得者、市场经济机遇的把握者，从而使共同富裕在人民中间得到最大程度的实现。从广义上看，它是指中国同周边国家乃至更多与中国一同追求合作共赢的国家人民的共同富裕，是中国人民和世界人民的物质生活富裕和精神生活充实的统一。在国际交往中，中国始终秉持睦邻、安邻、富邻的外交原则，与周边国家和地区携手合作，共同推进经济贸易、基础建设、人文交流、抗灾抗疫、减贫致富等事业。进入新时代，中国倡议建设大家一起发展的"一带一路"，促进政策沟通、设施联通、贸易畅通、资金融通、民心相通，构建亚洲命运共同体、中国-东盟命运共同体、中非命运共同体、中欧命运共同体等人类命运共同体，形成以"和平合作、开放包容、互学互鉴、互利共赢"为核心的丝路精神，"营造人人免于匮乏、获得发展、享有尊严的光明前景"①，建成和平之路、开放之路、繁荣之路、创新之路和文明之路。因此，高质量建设"一带一路"，是一条在"共商共建"的基础上实现"共赢共享"的道路，是"大家好才是真的好"的共同富裕道路，是人类命运共同体同舟共济、和平发展的道路。

（二）共同富裕彰显中华文化的天下境界

共同富裕和中华文化内在关联，中华文化"积淀着中华民族最深沉的精神追求，包含着中华民族最根本的精神基因，代表着中华民族

---

① 《习近平谈治国理政》第 2 卷，第 524 页。

独特的精神标识,是中华民族生生不息、发展壮大的丰厚滋养"①。共同富裕是一种历经现代实践建构、深受中华文化滋养而造就的崇高境界。这种崇高境界体现为富裕起来的个体主体从"小我生存""小富即安"转向"大我共存""共富恒安",体现为发达起来的集体主体从"顺应天道""向道而行"走向"俯仰天下""天下为公"。

1. 共同富裕指向富裕空间的整体发展

"共同富裕"是一个整体性发展的概念,它包含"四海一家、万物并育、天人合一"的文化理念。从地域空间上看,"共同富裕"要求在国家主权范围的地域内实现整体性发展。在中华人民共和国的主权范围内,中国大陆、中国的香港、澳门和台湾地区"四海一家",都是推进和实现共同富裕的地域空间。当下,深圳推进中国特色社会主义先行示范区建设,广东、香港和澳门三地推进粤港澳大湾区建设,浙江推进共同富裕示范区建设,上海推进中国式现代化引领区建设,海南推进中国特色自贸港建设,河北推进雄安新区建设,等等,它们都是服务于全体人民共同富裕目标的创新建设。从发展特征上看,推进和实现共同富裕,要求贯彻"万物并育""天人合一"的文化理念,形成"绿水青山就是金山银山"的财富观,在经济建设、政治建设、文化建设、社会建设和生态文明建设的协调发展中,正确处理人与国家、人与社会、人与自然的发展关系,构建人与自然生命共同体,筑牢中华民族共同体,建设惠及14亿多人民的幸福社会。

2. 共同富裕指向致富方式的梯次发展

"共同富裕"是一个层次性发展的概念,它包含"有先有后、争先促后、优先带后"的辩证原则。不同的国家,国情各不相同;同一个国家不同地区,区情也不同。这就意味着,不同国家、不同地区发展的现实状况有差异,人们追求共同富裕的理想和现实也有距离。这个距离是主体意识和建构意识的间距。作为执政主体、施策主体、生产主体,其中任何一个有责任和敢担当的主体,都有促进和实现共同富裕的积极意识,但具体到任何一个主体、个体都可能存在心力不到位、

---

① 中共中央宣传部:《习近平总书记系列重要讲话读本》,人民出版社2016年版,第201页。

体力不到位、举措不到位的情况，也就是出现建构意识不足、不强，甚至出现心力、人力、举措皆有缺失的情况。为了避免这些不良情况出现，中国首先需要完善顶层设计，不断扩大中等收入群体规模，促进基本公共服务均等化，规范和调节过高收入，促进人民精神生活共同富裕，同时促进农民农村共同富裕①。其次，要推进致富政策创新，建立梯次发展格局，不能搞"限时令""一刀切""模板印"，而要允许有先富和后富，鼓励先富促后富，激励富而思进，不断增强创新优势，引导先富带后富，防止社会阶层固化，畅通向上流动通道，让全体人民逐步实现共同富裕。

3. 共同富裕指向富裕水平的高质量发展

"共同富裕"是一个高质量发展的概念，它澄明"你好、我好、大家好才是真的好"的生活价值。共同富裕不仅是可能生活，而且是现实生活。可能的富裕生活是有待创造的、值得期待或向往的生活。现实的富裕生活是归于创造的，直接为人们所把握、享受的生活。"你好、我也好"的富裕生活可能是地区性、局部性的美好生活，"大家好"的富裕生活必然是全国性的、整体性的美好生活。中国正在建设、推进和必将成为现实的共同富裕，是从"你好、我也好"的富裕生活发展到"大家好"的富裕生活。而"大家好"的富裕生活是由高质量发展而成就的、为全体人民共享的美好生活。习近平指出："高质量发展，就是从'有没有'转向'好不好'。"② 其"好"的意义，就在于共同富裕具有全体人民性、自觉提升性、安全保障性、持续发展性。因此，高质量发展的共同富裕，对中国共产党而言，意味着"五位一体"总体布局和党的建设伟大工程全面发展；对中国人民而言，意味着物质财富和精神财富的共同增值；对中华民族而言，意味着中华文化创造和中华文明创新的协调发展。

4. 共同富裕指向致富路径的多元化发展

"共同富裕"是一个功能耦合的概念，它启迪"多管齐下、文化先

---

① 习近平：《扎实推动共同富裕》，《求是》2021年第20期。
②《习近平谈治国理政》第3卷，第239页。

行、共建共荣"的科学思路。共同富裕作为一个开放发展的过程，它指向致富、走向共富的路径是多种多样的。比如：以勤劳节俭、产业开拓、财产继承等方式致富，或以知识创造、技术转让和管理服务等方式致富，或以风险投资、国际贸易、大额理财、科技创新等方式致富，不胜枚举。在国家层面，要做好共同富裕的顶层设计和组织保障；在政府层面，要做好共同富裕的政策布施和分配公正；在企业层面，要做好共同富裕的生产积累和物资储备。共同富裕作为一个持续发展的过程，它要求国家、政府、企业以及社会中间组织齐抓共管，更加要求文化先行，重视相对贫困家庭、低收入群体日益获得致富的文化和能力。最为要紧的是，提升低收入阶层的人力资本和专业技能，提升每一个体人的就业创业能力，以及改变自我现实的创造能力，从而增强致富本领。这就是习近平多次强调要让中国"人民享有更好更公平的教育"① 的原因。因此，实现全体中国人民的共同富裕，要更加重视和培养低收入阶层的文化力、创造力，要使之融入国家的组织结构、政府的分配结构和企业的生产结构中去，也要使之与整个社会生产力结构对接、耦合。

应当指出，追求共同富裕的价值目标和实现手段是有距离的，这是价值理性和工具理性的间距。追求共同富裕，不是一时一地、一蹴而就就能够实现的目标，也不是相对贫困个体人、整个低收入阶层都一齐达到富裕目标，它是一个逐步提高经济收入、改善生活状况、积累拓展实现的过程。只要坚持推进和实现共同富裕的文化理念、辩证原则、生活价值和科学思路，就一定能够在创新和共享中实现这个伟大目标。

(三) 共同富裕突显创新时代的共享特征

中国特色社会主义新时代是一个创新共享的时代，也是全体人民为实现共同富裕而接续奋斗的新时代。创新是经济、科技、制度、文化、治理等方面的创新，其本质是生产力的创新。共享是物质文明和

---

① 《习近平谈治国理政》，第 191 页。

精神文明协调发展基础上的成果分享，也是实现中国人民美好生活的促进机制。创新为共享提供物质基础，共享为创新提供精神动力，创新和共享融汇于推进和实现共同富裕的全过程。

1. 物的全面丰富是共同富裕的物质条件

丰衣足食是几千年来人类孜孜以求的美好梦想。由物质的丰裕所带来的生活满足，由财富的增长所带来的价值富足，正是国家和社会现代化的重要特征。丰裕的衣食住用是人们的物质生活全面丰富的具体表现。马克思、恩格斯指出："一切人类生存的第一个前提，也就是一切历史的第一个前提，这个前提是：人们为了能够'创造历史'，必须能够生活。但是为了生活，首先就需要吃喝住穿以及其他一些东西。因此第一个历史活动就是生产满足这些需要的资料，即生产物质生活本身。"[①] 而怎样生产才能实现物的全面丰富问题，这不仅关系到生产的结构形式，也关系到生产力的发达程度。在中国语境中，推动区域协调发展、高质量发展，就能够实现物质生产与供给的全面丰富。习近平指出："高质量发展，就是能够很好满足人民日益增长的美好生活需要的发展，是体现新发展理念的发展，是创新成为第一动力、协调成为内生特点、绿色成为普遍形态、开放成为必由之路、共享成为根本目的的发展。"[②] 这个论断说明了，高质量发展即是生产力高度发达条件下的全面发展、协调发展、安全发展、共享发展。中国特色社会主义新时代是物质生产与供给全面丰富的时代，也是生产力和创新力高度发达的时代。只有在这样的时代，共同富裕才能变成为人们把握的直接现实。

2. 人的全面发展是共同富裕的精神条件

共同富裕是个体主体富裕和现实家庭富裕的统一，这个"统一"指向人的全面发展。只有在中国共产党领导下建设的中国式现代化，才能把坚持人民至上原则、推进人的全面发展作为实现共同富裕的重要精神条件。追求共同富裕的个体主体和外部世界的交往实践是有距

---

① 《马克思恩格斯选集》第1卷，人民出版社1995年版，第79—80页。
② 《习近平谈治国理政》第3卷，第238页。

离的，这是个体主体的文化力与其实践转化力的间距。个体主体间的文化力是有差异的，它表现为人们的理解力和领悟力、接受力和改造力、生产力和创新力等存在不同程度的差异。这种差异表现为三种情况：一是在经济高度发达地区，即便是相对贫困的个体人，其文化力仍处于一个相对较高的水平。二是在经济欠发达地区，相对贫困的个体人，其文化力处于相对较低水平。三是在中国经济相对发达地区，相对贫困的个体人，其文化力处于中等水平。这只是一个宏观的或者相对宽泛的认识，具体关涉到发达地区、相对发达地区和欠发达地区中的某些相对贫困的个体人，尽管他们会出现文化力水平的一定反差，但这种情况并不普遍。这就意味着，同一个推进共同富裕的政策、制度和指导方案在不同地区实施，对不同地区的贫困个体人、低收入阶层发生的作用与影响往往大有不同。因此，要使推进全体人民共同富裕的政策、制度和方案发挥预期功效，实现长效发展，就要推进个体主体的全面发展，尤其是发展其再生产能力，发展其能动的、现实的关系，促使"他炼出新的品质，通过生产而发展和改造着自身，造成新的力量和新的观念，造成新的交往方式，新的需要和新的语言"[①]，这样就把提升个体主体的思想道德素质、科学文化素质与提升其文化力、创新力、交往力、生产力统一起来了。这一点对于促进相对贫困个体人、低收入阶层实现脱贫致富、走向共同富裕具有根本意义。

总之，共同富裕具有中华文化深厚底蕴，它展现了中华文化"和谐共生""和睦共享""和平共荣"的和合伦理，彰显了中华文化"天下一家""天人合一""天下为公"的天下境界，突显了新时代创新与共享联动发展的鲜明特征，呈现了中国共产党为人类命运共同体建设美好生活的崇高精神。

三、共同富裕澄明人类美好未来

人类自古以来就追求一个共同的未来，并把它作为一个美好愿景

[①]《马克思恩格斯全集》第 30 卷，人民出版社 1995 年版，第 487 页。

诉诸理论研究和实践探索。在西方，它以古希腊柏拉图提出的"理想国"、近代空想社会主义者莫尔提出的"乌托邦"、康帕内拉提出的"太阳城"、欧文设计的"新和谐劳动公社联合体"等构想为代表。在东方，它以中国先人提出的"小康社会""至德之世""大同社会"等构想为代表。自春秋时代以降，中国先贤提出的"万物并育""天下一家""天下大同""天下为公"的思想不断发育发展，"兴天下之利""裕民于政""务利贫人"等理念接续传承，成为影响后世、滋育新人的精神财富，也成为中国共产党人提出共同富裕的思想来源。因此，共同富裕作为一种价值理念和奋斗目标，它能够和合中国式现代化、和解中西异文化、和美人类命运共同体，并以其内在的共同价值澄明人类的美好未来。

1. 共同富裕和合中国式现代化

"共同富裕"概念与中国式现代化相和合。和合，其表象是指琴瑟和鸣、笙磬同音，其本质是指事物的和衷共济、适应契合。共同富裕与中国式现代化建设在理想与现实、物质和精神、价值与工具、空间与时间等多个维度展现其和合之美。首先，共同富裕是美好生活理想和中国发展现实的结合。共同富裕是中国特色社会主义的、满足人民高质量生活需要的美好理想，而中国式现代化是建立在发达的生产力和市场经济基础上的发展现实，二者在理想与现实维度上是和合的。其次，共同富裕是个人家庭幸福与国家民族强盛的联合。共同富裕的美好生活落脚于14亿多人民及其家庭，植根于中国现代化建设和中华民族繁荣昌盛。因此，建设高度发达的物质文明和精神文明与建设共同富裕的中国式现代化在物质和精神维度上是和合的。再次，共同富裕是党的富民政策与精准发展行动的接合。中国共产党的"两个一百年"奋斗目标贯穿一条主线就是实现全体人民的美好生活向往。习近平指出，中国式现代化是坚持以人民为中心，实现全体人民共同富裕的现代化，而实现全体人民的美好生活向往离不开科学精准的发展行动，离不开以共同富裕为目标的科技现代化建设，因此，二者在价值与工具维度上是和合的。最后，共同富裕是国内建设成就与国际重大机遇的契合。没有国内的巨大建设成就，就不可能有全体人民共同富裕，同样，没有党对国际重大机遇的把握与运用，也不可能有全体人民高质量的共同富裕生活。而要取得国内建设和国际交往的双向成功，就要勇于探索和稳步推进中国式现代化建设。在新的历史时势下，构建以国内经济大循环为主体、国内国际经济双循环相互促进的新发展格局，就是中国式现代化建设的新探索、新成就。因此，二者在空间与时间维度上也是和合的。这样看来，中国式现代化是中国共产党的执政宗旨和奋斗目标的结晶体，是中国人民的富裕生活和美好未来的新福祉，是中华民族的伟大复兴和永续发展的里程碑，是真正建成了的高质量意义上的现代化。因此，追求全体人民共同富裕，建设中国式现代化，这个"当代中国的伟大社会变革，不是简单延续我国历史文化的母版，不是简单套用马克思主义经典作家设想的模板，不是其他社会主义国家实践的再版，也不是国外现代化发展的翻版"①，而是具有中国发展特色又具有中华文化和合之美的现代化新样态。

2. 共同富裕和解中西文化

建设共同富裕的中国现代化能够和解中西文化矛盾。中华文化和西方文化互为异文化，不可否认，异文化之间在理解现代化问题方面存在矛盾。西方发达国家探索和建设现代化，已经走过了两百多年的历程，它们一直坚持以西方资本主义文化主导世界现代化发展方向，并以为资本主义现代化是世界现代化的唯一标准。中国共产党带领人民在不到一百年的时间里探索形成了一条具有中国特色的现代化建设道路，在"建设什么样的现代化、怎样建设现代化"的问题上确立了自己的"话语权"，从而打破了西方国家独断性的现代化论调。新中国成立后，特别是进入新时代以来，中国共产党领导人民探索建设"四个现代化"，推进建设国家治理体系和治理能力现代化，取得了现代化建设的巨大成就，攻克了许多长期没有解决的难题，办成了许多事关长远的大事要事，形成了一系列建设社会主义现代化的宝贵经验和科学理论，创立了习近平新时代中国特色社会主义思想。这个由马克思主义基本原理同中国具体实际相结合、同中华优秀传统文化和时代精

---

① 《习近平谈治国理政》第 2 卷，第 344 页。

神相结合产生的科学思想正在引领建设全体中国人民共同富裕的现代化。这是中国式现代化越来越受到广泛关注的重要原因,是中国特色社会主义之所以好的魅力所在,也是参与世界治理的"中国方案"发挥越来越大作用的现实根据。这就说明,中国共产党和中国人民形成了与世界对话的"中国话语",内涵共同富裕精神的中华文化开始走向世界历史舞台中央。当下,中国共产党主张在建设共同富裕的现代化道路上与西方国家展开文明对话,在平等对话中发现文化连带感,在"各美其美"中交流互鉴,在"美人之美"中实现会通,从而消解中华文化和西方文化的矛盾,实现异文化和解共进。在这种新的现实条件下,就会"展示出一种逾越'文化对立'和'文明冲突论'的可能性"①,出现马克思、恩格斯早已预见的"各民族的精神产品成了公共的财产。民族的片面性和局限性日益成为不可能,于是由许多种民族的和地方的文学形成了一种世界的文学"②。这就是说,由建设共同富裕的现代化所造就的人类文明新形态将成为真正意义的共建共享的世界文明。

3. 共同富裕和美人类命运共同体

共同富裕的精神理念与人类共同体追求的基本价值相互适应、融通耦合。要使共同富裕从精神变成物质、从理念变成财富、从顶层设计变成现实行动,就要使追求共同富裕的现实的人自觉融入共同体之中,在共同体中成为"联合起来的个人",把"个人的自由发展和运动的条件"③置于共同体的控制之下,不断消除生产与交往的自发性,增强自我创新意识,提升社会创造能力。马克思、恩格斯指出:"没有共同体,这是不可能实现的。只有在共同体中,个人才能获得全面发展其才能的手段,也就是说,只有在共同体中才可能有个人自由。"④应当说,马克思、恩格斯所论及的"共同体",就是消灭阶级对立之后的不同阶层联合起来的人类共同体。这样的共同体将占有全部社会生产

---

① [日]青木保:《异文化理解》,于立杰等译,中国青年出版社 2008 年版,第 153 页。
② 《马克思恩格斯选集》第 1 卷,人民出版社 1995 年版,第 276 页。
③ 同上书,第 121 页。
④ 《马克思恩格斯选集》第 1 卷,人民出版社 1995 年版,第 119 页。

力和社会财富,并把它用于为绝大多数人谋利益、谋幸福,同时扩大共同体成员占有物质产品和精神产品的数量。其结果,就必然出现越来越多的个人既自由自觉参与创造,又自主自愿分享成果,成为共同富裕的生产者、获得者和享受者。而人类命运共同体是人类的自我意识发展的一个高峰,是促进全人类不同民族不分种族团结合作、共存共生、共建共享、和平发展的创新理念,是中国共产党和中国人民参与世界交往、破解世界难题、走向世界大同的伟大创造。中国共产党提出构建人类命运共同体,它本身就蕴含着建造共同富裕的美好生活的深厚底蕴。正如中国学者指出的,人类命运共同体旗帜下的美好生活即是"世界大同的生活"[①]。

总之,"共同富裕"是一个具有丰富内涵的整体性概念。这个概念把个人的自我意识、国家的发展理念、政府的政策制度、党的治国思想和新时代的国家话语内在地统一起来,能够与中国式现代化相和合,使中西异文化和解,与人类命运共同体共和美,充分展现了中华文化的和谐伦理,彰显了中华文化的天下境界,突显了创新时代的共享特征。它是中国共产党的一个伟大的理论创造和实践创举,是马克思主义基本原理同中国具体实际、同中华优秀传统文化相结合的思想精华,是马克思主义的中国化时代化的理论、制度、文化和实践的总体成果。从唯物史观来看,推进和实现全体人民共同富裕,与推进中华优秀传统文化创造性转化、创新性发展,与实现中华民族伟大复兴,是同一个历史进程。

---

① 喻文德:《人类命运共同体旗帜下的美好生活》,《兰州学刊》2022年第5期。

参考文献

马克思主义著作：

《马克思恩格斯全集》第1、30卷，人民出版社1995年版。
《马克思恩格斯全集》第40卷，人民出版社1982年版。
《马克思恩格斯全集》第47卷，人民出版社2004年版。
《马克思恩格斯文集》第1—4、7、9卷，人民出版社2009年版。
《列宁专题文集　论马克思主义》，人民出版社2009年版。
马克思：《1844年经济学哲学手稿》，人民出版社2000年版。
《马克思恩格斯选集》1—4卷，人民出版社1995年版。
《列宁全集》第9卷，人民出版社1959年版。
《列宁选集》1—4卷，人民出版社1995年版。
《毛泽东选集》1—4卷，人民出版社1991年版。
《毛泽东文集》1—8卷，人民出版社1999年版。
《毛泽东著作选读》上、下册，人民出版社1986年版。
《朱德选集》，人民出版社1983年版。
《刘少奇选集》上卷，人民出版社1981年版。
《邓小平文选》第1、2卷，人民出版社1994年版。
《邓小平文选》第3卷，人民出版社1993年版。
江泽民：《论中国特色社会主义（专题摘编）》，中央文献出版社2002年版。
《江泽民文选》1—3卷，人民出版社2006年版。
《胡锦涛文选》1—3卷，人民出版社2016年版。
《习近平谈治国理政》，外文出版社2014年版。
《习近平谈治国理政》第2卷，外文出版社2017年版。
《习近平谈治国理政》第3卷，外文出版社2020年版。
《习近平谈治国理政》第4卷，外文出版社2022年版。

《习近平著作选读》第 1、2 卷，人民出版社 2023 年版。

习近平：《高举中国特色社会主义伟大旗帜　为全面建设社会主义现代化国家而团结奋斗》，人民出版社 2022 年版。

习近平：《决胜全面建成小康社会，夺取新时代中国特色社会主义伟大胜利——在中国共产党第十九次全国代表大会上的报告》，人民出版社 2017 年版。

习近平：《在庆祝中国共产党成立 100 周年大会上的讲话》，人民出版社 2021 年版。

习近平：《关于协调推进"四个全面"的战略布局论述摘编》，中央文献出版社 2015 年版。

习近平：《论中国共产党历史》，中央文献出版社 2021 年版。

中共中央文献研究室：《习近平关于全面依法治国论述摘编》，中央文献出版社 2015 年版。

中共中央宣传部：《习近平总书记系列重要讲话读本》，学习出版社、人民出版社 2016 年版。

中共中央宣传部：《习近平总书记系列重要讲话读本》，学习出版社、人民出版社 2014 年版。

中共中央宣传部：《习近平新时代中国特色社会主义思想三十讲》，学习出版社 2018 年版。

胡锦涛：《坚定不移沿着中国特色社会主义道路前进　为全面建成小康社会而奋斗》，人民出版社 2012 年版。

中共中央宣传部：《中国特色社会主义学习读本》，学习出版社 2013 年版。

《科学发展观重要论述摘编》，中央文献出版社 2008 年版。

《江泽民同志重要论述研究》，人民出版社 2002 年版。

《"三个代表"重要思想学习纲要》，学习出版社 2003 年版。

《关于加强党的执政能力建设若干重要问题解读》，中共党史出版社 2004 年版。

人民日报理论部：《坚持和发展中国特色社会主义若干重大问题解析》，人民日报出版社 2007 年版。

《中国共产党第十六次全国代表大会文件汇编》，人民出版社 2002 年版。

《中国共产党第十七次全国代表大会文件汇编》，人民出版社 2007 年版。

《中国共产党第十八次全国代表大会文件汇编》，人民出版社 2012 年版。

《中共中央关于党的百年奋斗重大成就和历史经验的决议》，人民出版社 2021 年版。

《关于加强社会主义协商民主建设的意见》，人民出版社 2015 年版。

国内学者著作：

陈先达：《哲学与文化》，中国人民大学出版社 2006 年版。

陈先达：《马克思和马克思主义》，中国人民大学出版社 2006 年版。

参考文献

陶德麟：《哲学的现实与现实的哲学——马克思主义哲学及其中国化研究》，北京师范大学出版社 2005 年版。

陶德麟、何萍：《马克思主义哲学中国化：历史与反思》，北京师范大学出版社 2007 年版。

陶德麟：《当代哲学前沿问题专题研究》，武汉大学出版社 1998 年版。

王立胜：《中国马克思主义哲学初探》，国家行政学院出版社 2022 年版。

王立胜：《中国式现代化道路与人类文明新形态》，江西高校出版社 2022 年版。

王立胜：《共同富裕：看见未来中国的模样》，中国财政经济出版社 2022 年版。

王立胜：《中国农村现代化：思路与出路》，人民出版社 2009 年版。

王立胜：《乡村建设行动：县级场域中的知与行》，文化发展出版社 2022 年版。

王立胜：《新时代中国特色社会主义思想研究》，济南出版社 2019 年版。

侯惠勤：《马克思主义中国化理论创新 30 年（1978—2008）》，中国社会科学出版社 2008 年版。

何萍、李维武：《马克思主义中国化探论》，人民出版社 2002 年版。

孙正聿：《哲学观研究》，吉林人民出版社 2007 年版。

孙正聿：《哲学通论》上、下册，吉林人民出版社 2007 年版。

孙正聿：《思想中的时代》，北京师范大学出版社 2004 年版。

任平：《创新时代的哲学探索——出场学视域中的马克思主义哲学》，北京师范大学出版社 2009 年版。

王学俭：《十八大以来党的治国理政思想研究（马克思主义中国化最新理论成果十题）》，人民出版社 2017 年版。

韩庆祥、陈远章：《论马克思主义中国化时代化大众化》，天津人民出版社 2020 年版。

李君如：《马克思主义中国化思想史》，福建人民出版社 2020 年版。

孙建华：《马克思主义中国化思想通史》，人民出版社 2022 年版。

顾海良：《马克思主义中国化史》，中国人民大学出版社 2018 年版。

王浩斌：《马克思主义中国化动力机制研究》，中国社会科学出版社 2009 年版。

魏强：《历史与构境——从哲学解释学走向出场学之路》，人民出版社 2019 年版。

颜晓峰、谭小琴：《马克思主义为什么行》，北京师范大学出版社 2021 年版。

张静等：《马克思主义中国化与中国文化现代化》，南开大学出版社 2012 年版。

赵付科：《马克思主义中国化专题研究》，中央编译出版社 2019 年版。

奚洁人、缪开金、于洪生：《马克思主义中国化的逻辑发展》，上海人民出版社 2021 年版。

陈培永：《当代中国马克思主义为什么是对的》，人民出版社 2018 年版。

梁亚敏：《马克思主义中国化新境界》，社会科学文献出版社 2022 年版。

贺麟：《文化与人生》，商务印书馆 1988 年版。

朱希祥：《当代文化的哲学阐释》，华东师范大学出版社2006年版。
孙美堂：《文化价值论》，云南人民出版社2005年版。
费孝通：《文化与文化自觉》上、下册，群言出版社2012年版。
郑永年：《中国的知识重建》，东方出版社2018年版。
许纪霖：《寻求意义》，上海三联书店1997年版。
陶东风：《文化研究精髓读本》，中国人民大学出版社2006年版。
《当代学者自选文库·庞朴卷》，安徽文艺出版社1999年版。
《当代学者自选文库·张岱年卷》，安徽教育出版社1998年版。
《中国现代学术经典·金岳霖卷》，河北教育出版社1996年版。
李泽厚：《历史本体论》，生活·读书·新知三联书店2002年版。
李泽厚：《中国近代思想史论》，人民出版社1979年版。
李泽厚：《说文化心理》，上海译文出版社2012年版。
李泽厚：《走我自己的路》，安徽文艺出版社1994年版。
《梁启超文选》，百花文艺出版社2006年版。
《孙中山全集》第2卷，中华书局1982年版。
《孙中山选集》，人民出版社2011年版。
陈钧泉、刘奔：《哲学与文化》，中国社会科学出版社1996年版。
赵汀阳：《坏世界研究：作为第一哲学的政治哲学》，中国人民大学出版社2009年版。
赵汀阳：《论可能生活》，中国人民大学出版社2010年版。
赵鑫珊：《"王"这个汉字——东西方自然哲学思想比较》，文汇出版社2009年版。
罗荣渠：《现代化新论》，北京大学出版社1993年版。
陈忠：《规则论》，人民出版社2008年版。
钱穆：《中国历代政治得失》，生活·读书·新知三联书店2012年版。
李德顺、孙伟平：《道德价值论》，云南人民出版社2002年版。
何新：《思考：新国家主义经济观》，时事出版社2001年版。
浦兴祖：《当代中国政治制度》，复旦大学出版社1999年版。
夏甄陶：《人是什么》，商务印书馆2000年版。
李权时、李明华、韩强：《岭南文化》（修订本），广东人民出版社2010年版。
陈载舸、陈剑安、殷丽萍：《中华民族凝聚力学概论》，广东人民出版社2012年版。
葛剑雄：《我们应有的反思：葛剑雄编年自选集》，中信出版集团2015年版。
徐文俊：《理性的边缘》，中山大学出版社2000年版。
周建漳：《历史及其理解和解释》，社会科学文献出版社2005年版。
蔡德贵：《当代伊斯兰阿拉伯哲学研究》，人民出版社2001年版。
周谷城：《中国通史》上册，上海人民出版社1957年版。

王连升：《简明中国通史》上册，中央广播电视大学出版社 1993 年版。
张海东等：《中国新社会阶层——基于北京、上海、广州的实证分析》，社会科学文献出版社 2017 年版。
李闻海、隗苿编著：《潮商学引论》，广东人民出版社 2021 年版。
陆学艺：《当代中国社会阶层研究报告》，社会科学文献出版社 2002 年版。
宋华忠：《新社会阶层的兴起与中国共产党领导权实现路径》，上海人民出版社 2014 年版。
陈家刚：《协商民主》，上海三联书店 2004 年版。
贺羡：《批判理论视阈中的协商民主》，重庆出版社 2017 年版。
李长春：《文化强国之路——文化体制改革的探索与实践》（上），人民出版社 2013 年版。
罗振建：《爱国统一战线政权问题研究》，人民出版社 2018 年版。
胡守钧：《社会共生论》，复旦大学出版社 2012 年版。
金观涛：《整体的哲学》，四川人民出版社 1987 年版。
王海光：《旋转的历史：社会运动论》，上海人民出版社 1995 年版。
郭湛：《公共性哲学——人的共同体的发展》，中国社会科学出版社 2019 年版。
俞可平：《论国家治理现代化》（修订本），社会科学文献出版社 2015 年版。

国外学者著作：

［古希腊］亚里士多德：《尼各马可伦理学》，廖申白译，商务印书馆 2003 年版。
［英］亚当·斯密：《道德情操论》，蒋自强等译，商务印书馆 1997 年版。
［德］康德：《道德形而上学原理》，苗力田译，上海人民出版社 2005 年版。
［德］黑格尔：《精神现象学》上、下卷，贺麟、王玖兴译，商务印书馆 1979 年版。
［德］黑格尔：《哲学史讲演录》1—4 卷，贺麟、王太庆译，商务印书馆 1978 年版。
［德］黑尔格：《历史哲学》，王造时译，上海书店出版社 2001 年版。
［德］黑格尔：《小逻辑》，贺麟译，商务印书馆 1980 年版。
［德］黑格尔：《法哲学原理》，范扬、张企泰译，商务印书馆 1961 年版。
［德］费希特：《论学者的使命　人的使命》，梁志学、沈真译，商务印书馆 1984 年版。
［美］保罗·鲍威：《向权力说真话》，王丽亚译，中国社会科学出版社 2003 年版。
［美］保罗·法伊尔阿本德：《反对方法》，周昌忠译，上海译文出版社 2007 年版。
［德］海德格尔：《通向语言的途中》，孙周兴译，商务印书馆 1997 年版。
［奥］阿·阿德勒：《生活中的科学》，苏克等译，生活·读书·新知三联书店

1987年版.

［美］霍尔德·尼布尔:《道德的人与不道德的社会》,将庆等译,贵州人民出版社2009年版.

［英］马修·阿诺德:《文化与无政府状态》,韩敏中译,生活·读书·新知三联书店,2012年版.

［俄］列夫·舍斯托夫:《无根据颂》,张冰译,华夏出版社1999年版.

［法］弗朗索瓦·于连:《圣人无意》,闫素伟译,商务印书馆2005年版.

［德］恩斯特·卡西尔:《人论》,甘阳译,西苑出版社2004年版.

［日本］青木保:《多文化世界》,唐先荣、王宣译,中国青年出版社2008年版.

［日本］青木保:《异文化理解》,于立杰等译,中国青年出版社2008年版.

［美］乔纳森·弗里德曼:《文化认同与全球化过程》,郭建如译,商务印书馆2004年版.

［加拿大］威尔·金利卡:《自由主义、社群与文化》,应奇、葛水林译,上海译文出版社2005年版.

［法］保罗·利科:《历史与真理》,姜志辉译,上海译文出版社2004年版.

［德］海德格尔:《形而上学导论》,熊伟、王庆节译,商务印书馆1996年版.

［美］埃里希·弗洛姆:《健全的社会》,孙恺祥、王大庆等译,国际文化出版公司2007年版.

［英］乔治·弗兰格尔:《道德的基础》,王雪梅译,国际文化出版公司2007年版.

［英］约瑟夫·拉兹:《自由的道德》,孙晓春等译,吉林人民出版社2006年版.

［英］戴维·罗斯:《正当与善》,林南译,上海译文出版社2008年版.

［法］米歇尔·福柯:《主体解释学》,佘碧平译,上海人民出版社2005年版.

［美］E.希尔斯:《论传统》,傅铿、吕乐译,上海人民出版社1991年版.

［法］阿历克西·德·托克维尔:《论美国的民主》,董果良译,商务印书馆2003年版.

［德］J. B. 默茨:《历史与社会中的信仰》,朱雁冰译,生活·读书·新知三联书店1996年版.

［美］贝尔:《资本主义的文化矛盾》,赵一凡等译,生活·读书·新知三联书店1989年版.

［美］孙隆基:《中国文化的深层结构》,广西师范大学出版社2004年版.

［美］罗伯特·诺奇克:《合理性的本质》,葛四友、陈昉译,上海译文出版社2012年版.

［美］詹姆斯·G.马奇、［挪威］约翰·P.奥尔森:《重新发现制度》,张伟译,生活·读书·新知三联书店2011年版.

［苏］波克洛夫斯基:《世界原始社会史》,卢哲夫译,江苏教育出版社2006年版.

参考文献

［南非］毛里西奥·帕瑟琳·登特里维斯：《作为公共协商的民主：新的视角》，王英津等译，中央编译出版社 2006 年版。

［德］伽达默尔：《真理与方法》上、下卷，洪汉鼎译，上海译文出版社 2004 年版。

［德］哈贝马斯：《在事实与规范之间》，童世骏译，生活·读书·新知三联书店 2004 年版。

［美］塞缪尔·亨廷顿、劳伦斯·哈里森：《文化的重要作用》，程克雄译，新华出版社 2002 年版。

［奥］S. 茨威格：《异端的权利》，赵台安、赵振尧译，生活·读书·新知三联书店 1986 年版。

［英］马丁·阿尔布劳：《全球时代》，高湘泽、冯玲译，商务印书馆 2001 年版。

［美］爱德华·W. 萨义德：《东方学》，王宇根译，生活·读书·新知三联书店 1999 年版。

［美］怀特海：《思想方式》，韩东晖、李红译，华夏出版社 1999 年版。

［匈］乔治·卢卡奇：《历史和阶级意识》，杜章智等译，商务印书馆 1992 年版。

［法］雅克·德里达：《声音与现象》，杜小真译，商务印书馆 1999 年版。

［美］塞缪尔·亨廷顿、劳伦斯·哈里森：《文化的重要作用——价值观如何影响人类进步》，程克雄译，新华出版社 2002 年版。

［法］丹纳：《艺术哲学》，傅雷译，安徽人民出版社 1998 年版。

［英］马林诺夫斯基：《文化论》，费孝通等译，中国民间文艺出版社 1987 年版。

［加］麦克卢汉：《理解媒介——论人的延伸》，何道宽译，商务印书馆 2007 年版。

［英］L. T. 霍布豪斯：《形而上学的国家论》，汪淑钧译，商务印书馆 1995 年版。

［苏］弗洛罗夫：《人的前景》，王思斌等译，中国社会科学出版社 1989 年版。

［法］路易·加迪等：《文化与时间》，郑乐平、胡建平译，浙江人民出版社 1988 年版。

［美］马尔库塞：《单向度的人》，刘继译，上海译文出版社 2006 年版。

［苏联］阿尔森·古留加：《黑格尔传》，刘半九、伯幼译，商务印书馆 1978 年版。

［美］伊恩·夏皮罗：《民主的边界》，张熹珂、孟枚译，中央编译出版社 2016 年版。

［印度］阿马蒂亚·森：《正义的理念》，王磊、李航译，中国人民大学出版社 2012 年版。

［德］尼克拉斯·卢曼：《信任：一个社会复杂性的简化机制》，瞿铁鹏、李强译，上海人民出版社 2005 年版。

期刊文章：

胡锦涛：《关于做好新形势下群众工作》，《党的文献》2011 年第 3 期。

温家宝：《关于深入贯彻落实科学发展观的若干重大问题》，《求是》2008 年第 21 期。

习近平：《扎实推动共同富裕》，《求是》2021 年第 20 期。

习近平：《中国共产党 90 年来指导思想和基本理论的与时俱进及历史启示》，《党建研究》2011 年第 7 期。

夏志强：《国家治理现代化的逻辑转换》，《中国社会科学》2020 年第 5 期。

陈立新：《世界变局与历史观的复兴》，《中国社会科学》2021 年第 4 期。

丰子义：《发展理论研究的发展》，《山东社会科学》2008 年第 6 期。

丰子义：《中国道路的哲学自觉——实践唯物主义的当代意义》，《北京大学学报（哲学社会科学版）》2015 年第 4 期。

王立胜：《在塑造人类文明新形态的进程中推进共同富裕》，《江西社会科学》2022 年第 6 期。

王立胜：《从中华文化、中国精神两个维度深入理解习近平新时代中国特色社会主义思想——学习党的十九届六中全会〈决议〉》，《哲学动态》2022 年第 5 期。

王立胜：《马克思主义与中华优秀传统文化融合的哲学探析》，《济南大学学报（社会科学版）》2022 年第 3 期。

王立胜：《"两创""两个结合""时代精华"：构建中华新文化的基本原则、基本路径、指导思想》，《马克思主义哲学》2022 年第 3 期。

王立胜：论中国式现代化新道路的人类文明意义，《中国哲学年鉴》（2021 年卷）。

王立胜：《科学发展观是合目的性与合规律性的统一》，《理论前沿》2006 年第 12 期。

尹闻杰：《讲真话是坚持公道正派的武器》，《党建研究》2004 年第 2 期。

彭富春：《论无原则的批判》，《武汉大学学报（人文科学版）》2007 年第 4 期。

王南湜：《中国马克思主义哲学范式转换研究析论》，《学术研究》2011 年第 1 期。

王锐生：《马克思主义中国化：该结束了吗?》，《哲学动态》2007 年第 1 期。

杨金海：《马克思主义中国化研究的文化维度》，《广西社会科学》2012 年第 2 期。

任平：《全球文明秩序重建与中国文化自信的当代使命——兼论建构马克思主义中国化的文化形态》，《中共中央党校学报》2017 年第 1 期。

尹汉宁：《问题导向：马克思主义中国化的原动力》，《哲学研究》2012 年第 10 期。

徐梦秋、张爱华:《马克思主义中国化的可能、现实与限度》,《马克思主义与现实》2009年第1期。

师吉金:《对中国化马克思主义探索的两个层次》,《探索》2009年第5期。

叶险明:《关于马克思主义中国化的历史和逻辑研究中的两个问题》,《哲学研究》2001年第2期。

汪信砚:《当代中国马克思主义哲学的研究范式》,《中国社会科学》2008年第2期。

陈立新、俞娜:《向"现实"本身去寻求"思想"》,《学习与探索》2012年第3期。

汪信砚:《"马克思主义哲学中国化"辨误》,《哲学研究》2008年第10期。

汪青松:《科学发展观科学体系探析与建构》,《探索》2012年第4期。

李昆明:《中国特色社会主义理论体系的制度内涵》,《南京政治学院学报》2012年第1期。

包心鉴:《中国特色社会主义内在逻辑研究》,《中共福建省委党校学报》2012年第5期。

施芝鸿:《中国特色社会主义的最鲜明特色》,《求是》2012年第23期。

裴斐:《个性化是精神生产必须遵循的客观规律》,《文学评论》1981年第2期。

董树彬:《从"政治协商"到"协商民主"的理论拓展》,《统一战线学研究》2017年第6期。

李达:《四级联动 一屏协商——全国政协常委会会议首次联动协商的实践和思考》,《中国政协》2020年第12期。

刘学军:《建立人民政协牵引的基层协商民主建设协调联动机制》,《理论视野》2015年第6期。

李晔:《太平洋学会中国学者冲破"西方中心观"研究范式新探》,《学术交流》2014年第12期。

房广顺、隗金成:《国家自信的理论基础与构建路径》,《人民论坛》2013年第11期(下)。

景天魁:《中国社会发展的时空结构》,《社会学研究》1999年第6期。

景天魁:《时空社会学:一门前景无限的新兴学科》,《人文杂志》2013年第7期。

张尚仁:《对全球发展基础理论之危机的哲学思考》,《哲学研究》2009年第10期。

范恒山:《关于深化区域合作的若干思考》,《经济社会体制比较》2013年第4期。

何传启:《科技革命与世界现代化——第六次科技革命的方向与挑战》,《江海学刊》2012年第1期。

李建军:《中国传统文化的现代转型的战略构建》,《江西社会科学》2013年第

6 期。

李恒瑞:《论科学发展观的历史地位、思想体系和指导意义》,《岭南学刊》2006年第 3 期。

曹泳鑫:《科学发展观:科学社会主义的发展观》,《马克思主义研究》2006 年第 5 期。

后记

本书是作者在历经10年时间研究取得的阶段性成果基础上，经过修改、充实和系统化形成的，在取得系列成果并成书过程中，要深深感谢下述领导、专家、老师、同学给予我的关心、支持和帮助：

中国社会科学院哲学研究所党委书记、中国社会科学院大学哲学学院院长、博士生导师王立胜教授为本书撰写了具有很强学术指导性的序言，引领并激励我继续深入探索；广东省人民政协理论研究会常务副会长吴茂芹主任为我研究民主协商问题提供了具体指导；华东师范大学哲学系的博士生导师陈立新教授长期关心和支持我的研究工作，为本书的顺利诞生提供了重要的精神支持；广东省社会科学院刘慧玲研究员为我研究马克思主义的中国化问题提出了不少宝贵意见；广东省社会主义学院党组书记方赛妹、副院长杨应棉、原副院长潘清为我开展马克思主义与中华优秀传统文化相结合的研究、岭南文化和湾区文化的研究给予了大力支持，原副院长肖莉教授为我研究新时代政协履职能力建设、协商文化问题给予了热心指导，陈剑安、陈载舸两位教授为我研究地方特色文化与中华民族凝聚力的问题提供了颇有启迪的方法，林少红教授、张春照副教授、段丽杰副教授在科研和教研活动中也给予我富有价值的洞见；广州商学院党委书记唐明勇教授，广东省人民政府地方志办公室二级作家杜冬生副馆长，广珠铁路有限公司党委副书记姜斌，也给予我多种多样的支持；华南理工大学曲海洋老师参与了由我主持研究的2021年度立项课题，该课题成果获得了人民政协广东省委员会二等奖表彰。在此一并致谢！最后，要深深感谢复旦大学出版社的责任编辑陈军老师为本书的出版付出了智慧而辛勤的劳动，他的专注而严谨的工作精神令人敬仰。

  陈立新教授在其重要论著中指出："以历史唯物主义为思想导引的历史观认识扎根于历史性的主题定向，能够有效指导人们洞见人类活动的性质和当代社会的本质，对于把握当今世界问题具有理论上的优先性。"历史唯物主义同样能够正确指导新时代中国式现代化建设，并使之稳步走向成功。然而决定性的问题在于，只有坚持马克思主义中国化、时代化的"两个相结合"，不断推进"植根于现实生活过程，以生活世界的客观性为依据"的文化创新，真正让马克思主义文化出场，让中华优秀文化创造性转化、创新性发展，才能全面建成中国式现代化，实现人民美好生活向往。即便是经历了多年的研究，但由于日益变化的社会现实向"文化创新"和"马克思主义的中国化时代化"提出了新问题，从中也衍生出新的课题。建立在本书核心内容基础上，作者主持申报全国红色基因传承研究中心招标课题"马克思主义基本原理同中华优秀传统文化相结合研究"获得立项，该课题纳入江西省社会科学基金重大项目管理，从而为作者推进这个课题的研究奠定了更坚实的基础。

  由于本人学识浅陋、学养不深，致使本书的研究成果仍然不够完善，仍需继续跟进、深化研究上述问题。因此，书中存有不妥之处在所难免，恳请各界专家和学者批评、指正！

图书在版编目(CIP)数据

文化创新视域中的马克思主义中国化/杨竞业著.—上海：复旦大学出版社，2023.12
ISBN 978-7-309-17029-0

Ⅰ.①文… Ⅱ.①杨… Ⅲ.①马克思主义-发展-研究-中国②中华文化-研究 Ⅳ.①D61②K203

中国国家版本馆 CIP 数据核字(2023)第 194356 号

文化创新视域中的马克思主义中国化
杨竞业 著
责任编辑/陈 军

复旦大学出版社有限公司出版发行
上海市国权路 579 号 邮编：200433
网址：fupnet@fudanpress.com http://www.fudanpress.com
门市零售：86-21-65102580 团体订购：86-21-65104505
出版部电话：86-21-65642845
上海盛通时代印刷有限公司

开本 787 毫米×960 毫米 1/16 印张 26 字数 374 千字
2023 年 12 月第 1 版
2023 年 12 月第 1 版第 1 次印刷

ISBN 978-7-309-17029-0/D·1173
定价：112.00 元

如有印装质量问题，请向复旦大学出版社有限公司出版部调换。
版权所有 侵权必究